Conversaciones con Nostradamus

Explicación de susprofecías (revisadas y actualizadas)

Volumen I

Dolores Cannon

OZARK MOUNTAIN PUBLISHING

Previously published by and Permissions given to print by:
Ediciones Luciérnaga

Primera edición: abril de 2004 con Ediciones Luciérnaga
Primera edición in USA: 2020 with Ozark Mountain Publishing, Inc.

Library of Congress Cataloging-in-Publication Data

Cannon, Dolores, 1931-2014

Conversaciones con Nostradamus, Volumen I (Conversations with Nostradamus, Vol I) por Dolores Cannon

Comunicaciones de Nostradamus a través de varios medios a través de hipnosis, supervisada por D. Cannon. Incluye las profecías de Nostradamus, en francés medio con traducción al inglés. Incluye índice. Contenido: v. L-II-III (ediciones revisadas)
1. Hipnosis 2. Reencarnación 3. Terapia de vidas pasadas
4. Profecías 5. Cuartetas 6. Nostradamus
I. Cannon, Dolores, 1931-2014 II. Nostradamus III. Profecías
IV. Título

Library of Congress Catalog Card Number: 2020947862
ISBN 978-1-950608-11-9

Ilustración de la cubierta: Joe Alexander
Book set in Adobe Times New Roman Script
Book Design: Nancy Vernon
Traducción: Blanca Ávalos Cadena
Published by:

OZARK MOUNTAIN PUBLISHING

P.O.Box 754
Huntsville, AR 72740-0754
Impreso en United States of America

Dedicación

A Elena, Brenda y John, que me ayudaron a descubrir el portal del tiempo y me arrastraron hasta la increíble dimensión donde Nostradamus continúa viviendo.

Dibujo de Nostradamus, visto por Elena cuando estaba en trance.

Índice

Introducción

Tal vez muchos de los lectores desconozcan el nombre de Dolores Cannon, pero ella ha estado trabajando durante muchos años en el campo de la regresión mediante la hipnosis. Dolores no es una erudita, sin embargo, del erudito posee la devoción por los detalles, la precisión y la verdad. Ella es incansable en su búsqueda del conocimiento, como podrán comprobarlo sus lectores si siguen su inexorable sendero a través del laberinto de la mente y el espíritu humano. No sorprende que haya conseguido entre los *cognoscenti* un amplio seguimiento de su mirada curiosa que explora en lo paranormal. Como se podrá comprobar, en casa de Dolores hay muchas mansiones.

Yo la conocí hace un par de años, y me habló del trabajo que estaba realizando. No hacía gala de entender en su totalidad el material que entresacaba a través de sus sujetos mientras se hallaban en trance hipnótico. Tampoco admitía conocer todas las respuestas, pero con una mente excepcionalmente abierta, le era posible creer que esos espíritus que afirmaban hablarle mediante personas vivas eran reales, tal vez fuera de nuestro tiempo, y existían en un plano diferente al nuestro.

Como soy alguien que está familiarizado con la hipnosis, me interesó mucho prestar oídos a lo que la señora Cannon tenía que decir. Hace tiempo aprendí la técnica hipnótica de un famoso médico de Florida. Más tarde, tuve el privilegio de trabajar con el doctor William S. Kroger, uno de los principales pioneros en hipnosis clínica de Beverly Hills.

Interrogué a Dolores ampliamente sobre sus técnicas y me convencí de que ella no dirigía a sus sujetos mientras seguían sus instrucciones, ni les proporcionaba nada del material que salía a la luz durante la hipnosis. Escuché atentamente varias de las cintas en busca de fallos cuestionables en la metodología. Descubrí que era extremadamente cuidadosa para no inducir a los sujetos ni presionarlos. En todo caso, se mantenía diligentemente al margen y permitía que el material apareciese incontaminado por sus preguntas. No ofrecía respuestas, teorías, probabilidades ni suposiciones. Más bien dejaba que fuese el sujeto quien la guiara a través de las sesiones con esas otras voces en otras habitaciones.

Dolores Cannon practica seriamente el arte hipnótico y tiene una asombrosa habilidad para las técnicas de regresión. Le pedí que me leyera parte de uno de sus manuscritos. Me lo envió y me quedé impresionado con el material que había descubierto. Tuve la impresión de que a ella le causaba asombro no sólo el material sino la forma en que había salido a la luz. Su material era por lo menos fascinante y estaba muy bien organizado.

Tenía sobradas razones para asombrarse de lo que sus sujetos expresaban durante la hipnosis. Le pregunté sobre sus sujetos. Muchas de ellos eran sencillas amas de casa rurales, nacidas en familias de granjeros, con escasa educación. Eran personas que no definiríamos como intelectuales. No obstante, el material parecía más impresionante que si hubiese salido de una persona familiarizada con los estudios de lo paranormal.

Dolores sabía que tenía en sus manos un material interesante. Es una estupenda escritora. Escribe con claridad y transparencia sobre temas extraordinarios. Creo que su trabajo adquiere incluso una mayor estatura cuando se tiene en cuenta todo lo que ha hecho para comprobar la fuente del material no documentado. Al contrario que otros hipnotistas que descubren algún hecho o conocimiento sorprendente durante las sesiones de hipnosis, ella no se apresuraba a reseñar sus descubrimientos. En vez de eso, se dedicaba a comprobar el material extraído del subconsciente, intentando en lo posible justificar hechos comprobables obtenidos de sus sujetos. Esto lo realizó de dos maneras.

Cuando un «espíritu» hablaba desde otro tiempo, como el testigo del holocausto de Hiroshima, * Dolores ha investigado los hechos a través de las fuentes publicadas. Esto le ha proporcionado una valiosa penetración para evaluar el material. Pero, en un golpe de brillantez, ha llegado aún más lejos. Explora el mismo lapso y experiencias (o conocimiento) de vidas anteriores con otros sujetos que no se conocían ni sabían de la existencia del material, que ni siquiera vivían en la misma ciudad o región que el sujeto de la información original.

* Un alma recuerda Hiroshima, Luciérnaga, Barcelona, 1999.

Debe observarse que sus sujetos son personas de toda condición. Algunos poseen más educación que otros, universitarios y obreros. Algunos son ricos y otros viven al borde de la pobreza. Estoy seguro de que algún día su público querrá saber más sobre estas personas que son anónimas, desde luego, y continuarán siéndolo. Sin embargo, Dolores ha documentado completamente todas sus sesiones, ha tomado notas, ha conservado sus comentarios privados y archivado sus cintas.

Más que eso, Dolores ha profundizado en las historias, ha estudiado mapas y recuperado material que parece reforzar los diálogos de personas que vivieron hace muchos años y ahora nos hablan a través de sujetos que carecen del conocimiento de esas épocas o de la gente que vivió en esos tiempos antiguos. Esto nos lleva a Nostradamus.

Por lo que sé, Dolores Cannon nunca había leído una cuarteta de Nostradamus y prácticamente no sabía nada sobre el hombre o sus profecías antes de que lo descubriera mientras hacía la regresión de un sujeto a una vida anterior. Aunque la tentación era grande, cuando el material empezó a llegar a través de sus sujetos, no hizo ninguna investigación sobre el hombre y sus escritos hasta que el proyecto se terminó. En sus libros, que tratan de las profecías de esta fascinante figura histórica, Dolores se guarda mucho de delinear los asuntos que aparecieron por medio de la regresión hipnótica de sus sujetos y lo que ella aprendió a través de su investigación externa.

Nostradamus ha mantenido perplejos a eruditos y curiosos durante siglos. Sus cuartetas, aunque misteriosas, parecen invitar a una investigación más profunda, ya que él afirmaba ser un hombre que podía ver el futuro. Con el tiempo los eruditos han intentado explicar sus oscuros versos proféticos, escritos en francés arcaico, latín y otros idiomas, sus alusiones a acontecimientos que han ocurrido desde su tiempo y que ocurrirán en el futuro, incluso más allá del siglo xx.

En resumen, el hombre al que llamamos Nostradamus era un médico y un astrólogo. Era francés, nació en Saint Remi, Provenza, en 1503. Estudió tanto en Aviñón como en Montpellier, y se convirtió en un hábil médico. Su verdadero nombre era Michel de Notredame, pero como su interés en la astrología fue en aumento, latinizó su nombre y a partir de entonces se le conoció como Nostradamus.

Su fama se extendió debido a que trató a las víctimas de la peste, sobre todo en el sur de Francia. Trabajó incansablemente en Aix y Lyons en 1545, cuando en esas ciudades la peste alcanzó proporciones epidémicas.

Fue durante ese tiempo de muerte cuando Nostradamus empezó a atraer la atención como vidente, un hombre que afirmaba que podía predecir el futuro. Diez años más tarde, en 1555, publicó una colección de sus profecías en forma de cuarte- tas rimadas. A este libro lo llamó Centurias.

Su talento como astrólogo era ampliamente conocido y buscado entre las clases altas. Nada menos que Catalina de Médici, reina de Francia, lo invitó a la corte. Ahí realizó los horóscopos de sus hijos.

Cuando Carlos IX accedió al trono, nombró a Nostradamus médico de la corte. El hombre que llegó a ser conocido como Nostradamus murió en 1566, cuando tenía 63 años. Notablemente, su vida fue más larga que la de muchos de sus contemporáneos, y alcanzó una especie de inmortalidad a través de la publicación de sus cuartetas proféticas. Fue un hombre misterioso en su propio tiempo y lo sigue siendo aún hoy en día.

Sin embargo, Dolores Cannon ha derramado una considerable luz sobre el hombre y sus profecías con su trabajo y los libros que ahora se publican como resultado de ese trabajo.

No entendemos el concepto tiempo. El tiempo es uno de los grandes misterios de este universo. Einstein dijo que el tiempo era curvo y que el universo mismo era curvo. No obstante, el universo es también infinito, sin principio ni fin. ¿Cómo puede ser esto? Tal vez, como revelan los hallazgos de Dolores, Nostradamus no esté muerto, sino tal como aparece, vivo y activo en su propio tiempo lineal. Tal vez desapareció de nuestro tiempo, pero aún existe, eternamente, en ese río interminable y siempre cambiante de lo que llamamos tiempo. Si uno se adentra en este río, ve que fluye continuamente, y que montaña abajo se convierte en otro río y es diferente y, sin embargo, es el mismo. El agua cambia pero sigue siendo agua, y el agua en la que nos adentramos y que ha seguido fluyendo, existe en una dimensión que está más allá de nuestra visión.

Tal vez Nostradamus fue capaz de penetrar en la inmutable e insondable trama del tiempo y el universo. Tal vez fue ca- paz de ver a través de las grietas en la urdimbre de la eternidad y predecir el futuro.

Las revelaciones que nos transmite Dolores son asombrosas. En su tiempo, Nostradamus (él lo cuenta a través de un mediador en trance) tuvo que ocultar sus cuartetas en forma de oscura alusión debido a posibles consecuencias políticas. Esto es, que temía por su vida si escribía con demasiada claridad sobre los acontecimientos que «veía». Al parecer, tal como lo relatan los libros de Dolores, pudo ver claramente el desmoronamiento de imperios, derrotas en batalla, holocaustos, invasiones, revoluciones, enfermedades y otros horrores que el hombre cometería durante siglos. Debió de ser un tormento terrible de soportar para un hombre sensible. Ahora, según parece, existe una urgencia aún mayor de que sus profecías se entiendan. Nos encontramos ante la perspectiva terrible de un invierno nuclear, y el sida ha levantado su repugnante cabeza, no como las pestes que Nostradamus combatió tan honorable y valientemente en su propio tiempo.

Es un placer para mí presentar al lector los trabajos de Dolores. Crea o no en sus descubrimientos, le impresionará su habilidad para reunir un complejo material de una serie de sujetos ordinarios y presentarlo con claridad iluminadora.

Creo que debemos continuar avanzando con ímpetu y firmeza en nuestras investigaciones del hombre y su universo si hemos de sobrevivir, si ha de sobrevivir nuestro planeta. Dolores Cannon puede muy bien ser una de las claves importantes para comprender esos aspectos que tanto teme explorar la ciencia, al menos abiertamente.

Ella no dice que tenga dones especiales. Sin embargo, estoy convencido de que los tiene. Dolores Cannon tiene una mente investigadora y una considerable habilidad como hipnotista. Además de eso, es sincera y compasiva, respeta la intimidad y sensibilidad de sus sujetos.

Por último, tengo la esperanza de que los trabajos de Dolores Cannon conducirán a una investigación científica más extensa de los fenómenos aparentemente inexplicables como los que ella descubre y revela en sus libros. Sabemos que en la vida hay mucho más que lo que nuestros ojos mortales pueden ver. Sabemos que el universo no sólo es más complicado de lo que imaginamos, es más profundo y complejo de lo que somos capaces de imaginar.

Sin lugar a dudas, Dolores Cannon ha abierto una puerta más en este amplio y misterioso universo. Adéntrate en él. Creo que aprenderás algo que podría ser importante para ti. En esta su casa hay en verdad muchas mansiones.

JORY SHERMAN
Cedarcreek, Misuri

Prefacio

Nostradamus ha atravesado muchas barreras de tiempo y espacio y ha hablado a nuestro presente. Este libro y los que le siguen contienen dos historias notables. La primera es la aventura de cómo se realizó el contacto con el gran profeta. La segunda es el legado que él quiso revelar a nuestro mundo. En retrospectiva todo parece imposible. Pero puesto que ha ocurrido y no puede negarse, debemos hacer el intento de analizar lo que se nos ha mostrado y de tratar de aprender de ello. A través del tiempo, el hombre inmortal ha sentido curiosidad por el futuro. En todas las historias del mundo siempre ha habido oráculos, magos, chamanes y videntes que emplean innumerables métodos para advertir a las diversas civilizaciones sobre acontecimientos que están por venir. ¿Por qué tiene el hombre esta preocupación por conocer el futuro? Cuando se realiza una predicción, ¿la aceptamos con un resignado sentimiento de fatalidad y tristeza, pensando que el futuro está determinado y por lo tanto no se puede cambiar? Ésta sería una razón muy enfermiza para querer conocer nuestros destinos. O ¿queremos saber, con la esperanza de que este conocimiento nos permita cambiar el pronóstico? Sin esperanza y libre albedrío, el hombre no es otra cosa que una marioneta sin ningún control sobre su vida. Nostradamus creía, como yo, en la teoría de los futuros probables, de nexos en las líneas del tiempo con muchos cursos posibles ramificándose en todas direcciones. Él creía que si el hombre tuviera conocimiento sería capaz de ver hacia qué línea de tiempo se dirigía su futuro, y revertirlo antes de que fuese demasiado tarde. Estaba convencido de que sin este conocimiento, el hombre era sólo un trozo de madera flotante que es arrojada de un lado a otro a merced de las olas. Muchas de las profecías que Nostradamus nos reveló están llenas de un deprimente horror y describen un cuadro muy sombrío de nuestro futuro. Pero decía: «Si os muestro lo más horrible que os podéis infligir a vosotros mismos, ¿haréis algo para cambiarlo?». Estos libros están destinados a los de mente más abierta, capaces de reflexionar sobre los acontecimientos que van a ocurrir y de tener una forma diferente de contemplarlos. Ser capaz de ver que el tiempo es maleable, que el futuro no está determinado, que son muchos los senderos y que depende de nosotros elegir el que vamos a recorrer.

Creo que Nostradamus no quería que sus profecías se hiciesen realidad. No tenía el ego de querer demostrar que tenía razón. Quería que negáramos el horror que él vio, y demostráramos que se había equivocado. Ésta es la mayor recompensa que un profeta puede tener, que sus profecías desastrosas no se conviertan en realidad.

DOLORES CANNON

Primera parte

EL CONTACTO

1
Mensaje de un guía

Nostradamus. Su nombre lleva en sí un aura de misterio. ¿Quién fue realmente? ¿El mayor profeta que jamás ha existido, o el mayor charlatán? ¿Realmente podía prever el futuro o simplemente escribió en forma ininteligible para confundir y mantener en la incertidumbre al ser humano? Tal vez fuera todo esto, pero una cosa es cierta: era el autor de rompecabezas enigmáticos más importante que jamás ha existido. El mantener interesada a la humanidad en sus acertijos y hacer que durante más de cuatrocientos años ésta intentara resolverlos no era una tarea fácil. Pero tal vez si no la hubiese escrito en forma de acertijos, su obra no habría sobrevivido. Si hubiese escrito sus profecías en lenguaje simple e inequívoco, le habrían declarado un loco aliado con el demonio, y le habrían quemado en la hoguera junto con sus escritos. Si verdaderamente fue un gran profeta, oscureció deliberadamente su trabajo para que la naturaleza inquisitiva del hombre siguiera intentando descifrar su significado hasta que ocurriera el acontecimiento. La percepción retrospectiva es maravillosa. Los traductores de su obra suelen tener la capacidad de ver lo que él intentaba predecir *después* de ocurrido el acontecimiento.

Nostradamus vivió en la Francia del siglo XVI. Escribió sus profecías en cuartetas; es decir, en cuatro líneas. Hay casi mil cuartetas. Se dio por hecho que cada una de ellas pertenecía a un acontecimiento específico, pero se hacían difíciles por intercalar latín y otras palabras oscuras en el francés arcaico de su tiempo. También le gustaba emplear simbolismos, anagramas y palabras de doble sentido. Un anagrama es una palabra que se convierte en otra cambiando el orden de sus letras e incluso añadiendo u omitiendo algunas de ellas. Es bastante popular entre los aficionados a los acertijos; generalmente, se acepta que Nostradamus usó anagramas en abundancia en sus predicciones, especialmente al referirse a nombres propios.

Hay también expertos que afirman que muchas de sus cuartetas son tonterías e imposibles de resolver. Dicen que cualquier parecido con acontecimientos que realmente ocurrieron serían meras coincidencias. Afirman que el hombre simplemente realizó una gigantesca patraña que ha seguido dejando perpleja a la humanidad durante todos estos años, y que Nostradamus debía de estar disfrutando enormemente por haber conseguido engañar a la gente durante tanto tiempo. Profeta o charlatán, ha seguido despertando interés y seguirá haciéndolo mientras el ser humano disfrute con el desafío y el misterio.

Cuando empezó mi aventura probablemente sabía lo mismo que todo el mundo. Dado que durante muchos años me he interesado por el fenómeno psíquico, he leído sobre él y he visto el especial televisivo: *El hombre que vio el mañana*, narrado por Orson Wells. En primer lugar, Nostradamus fue médico; en su propio tiempo fue un enigma por su habilidad para realizar curas que otros médicos ni siquiera podían empezar. Nunca estudié sus cuartetas. ¿Quién querría hacerlo? Son demasiado complicadas. De lo poco que yo sabía de él, me inclinaba a pensar que era demasiado adelantado a su tiempo y probablemente podía ver acontecimientos del futuro. Creo que no podía entender lo que veía y por lo tanto se valía de simbolismos como sucede en la Biblia (sobre todo en la visión profética del Apocalipsis) para describir sus visiones.

Aunque siempre he admirado al hombre, nunca en mis peores pesadillas podría haber concebido la idea de encontrarme con él o de trabajar como instrumento en la traducción de sus misteriosas profecías. Como regresionista he tenido algunas aventuras interesantes en el tiempo y el espacio por medio del hipnotismo reviviendo la historia a través de las vidas pasadas de mis sujetos. Pero nunca se me cruzó por la mente la idea de trabajar con Nostradamus ni de indagar algo sobre él.

La aventura empezó con engañosa inocencia y simplicidad. Por costumbre, acudo a reuniones de personas interesadas en el fenómeno psíquico y en los temas metafísicos. Suelo acudir a varias reuniones al mes y siento que la proximidad con personas de espíritu similar me ayuda a recargar baterías. Es siempre enriquecedor estar con personas que comparten intereses similares. La libertad para hablar sobre esos extraños temas sin temor a recriminación es maravillosa.

Fue en una de estas reuniones en 1985 cuando conocí a Elena, una atractiva mujer de cabello oscuro de unos cuarenta años. Aún me acuerdo de la primera noche que ella y su hija entraron en la habitación con aspecto de ovejas perdidas. Este grupo estaba implicado en el estudio del material de Set, * que puede llegar a ser muy complicado. Elena se había quedado en silencio con los ojos muy abiertos escuchando todo lo que se decía aunque, obviamente, no entendía nada. Más tarde dijo que había ido sólo por curiosidad; sentía como si acabara de salir del jardín de infancia y entrara en la universidad. Ni siquiera podía entender los más sencillos términos metafísicos que empleábamos. Pero en vez de desalentarse, siguió viniendo. Disfrutaba de la cordialidad y apertura de los demás y quería aprender más sobre estas cosas.

* Habla Set, I, II, III, Jane Roberts, Luciérnaga, Barcelona, 1989, 1999, 2002.

En aquel tiempo, todo lo que yo sabía de ella es que ayudaba a llevar un restaurante en un cercano pueblo de vacaciones; en su tiempo libre, era pintora especializada en retratos. Más tarde supe que era madre de diez hijos, casi todos ya mayores e independientes. Se casó tan joven que no terminó la educación secundaria. Una de sus hijas era sordomuda, y Elena había aprendido el lenguaje de signos para comunicarse con ella. Elena fue educada como católica pero en los últimos años no sentía que la religión le diese las respuestas que ella buscaba. En esa época empezó a estudiar los dogmas de las diferentes sectas protestantes buscando una en la que pudiera sentirse cómoda. Decía que la religión mormona era lo más cercano a su creencia en lo que le ocurre a una persona después de su muerte. Como viajaba mucho y vivía en muchos lugares, ella y su familia se acababan de mudar a nuestra zona desde Alaska. Tenía una personalidad deliciosamente cálida y agradable. Elena llevaba a cabo un trabajo duro y prolongado en el restaurante y cuidaba de su familia, de modo que tenía un aspecto muy cansado cuando acudía a las reuniones. Creo que su interés debía de ser genuino porque de lo contrario se habría ido directamente a casa para descansar. También tenía una ávida curiosidad y no se inhibía cuando hacía todo tipo de preguntas para tratar de entender este nuevo interés, el fenómeno psíquico. El grupo la alentaba y la ayudaba en su aprendizaje.

Con el tiempo, supimos que aunque Elena desconocía los tecnicismos del fenómeno psíquico, realmente no le era ajeno. A finales de los años sesenta había tenido una ECM (experiencia cercana a la muerte). Tuvo un embarazo ectópico que le produjo una ruptura con sangrado interno.

Ella describió la experiencia: «Recuerdo haber entrado en el quirófano; pensaba: "¡Cielos, aún estoy despierta!". Podía oír las voces de los médicos y enfermeras que me rodeaban por ambos lados. Después sentí un dolor *tremendo* y me elevé por encima de las voces. Me daba cuenta de todo lo que ocurría, pero ya no me sentía mal. Luego, en la distancia vi esa luz blanca y empecé a ir hacia ella. En ese momento, sentí que una mano grande tiraba de mí para que volviera a mi cuerpo. Fue una sensación de lo más horrible, quiero decir, el *dolor* de tener que volver a entrar en mi cuerpo. Y un dolor aún mayor a me- dida que me acercaba».

Cuando despertó y pudo comunicarse, dejó perplejo al médico porque le dijo: «¿Sabe usted? Fue tremendo oírle decir a la enfermera: "No creo que salga de ésta", y yo estaba ahí, completamente consciente».

El desconcertado médico le preguntó cómo podía saberlo. ¿Alguien le contó lo que dijo la enfermera? Elena respondió con énfasis que ella misma se lo había oído decir en el quirófano. El médico movió la cabeza y dijo: «Es imposible, estaba usted completamente inconsciente. Ya lo estaba cuando la trajimos a la sala de emergencia».

Realmente había estado muy cerca de la muerte porque su esposo le confesó que el médico le había informado de que no lo conseguiría. Esta experiencia debió de conmocionar el sistema de creencias del médico porque estaba molesto y en los días siguientes intentó refutar el relato de Elena. Incluso hizo venir a la enfermera para hacerle un careo. Intentó convencerla de que era imposible que hubiese oído lo que ella aseguraba. Pero Elena no estaba dispuesta a ceder. No entendía lo que había ocurrido, pero nadie la convencería de que no había ocurrido.

El personal médico estaba asombrado de su rápida recuperación, pero aseguraban que nunca podría tener otro hijo. Esa noticia no desalentó a Elena. Ella y su esposo solicitaron la adopción de otro niño sordo para criarlo junto a su propia hija discapacitada. Antes de cursar la documentación, descubrió que había ocurrido su propio y particular milagro. Estaba embarazada de su décimo y último hijo.

Las experiencias cercanas a la muerte eran prácticamente desconocidas hasta los años setenta, cuando la doctora Elisabeth Kubler-Ross y el doctor Raymond Moody investigaron este fenómeno y escribieron el libro *Vida después de la vida**. En esa época, Elena leyó algunos de estos casos en un diario sensacionalista. Se entusiasmó al ver que la suya no era una experiencia única. Recordaba con qué regocijo le había mostrado a su familia el periódico: «Mirad, eso realmente les ha ocurrido también a otras personas». En todos esos años, ella no necesitó comprobación, pero el hecho de que otros hubiesen vivido extraños acontecimientos abrió la puerta a la posibilidad del fenómeno psíquico.

* La muerte, un amanecer. Luciérnaga, Barcelona, 1989.

Esta vez había varias personas en el grupo que querían experimentar una regresión hipnótica a vidas pasadas, y yo programé algunas citas. Siempre supe que un buen sujeto podría provenir de este grupo pero, hasta este momento, ellos sólo habían experimentado estados normales de trance. El interés de este grupo por la metafísica no aumentaba las probabilidades ni cambiaba las pautas que tantas veces he observado en el pasado.

Nunca sé lo que busco hasta que lo encuentro. Estaba trabajando con varios sujetos aptos y recibía gran cantidad de in- formación, pero siempre estoy a la búsqueda de un sonámbulo. Éste es el tipo de sujeto que resulta más idóneo en mi trabajo de investigación por su habilidad para entrar en un trance tan pro- fundo que le permite transformarse completamente en la otra personalidad. Son difíciles de encontrar, pero creo que mis probabilidades se han incrementado porque trabajo con muchas personas. Nunca habría imaginado que la que saldría del grupo y me sumergiría por completo en esta aventura sería Elena, una mujer serena, madura y llena de curiosidad.

Sé que la historia que contaré sobre mi vinculación con Nostradamus sonará tan increíble que muchos escépticos dirán que la única explicación es que se trata de un fraude. Pero sé que con todas las exigencias de su tiempo como atareada esposa, madre y empleada a sueldo, no había en Elena inclinación alguna por inventar un complicado engaño. Reunirse con el grupo se convirtió en una de las raras diversiones en su apretada agenda, pero su familia siempre solía ser su principal prioridad.

Cuando ella vio que los demás solicitaban citas para sesiones de regresión, preguntó si ella también podía hacerlo. La movía puramente la curiosidad; sólo quería ver qué sensación le producía ser hipnotizada. Hasta el momento en que se unió al grupo, su lectura consistía enteramente en el terror-ficción, el tipo de libros de Stephen King. Ahora estaba ansiosa por aprender sobre el fenómeno psíquico pero sabía muy poco sobre reencarnación. Dijo que, ciertamente, nunca se le había ocurrido la idea de haber vivido antes.

En su primera sesión, me asombró la facilidad con la que entraba en un profundo trance de sonambulismo. Desbarató completamente la teoría de que un sujeto en regresión a una vida pasada va por lo seguro e informa sólo de lo que le es familiar. Llegó a un escenario con un entorno tan extraño que no tenía ni idea de dónde se hallaba. Por lo general, suelo identificar detalles de la localidad mediante preguntas sobre edificios, ropas, condiciones de vida y entorno, pero los edificios eran de un tipo del que nunca había oído hablar. Describía la vida de un mercader en una extraña tierra en la que los cuerpos de los monjes muertos eran colocados en línea junto a los muros de un templo budista. El hombre murió cuando un puente colgante de cuerdas se precipitó por un barranco. Más tarde, cuando despertó, trazó un bosquejo de los edificios ya que esta primera perspectiva era lo único que recordaba de toda la regresión. Parecían orientales pero no sugerían Japón o China.

Durante esta primera sesión, Elena demostró ser un excelente sujeto sonámbulo, así que la condicioné con una palabra clave para eliminar una lenta fase de introducción en caso de volver a trabajar juntas. He logrado claves que funcionan con éxito más de un año después de darlas. El subconsciente las acepta tan fácilmente como si hubiese sido ayer.

Hasta esta primera sesión, Elena no había experimentado ningún tipo de estado alterado y estaba entusiasmada con los resultados de la regresión.

Dado que siempre estoy en busca de buenos sonámbulos, quería seguir trabajando con ella además de aquellos de quienes ya obtenía información. Ella estaba dispuesta, siempre que pudiera hacer un hueco en su apretada agenda. En los meses siguientes, éste fue el mayor problema. Dado que para ella su familia era lo más importante, solía cancelar una sesión en el último momento por cosas que ocurrían en su casa. Esto confirmaba que su asistencia al grupo de metafísica y las regresiones hipnóticas no eran una parte compulsiva o absorbente en su vida. Por el contrario, eran casi incidentales. Sentía que había encontrado un nuevo e importante sistema de creencias, pero aquello no tenía prioridad en su vida. Su familia y su trabajo se llevaban la mayor parte de su tiempo.

El día de nuestra segunda cita, llegué al restaurante cerca de la hora de cierre. Como ella no conducía, tenía la intención de llevarla a su casa después del trabajo para una sesión antes de que su esposo y sus hijos llegaran y requirieran su atención. El restaurante aún estaba lleno de gente. Ella explicó que esa repentina llegada de turistas significaba que no podrían cerrar hasta aproximadamente una hora más tarde de lo habitual y que entonces ya no se podría hacer una sesión. Como nunca me faltan personas para hacer regresión, mi intención era marcharme y llamar a algunas de las que estaban en lista de espera.

Pero ella me sujetó firmemente el brazo y me condujo a un reservado. «Espere un poco, por favor», me pidió. «Ha ocurrido algo muy extraño. Tengo que hablar de ello. Sólo espere hasta que atienda a algunas de estas personas.» La expresión de su rostro y el tono de su voz parecían tan graves que acepté. Esperé una media hora más o menos bebiendo un refresco mientras observaba su ajetreo entrando y saliendo de la cocina, sonriéndome ocasionalmente al pasar, como para que estuviera segura de que se trataba de algo importante.

Finalmente, hubo calma y ella se secó las manos a toda prisa en su delantal y se sentó frente a mí. Tomó mi mano entre las suyas y dijo con gran entusiasmo: «Gracias por esperar. No puedo seguir guardándomelo. He tenido una experiencia muy extraña. Nunca en mi vida me había ocurrido nada semejante».

Me contó que el incidente había ocurrido pocas noches antes, cuando se disponía a dormir. Sabía que aún estaba despierta cuando percibió la figura de un hombre que estaba de pie junto a su cama. Ésa era una situación que normalmente asustaría, pero en vez de eso, ella sintió una serena tranquilidad. La figura se identificó como Andy, su guía.

«Tienes que entender», decía, «que nunca me había ocurrido nada igual. Ni siquiera sé lo que es un guía y sé muy bien que no conozco a nadie llamado Andy».

Con toda paciencia le expliqué que en mi trabajo he descubierto que todo el mundo tiene un guía, y a veces más de uno, que ha sido asignado antes del nacimiento. A veces se les llama «ángeles de la guarda», y su propósito es ayudarnos en nuestro viaje por la vida. Lo aceptó porque era una explicación razonable, especialmente porque estaba en línea con su educación católica. Pero lo más desconcertante fue lo que le dijo.

«Me aseguró que era muy importante que siguiera trabajando contigo. Después me dio un mensaje para ti.» ¿Para mí? Eso sí que era una sorpresa. «Yo no lo entendí, pero dijo que tú lo entenderías. Dijo que tus libros deben ser publicados, que no debes renunciar. Que también había otros de ese lado a los que les preocupaba que pudieras perder la esperanza y el ánimo. Quieren que sepas que los libros son de extrema importancia.»

Fue una extraña experiencia porque en esa época yo no conocía muy bien a Elena ni había hablado de mis escritos con ella. No sabía nada de mis libros, de qué trataban, ni de los problemas que tenía hasta para ponerlos en manos de los editores. Tampoco sabía nada sobre una serie de desalentadoras gestiones que hacían que yo dudara incluso de llegar a publicarlos. Yo sabía que no iba a tirar la toalla, pero en ese punto me sentía muy sola y esperaba al menos una pequeña señal de aliento de que mi trabajo no sería en vano. Tal vez ésta era la señal. Tenía que ser válida porque Elena sólo estaba transmitiendo un mensaje que no entendía. Eso fue lo que le produjo confusión, porque realmente desconocía el significado del mensaje, si bien sintió el impulso de comunicármelo. Si hubiese sido para cualquier otra persona habría dudado en decírselo por miedo al ridículo.

Elena suspiró de alivio cuando le dije que lo había entendido. «Me doy cuenta de que los libros son importantes y quiero que se publiquen, pero *yo* no soy el problema. El problema es encontrar a un editor y en eso parece que estoy en un punto muerto.»

Ella no podía responder a eso porque la solución no formaba parte del mensaje. Sólo estaba destinado a dar aliento y esperanza. Fue mi primera experiencia con algo de este tipo. Tal vez mi primera sesión de hipnosis había abierto su consciencia psíquica más de lo que habíamos pensado. Ella dijo muy en serio que quería expandir sus habilidades psíquicas y que incluso había estado practicando la meditación, algo que nunca había hecho antes. Tal vez poseía una receptividad natural que empezaba a manifestarse. Fuera lo que fuese que causó la extraña experiencia, me alegré de que no le infundiera temor. De haber sido así, yo habría cortado de inmediato sus incursiones en lo desconocido, y nuestra aventura seguramente nunca se habría materializado.

Pasaron varias semanas antes de que Elena pudiera finalmente encontrar tiempo en su ocupada jornada para una regresión hipnótica. La sesión tuvo lugar en su casa; una de sus hijas adolescentes estaba presente. Utilicé la palabra clave y observé mientras ella entraba con rapidez y facilidad en un profundo trance. Después le di instrucciones para que fuese a una vida que hubiese tenido importancia para ella. A menudo suelo hacer esto cuando el sujeto no tiene un deseo concreto de descubrir la fuente de sus fobias, o problemas de relaciones kármicas con otros en su vida. En vez de esperar que algo ocurra al azar, les hago abrir el archivo sobre una vida que tiene alguna importancia relacionada con la vida que viven en el presente. De este modo, es habitual descubrir sorprendentes revelaciones.

Cuando terminé de contar, Elena se vio a sí misma como un hombre que contemplaba un enorme muro de piedra alrededor de una gran ciudad. Después, bajó andando por una calle de la ciudad. Por las expresiones de su rostro pude ver que algo le molestaba. Le pregunté qué era lo que la perturbaba y respondió: «Tengo que ir a ver al maestro». Cuando le pedí que diera más información, se sintió más molesta y dudaba si debía hablar de ello. Parecía que en su interior se libraba una silenciosa batalla. Sabía que era algo de lo que no podía hablar, aunque estaba deseando compartirlo conmigo. Se produjeron largas pausas. Sus respuestas eran breves y salpicadas de una sensación de inquieta desconfianza, como si no estuviera segura de si debía o no decir una palabra sobre esto.

Intenté tranquilizarla. Ya he estado antes en este tipo de situaciones. Suele ocurrir cuando está implicado cierto tipo de secreto. Quizá la persona pertenece a una misteriosa organización privada, está implicada en algo esotérico o es algo de lo que simplemente no puede hablar. Suele ocurrir a menudo, como en mi trabajo con el maestro esenio en mi libro *Jesús y los esenios*, y mi trabajo con los antiguos druidas, que se comprometían bajo juramento a guardar secreto y no podían revelar estas cosas a nadie, a menudo, so pena de muerte. No importa cuánto deseen contestar a mis preguntas; en un caso como éste les pido que vayan en contra de la estructura moral básica de aquella vida. A menudo puedo salirme con la mía si planteo las preguntas con tacto o procuro inspirar confianza. Pero ha habido ocasiones en las que nada podía atravesar esta especie de coraza. Supuse que éste era el caso por el movimiento de los ojos de Elena, sus expresiones faciales, sus respuestas vacilantes.

Cuando pregunté sobre el maestro, sólo dijo que era un hombre culto que tenía que enseñar en secreto. El tono de su voz me indicó que incluso revelar esto era como una traición. Intenté asegurarle que yo comprendía las razones de su cautela y traté de obtener más información. Cuando pregunté si era peligroso que me hablara de él, hubo una larga pausa. Ella intentaba decidir entre responder o callar. Este procedimiento me resultaba muy tedioso. Aunque estaba claro que ella se encontraba en estado de sonambulismo, sus respuestas venían muy lentamente, con una cautela conscientemente medida. Su voz era suave y relajada. Por esta razón resultó aún más inesperado lo que ocurrió a continuación.

Tras mi última pregunta hubo una pausa, después una voz firme y resonante irrumpió de pronto dirigiéndose a mí por mi nombre. «¡Dolores! Soy Andy. Soy el guía de Elena. ¡Aún no está preparada para esto!» Me quedé tan perpleja que el micrófono casi se me cae.

Me quedo corta si digo que me invadió el asombro. Por mi trabajo estoy acostumbrada a lo inesperado, pero esto me pilló desprevenida. Recordé que Elena había mencionado que la aparición que había surgido junto a su cama y le había dado un mensaje para mí dijo que se llamaba Andy. Si se trataba de su verdadero guía, su ángel de la guarda o su subconsciente, el tono de voz era tan autoritario que pensé que era mejor no discutir con él. Esta personalidad hablaba a velocidad normal y mostraba mucha seguridad. Suponiendo que fuese su subconsciente, obviamente se tomaba muy a pecho el bienestar de Elena y por eso sentí que no haría ningún daño conversar con «él». Le aseguré que si Elena no estaba aún preparada, podíamos retirarnos con relativa facilidad, aunque no veía problema en nada de lo que hablábamos.

Él continuó: «Ella está confundida. Y aunque para ella esta vida con Nostradamus ocurrió realmente, todavía no está del todo preparada para contemplarla».

¿Nostradamus? ¿Qué quería decir? ¿Habría vivido Elena en los tiempos del gran vidente?

Al ver a su hija me percaté de que estaba aún más perpleja que yo después de oír esas cosas tan extrañas a través de su madre. Sólo me encogí de hombros. Después de todo, yo debía controlar la sesión aunque no tenía idea de lo que estaba ocurriendo. Yo uso siempre la luz blanca de protección, pero quería estar segura de que esta entidad sólo intentaba ayudarla.

Dolores: *Quiero que sepas que mi principal preocupación es el bienestar de ella. Es muy importante para mí que alguien la proteja y la cuide.*

Elena: ¡Ah, sí! Lo sé. Nos gusta la forma en que tratas a tus sujetos. Por eso nos agrada trabajar contigo, los proteges muy bien. He intentado hacer esto antes. Ella es muy terca, pero es ... llegará a ser muy buena. (La voz sonaba como una madre que reprende a su hijo.)

D.: *Tal vez después, cuando esté preparada para ello, podríamos estudiar esta vida que empezaba a aparecer.*

No había tiempo para discutir nada de esto ya que me estaban dando instrucciones para llevarla a otra parte en ese momento. Era la primera vez que algo así me ocurría durante una regresión. Pero cuando acepté, la entidad se alegró por mi cooperación.

D.: *¿Quieres llevarla a algo que pueda contemplar cómoda- mente?*

E.: Preferiría que lo hicieras tú. Creo que una de sus vidas pasadas más recientes va a resultarle cómoda. (Pausa.) El siglo XIX.

Me preparaba para darle instrucciones de que fuera a esa vida, pero la voz me lo impidió. Aparentemente, aún no había terminado de hablar conmigo. De nuevo me sorprendió. Nada de esto era un procedimiento común en regresiones.

E.: ¿No te ha transmitido ella lo que pienso, que quería que continuaras con lo que llevas entre manos? Todos lo que- remos.

D.: *Sí, pero probablemente tú conoces las dificultades que se nos están presentando.*

E.: Sí, pero pasarán. Te están poniendo a prueba.

D.: *A veces siento que me ponen demasiado aprueba.*

E.: No lo creas, no te desanimes. Lo que haces es muy importante. ¿Sabes? Todos nosotros observamos y algunos nos sentimos frustrados por no poder hablar.

D.: *¿Conoces a mi guía?*

E.: No. No somos conscientes de los demás de una forma individual o personal porque estamos en distintos niveles. Y algunos están en niveles superiores al mío. Pero somos ... tienes que perdonarme, estoy usando las palabras que ella sabe. Somos conscientes de que ahí hay algo. Como tú eres consciente del aire aunque no lo veas. Surgirá para nosotros un terreno común. Incluso un guía puede anhelar que el sendero vaya en la dirección correcta. Todos iréis por el sendero correcto, sólo que algunos caminos tienen más curvas que otros. Mantente ahí; será muy bueno para los que tengan oportunidad de leer tus libros. También existen fuerzas negativas que se oponen a ello. Son como ... bueno, la forma más sencilla de explicarlo es «niños pequeños». No quieren ver el avance que puede producirse entre las personas sin tener que pasar por tantas vidas distintas. Y hemos llegado a un punto en el tiempo en el que la iluminación de todos puede ocurrir. Pero he de decir que esto se combate y se reprime. Desde luego, la represión suele producirse entre los que carecen de información, pero en este momento también ocurre en diferentes niveles. La reacción pública será favorable. Se reconocerá públicamente que ésta es la verdad, aunque también habrá una minoría que la pondrá en tela de juicio y se opondrá. Pero lo que haces es muy importante. No abandones. Intuyo, al igual que otros, que tu ánimo decae. Y por eso mismo es necesario decirte que tienes que armarte de pac1enc1a.

Después, la entidad me sugirió dónde debía enviar los manuscritos y los correspondientes elementos de tiempo; sorprendentemente, todo esto fue sucediendo a partir de ese día. También me advirtió con severidad que no permitiera a nadie censurar el material sobre Jesús, lo cual era un tema desconocido para Elena, y que habían sugerido dos compañías. Luego, transmitió un mensaje destinado a Elena para decirle cómo debía meditar, y ser más receptiva a sus comunicaciones y consejos. Dijo que la vida que había vislumbrado al principio de esta sesión era importante; más tarde se nos permitiría contemplarla. Luego volvió a pedirme que la llevara al siglo XIX; allí encontraría una vida que ella podría contemplar con más tranquilidad.

Después de despedirme de esta sorprendente entidad, llevé a Elena al tiempo indicado. Entró de inmediato en la vida ordinaria de una mujer casada con un agricultor muy trabajador de Kansas en el siglo XIX. Tras el inesperado giro que acababa de tomar esta regresión, resultaba tedioso escuchar sus recuerdos de esta vida. Los detalles carecen de importancia, pero esto indica el tiempo de ajuste por el que atravesaba su subconsciente. Si realmente era su guía o su subconsciente lo que había venido para comunicar y orientar, sólo confirmaba mi creencia de que, normalmente al empezar a trabajar con nuevos sujetos, no se les muestra una vida a la que no pueden enfrentarse. Por eso suelen recordar una vida ordinaria, aburrida. Es la pauta con la que siempre me he encontrado. Lo que hacía que esta sesión se saliera de lo habitual es que nunca antes había tenido una intervención directa de nada, mucho menos algo que se identificara como una personalidad individual. Fue una rara experiencia, pero he de seguir recordándome a mí misma que en esta línea de trabajo hay que contar con lo inesperado. La hija de Elena estaba tan sorprendida como yo por la repentina intrusión del guía. Se sorprendió aún más cuando le dije que ésa era la primera vez que esto me ocurría.

Cuando Elena despertó estaba encantada con la regresión de la mujer granjera aunque a mí me había parecido aburrida. Se sorprendió cuando le dije que Andy había interrumpido la sesión. No tenía memoria de ello. Pero en cambio recordaba la sensación de incomodidad al principio de la sesión.

«No recuerdo mucho qué pasó, pero me sentía incómoda, como si hubiese traicionado una confidencia. Siento con mucha claridad que fue una vida que ocurrió de verdad. Algo relacionado con un maestro, cuyas enseñanzas eran muy secretas en el tiempo que él vivió. Me inquietaba mucho el solo hecho de hablar de ello. Interiormente me impresionaba, como si estuviese violando algún tipo de norma o algo. ¿Me comprendes?»

Le pregunté si sabía algo sobre Nostradamus, el vidente del siglo XVI. Ella me respondió que nunca había oído hablar de él; incluso le costaba pronunciar su nombre.

Tal vez por eso había intervenido su guía; él podía percibir el torbellino que había en el interior de Elena. Sólo pude ver que estaba molesta. Normalmente, si algo le molesta, el sujeto puede llegar a ser objetivo o salirse de una escena y cambiar a otra cosa. También pueden despertarse si la experiencia se convierte en algo demasiado paradójico. Todo parecía indicar que Elena necesitaba la intervención de su guía. ¿Quién sabe? Yo no sabía qué pensar al respecto. Fui la última en saber qué pasó realmente y por qué. Todo esto confundía también a Elena; yo sabía que ella estaba en un trance tan profundo que no tenía un control consciente sobre lo que ocurría. Su guía también habló de cosas que eran desconocidas para Elena. Fuera lo que fuese lo que estaba ocurriendo, no me resultó incómodo. Despertó mi curiosidad y pensé que sería interesante hacer un seguimiento de la vida que había vislumbrado, si Andy lo permitía.

2
Encuentro con Dionisio

Pasaron dos meses antes de que Elena y yo pudiéramos reunirnos de nuevo para tener otra sesión. La temporada turística estaba en pleno apogeo en esa localidad de vacaciones, y el restaurante estaba abarrotado. Elena también estaba ocupada haciendo retratos que le habían encargado. Ella intentaba reservar un poco de tiempo cada día para la meditación ya que sentía que eso calmaba su mente y la ayudaba a relajarse. Algunas veces, yo estaba segura de que su guía, Andy, había llegado hasta ella para darle ánimo y consejo sobre sus problemas. Yo estuve ocupada con otros sujetos por diversos proyectos y sólo la veía en las reuniones de grupo. Finalmente, pudimos reunirnos para hacer una sesión en su día libre.

Después de darle la palabra clave, entró en un trance profundo, y yo empecé la sesión pidiéndole que volviera a un tiempo importante para ella. Tenía la esperanza de que fuese posible conectarnos de nuevo con la vida junto al maestro, pero todo dependería de su subconsciente protector. Realmente no tenía idea de dónde acabaríamos, pero sabía que fuera donde fuese, sería importante para Elena, aunque para mí no lo fuese.

Cuando entró en la escena, de nuevo era un hombre que se dirigía a la casa del maestro, que vivía en las afueras de la ciudad. Al parecer, habíamos dado con la misma vida. Sin embargo, esta vez sus respuestas eran mucho más espontáneas. No parecía inquieta, aunque a veces dudaba en sus respuestas. La tranquilicé para que pasara por alto el secreto que había estado presente en la sesión anterior. Aunque se sentía más cómoda conversando conmigo, todavía estaba alerta. Elena dijo que ella era uno de los seis alumnos que estudiaban con este maestro. De vez en cuando se reunían todos con él como grupo, pero también les daba lecciones particulares. Dijo con voz llena de respeto: «Me está enseñando el estudio de la vida. Cómo sanar el cuerpo. Cómo sanar la mente. Cómo ver el futuro. Sabe más que cualquier hombre sobre la tierra».

Dolores: *Todo eso me parece maravilloso. ¿Por qué tiene que mantenerse en secreto?*
Elena: Porque la gente es supersticiosa. Gente de la Iglesia ... la Iglesia católica.
D.: *¿Este hombre tiene que ocultarse por sus creencias?*
E.: No. Es un buen médico. Pero también es doctor de *todas* las cosas. Mantiene en secreto algunas de las cosas en las que cree.

Sin sugerir nada a su mente, yo intentaba descubrir quién era ese maestro. Ella no era capaz de decir el nombre de la ciudad o el año en el que estábamos, pero eso no era raro. Estudios científicos han demostrado que durante un trabajo como el que yo realizo, el sujeto emplea principalmente el lado derecho del cerebro donde se localizan las imágenes y la visualización. He descubierto que los nombres y las fechas se encuentran en el hemisferio izquierdo del cerebro; la parte analítica, lógica. Los expertos también dicen que el subconsciente no entiende de cifras o de tiempo. Después de trabajar con un sujeto en una vida específica durante un largo período de tiempo, al final resulta fácil acceder a todos los detalles de esa vida. Pero al principio es como si sólo estuviésemos arañando la superficie, y son comunes los errores en nombres y fechas y pueden pasarse por alto. Lo importante es el relato y las emociones; por lo general, puedo determinar mediante preguntas el lugar en el que estamos. Como un detective que busca pistas, estas respuestas pueden utilizarse para fijar con precisión una localidad y un tiempo. Ella describió la ropa que llevaba. «Llevo polainas. Calzado. Camisa y pantalones. Mi manto tiene capucha.» Era un hombre de mediana edad llamado Dionisio. Me di cuenta de que me costaría pronunciar este extraño nombre: sonaba a extranjero.

Decidí hacerle avanzar en el tiempo hasta el momento en que se hallaba en la casa del maestro estudiando con él. Fue allí de inmediato y empezó a describir la escena.

E.: La estancia es grande. Veo una mesa, libros. Los peldaños que conducen a la entrada de la casa, la parte principal de la casa.
D.: *¿Entonces, estás en la parte de abajo?*

E.: Sí. La chimenea está adosada a la pared. Frente a nosotros hay un fogón elevado y estamos tumbados sobre cojines mirando al fuego. El maestro dice que con esto podemos despejar la mente.

D.: *¿Hay alguien más, aparte de ti y el maestro?*

E.: Hay dos personas más.

D.: *¿Hombres o mujeres?*

E.: Hombres. ¡No hay mujeres!

D.: *¿Hay alguna razón para que no participen las mujeres?*

E.: Es la cultura de nuestro tiempo. Sólo a los hombres les está permitido aprender. Comprendo que las mujeres también necesitan aprender. Pero la sociedad de clases no lo permite.

D.: *¿Quieres decir que hay diferentes clases en vuestra sociedad?*

E.: Sí. Está la clase pudiente y la trabajadora, que está formada por médicos, mercaderes y comerciantes, y los pobres, que trabajan en las tareas más serviles. Los hombres cuyas familias se dedican al comercio, aprenden a leer, escribir y todo lo necesario para poder realizar bien sus negocios. Yo he tenido mucha suerte de que mi familia tuviese dinero para que pudiera seguir avanzando en los estudios más de lo necesario para los negocios de mi familia.

En ese tiempo, Dionisia tenía unos treinta años y nunca se había casado.

D.: *¿Entonces sólo deseas aprender del maestro?*

E.: Sí. Hay mucho que aprender.

D.: *¿Cuánto tiempo más tendrás que ir a la universidad para ser médico?*

E.: El tiempo que ya he invertido es suficiente, pero creo que es necesario continuar para aprender más. Prefiero trabajar con Nostradamus porque sé que él posee la información que necesito, no sólo para ayudar a la gente como médico, sino también para ayudarme a mí mismo.

Cuando nombró a Nostradamus me regocijé. Yo sospechaba que él era el maestro por lo que había dicho Andy, el guía. Pero me quedé desconcertada y no sabía qué preguntas le haría sobre él. Intentaba recordar lo que había leído acerca del hombre, y me preguntaba cuánto podía saber de él realmente uno de sus estudiantes.

D.: *¿Tienes idea de cuánto tiempo continuarás estudiando con él?*

E.: Espero que no se acabe nunca.

D.: *Eso sería bueno si pudieras hacer ambas cosas, practicar la medicina y seguir trabajando con él. ¿Poseen el mismo nivel de aprendizaje todos los demás que estudian con él?*

E.: No, hay tres que están con él hace más o menos el mismo tiempo, y dos que empezaron en fecha posterior. Yo empecé con los tres primeros.

D.: *¿Os enseña a todos juntos o tiene clases separadas?*

E.: En lo que respecta a la sanación del cuerpo, trabajamos juntos. En lo que concierne a las enseñanzas de la mente, trabajamos por separado.

Le pedí una descripción de Nostradamus. Dijo que sus cabellos eran castaños y largos, que tenía barba y ojos grandes. Aún era joven y hacía diez años que ejercía la medicina. Dionisio dijo que trabajaba con él a diario como aprendiz, ayudándole y aprendiendo de él.

D.: *¿Qué has aprendido de él que te haya sido especialmente útil?*

E.: Me ha enseñado a ver. A abrir la mente. A oír.

D.: *Esto es muy importante. ¿Escribe Nostradamus estas cosas?*

E.: Sí. Dice que habrá personas que aprenderán de él muchos años después.

D.: *También he oído que escribe en verso, de forma misteriosa o con acertijos que son difíciles de entender. ¿Es verdad?*

E.: Lo hace. Para los que entiendan no será difícil. Los que no estén capacitados o preparados para entender, no lo comprenderán.

D.: *¿No sería más fácil escribir estas cosas en lenguaje normal?*

E.: Para los que no estén preparados será aterrador. No entienden ni comprenden.

D.: *¿Te ha dicho alguna vez de dónde le llega esa información de la que escribe? (Dionisio respondió con un rotundo ¡Sí!) ¿Puedes compartirlo conmigo?*

E.: Hay tanto qué decir.

D.: *Podemos empezar por alguna parte.*

Parecía confundido respecto a dónde empezar o cómo explicármelo. Vacilante, empezó.

E.: El fuego ... abre el camino.

D.: *¿Quieres decir, mirar fijamente el fuego?*

E.: (*Con énfasis.*) ¡Sí! El ojo de la mente ve el fuego. Las voces acuden en tu ayuda y para guiarte. Te metes en el interior... de ti mismo. Ha de haber una preparación. Hay que aquietar el cuerpo, la mente. El uso de los elementos ayuda a guiarte. Los cuatro elementos.

D.: *¿Te ha enseñado un ejercicio o algo que ayude a aquietarte?*

E.: Las voces te sugieren el ejercicio que más te conviene. Nuestro maestro ayuda a aprovecharlo al máximo. Mirar el fuego ayuda a controlar las divagaciones de la mente.

Daba la impresión de que hablaba de meditación básica. Para ser efectiva, debe haber algo en qué concentrarse. A veces puede servir un objeto como punto de atención en vez del fuego.

D.: *¿Tiene que ser el fuego o puede ser otra cosa?*

E.: El fuego es símbolo de la luz. Él medita de muchas maneras. El fuego es uno de los métodos que enseña a los estudiantes.

Yo quería indagar otros métodos, pero esto la confundió y molestó de nuevo.

E.: En este momento, oigo ... oigo muchas voces.

Le pregunté si podía contarme lo que decían, pero parecía que era un barullo y tenía miedo de perder mi voz entre ellas. Le indiqué que siempre podría escucharme con toda nitidez y claridad y que mi voz sobresaldría por encima de las demás, pero él seguía confundido.

E.: No son ... forman parte de las voces ... intentan decirme cosas que no entiendo.

Era obvio que se hallaba en un estado meditativo y se concentraba en algo además de mi voz. Sería inútil intentar preguntarle en aquellas circunstancias tan confusas, de modo que le hice salir de aquella escena. Le pedí que fuera al lugar donde vivía, donde solía comer y dormir, donde transcurría su vida diaria. Cuando terminé de contar, las circunstancias confusas habían desaparecido. Dijo que no vivía con su familia sino que compartía este lugar con otro de los estudiantes de Nostradamus llamado Tellvini (así sonaba). Le pedí que describiera la casa. Dijo: «Es acogedora, pero no necesito cosas materiales».

Los dos estudiantes tenían una casera que vivía con ellos y cocinaba. A Dionisio le gustaba comer el pescado y el pan que la mujer preparaba. Cocinaba en una zona cerca del muro exterior donde había mesas y un hogar para cocinar. Me preguntaba cómo podía permitirse estas cosas, y contestó que el dinero venía de su familia. Ésta era obviamente la razón por la que no tenía necesidad de trabajar.

Mientras le hablaba, él leía sentado en una mesa. Esto no tendría nada de particular de no haber añadido que leía «Los libros perdidos ... del Libro de Dios». Al parecer se refería a la Biblia.

D.: *Sí, he oído que hay algunos libros que se perdieron. Nadie sabe qué contienen.*
E.: Son libros de los que la Iglesia quiere quitar algunas partes.

El libro estaba en francés, pero él también sabía latín, lo que indicaba que poseía una elevada educación.

D.: *¿Cómo te enteraste de la existencia de esos libros?*
E.: Por mi maestro. Dijo que es importante saberlo todo.
D.: *Estoy de acuerdo. ¿Qué parte de los libros perdidos estás leyendo?*
E.: La infancia de Cristo.

Naturalmente, esto despertó mi interés porque para entonces trabajaba en la reedición de mi libro, *Jesús y los esenios*, que versaba sobre la vida de Cristo. En mi mente ocupaba un lugar tan predominante que me era muy difícil trabajar en otros proyectos con otros sujetos. Me resultaba difícil plantear preguntas relacionadas con cualquier otro período. En parte era por eso que me costaba hacer preguntas sobre Nostradamus. Sé que era una extraordinaria oportunidad para averiguar acerca del famoso profeta, pero no podía despegar mi mente del proyecto de Jesús. Por tanto, cuando Dionisia mencionó que leía sobre la infancia de Jesús en los libros perdidos de la Biblia, me apresuré a aprovechar la oportunidad para obtener más información que podría añadir a mi libro. Le pedí que compartiera conmigo lo que estaba leyendo.

E.: Cuando era muy joven, ya poseía los mismos poderes que tuvo de adulto. Pero no tenía la compasión que llegó a tener en la edad adulta; a veces usaba su talento de forma obstinada y maliciosa.

Hizo que cayera muerto un compañero de juegos porque estaba enfadado. E hizo que volviera a la vida porque sintió pena por él. Ellos eliminan todas estas cosas. La gente sólo quiere conocer lo bueno.

D.: *Supongo que no quieren que se sepa que Él era capaz de tener emociones humanas. ¿Tiene nombre esa parte que estás leyendo o está en un solo libro?*

E.: Hay muchas etapas diferentes ... pasajes, pero está en un libro.

D.: *Pensé que el libro podría tener secciones o algo donde apareciera el nombre del autor. (*Parecido a nuestra Biblia actual.*)*

E.: (*Pausa.*) No poseo esa información.

D.: *¿Qué más dice sobre la vida de Cristo que ellos hayan eliminado?*

E.: La familia que tuvo. Hermanos. Hermanas. Tonterías. Era un niño normal, que crecía como cualquier otro. Y ellos no creen que él lo fuera.

Dijo que el libro no hablaba de cuántos eran en su familia. Sólo narraba algunos de los acontecimientos de su vida, como el incidente con el compañero de juegos.

E.: Parece que hay extractos de diferentes cosas, como partes del libro original que han sido borradas.

D.: *¿Había algo que habrían quitado respecto a los primeros tiempos, por ejemplo su nacimiento, que estuviese en este libro?*

E.: Sí, pero no lo recuerdo.

Pensé en hacer un experimento. Nunca se sabe el resultado que puede tener en un trabajo como éste. Es un azar, no hay pautas. Pregunté si podía mirar esa parte en el libro y leérmela. Se mostró perfectamente dispuesto a hacerlo. Dijo que tal como estaba organizado el libro era posible encontrarlo fácilmente. Después ocurrió algo desconcertante. Al parecer encontró la parte y la leyó en silencio, pero por alguna razón no fue capaz de hacerlo en voz alta para mí.

E.: Lo lamento, pero no puedo. Ignoro por qué. (*Parecía incómodo.*) Siento como si tuviera un peso en el pecho.

No comprendí qué quería decir, pero no quise presionar. Supuse que su subconsciente seguía sintiendo la atadura de algún código de ocultación y ella no estaba del todo dispuesta a permitir que todo se revelara.

D.: *¿Es algo de lo que no debes hablar?*
E.: Parece que se trata de algo que todavía... no se conoce.
D.: *Pero te permiten leerlo, ¿verdad?*
E.: Sí. Pero las voces me están diciendo... (*Sorprendida.*) ¡Que por mí no debe saberse! Lo recibirás de otra fuente.

No podía imaginar lo que quería decir, pero tuve que aceptarlo. «Tal vez no confían en mí», dije.

E.: (*Con énfasis.*) ¡No! No es eso.

La respuesta a cualquier otra pregunta sobre los libros perdidos fue un absoluto silencio, de modo que me di cuenta de que tenía que cambiar de tema. Me preguntaba si Nostradamus vivía cerca de él.

E.: Tiene más de una casa. A veces se queda con otros. A veces con su familia.
D.: *Has dicho que Nostradamus era médico. ¿Tiene un hospital, o no conoces esa palabra?*
E.: Va a la casa del que lo necesita.
D.: *¿Estudió mucho tiempo para hacer esto?*
E.: ¿Para ser médico? No estudió mucho tiempo. Fue capaz de entenderlo todo la primera vez que se lo enseñaron.
D.: *¿Y qué hay respecto al otro aprendizaje que tuvo, el de la mente? ¿Lo estudió en alguna parte?*
E.: A través de distintos sabios que le enseñaron.
D.: *¿Le enseñaron todas estas cosas al mismo tiempo que aprendía medicina?*
E.: Una parte durante ese tiempo, la mayor parte llegó después.
D.: *Has dicho que tenía otros métodos de sanación además de los convencionales que te está enseñando. ¿Puedes hablar de ellos?*
E.: (*Hizo una pausa y de nuevo parecía confundida.*) Por ahora no. (*La voz cambió. Era más firme. ¿Sería Andy, tal vez?*) Hay muchas cosas que has de saber acerca de esta vida. Pero lo que no entiendo es ... que bloqueen una parte de ella.

D.: *Si quieren que espere, no tengo inconveniente. Tengo mucha paciencia. Quiero que te sientas muy segura conmigo y que sepas que puedes confiar en mí.*

E.: Ellos confían en ti. Pero dicen que una parte de algo que sabrás después te llegará junto con el relato de esta vida. No tiene sentido que ahora sepas sólo parte de la cuestión. Sabrás algo que te vendrá por otra fuente y encajará con el relato de esta vida.

No comprendí qué querían decir, pero no tuve otra alternativa que aceptarlo. Tal vez lo entendería más tarde.

D.: *Entonces ¿quieren que primero yo haga eso, antes de trabajar contigo, o qué?*

E.: Ocurrirá antes, y tú lo sabrás.

D.: *¿Y después podré entender el sentido de ambas cosas?*

E.: Sí. Será claro para ti. Tú puedes ... ya volveremos a hablar.

D.: *Sí. Espero que lo hagamos de nuevo, porque siempre estoy a la búsqueda de conocimiento. Me agrada mucho que hayan dejado que te comuniques. La vez anterior no querían que hablaras de ello. Es un estímulo si creen que debes conocer esta vida. ¿Hay en ella algo en particular que deseen que sepas y que puedas compartir?*

E.: (*Larga pausa*.) Por ahora no.

D.: *Supongo que por eso resurgen estos sentimientos. Lo que aprendes nunca se olvida. Siempre está ahí.*

E.: Es parte de la razón. Aprenderás mucho de esta vida. Y antes de que vuelvas ocurrirá algo relacionado con ella.

Me di cuenta que por mi interés sobre el material de Jesús me había despistado y ya no sabía qué preguntas podía hacer.

E.: Cuando vuelvas, sabrás qué debes preguntar. Ya verás.

Puesto que no nos dejarían tener más información, no había nada qué hacer sino sacarla de aquella vida y hacerla volver a su estado consciente. Sentí un poco de alivio ya que, como he dicho, en aquel momento estaba demasiado preocupada para dedicar toda mi atención y energía a este proyecto. Aparentemente, ellos lo habían percibido. Seguí pensando que sería interesante investigar algo sobre Nostradamus. Pero ¿qué clase de información podría obtener de un estudiante? ¿Cuánto le habrían enseñado? ¿Le habría dicho Nostradamus algo sobre el verdadero significado de sus cuartetas y si fuera así, sería ella capaz de entenderlas? En ese· tiempo creí que podría averiguar algo sobre su vida durante el tiempo que Dionisia lo había conocido y tal vez descubrir algunos de sus métodos curativos, pero seguramente nada con profundidad respecto a los pensamientos íntimos y las visiones de Nostradamus. En esas circunstancias, pensé que tal vez podría obtener suficiente información para un capítulo en un futuro libro con historias diversas, ciertamente nada más. Pero Dionisia tenía razón: antes de volver estaría mejor preparada para hacer preguntas.

Lo cierto es que ocurrió algo extraño antes de volver. Dionisia no estaba dispuesto a darme la información sobre Jesús porque dijo que no vendría a través de Elena sino a través de otra persona. Katic Harris (seudónimo), el sujeto que me había proporcionado el material para Un alma recuerda Hiroshima y Jesús y los esenios, se había ido a vivir lejos, y yo estaba terminando la nueva versión de ese libro sobre la vida de Cristo. Con todo, sentía que había unas cuantas lagunas que me hubiera gustado rellenar. En el tiempo en el que trabajaba con Elena, también lo hacía con una joven estudiante universitaria llamada Brenda, que estaba haciendo estudios superiores de música en la universidad local. Era asimismo un excelente sujeto; ya había recibido una gran cantidad de información importante a través de ella; una información que quedará plasmada en futuros libros. Estas tres mujeres no se conocían y vivían en ciudades distintas.

El extraño incidente ocurrió mientras trabajaba con Brenda, pocas semanas después de la sesión con Elena. Ella se hallaba en trance profundo cuando súbitamente una extraña voz anunció que tenía información que debía ser incluida en el material sobre Jesús. Durante una hora proporcionó las respuestas que yo había estado buscando para rellenar las lagunas que había en el libro. Más tarde, mientras las insertaba en los lugares adecuados, encajaban tan perfectamente que era como si hubiesen estado ahí desde el principio. Un noventa y nueve por ciento de ese libro surgió a través de Katie y sólo un minúsculo uno por ciento fue por medio de Brenda, pero ahora sabía que el libro estaba completo. Fue como si de alguna manera «ellos» (quienesquiera que fueran) supieran que necesitaba las piezas adicionales y también que no podía obtenerlas de Katie, de modo que muy ingeniosamente descubrieron otro método para hacérmelas llegar. Elena estaba en lo cierto, la información no llegaría a través de ella. Su historia se concentraría en un terreno completamente diferente. Con gran alivio, en ese momento supe que podía dedicarme enteramente a otros proyectos.

Era evidente que alguien o algo más participaba en este trabajo y colaboraba orientando el flujo de información. Aunque no lo entendía, me alegré de contar con esa ayuda. En aquel momento ignoraba que ése era sólo el principio de una aventura que estaría llena de increíbles giros, vueltas e improbables consecuencias. Las cosas habrían de ocurrir de un modo que yo, como ser humano racional y pensante, habría considerado poco menos que imposible.

3
La llegada del gran hombre

Me propuse que a la semana siguiente plantearía a Dionisio preguntas más racionales sobre la vida de Nostradamus, pero la temporada alta se instaló antes de lo esperado en el centro turístico. El trabajo de Elena se prolongaba hasta muy tarde cada noche, y ella estaba muy cansada, así que empezaron a pasar los meses sin poder contactar con el estudiante de Nostradamus. En ese tiempo me ocupaba en muchos otros proyectos con otros sujetos; si lográbamos reunirnos, la historia de Elena no era más que una posibilidad más de seguimiento. Yo suelo trabajar simultáneamente en varios libros posibles, de modo que siempre tengo varios proyectos en marcha. Me equivocaba al suponer que habría tiempo suficiente para obtener más detalles sobre esta cuestión puesto que mi idea era que sólo representaría uno o dos capítulos interesantes en un libro sobre regresiones varias. En aquel momento no se me ocurrió soñar siquiera que por sí solo constituiría un libro, porque no podía imaginar que obtendría tanta información de uno de sus estudiantes.

El verano se estiró hasta el otoño y se disolvió en el invierno. De vez en cuando veía a Elena, pero no tuvimos más sesiones. Durante el invierno, el centro turístico se queda desierto y se convierte en un pueblo fantasma. La mayor parte de las personas que viven allí o bien emigran a climas más cálidos, o bien hibernan y esperan la siguiente afluencia de turistas a finales de la primavera. Elena aprovechaba productivamente este tiempo trabajando en los retratos que le habían encargado. Aún no era posible reanudar nuestro trabajo porque durante el invierno yo también entro en hibernación. Vivo en una zona rural montañosa desde la que se vuelve difícil e inconveniente ir a cualquier parte cuando llegan las nevadas. Durante este tiempo mis sesiones cesan y trabajo en la agotadora transcripción de las cintas que deseo utilizar. Es una parte tediosa pero necesaria de mi trabajo que requiere mucho tiempo, de modo que la reservo para los terribles meses de invierno cuando estoy sitiada por la nieve.

Así fue hasta la primavera de 1986, cuando finalmente Elena y yo pudimos encontrar tiempo para reunirnos de nuevo. Ella se había mudado a un apartamento en un viejo edificio. Las residencias en ese pueblo eran muy antiguas, así que no era nada extraordinario que hubiese una trampilla en la habitación de Elena junto a los pies de la cama. Esto hacía crujir el suelo cuando alguien caminaba sobre ella. El día de la sesión estábamos solas aunque de vez en cuando se podía oír el movimiento de la gente en los otros apartamentos. Antes de empezar, hizo salir al perro y al gato. Puesto que esperábamos que llegara una amiga, Valerie (o Val, como la llamaban sus amigos), antes de terminar, cerró la puerta exterior pero no le echó la llave. Estos detalles son importantes por lo que ocurrió durante la sesión. Siempre ocurría algo inusual en las sesiones que tenía con Elena, y ésta no sería una excepción.

Como habían pasado varios meses desde la última vez que había trabajado en esta historia no podía recordar el nombre del estudiante. Así que la llevé atrás hasta el tiempo en que era estudiante de Nostradamus. Cuando terminé de contar, lo encontré escribiendo en su habitación.

Elena: Escribo información que he recibido de las voces internas. Yo tenía preguntas que necesitaban respuestas, de modo que me volví hacia mi interior. Son preguntas sobre mí mismo que no tendrían ningún significado para otros.

Aparentemente, esta información la recibía a través de la meditación. Dijo que su nombre era Dionisia, y yo me hacía preguntas al respecto. Nostradamus vivió en Francia y este nombre no parecía francés. Se había insinuado la posibilidad de que Dionisia no fuese el verdadero nombre del estudiante. Tal vez como protección se les daba otros nombres. Pero él insistió en que ése era su nombre de pila.

E.: Vivimos con el maestro. Tiene una casa grande. Somos cinco estudiantes. Tenemos estancias separadas. Algunos eligen compartir habitación, pero yo no lo deseo. Sin embargo, todos tenemos un objetivo común.

Dolores: *¿Dónde vivías antes?*
E.: En mi tierra natal, en Atenas.

Esto explicaba su nombre extranjero. No era francés, sino griego.

D.: *En Atenas también hay muchas mentes sabias, ¿verdad?*
E.: Las había.
D.: *¿Por qué decidiste venir aquí en vez de estudiar en Atenas?*
E.: Mi familia se dedicaba al comercio. Comerciaban con diferentes especias y telas. Y decidieron mudarse por razones de negocios. Parte de mi familia sigue viviendo en Atenas, pero mis padres vinieron a vivir a París. Deseaban establecer una mejor comunicación de un puerto a otro con los productos que eran necesarios.
D.: *¿Esperaban que tú te introdujeras en el negocio?*
E.: Sí, así es. Pero yo siempre presentí que había algo más. Que no todo era corno ... estaba escrito.
D.: *¿Te educaste en Atenas?*
E.: Sí. Vinimos a París cuando yo era muy joven y estudié con los sacerdotes de Notre Dame. Aprendía para ser un ... (*buscaba la palabra justa*) hombre de leyes. Pero tenía la sensación que las leyes actuales eran injustas para la clase pobre.
D.: *Sí, pero eso suele ocurrir en la mayoría de los países, ¿no es así?*
E.: Cierto. Pensé que era necesario aprender algo que fuese útil para ellos. Decidí hacerme médico. Había oído hablar de Nostradamus y deseaba estudiar con él. Cuando lo conocí, tuve la sensación de que él era realmente la persona que podía enseñarme muchas cosas. Sigo siendo lo que llaman un «aprendiz». En la universidad suelen traer pacientes de los hospitales para que podamos ver de cerca el trabajo de los cirujanos. Prefiero trabajar con Nostradamus porque enseñaba un método que hacía que el paciente no sintiera dolor cuando había que operar.

Desde hace mucho tiempo se especula sobre el método con el que Nostradamus podía realizar estas curas milagrosas. Él dejaba perplejos a los médicos de su tiempo. Tal vez yo podría descubrir su secreto. Vivió antes del descubrimiento del éter, cuando los médicos supuestamente realizaban operaciones sin ningún anestésico.

D.: *¿Es el único que usa este método?*

E.: Sí. Me enteré de que en mi país había algunos que lo hacían, pero no en Francia. Es un método que hace que el paciente ayude al cirujano. Pero va más allá de eso: hace que el ritmo cardíaco de la persona sea más lento y que disminuya el dolor en su mente.

Daba la impresión de que era algo muy parecido a la hipnosis. Siempre he creído que cuando se intenta controlar el dolor, lo más difícil es hacer que el paciente te escuche.

E.: Existen narcóticos que podemos suministrarles y que básicamente proceden de Oriente; eso los calma. Entre ellos está el... opio. Es uno de los principales. El otro es el láudano. Pero siguen estando conscientes. Los adormece un poco pero no lo suficiente para que no se den cuenta cuando se les tiene que amputar una pierna o un brazo. *Nosotros* controlamos de un modo mejor. Empleando el método que trabaja con la mente y ralentizando el ritmo cardíaco, podemos llevarlos a un punto en el que su posibilidad de recuperación es mayor y no mueren por shock. Tenemos que usar este método con mucho secreto y hacer que parezca que las otras medicinas que empleamos son las que producen la buena respuesta de los pacientes.

D.: *¿Por qué tiene que ser tan en secreto? Se me ocurre que a los otros médicos les gustaría aprender.*

E.: En nuestro país hay mucha superstición. Cuando se trata de algo que es difícil de entender para la gente, enseguida piensan que está relacionado con el diablo o la brujería, y lo interpretan de una forma muy equivocada. La sociedad aún no ha aprendido a entender lo desconocido.

D.: *¿Entonces enseña a hacer estas cosas sólo a los que estudian personalmente con él?*

E.: Así es.

D.: *¿Qué enfermedades son las más destacadas o comunes en este momento en el país?*

E.: Las ocasionadas por la suciedad que prevalece en las ciudades, las condiciones insalubres. Una especie de tuberculosis pulmonar o tisis. Dadas las condiciones en que viven no hay tratamiento para los menesterosos que padecen esta enfermedad. Pero intentamos aconsejar a los que pueden, que beban mucho líquido, que vivan en el campo y no en la ciudad, donde aparentemente hay mucha contaminación y suciedad. Y hay un tipo de peste que ha causado mucha preocupación entre nosotros. Es una enfermedad para la que ni siquiera Nostradamus tiene cura. Produce hinchazón en la garganta, los pulmones se llenan de mucosidad y, finalmente, la cara se ennegrece. Creo que por la falta de oxígeno o aire.

D.: *¿La universidad es el único lugar donde se realizan operaciones quirúrgicas?*

E.: No, hay salas en los hospitales donde se realizan estas operaciones. Sin embargo, algunas se llevan a cabo en la universidad con el propósito de enseñar.

D.: *¿Hay un tipo de operación que sea más común que otros?*

E.: No es rara la amputación de miembros, a consecuencia de la gangrena que aparece en heridas y llagas tratadas con negligencia.

D.: *¿Alguna vez hacen operaciones en el abdomen y esa zona del cuerpo?*

E.: Sí, pero para muchos es un procedimiento abocado al fracaso por el shock y el trauma que produce en el paciente.

D.: *Cuando las mujeres dan a luz, ¿tienen que ir al hospital?*

E.: No es necesario.

D.: *Antes has mencionado que te enseñaron a meditar contemplando el fuego. ¿Es así como lo hace Nostradamus? ¿Le has visto alguna vez haciendo su propia meditación?*

E.: Es el método que más me ha ayudado. Una vez que nos sentimos cómodos con nosotros mismos, basta con una imagen mental. Él utiliza diversos métodos. Le he visto trabajar con la arena. Usa un tipo de arena fina muy blanca sobre algo muy transparente ... (Le costaba encontrar las palabras.) No recuerdo el material.

D.: *¿Es como un trozo de tela?*

E.: No. Es sólido.

Me distrajo el ladrido del perro de Elena en el exterior. Supuse que Val llegaba antes de lo convenido. Continué: «... es como cristal?».

E.: ¿Qué es eso?

Parecía confundida. No conocía la palabra «cristal». Es asombroso que hubiese tenido otros sujetos en regresión en este mismo período que tampoco conocían esa palabra.

D.: *Cristal es algo plano y puedes ver a través de él.*

E.: Es muy plano.

D.: *¿O es un tipo de metal?*

E.: No. No entiendo por qué no lo recuerdo.

D.: *(*Tuve una idea.*) ¿Sabes qué es un espejo?*

E.: (*Con entusiasmo.*) ¡Eso es!

D.: *Un espejo es algo en lo que ves reflejada tu imagen.*

E.: Sí, eso es.

D.: *¿Pero qué hace con la arena?*

E.: Forma en ella una especie de dibujo, dejando que su mano le guíe. Y a través de esto puede ver con su ojo interno.

D.: *Muy bien. Intento visualizarlo. Tiene un espejo pulido. ¿Coge arena con la mano y la esparce sobre el espejo?*

E.: Cubre el espejo con arena. Y toma un pequeño objeto como una pluma y hace que su mano trace dibujos.

D.: *De ese modo sería un dibujo diferente cada vez, ¿no es así?*

E.: Correcto. Y luego escribe lo que oye en su interior.

D.: *¿Quieres decir que el trazado de dibujos sólo es un método de concentración?*

E.: Sí. A veces tiene visiones por medio del espejo, pero nosotros no las vemos. Por lo general, una zona suele quedar despejada antes de terminar el dibujo libre, y ahí ve cosas.

D.: *Y escribe lo que ve. ¿Tarda mucho en hacerlo?*

E.: Dos o tres horas cada vez.

D.: *Tenemos sus llamadas cuartetas. ¿Es eso lo que escribe en esas ocasiones?*

E.: Sí. Recibe la visión u oye las voces. Y coge la pluma para escribir lo que ve o lo que oye.

D.: *Mientras lo hace, ¿si alguien tuviera que hablarle, puede oír?*

Yo trataba de determinar si en esas ocas1Ones se hallaba en trance.

E.: Nos ha dado orden de que durante este tiempo no le hablemos.

D.: *¿Has dicho que a veces usa otros métodos?*

En este punto empezaron a ocurrir cosas extrañas. Aunque Elena había hecho salir al perro y al gato antes de empezar la sesión, de repente entraron en la habitación y se quedaron juntos al pie de la cama mirándonos. Yo había oído ladrar al perro, así que pensé que quizás había llegado Val, la amiga que esperábamos, y que los animales la habían seguido. Supuse que probablemente estaba en la habitación principal, que no era visible desde donde estábamos. No oí entrar a nadie ni ningún otro ruido, pero esto se podía explicar porque estábamos en la parte trasera del apartamento. Le había dicho a Val que no había ningún inconveniente en que ella entrara hasta la habitación trasera cuando llegara. No le di importancia, suponiendo que había decidido quedarse en la habitación principal, para no molestar. Los animales se quedaron atentos a los pies de la cama durante mucho tiempo, algo que según Elena no era una conducta normal en ellos. Me hubiese gustado saber cómo habían entrado en el apartamento, pero como no molestaban, los ignoré y continuamos con la sesión.

En este mismo momento, los ojos de Elena se movieron bajo los párpados. Parecía seguir a alguien que aparentemente había entrado en la habitación en la escena de la vida pasada en la que se encontraba. Sus ojos siguieron a la persona en el momento en que entró y se sentó a su izquierda junto a la cama donde había un baúl (en su habitación real). Al parecer Dionisia se había quedado solo y meditando en la primera parte de esta sesión. Había ido respondiendo a mis preguntas sin titubeos. En este momento se volvió súbitamente evasivo y poco dispuesto a contestar. Supuse que era porque ya no estaba solo.

E.: Éstas son cosas secretas que no puedo describir ahora.

Dionisia parecía incómodo, como si el que había entrado en la habitación, quienquiera que fuese, le hubiera pillado en el acto de revelar secretos prohibidos. Procedí a tranquilizarle asegurándole que podía confiar en mí, pero que no lo presionaría para que hiciera nada que lo molestara.

Supuse que ya no daría más detalles sobre este tema en presencia de otro, de modo que su respuesta me sorprendió: «Permite que le pregunte primero». Al parecer, era Nostradamus el que había entrado. Esto me produjo una extraña sensación, sobre todo porque ella había desviado de mí su cabeza y ahora parecía mirar el aire vacío por encima del baúl. Hubo una larga pausa en la que parecía conversar con alguien que estaba de ese lado de la habitación. Casi sentí que yo también me encontraba ante la presencia de otra persona. Entonces ella se volvió a mí y manifestó: «No puedo compartir esto por ahora».

D.: *No hay problema, nunca te pediré que hagas algo que no te parezca correcto. Y me alegro de que se lo hayas preguntado. ¿Cree que podrás compartirlo más adelante?*
E.: Dice que dentro de un tiempo él te lo dirá.

Esto me impresionó. Sentí que se me ponía la piel de gallina y un escalofrío me recorrió la columna vertebral. Tuve la clara sensación de que podía verme y me miraba en ese momento. Durante mis regresiones, el sujeto rara vez es consciente de mí como entidad separada. Me gusta pensar que sólo su subconsciente me percibe y responde a mis preguntas, y que sólo soy una voz que susurra dentro de su cabeza. Resulta siempre divertido aunque a veces desconcertante cuando repentinamente la personalidad se fija en mí y pregunta «¿Quién eres?». Pero que un tercero percibiera de pronto mi presencia era un suceso muy raro.

Con toda la calma que me fue posible, pensé que si Nostradamus era realmente el mayor vidente que ha existido jamás y poseía capacidades mentales altamente desarrolladas, ¿cómo era que no podía percatarse de que su estudiante estaba conversando con alguien? ¿Era eso tan insólito? Yo seguía teniendo una extraña sensación al pensar que podía estar en presencia de un ser que sabía de mí pero al que no podía ver. Nunca me había ocurrido algo semejante en mi trabajo.

Pero lo más curioso es que me sentía incapaz de entender lo que había querido decir. ¿Cómo es que podía hablarme? Era absolutamente imposible que me hallara ante Nostradamus reencarnado y hablando con él a través de la regresión. Supuse que podía continuar preguntando a Elena sobre las experiencias de Dionisio con él. Pero no fue eso lo que dijo. Claramente indicó que conversaría personalmente conmigo. Estaba confundida, y el intento de entenderlo empezaba a producirme un mareo.

«¿Cómo?», pregunté. «¿Pretende hacerlo a través de ti? ¿O sabe cómo sucederá?»

La siguiente observación fue aún más desconcertante. «No sólo a través de mí sino ... de otro.»

Esto me pareció todavía más inverosímil. No sabía cómo tomármelo. ¿Y eso cómo podría realizarse? ¿Buscaría a otro estudiante suyo para que yo pudiera tener más información? Ése era mi método de trabajo. Si tenía la suerte de encontrar a otro sujeto que conociera a un personaje importante, por ejemplo: Jesús, Nostradamus, etc., entonces haría preguntas para indagar hechos sobre su vida. Podría haberlo descartado por demasiado insensato y excéntrico para tomarlo en cuenta siquiera, pero en su tono de voz había algo que me indicó que hablaba en serio. Tuve la sensación de que si realmente tenía que ocurrir, yo no tendría nada qué decir respecto al método o procedimiento ni tendría que preocuparme por ello o hacer que ocurriese. (Aunque no tuviera la más remota idea de cómo hacer que algo así ocurriera.) Tal vez sería tan espontáneo como este inesperado anuncio. «¡Ah, vaya!», pensé, para qué ponerlo en duda, al final, tal vez todo era posible. En todo caso, estaba claro que no era el momento de analizarlo. Tenía la cabeza sumergida en la confusión. Por el momento tuve que apartarlo de la mente y continuar.

D.: *Me parece que él debe saber que busco conocimiento, el conocimiento perdido, y siempre me alegro por todo lo que pueda recibir.*
E.: Lo sabe.
D.: *Y que no pretendo hacer daño en absoluto. Agradecería cualquier cosa que puedas decirme en el momento que sea, o cualquier cosa mientras él se sienta con libertad de comunicarme. ¿Quieres agradecérselo en mi nombre?*
E.: Sí, lo haré.

Justo en este punto tuve que dar la vuelta a la cinta de la grabadora, pero también aproveché esta oportunidad para ir rápidamente a la habitación principal y comprobar si había llegado nuestra amiga. No podía entender por qué no había oído ningún ruido o por qué ella no se había acercado a la habitación, al menos para ver si habíamos terminado. Pero para mi sorpresa, el apartamento estaba vacío y la puerta principal estaba abierta de par en par. A toda prisa volví junto a Elena, más desconcertada que nunca. Los animales también se habían ido y ya no volvieron.

Yo sabía que ya no recibiría más información porque Nostradamus había detenido el flujo. Para hacer que la sesión volviera a un terreno conocido, adelanté en el tiempo a Dionisio hasta un día importante en su vida. Elena respondía mucho más espontáneamente a las preguntas que en ninguna otra sesión. No había asomo de la confusión e incertidumbre que habían prevalecido en las sesiones anteriores, cuando conectamos con esa vida. Había sido un poco molesto ver que Andy, o quienquiera que cuidase de ella, interrumpiera continuamente las sesiones. Hice la cuenta para que Dionisio se adelantara en el tiempo, hasta un día importante, y le pregunté lo que hacía.

E.: Estoy recibiendo información que me deja atónito.
D.: *¿Cómo la recibes?*
E.: Por los ojos y la mente.
D.: *¿Puedes compartirlo conmigo?*
E.: (*Temeroso.*) No me atrevo.

Yo tenía tanta curiosidad como para soslayar sus objeciones. Había funcionado antes en circunstancias parecidas.

D.: *Bien, estoy totalmente de acuerdo si no quieres compartirlo conmigo. Pero ¿por qué es éste un día importante?*
E.: Porque es la primera vez que he tenido las visiones. Antes sólo oía voces.
D.: *¿Cuándo terminen vas a tomar notas de lo que estás viendo?*
E.: ¡Por supuesto! Pero sólo para mí mismo.
D.: *¿Tienen algo que ver las visiones con tu propia vida?*
E.: Ah, son de un futuro muy lejano.
D.: *Sin embargo, me gustaría que me hablaras un poco de ellas.*
E.: No me creerías.
D.: *Ah, apuesto que sí. Creo en muchas, muchas cosas extrañas. ¿Es en algún lugar cercano a donde vives ahora?*
E.: No tengo la menor idea. Estoy viendo lo que parece una ciudad con edificios altos que llegan al cielo. Hay objetos que vuelan. Tienen aspecto de pájaros, gigantescos pájaros de metal. Y en su interior hay gente. Son cosas rápidas que se mueven por la ciudad. También transportan personas.
D.: *¿Parecidas a vuestros carruajes?*

E.: En absoluto. Nunca antes había visto algo así. Parecen contenedores de metal con ... metal transparente.

Curiosamente, de nuevo parecía que no conocía las palabras para definir el cristal. Era un indicio de continuidad. Evidentemente, Dionisia estaba contemplando nuestro tiempo en su futuro. Contemplaba una escena que resultaría familiar para Elena. Era fascinante escuchar su forma de describir estas cosas en términos tan ajenos, como si lo viera a través de unos ojos nuevos. Este fenómeno también ocurría en mi libro: *Five Lives Remembered* ('El recuerdo de cinco vidas'), en el que una joven de la época cercana a 1770 tenía una visión del futuro y lo describía en términos muy parecidos.

D.: *Sí que parece asombroso. ¿Las personas tienen aspecto diferente?*
E.: Sí, parecen ... mucho más saludables.
D.: *Debe de haber buenos médicos en ese tiempo.*

¿Qué sería lo más natural que llamara la atención de un médico? Que las personas del futuro eran más saludables que en su propio tiempo. Esto añadía un toque de credibilidad.

E.: Más saludables. Y atuendos diferentes. Muchos tipos distintos. Ni siquiera podría explicar uno solo. Nostradamus nos dijo que habría cosas que estarían más allá de nuestra comprensión.
D.: *Me gustaría saber si es el tipo de cosas que él ve continuamente.*
E.: Creo que sí.
D.: *Bien, nunca se sabe; tal vez el mundo del futuro será así. ¿A ti qué te parece?*
E.: Creo que es muy diferente. Me da miedo. Nunca había visto a tanta gente.
D.: *Creía que París era una gran ciudad.*
E.: Lo es, pero nunca he visto París desde esta perspectiva. La contemplo desde arriba. Veo el puente más grande que jamás haya visto en mi vida. Es como su estuviese hecho de metal y... cuerdas.

Probablemente los cables de un puente como el Golden Gate o algo parecido que naturalmente él no sabía cómo describir de otro modo.

E.: Está suspendido sobre el agua. Y estos objetos, estos contenedores, se mueven sobre él.
D.: *¿Hay algo en el agua?*

E.: Sólo ... son lanchas. Muy diferentes, pero sé que son lanchas.

D.: *Entonces puedes ver todos los edificios altos y todos los vehículos de extraño aspecto.* (Parecía confundida.) *¿Conoces esa palabra?* (Movió la cabeza.) *Significa algo en lo que se viaja. Es otra palabra que lo define. Como un carruaje. Incluso de una lancha se puede decir que es un vehículo. Algo en lo que te introduces y se mueve.*

E.: Ya veo. Gracias.

Parecía satisfecho con m1 explicación y feliz de que se la diera.

D.: *¿Hacen ruido esos contenedores?*

E.: No oigo nada.

D.: *¿Hay algo más que puedas decirme y que te parezca diferente?*

E.: (*Larga pausa.*) Hay tantas cosas. Intento decidir cuál... ¡las luces! Las luces son mucho más brillantes que las que tenemos aquí. Y hay... ah ... luces con imágenes en ellas. Llenas de colorido.

D.: *¿Qué clase de imágenes?*

E.: Ah ... tantas y tan diferentes. Una mujer que lleva en la mano un objeto. *(¿Tal vez un cigarrillo o un refresco de cola?)* Un hombre de extraños ropajes montado a caballo. *(¿Un vaquero, quizá?)*

Me preguntaba si estaba viendo vallas de anuncios o alguna publicidad hecha con luces de neón de colores. Yo disfrutaba con esto. Era divertido ver nuestro mundo a través de los ojos del pasado.

E.: Tienen luces en las calles.

D.: *Eso está bien; las personas pueden ver de noche. ¿París tiene iluminadas las calles?*

E.: Tiene luces que arden, pero no con el mismo combustible que éstas. Y no tantas.

D.: *Ciertamente, esta ciudad que estás viendo es extraña. Da la sensación de que estuviera en un futuro muy lejano.*

Le hice salir de aquella escena y le pedí que avanzara hacia otro día importante de su vida.

E.: Estoy ayudando a cerrar una herida. Es un niño pequeño. Un carruaje le arrolló los pies y he tenido que amputar. Hice que llevaran al chico a mi cámara pero pude hacerle ver que lo ayudaría y lo tranquilizaría. (*Emocionado.*) Y es la primera vez. Esto significa mucho para mí.

D.: *¿Qué quieres decir con la primera vez?*

E.: He podido poner en práctica las enseñanzas que he recibido. Quiero decir, además de ejercer la medicina. Emplear lo que Nostradamus me enseñó para aliviar el dolor. Incluso he conseguido que la hemorragia fuese menor de lo habitual. Nostradamus me guió en esto.

D.: *¿Has terminado tu formación?*

E.: Sólo la física, pero no la mental.

D.: *¿Dónde ejerces la medicina?*

E.: Mucha gente acude a mí. También voy al sector de los pobres. Mi deseo es ayudarles.

D.: *¿Y qué me dices de tu familia? ¿Entienden lo que haces?*

E.: Sí, saben que quiero trabajar con los menesterosos.

Dijo que llevaba seis años practicando la medicina y unos cuatro acudiendo regularmente al barrio de los pobres y trabajando con ellos. Varios de los otros estudiantes habían vuelto a sus respectivos hogares para ayudar allí a la gente.

D.: *¿Hay un gobernante en tu país?*

E.: ¿Quieres decir Francia?

D.: *Sí. Ese país que ahora es tu hogar.*

E.: Sí, lo es. No recuerdo ... vino después del rey Carlos. No recuerdo si es Luis o no.

D.: *Sólo tenía curiosidad. ¿Le has visto alguna vez?*

E.: No, nunca le he visto.

De lo poco que había leído sobre Nostradamus, recordé que había vaticinado el futuro de su rey cuando el gobernante se enteró de sus raros talentos.

D.: *¿Y qué me dices de Nostradamus? ¿Ha visto al rey alguna vez?*

E.: Ah, sí. Conoce las profecías. Nostradamus le habla de algunas de ellas, sí. Las que conciernen a Francia. Pero él no sabe nada de lo que hace.

D.: *¿Sabes de qué trata alguna de estas profecías?*

E.: Algunas las conozco. Pero carecen de interés para mí.

D.: *¿No te preocupa lo que ocurra en Francia?*

E.: Lo que he aprendido va más allá de lo físico.
D.: *¿Has tenido alguna visión particular que consideres importante y puedas compartir conmigo?*
E.: Tal vez en otra ocasión. Me siento muy cansado ahora.
D.: *¿Es por el trabajo que has hecho con el niño pequeño?*
E.: Sí. ¿Puedo hablarte de ello en otra ocasión?
D.: *Por supuesto. Me gustaría mucho.*

Elena también podría sentirse cansada porque ésta había sido la sesión más larga que nos habían permitido mantener sin interrupciones.

Al despertar, Elena parecía desconcertada. Del tiempo que estaba en trance sólo recordaba una cosa. Preguntó si alguien había entrado en la habitación durante la sesión. Le hablé del perro y el gato, y le dije que había encontrado la puerta principal abierta de par en par. Dijo que, a veces, si los animales lo intentaban lo suficiente podían entrar, pero era raro que entraran en la habitación y se quedaran al pie de la cama observándola. Ese comportamiento era inusual.

Dijo: «La razón por la que pregunto es porque claramente oí que alguien entraba en la habitación y avanzaba dando pasos lentos. Después se sentó en el baúl».

Le hice caer en la cuenta de que sobre el baúl había muchas cosas (fotos y otros chismes) y en circunstancias normales nadie habría podido sentarse ahí. Le dije que sus ojos se habían movido hacia allí como si viera entrar a alguien y dirigirse a ese lado de la cama. Manifesté que tal vez ella había oído a las personas del piso de arriba moviéndose de un lado a otro, ya que durante la sesión había habido ruidos que parecían llegar de los otros departamentos.

Ella movió la cabeza y repuso con énfasis: «Es extraño. Sé que no es lógico. Pero estoy segura de que los sonidos venían de dentro de la habitación porque hay una trampilla allí, al pie de la cama. Cuando alguien da pasos por la habitación, el suelo cruje en ese punto. Eso es lo que oí».

Obviamente, los animales eran demasiado pequeños para hacer esos ruidos, sobre todo el de pasos. La grabadora recogió sonidos similares a los que ella describió, pero como he dicho, podían proceder de arriba.

Es interesante especular sobre la posibilidad de que los animales de hecho vieran y acompañaran a alguien que entraba en la habitación. Había oído ladrar al perro afuera cuando empezó el fenómeno. ¿Vieron una presencia que para mí era invisible? ¿Por qué otra razón se vieron forzados a entrar en la casa sólo para quedarse al pie de la cama y observar?

Cuando le dije a Elena que Nostradamus había dicho que hablaría conmigo en persona, se quedó tan atónita como yo. No podíamos imaginar cómo realizaría semejante hazaña.

«¿Cómo puede venir a través de mí?», preguntó. «Es bastante obvio que yo no podía ser Nostradamus si era uno de sus estudiantes.»

También nos preguntábamos sobre esa otra persona a través de la cual debía comunicarse. La predicción que hizo sobre la llegada del material adicional sobre Jesús a través de otro se había realizado cuando lo recibí a través de Brenda. Esto también era un hecho poco probable. En este punto, no teníamos idea de dónde terminaría esta historia o qué otra cosa ocurriría. Me tracé el plan de desarrollarlo en unas cuantas sesiones adicionales cuando descubriera el resto de la narración de la vida de Dionisio. Pensé que no habría nada más que mereciera la pena de recabar.

En esta sesión, la capacidad de Elena para hablar con mayor fluidez y dar más información había mejorado de forma espectacular, en comparación con las primeras sesiones. Tal vez la razón del retraso forzado y las intervenciones de su guía tenían el propósito de darle más seguridad y familiarizarla con este procedimiento.

Después de esta sesión, fijamos varias citas que ella no pudo mantener por diversas razones personales. A continuación, se marchó un mes a California para ver a una hija que estaba pasando por dificultades en su matrimonio. Así pasaron de nuevo varios meses antes de poder reanudar el trabajo en este proyecto.

4
Habla Nostradamus

Después de la última sesión, Elena canceló una y otra vez las citas porque preparaba su viaje a California para acompañar a su hija. Antes de su marcha, se me ocurrió que se podrían utilizar sus habilidades de retratista. ¿No sería fantástico que intentara hacer un dibujo de Nostradamus? Medité sobre la manera de sugerirle que ella era capaz de verle claramente en estado consciente. No quería que aquello se convirtiera en una obsesión ni que la idea la inquietara y viera su rostro en todas partes. Por lo tanto, había que manejarlo con sumo cuidado. Decidí que podía hacerle una sugestión posthipnótica para que cuando quisiera dibujar su imagen pudiese verlo de forma clara y definida. El tiempo restante ni siquiera estaría en sus pensamientos. Su rostro aparecería solamente cuando ella quisiera verlo.

Le pareció estupenda la idea; para ella sería un gran reto ver si sería capaz de reproducir su imagen. Ni siquiera consideró necesaria una sugestión porque en el momento de mencionar su nombre pudo ver claramente su rostro. Lo describió con una mirada distante en sus ojos. Tenía la frente ancha y la nariz aguileña, pero sus ojos eran el rasgo más prominente. Aceptó intentarlo cuando encontrara tiempo en su ocupada agenda.

Estuvo ausente durante un mes. A su regreso empezó un nuevo trabajo en otro restaurante; ella estaba agotada por los necesarios ajustes. Después de cancelar unos cuantos intentos más, finalmente pudimos reunirnos. Ya estábamos otra vez en mayo (1986) y se iniciaba de nuevo la temporada turística.

Cuando la recogí después del trabajo, se dejó caer en el asiento del coche. Echó hacia atrás la cabeza y cerró los ojos. Estaba muy cansada después de un arduo día de trabajo. Tenía problemas con el nuevo jefe, y las presiones empezaban a aflorar. También había otras dificultades familiares que yo ignoraba. Le recordé que, aunque estuviese cansada, la sesión la relajaría más que un buen descanso nocturno y que después se sentiría de maravilla. Mis sujetos siempre disfrutan con este trabajo, se sienten más renovados que después de dormir.

Ella anunció: «Me parece que es justo que te diga que estamos considerando seriamente mudarnos de nuevo a Alaska». Su marido estaba descontento en su trabajo y la situación económica no era como lo habían previsto. A ella le gustaba mucho la atmósfera tranquila y relajada de nuestra zona montañosa y quería quedarse, incluso jubilarse aquí algún día. Pero él se empeñaba en volver al norte, reunir algún dinero y poder comprar una vivienda permanente cuando volvieran. Ella había hecho amistad con muchas personas y en realidad no quería marcharse, pero no veía otra alternativa. Así que posiblemente se irían en julio; sólo quedaban dos meses. «Pensé que debías saberlo. No estaría bien decirte de repente que me marcho la semana siguiente.»

Mi mente intentaba anticiparse. No había sensación de urgencia. Tal vez sería posible obtener el resto de la historia de la vida de Dionisia si no había ningún retraso más. Creía que esa historia sólo representaría un capítulo interesante en un libro sobre regresiones diversas, y en todo caso que ella me enviaría por correo el retrato cuando lo terminara. Pero sobre todo sabía que echaría de menos a Elena y su amable carácter. Nos habíamos hecho buenas amigas. Sin embargo, lo más importante era que ella hiciera con su vida lo que le pareciera. Si eso significaba mudarse de nuevo a Alaska, así tenía que ser. No sospechaba siquiera que mis planes cambiarían antes de terminar esta sesión.

Puesto que el apartamento de Elena estaría lleno de gente a esta hora del día, decidimos ir a casa de Val, donde habría más intimidad. Val nunca había visto hacer un trabajo de regresión y le interesó estar presente. Más tarde me alegré mucho de contar con la presencia de un testigo, ya que resultó ser una de las sesiones más extrañas e insólitas que haya dirigido jamás. Sin el testigo y las cintas grabadas, sé que sería difícil que alguien creyera lo ocurrido aquel día, ya que incluso a mí me costaba creerlo.

Elena estaba tan cansada que ansiaba entrar en trance para tener un agradable descanso. Le hice la cuenta atrás hasta el tiempo en el que era el estudiante de Nostradamus y encontré que Dionisio estaba escribiendo. Traducía del latín al francés para Nostradamus. Se trataba de antiguos remedios medicinales; él intentaba ver la forma de adaptarlos y emplearlos. Dijo que el latín era una lengua que le exigían que supiera. En realidad, Elena no entiende ninguno de esos idiomas. Dionisio dijo que mientras hacía las traducciones había descubierto algunas teorías interesantes sobre la cirugía cerebral. Me sorprendió porque yo no sabía que ellos realizaran operaciones tan arriesgadas como ésas. Me aseguró que las hacían. «Sólo hasta ahí podemos llegar. Perforar el cráneo para aliviar la presión en el cerebro.»

A esto se le llama trepanación; se conoce desde tiempos antiguos. Restos egipcios momificados muestran que ya se practicaba entonces, y que los pacientes la superaban y vivían varios años después. No es esto realmente lo que pensé que quería decir por cirugía cerebral, pero no me daba cuenta de que en Europa se realizaban todo tipo de operaciones en la cabeza antes de que comenzara el uso de la anestesia.

Dolores: *¿Cómo sabes cuando hay presión en el cerebro?*

Elena: Por los ojos ... y por la hinchazón de manos y piernas. Y al pinchar los dedos se ve la cantidad de sangre que hay allí. Hay demasiada sangre en el sistema.

D.: *¿Cómo se sabe si hay demasiada sangre en el sistema?*

E.: Por la hemorragia continua de la nariz. Las uñas están extremadamente rosadas. Bajo los párpados, las venas más pequeñas están congestionadas.

D.: *¿Y qué haces en ese caso?*

E.: Hacemos perforaciones en la cabeza. A veces se presenta sólo una ligera hinchazón. Depende del sitio donde la presión es mayor. Medimos el cráneo.

D.: *¿Qué clase de instrumento utilizas para hacerlo?*

E.: Es un instrumento metálico. Considéralo parecido al tipo de instrumento que usan los navegantes sobre un mapa. Tiene un ... (*Busca un término.*) No encuentro la palabra para definirlo. Es como una media luna con una placa giratoria en un extremo ...

¿Compás de calibrar? Creo que se llama calibrador. Algo semejante.

D.: *¿Yeso no causa dolor?*

Yo estaba pensando en los instrumentos usados para la trepanación, pero él hablaba del instrumento de medición.

E.: (*Con énfasis.*) ¡No! No, se ajusta a la parte superior. Se gira para abrir o cerrar. Está abierto por la parte de abajo. Tiene dos extremos y una rosca en la parte superior. Se hace una marca para saber la medida exacta. Cuanto más te acercas, mejor se podrá medir la distancia. De modo que obtienes una circunferencia de la medición total.

Los movimientos de su mano indicaban que se trataba de un instrumento de gran tamaño, parecido a unas tenazas para hielo.

D.: *Ah, ya veo que hablas de mediciones; que no causarían dolor.*

E.: No, el instrumento no causa dolor.

D.: *Pero yo pensaba que el corte en el cráneo sí.*

E.: ¡Ah! Ya entiendo lo que dices. Nostradamus emplea una técnica que produce muy poco dolor en sus pacientes. Creo que ya te he hablado de ello.

D.: *Sí, así es. Es un método parecido al que yo uso. Lo llamamos hipnosis. ¿Cómo lo llamáis vosotros?*

E.: Trance.

D.: *Creo que has dicho que los otros médicos ignoran lo que él hace.*

E.: Es correcto. Es un secreto.

D.: *¿Los otros médicos pueden realizar operaciones como ésta?*

E.: Sí. Pero con más alta mortalidad que la de Nostradamus. El paciente entra en shock. A veces no sobrevive. Nostradamus cree que el shock tal vez sea la causa más elevada de muerte postoperatoria, más alta que la operación en sí.

D.: *Es una lástima que no pueda compartir sus métodos con los demás médicos.*

E.: (*Bruscamente.*) Tiene un mensaje para ti.

D.: *¿Ah, sí?*

E.: Sí. Un momento.

Aquello fue tan repentino como sorprendente. De nuevo, casi se me cayó el micrófono. Era como si una vez más Nostradamus hubiese captado que hablaba con su estudiante. Al parecer, aprovechó el momento como una oportunidad para hablar conmigo. Aunque me parecía fascinante saber el modo en que los médicos practicaban su arte en tiempos pasados, probablemente él lo consideraba trivial y sin importancia. Daba la sensación de que se veía obligado a intervenir porque su mensaje era más urgente. Miré a Val y me encogí de hombros. No tenía más idea que ella sobre lo que estaba ocurriendo. Durante la última sesión dijo que hablaría conmigo. ¿Era eso lo que pretendía? ¿Qué querría decirme?

Lo que vino después fue muy extraño; una conversación a tres bandas. Elena giró la cabeza a su derecha como si de forma expresa escuchara a alguien a quien yo no veía. Después se volvió hacia mí para hablar. Cada vez que esto ocurría, se producía una larga pausa mientras parecía que ella escuchaba antes de transmitirme lo que acababa de oír. Sentí un escalofrío en la nuca. Era una sensación pavorosa saber que de algún modo Nostradamus sabía que yo estaba allí y era consciente de lo que hacía.

Él procedió a hacerse cargo de la sesión.

E.: Dice que tienes que trabajar en la traducción. Las cuartetas. Que en tu tiempo está ocurriendo algo que se entendería mejor con la traducción de ciertas cuartetas.

D.: *Una idea interesante. Pero no sabría cómo empezar.*

Yo no sabía absolutamente nada sobre las cuartetas. No tenía un libro, así que hice la única sugerencia que me parecía lógica en aquel momento.

D.: *¿Sabe de qué cuarteta debería hablar?*

Pensé que me sugeriría alguna. Pero no iba a resultar tan fácil.

E.: Dice que debes -no entiendo- ¿recurrir a tu guía? Que ellos encontrarán las cuartetas oportunas para su traducción.

D.: *¿Puede darme alguna indicación de qué cuarteta sería? Son muchas.*

E.: (*Una larga pausa mientras ella volvía la cabeza de nuevo y escuchaba.*) Dice que no preguntes, que lo hagas de este modo.

D.: *¿Qué? ¿Qué busque en un libro?*

E.: Correcto. Parece que tu guía tiene facilidad para leer con rapidez.

Naturalmente pensé que hablaba de nuestros guías invisibles o guardianes, como el Andy de Elena.

D.: *Está bien. Tendré que conseguir un libro y leerlo. ¿Y cuando encuentre una cuarteta tendré que preguntarle el significado?*

E.: No. Tu guía lo leerá y sabrá cuál debe traducirse. Hay que hacer esto lo antes posible.

D.: (Me dejó desconcertada.) *Intento entender cómo puedo hacerlo. Si el guía lo hará, ¿cómo obtendremos el mensaje?*

E.: El guía es la persona con la que estás trabajando. Siento no haberme explicado bien.

D.: *¿Quieres decir que este vehículo (*Elena*) debe encontrar la cuarteta? ¿Y nos harán saber cuál es la apropiada para lo que ocurre en mi mundo en este momento?*

E.: Es correcto.

D.: *¿Puedes decirme por qué es tan importante?*

E.: Existen simultáneamente una condición atmosférica y cambios planetarios y... (*Levantó la mano para que no hablara.*) Hay más, sólo que ... (*Se puso a escuchar.*)

No podía creer lo que estaba ocurriendo. Realmente, él sabía que yo estaba allí. Era muy difícil de creer. Un hombre por el que durante mucho tiempo he sentido un gran respeto y temor ahora me hacía llegar mensajes a través del tiempo y el espacio. No me habría quedado más atónita si el mismo Jesús hubiese empezado a hablarme. Mi mente daba vueltas. Seguí pensando que esto era imposible.

E.: (*Pause larga.*) No entiendo, pero afirma que el armamento empleado en el presente ha originado cambios en la atmósfera que van a sentirse dentro de un año. Y si es posible traducir el conocimiento contenido en las cuartetas, la gente de tu tiempo se beneficiaría de ello. Hay más. (*Una pausa prolongada mientras escuchaba.*) También dice que debido a la alineación planetaria, habrá cambios en la tierra. Y la traducción de determinadas cuartetas ayudaría que a la gente entendiera dónde serán más fuertes estos cambios. Después podrán tomar sus decisiones. Dice que tu vehículo reconocerá fácilmente las cuartetas. Espera que esto se haga con la mayor celeridad.

Ésta era una interesante posibilidad, que nunca se me hubiera ocurrido sin su sugerencia.

D.: *¿Está en trance en este momento?*

E.: No entiendo tus palabras.

D.: *¿Está meditando ahora? Sólo quería saber cómo supo que yo hablaba.*

E.: Porque está en un espacio diferente en este momento. No puedo explicarlo. En este punto del tiempo no estoy en una habitación. Cuando él me habló, se produjo un cambio en el entorno.

D.: (Yo no lo entendía.) *¿Entonces se encuentra en otra habitación?*

E.: (*Enfática.*) ¡No! Está conmigo, pero no estamos en una habitación. No estamos ... (*Tenía problemas para explicarlo.*)

D.: *¿Quieres decir que cuando él te habla, es como si estuvieras en un lugar diferente?*

E.: Es cierto. Es un lugar de ... nubes y bruma. No existe una base sólida.

D.: *Pero la sensación es agradable, ¿verdad? Porque eso es importante, quiero que te sientas bien.*

E.: ¡Ah, sí!

D.: *Me alegra saberlo. Posiblemente él se halla en un estado diferente, un estado meditativo o algo parecido, así que puede oírme.*

E.: Es cierto.

D.: *¿Aprueba él lo que hago?*

E.: (*Con énfasis.*) ¡Sí, claro! No entra en contacto directo contigo por una profecía que hizo. Que nadie volverá a saber de él a través del tiempo. En persona. No hablará de forma directa.

D.: *No conocía esa profecía. ¿Está en las cuartetas?*

E.: Sí. No fue decisión suya hacer este anuncio. Le guiaron para incluirlo en su cuarteta para aquellos que fuesen conscientes de ... (*busca la palabra*) ¿las imitaciones?

D.: *¿Impostores? ¿Alguien que finge ser él?*

E.: Eso es.

D.: *Sí, lo entiendo. Entonces, para mí, es un honor que haya decidido venir y hablar de este modo.*

E.: Dice que más que un honor es una necesidad. Dice que quiere que adviertas a la gente ... ¡Un momento! (*Escucha de nuevo.*) Dice que puede ver que hay un libro, un extenso volumen que contiene todas las cuartetas. Quiere que des instrucciones a tu vehículo (*Elena*) para que estudie las cuartetas. Ella sabrá intuitivamente cuáles son. Tendrás que prepararla con una sugestión que le dé seguridad en la traducción y pedirle que las examine. Si en su interior surgen dudas sobre ellas o un problema de traducción, que las anote. Y la próxima vez que te reúnas con tu vehículo, deberás ponerte en contacto con nosotros. Y él, a través de mí, las leerá, las verificará y te dirá.

D.: *Y aclarará los puntos que no entendemos. Entonces ella puede hacer esto en su propio tiempo y la guiarán para encontrar las correctas.*

E.: Es correcto. Dice que lo que más desconcierta a la gente es que las cuartetas tengan más de un significado. Tiene algo que ver con ... el tiempo continuo, dice. Que hay una repetición de pautas en los planetas que permite la existencia de un doble significado. Ellos no lo entienden.

D.: *Será una nueva forma de considerarlas. ¿Quiere decir que él explicará cómo se relacionan unas con otras y nos ayudará a entenderlas?*

E.: Es cierto.

D.: *Nos han enseñado que podemos aprender de la historia. Nos han enseñado que ésta se repite y de este modo podemos extraer lecciones del pasado.*

E.: Es lo que él intenta decir. Y también que el significado de las palabras ha cambiado un poco. Así, lo que uno traduciría hace doscientos o trescientos años tendría un significado distinto en tu tiempo.

D.: *Es verdad. Incluso en el idioma que hablo, las palabras son dijeren tes de lo que fueron en tu tiempo.*

E.: Dice que el libro del que habla tiene la versión francesa en un lado y el idioma que tú hablas en el otro. Y que si el idioma --¡inglés!--, si el inglés no es correcto, entonces comprobará las palabras en francés y hará la corrección.

D.: *Muy bien. Porque no hablamos ni leemos francés. Tendremos que leer la traducción. Ésta sería la única forma de poder hacerlo.*

E.: Dice que tu vehículo tendrá el don de saber.

D.: *Siempre habrá problemas de erratas, incluso en francés, a lo largo de todos estos años.*

E.: Él lo entiende.

En realidad, yo nunca había leído el libro de las cuartetas y me preguntaba si aparecían organizadas en una especie de orden histórico, ya sea por el mismo Nostradamus o por los traductores.

E.: De nuevo, aconseja que no busques fechas ya pasadas, puesto que actualmente podrían tener un nuevo significado.

D.: *He oído que inserta algunas fechas en las cuartetas. Y algunas de ellas contienen lo que se llaman «juegos de palabras». Un nombre que se altera para convertirlo en acertijo o rompecabezas. Dicen que lo hizo a propósito.*

E.: La traducción que se le dará a tu vehículo será de un significado claro en tu idioma.

Como no me iba a proporcionar las cuartetas, obviamente no podía ir más lejos con esto hasta que comprara el libro. Me propuse sacar a Dionisio de la escena. Repasé de nuevo sus instrucciones.

E.: Un momento. (*Pausa, escuchando.*) No entiendo todo lo que dice. Tal vez tú podrás. Dice que una de las primeras cuartetas que debo buscar se refiere a material bíblico que ratificará el trabajo que estás realizando.

Me quedé atónita. ¿Podría estar aludiendo al material de Jesús en el libro que acababa de terminar?

D.: *¿Quieres decir algún trabajo que ya he hecho, sobre la vida de Jesús?*

E.: Éste es un trabajo de los tiempos bíblicos que se descubrirá en otro país y que confirmará lo que tú haces. Es evidente que estos pasajes bíblicos aún no han sido descubiertos en tu tiempo.

Pensé que tal vez se refería al descubrimiento de los Manuscritos del Mar Muerto a finales de los años cuarenta y principios de los cincuenta del siglo xx, que menciono muchas veces en mi libro sobre Jesús.

D.: *Pensé que te referías a algunos descubrimientos hechos hace unos cuarenta años. ¿No es así?*

E.: No. Se trata de un trabajo que se descubrirá en un futuro inmediato. Es difícil medir el tiempo, pero más o menos un año después de publicar tu trabajo, tal vez antes. Esto coincidirá con el trabajo que estás preparando ahora. ¿Lo entiendes?

En realidad, no entendía. Todo en esta sesión era demasiado inverosímil para entender de verdad hasta que tuviese tiempo de analizar a fondo estos extraños sucesos. Pero al menos sabía que se refería a mi libro sobre Jesús.

E.: Un momento. (*Pausa, escuchando.*) Dice que también trabajará con ... el trazado de mapas y lugares de ciertas cosas como las Escrituras enterradas que corresponden a tu trabajo. En este momento puede proporcionar la ubicación exacta.

Esto era un avance interesante. Cogí el bloc de papel y el rotulador que siempre tengo a mano durante las regresiones.

D.: *¿Puede hacerlo ahora?*

E.: (*Pausa, escuchando.*) Dice que sería más bien una aclaración y sería más fácil hacerlo si antes traducimos correcta- mente la cuarteta. Después trabajaría en el mapa.

D.: *Tal vez los países no han cambiado demasiado.*

E.: No importan los nombres actuales de los países.

Esta información era realmente interesante. Si pudiésemos hacer esto, dibujar un mapa y marcar el lugar donde se realizaría un valioso descubrimiento arqueológico de un escrito similar a los Manuscritos del Mar Muerto, sería muy valioso para el mundo. También demostraría que realmente estábamos en contacto con el verdadero Nostradamus y que éste fue un auténtico profeta. Estaba impaciente por empezar a trabajar en esto.

D.: *¿No es verdad que muchas veces puso nombres simbólicos apaíses y naciones y empleó el simbolismo en sus cuartetas?*

E.: Es cierto.

D.: *De ahí surgió gran parte de la confusión, a qué países se refería con esos símbolos.*

E.: Creó esta confusión de forma deliberada. En su tiempo, muy pocos lo habrían entendido, pero tú estás en una era más ilustrada. A lo largo del tiempo el hombre ha evolucionado hasta tal punto que la comprensión de las cuartetas es más fácil para los que no tienen prisa, no sólo para leer sino para escuchar su propia voz interior.

D.: *¿Y la gente de su tiempo no era así?*

E.: No tan conscientes como la gente de tu tiempo.

D.: *Tal vez fue por eso que las convirtió en acertijos; para que perduraran. ¿Crees que es verdad?*

E.: (*Pausa, escuchando.*) Dice que en parte fue por eso. Interpretó con más claridad para el rey, para los gobernantes de esa época. Por el cometido que les era necesario conocer o por acontecimientos que les concernían. Ahora tendrás que disculparme. La permanencia en este espacio nos ha fatigado. Es una experiencia nueva para mí. Pero cada vez nos sentiremos más fortalecidos.

Quiere que entiendas una cosa: para nosotros, este tiempo es el presente ahora. Somos capaces de proyectarnos en tu tiempo. Aún estamos vivos en nuestro momento en el tiempo. Y, por último, no hablas con personas que han muerto, sino que estamos tan vivos como tú lo estás ahora. Es muy importante que entiendas esto.

D.: *Sí, siempre lo he creído. Hay gente que me acusa de hablar con los muertos, y yo les digo: «No, están muy vivos».*

E.: Me alegro de que lo entiendas.

D.: *Lo que haces es contemplar nuestro tiempo.*

E.: Es cierto. No estamos en el mismo ámbito temporal que cuando hablamos contigo la primera vez. Ahora estamos en un ámbito temporal diferente, para poder contemplar tu mundo.

D: *Bueno, no veo que haya nada de malo en ello. Pero hay escépticos. Son los que no entienden.*

E.: Con la información que extraerás de las cuartetas habrá menos escépticos. Pero él dice que siempre los habrá. Tienes que hacer un trabajo importante, y para ti s esencial esta información por tu habilidad para escribir. Mientras se te proporcione información, él trabajará íntimamente con tu vehículo. Dice que en este momento el tiempo es fundamental. Es necesario que esta información llegue a la gente.

Como a Dionisio le fatigaba estar en ese extraño lugar sin forma, lo adelanté a otro tiempo de su vida. Elena levantó la mano de nuevo para impedírmelo.

E.: Dice que cuando necesites hablar de nuevo con nosotros, menciones la conversación con nosotros en el lugar especial de encuentro para que estemos en ese espacio diferente en el tiempo, en vez del nuestro propio. Para nosotros será más fácil hablar contigo.

D.: *Bueno. Pero, según el método que empleo, tendré que llevarte primero a tu tiempo. Y después te pediré que vayas al lugar de encuentro.*

E.: De acuerdo. Será en la consciencia de que para nosotros se trata de un punto meditativo en el que será más fácil comunicarnos contigo.

Fue muy oportuno que él me impidiera continuar para darme instrucciones sobre cómo localizarlos de nuevo. Cuando un sujeto se implica en revivir una vida, la táctica es diferente. Me sentía tan abrumada por todo esto que ni siquiera se me había ocurrido pensar cómo podríamos reunirnos la próxima vez. Nostradamus tuvo en cuenta este detalle aunque yo no lo hiciera. Impidió que me fuera hasta que no me diera sus instrucciones. Decididamente se había hecho cargo de todo este fenómeno. Supongo que habría sido más difícil confiar en que Nostradamus percibiera mi presencia cada vez e interrumpiera para dar información. De este modo, teníamos instrucciones específicas sobre cómo contactarle la vez siguiente. Me di cuenta de que si ellos se fatigaban no podía mantenerlos en aquel lugar. Tal vez ambos estaban en trance meditativo y esto les estaba produciendo una especie de desgaste físico, especialmente a Dionisio, ya que no estaba acostumbrado a ese tipo de estado alterado.

Como aún me quedaba un poco de tiempo en mi sesión, saqué a Dionisio de esa escena y le pedí que avanzara hacia un día importante de su vida. Sabía que en el momento en que lo hiciera cambiar, el cansancio cesaría. Al terminar de contar le pregunté qué estaba haciendo.

E.: Estoy presenciando una operación quirúrgica que nunca había visto. Parte de la mano está seccionada. Y Nostradamus intenta unirla. Yo ayudo. Escucho sus instrucciones. Me dirige para que haga la operación mientras él mantiene al paciente en trance. Me da instrucciones para que sujete los tendones, los una a los que sobresalen de la mano y los cosa. Lo asombroso es que el paciente fue capaz de enlentecer su propio flujo sanguíneo siguiendo las instrucciones de Nostradamus; es muy interesante ver esto. Me ayuda a entender mejor mi trabajo.

D.: *¿Es difícil de hacer?*

E.: Sí, requiere toda mi concentración.

D.: *¿Qué tipo de material usas para coser?*

E.: Hilo y aguja. Es un hilo previamente tratado con brea para hacerlo más resistente. El paciente podrá usar parcialmente la mano, pero por desgracia no tengo la capacidad de unir todos los terminales nerviosos. Esto es asombroso. Le ha dado instrucciones al paciente para visualizar la curación de la mano. Nunca le había visto usar esta técnica.

D.: *¿Hay alguien más en la sala mientras haces esto?*

E.: No, debe mantenerse en secreto. Los demás nunca entenderían.

D.: *Vayamos más adelante hasta el final de la operación para que puedas ver los resultados, porque necesitas concentrarte en lo que haces. No quiero interferir en ello. Bueno. Hemos adelantado un poco. ¿Tuvo éxito la operación?*

E.: En su mayor parte. El paciente puede mover el pulgar y el índice. La mano no tiene sensibilidad, así que tendrá que ser extremadamente cuidadoso con lo frío o lo caliente, porque si se hiciera daño no se daría cuenta. La pena es que ... (*suspira*) no podemos explicar cómo se ha hecho este trabajo. Los médicos aún no tienen la habilidad para en- lentecer el flujo sanguíneo.

D.: *¿Qué les dirá?*

E.: (*Pausa, luego una amplia sonrisa.*) Sonrío porque lo que les dice no les funcionará. Les dice que envuelvan la mano en hielo. (*Sonriendo.*) Esto sólo se podría hacer en el invierno. ¿Cómo se podría conseguir hielo si no?

D.: (Risas.) *Eso es muy cierto. No es el secreto, pero adormece- ría la mano.*

E.: Desde luego, y hasta cierto punto haría más lenta la circulación de la sangre, pero no lo suficiente para sostener en la mano los tendones y ciertos músculos y coserlos.

D.: *Sí, la sangre bloquearía la visión y no se podría ver lo que se hace.*

E.: Correcto.

D.: *¿Creen los otros médicos que ésta es la explicación?*

E.: Saben que Nostradamus no les dice todo. Él tiene muchos secretos. Además, hay muchos espías. (*Enfático.*) ¡Ya lo creo! Todos querrían ser capaces de hacer lo mismo.

D.: *¿No podría ser peligroso, incluso para un hombre de suposición?*

E.: La sociedad es bastante receptiva, pero hay un límite a lo que quieren o tienen la capacidad de entender. Como es una sociedad religiosa, temen todo aquello que no pueden entender. Es obra del diablo. Él intenta evitar las preguntas de la gente.

D.: *Pensé que al ser una persona tan importante no se atreverían a acusarle de nada.*

E.: No es más que un hombre a quien ellos pueden interpelar. ¡No es el rey!

D.: *Entonces debe ser cauteloso. Tú y los otros seguidores protegéis sus secretos. Yo también protegeré sus secretos. Por mí no sabrán nada. Me temo que te estoy cansando. ¿Te parece bien si vuelvo en otra ocasión para hablar contigo?*

E.: Sí. Ignoro la razón, pero parece que es importante.

Hice que Elena volviera a su estado consciente; ella quería hablarme de lo que recordaba de la sesión.

E.: Fue muy extraño. Recuerdo como si estuviese en otra habitación y pudiera oír voces al otro lado de la puerta. Antes he tenido esta clase de experiencias, como cuando apa- rece Andy. Después, la puerta se abrió pero no pude ver a nadie. No obstante, sé que había dos personas del otro lado y hablaban contigo. Uno de ellos era... Dionisia (*insegura respecto al nombre*) y el otro era Nostradamus. Y era en una habitación ... no era realmente una habitación, era como caminar a través de las nubes y la bruma.

D.: *Sí, dijiste que era algo informe. ¿Es todo lo que recuerdas, sólo esa escena? ¿Podías oír las voces pero no podías ver a las personas que hablaban?*

E.: ¿Sabes? Es como cuando sueñas. Puedes visualizarlos pero su forma no se define en el sueño. Pues bien, era algo así. Pero recuerdo que veía esos ojos, esos maravillosos ojos que me miraban directamente. Me miraban a mí, pero hablaban contigo.

D.: *¿De quién crees que eran esos ojos?*

E.: Ah, me parece que de Nostradamus. Quiero decir, sé que lo eran. Estoy segura. Eran impresionantes, mucho más maravillosos que nada de lo que he visto jamás. Pero era como si sus ojos me dijeran que tengo que hacer un trabajo.

Me reí, «Claro, nos ha dado una tarea, eso está claro». Val también se rió. Y era *toda* una tarea.

«¿Ah sí?» Elena se rió. «Bueno, ¿vas a decírmelo?»

Esta sesión fue sumamente interesante e increíble aunque para Val era la primera experiencia de este tipo. Se había estado conteniendo y no podía resistirse y contarle a Elena lo que había presenciado. Hice que esperara hasta que Elena me diera otros detalles que recordara de la sesión, porque no quería que influyera en ello nada de lo que pudiéramos decir. Luego dejé que Val hiciera su efusivo y entusiasta relato de la sesión a Elena. Le contamos la importante tarea que le habían asignado, y las instrucciones que Nostradamus quería que siguiera. Cuando terminamos, era obvio que Elena no compartía nuestro entusiasmo.

Permaneció sentada, reflexionando profundamente y al final dijo: «¿Quieres decir que quiere que yo traduzca cuartetas que vaticinan el futuro de nuestro mundo?, Dios mío, qué responsabilidad tan terrible. No sé si podré hacerlo. Ni siquiera sé si *quiero* hacerlo».

Val repuso: «¿Qué significa? ¿Que no quieres? Dijo que era algo que *tenías* que hacer, y que tenía que ser de inmediato».

Yo también me sorprendí por su aparente renuencia. Sabía que debía de ser una conmoción salir de un trance y que te dijeran algo de esta magnitud. Su rostro mostraba confusión, desconcierto e incredulidad. Yo sabía que ella tenía libre albedrío, y si Elena no quería hacerlo no habría forma de hacer que participara. Ni yo lo intentaría. Jamás deseo que alguien haga algo que pueda incomodarlo.

Según Nostradamus, la mayor parte del experimento, la carga del trabajo, recaería en Elena. Ella tendría que encontrar, meditar y traducir las cuartetas por iniciativa propia. Mi única parte sería ayudar en la verificación de Nostradamus mientras ella estaba en trance. *Era* una responsabilidad aterradora.

Elena movió la cabeza, incrédula. «La idea es totalmente imposible. Es casi risible. Hay personas que han pasado años intentando descifrar lo que quiso decir Nostradamus. Y hete aquí que nosotros, que ni siquiera conocemos el tema, que ni siquiera lo hemos leído, vamos a intentar resolver el enigma, hacer lo que ellos no han conseguido. Toda la idea es absurda.»

«Sí», dije, «absurda, pero fascinante.» Admití que era ambicioso creer que podíamos resolver misterios que habían desconcertado a la humanidad durante más de cuatro siglos. «Tal vez podría ser una ventaja no saber nada al respecto. De ese modo no tenemos ideas preconcebidas. Tal vez es lo que él pretende, alguien que puede contemplar las cuartetas con un enfoque nuevo y una mente abierta.»

Yo creía que sería un notable logro para Elena dibujar un retrato de Nostradamus. Pero ahora esa idea palidecía ante la posibilidad de traducir sus enigmas, un proyecto enorme e increíblemente fascinante.

Ella dijo que lo pensaría. Tal vez, después de desvanecerse el impacto inicial, ella también vería las maravillosas posibilidades de este experimento. De mala gana aceptó por lo menos hacerse con el libro y ver si alguna de las cuartetas conseguía despertar su interés. Pensó en una amiga que tenía el viejo libro y podría prestárselo.

Cuando me marchaba, ella seguía confundida y pensativa. Yo sólo esperaba que no la desalentara el hecho de que Nostradamus pusiera tanto énfasis en la inmediatez de esta tarea. Mencionó que había esperado que se realizaría mucho antes. Expresó tal sentido de premura e importancia que percibí que debíamos acceder. Todo dependía de las reacciones de Elena ante este extraño suceso y de las decisiones que ella tomara. Me di cuenta de que sin ella difícilmente se realizaría el trabajo. Era un experimento fascinante en el que yo misma jamás habría pensado. Nunca se me habría ocurrido pensar que alguna vez estaríamos en contacto con el verdadero Nostradamus. Era altamente improbable, por no decir imposible, que esto sucediera. También era obvio que esta idea no la había originado Elena, ya que la sola idea la atemorizaba y desconcertaba. Aunque parecía una locura, creo que la única explicación alternativa es que Nostradamus mismo había iniciado todo este proyecto. Tal vez se le ocurrió de forma espontánea cuando descubrió que su estudiante se comunicaba con una persona del futuro.

¿Por qué tenía que parecer tan rocambolesco? Nostradamus sólo hacía lo que cualquier profeta a lo largo del tiempo inmortal ha intentado hacer: advertir a los demás. Todo profeta que alguna vez haya tenido una premonición o visión del futuro ha sentido esta misma responsabilidad. Tratar de impedir que ocurra el hecho advirtiendo a los implicados, con la esperanza de que de algún modo se pongan en marcha para evitar el acontecimiento visto anticipadamente. ¿No sería lo más natural para Nostradamus intentarlo también? Con sus genuinas y notables capacidades precognitivas podría ver que en nuestro tiempo sus predicciones no estaban traducidas correctamente. Por las circunstancias de su tiempo se había visto obligado a ser deliberadamente oscuro. Ahora resultaba obvio que tal vez había sido demasiado oscuro y realmente nadie podía entender lo que intentaba advertirnos. Por eso, Nostradamus aprovechó la oportunidad de contactar conmigo a través de su estudiante, de adelantarse a través del tiempo y el espacio y de advertirnos de importantes y amenazantes acontecimientos.

¿Qué quería decirnos? ¿Conseguiría hacernos entender? ¿Estaría dispuesta a escuchar la contumaz humanidad? Era un enigma fascinante y un experimento apasionante. No había forma de saber adónde nos llevaría esto o lo que vendría después, pero yo sabía que mi insaciable curiosidad se había encendido una vez más y estaba decidida a continuar con aquello hasta donde nos llevara. Esto se presentaba como un reto tremendo y aparentemente imposible, pero todo dependía de Elena. Sentía que su cooperación era esencial para este proyecto puesto que Dionisio, su alter ego, era nuestra llave para llegar a Nostradamus, el maestro inventor de enigmas. Yo estaba tan confundida como cualquiera respecto a los posibles resultados de este extraño experimento.

5
El cambio del mundo

Aunque Elena había recibido instrucciones de que buscara un libro sobre las cuartetas de Nostradamus y las estudiara, pensé que no estaría de más que yo también me familiarizara con ellas. Quería un libro que estuviese de actualidad en las librerías para que la gente pudiera conseguirlo y comparar las interpretaciones. También tenía que encontrar alguno que incluyera las cuartetas en el francés original. No tenía idea en ese momento de la complejidad que muchos autores habían añadido a la traducción de esta obra. Siempre he creído que era fácil traducir de un idioma a otro, puesto que una palabra sólo puede tener cierto número de significados. Pero no contaba con el deliberado oscurecimiento de Nostradamus. En cada libro que encontraba las cuartetas se habían traducido al inglés de forma diferente. Había algunas semejanzas pero a menudo las diferencias eran suficientes para dar al acertijo un significado totalmente distinto. En ese tiempo, como no sabía francés, ignoraba que Nostradamus solía usar palabras arcaicas y que en ocasiones también las sustituía por sus equivalentes en latín. Usaba profusamente los anagramas, que son acertijos en los que las letras de una palabra pueden moverse o incluso cambiarse para leerlas como otra palabra completamente distinta.

Elegí un libro que era el más recientemente publicado sobre las cuartetas, *The Prophecies of Nostradamus* ('Las profecías de Nostradamus'), de Erika Cheetham. Como yo no sabía qué libro encontraría Elena, usaría éste como reserva para comparar sus interpretaciones. Supuse que ella haría la mayor parte del trabajo a través de su meditación y que yo sólo haría de guía para descubrir si sus interpretaciones eran correctas. Ésas eran las instrucciones que nos habían dado. Podía prever gran cantidad de trabajo para más adelante porque pensé que tendría que encontrar y comparar todos los libros posibles escritos sobre Nostradamus y sus cuartetas. Como cada autor a lo largo de todos los tiempos parecía tener sus propias ideas, fui consciente de la enormidad de semejante proyecto. Pero la investigación siempre ha sido una parte importante de mi trabajo.

En casa apenas tuve tiempo para hojear el libro. Incluso a primera vista podía ver que sería complicado. Las cuartetas parecían totalmente ilógicas. Me alegré de que fuera Elena y no yo quien tuviese que resolverlas. El trabajo de interpretar algunas de ellas parecía una tarea enormemente ambiciosa. Sentía un profundo respeto por la perseverancia de la señora Cheetham. Había muchas cuartetas que carecían de interpretación porque eran muy oscuras. Otras tenían un signo de interrogación o una «F» para indicar que podrían aplicarse a nuestro futuro. Ciertamente, era una tarea a la que nadie se ofrecería como voluntario. Puse el libro en la maleta junto a mi grabadora como futura referencia y agradecí nuevamente que este trabajo no fuese mi responsabilidad. ¡Qué equivocada estaba! Se preparaban ya inesperados sucesos que cambiarían todo lo concerniente a este complicado proyecto. Habrían de surgir imprevistos y peripecias que ni siquiera un escritor de ficción podría haber imaginado.

Dado que Elena tuvo invitados que habían venido de otra ciudad, no habíamos podido tener una sesión desde que Nostradamus nos informara que debíamos empezar inmediatamente la traducción de sus cuartetas. Si era verdad que Elena quería mudarse antes de julio, es decir, dos meses más tarde, tendríamos que empezar lo antes posible.

En todo caso, como tenía que ir a esa ciudad para nuestra reunión de grupo, pasé por su casa para quedar, y recibí una fuerte impresión.

Abrió la puerta con el anuncio: «Me temo que tengo malas noticias para ti. Tengo que ir a California». Sabía que pocos meses antes había estado allí para ver a su hija. Dijo que se marcharía el sábado, cinco días después. Me sentí contrariada pero ya antes habíamos demorado sesiones, de modo que una vez más tendría que dejar el proyecto en espera hasta su vuelta. Sin embargo, su siguiente frase me conmocionó aún más. Al preguntarle cuándo volvería me respondió: «¡No vuelvo!». No podía pronunciar palabra; me dejó atónita y abrumada.

Al parecer, su hija estaba tramitando el divorcio y quería que Elena fuese de nuevo para ayudarla con los niños. Como ella es una madre excepcional, no lo dudó y le dijo que iría. Para Elena su familia había sido siempre la máxima prioridad en su vida. Con diez hijos, siempre había alguno que necesitaba de ella, y Elena siempre estaba allí para ayudar. En lugar de volver a casa, proyectaba ir a Seattle en un mes más o menos y seguir viaje hasta Alaska en julio. Su marido y sus hijos se encargarían de la venta de todas sus cosas y se reunirían con ella allí. Pensaban que esto facilitaría las cosas y sería menos costoso.

Elena confirmó lo que yo sospechaba cuando me dijo que toda la idea de este proyecto la había atemorizado. La premura la perturbaba y tenía muchas dudas para hacerlo. Había reflexionado mucho en ello y sentía que era una responsabilidad tremenda, una responsabilidad que no estaba segura de querer asumir. Ni siquiera sabía si deseaba conocer el futuro. Pero mientras más pensaba en ello, más se daba cuenta de que ésta era una actitud semejante a la del avestruz que esconde la cabeza en la arena. Finalmente, decidió que lo haría si de esa manera ayudaba a que el mundo pudiera afrontar mejor el futuro, cuando las circunstancias intervinieron para cambiar sus planes. Me preguntaba si en el fondo se sentiría aliviada al dejar a un lado esta responsabilidad. Podía reemplazar los problemas de sus hijos, que eran difíciles, no obstante, ése era un terreno más conocido y fácil de manejar para ella.

Realmente, me sentí como si alguien hubiese pulsado mi botón del pánico. Lo más importante siempre es el libre albedrío del sujeto. Ya antes había contado con personas que se habían echado atrás, lo cual significaba una historia interesante que se resume y se guarda en el armario, pero en esta situación había algo diferente. En esos otros casos, jamás había surgido la sensación de premura. Nos habían informado de que las cuartetas debían ser traducidas y que el conocimiento debía ser puesto a disposición del mundo, y ahora ella me decía que se marchaba. ¿Cómo íbamos a obtener la información? Ella dijo que por su cuenta tal vez podría hacer algo de la traducción una vez instalada en Alaska y me enviaría lo que captara a través de la meditación. Era como un esfuerzo desesperado con el único propósito de complacerme. Lo sentí como algo frío porque no creía que la información pudiera llegar con exactitud como no fuese con el trance profundo. Incluso en meditación, la mente consciente estaría demasiado activa para que la información fuese clara.

La única solución momentánea que pude encontrar fue trabajar de forma intensa con ella en los pocos días que quedaban, si estaba dispuesta. Intentaría introducir tanta información como fuera posible en cualquier sesión que pudiésemos tener y agradecer la información que pudiéramos obtener en semejantes condiciones apresuradas y poco satisfactorias. Ella aceptó más como un esfuerzo por apaciguarme que por propio interés. Iba a ser difícil encontrar el tiempo. Puesto que no volvería, los pocos días siguientes estarían plagados de detalles para preparar la venta de un garaje y organizar la mudanza. Tal vez sólo habría oportunidad para dos sesiones. Decidimos vernos más tarde aquella noche después de la reunión de grupo. Yo estaba dispuesta a quedarme todo el tiempo que fuese necesario porque sentía que esto era muy importante, y si podíamos realizar algo antes de que se marchara, bien valía la pena. La siguiente y última oportunidad sería el jueves, dos días después. Tendría que aceptarlo y agradecer lo que pudiésemos conseguir. Tal vez tuviéramos algo valioso.

En la cena con otros miembros del grupo, empecé a sentir una gran inquietud. Sabía que quería lo mejor para Elena; si ella quería marcharse yo no protestaría, pero también me preocupaba lo que pudiera ocurrirle. Su subconsciente intentaba fijar en ella la importancia de llevar a cabo este proyecto. Si no lo acababa, podría enfermar. El subconsciente es muy poderoso. Pensé que tal vez al rechazar lo que éste quería que hiciera, podría hacer que ella enfermara. ¿Quién sabe? Las instrucciones habían sido muy categóricas. Pensé que la única salida era hacer una sesión para tratar de serenar la apremiante situación, por su bien y por el mío.

Val me insistió: «Tienes que impedir que se vaya. Esto es más importante. Tienes que convencerla de que aplace su viaje sólo un par de semanas. Seguramente podrá hacerlo».

Entendía su sensación de urgencia e importancia, sobre todo porque yo también compartía su desilusión. Pero sabía que nunca podría asumir la responsabilidad de meterme en la vida de Elena. Si ella sentía que era más importante estar con su hija, creo que por mi parte era extremadamente egoísta pedirle que cambiara sus planes para quedarse. Elena estaba ejerciendo el uso de su libre albedrío, y yo sabía que no había absolutamente nada que yo pudiera hacer al respecto.

Por una coincidencia extraña e imprevisible, esa noche la reunión del grupo iba a ser diferente. Alguien trajo un vídeo porque quería mostrar un documental sobre Nostradamus titulado: *The Man Who Saw Tomorrow* ('El hombre que vio el mañana'). Aquello fue sorprendente en sí, ya que la persona que traía la película no era un miembro habitual y no sabía nada de mi trabajo con Elena. Elena acudió a la reunión esa noche principalmente para despedirse de sus amigos. Aunque yo la había visto, ella no conocía esta película narrada por Orson Welles; le entusiasmó mucho verla.

Val me susurró que tal vez esta coincidencia tenía un propósito. Pensó que quizá después de ver la película, Elena se daría cuenta de la importancia del proyecto y cambiaría sus planes, que decidiría quedarse algunas semanas más para poder trabajar en esto. Yo lo dudaba, sentía que ella estaba muy decidida por otras muchas razones.

Observé que en la película se hablaba muy poco de la vida privada de Nostradamus, básicamente se concentraba en sus predicciones. Yo tenía la impresión de que nosotros ya sabíamos de él más que los demás. A Elena le impresionó mucho porque no había leído nada acerca de él y le pareció que la película lo presentaba como un hombre verdaderamente notable.

Después de la reunión, fuimos de nuevo a la casa de Val, donde nadie nos molestaría. Yo sabía que no volvería a mi casa hasta las dos de la madrugada, pero valía la pena. Tuvimos esta sesión en medio de un caos de cajas a medio llenar ya que Val también se preparaba para mudarse. Eso era muy representativo de mis sentimientos sobre la situación. Me parecía que todo se desmoronaba, que todo estaba en un estado lamentable.

La amiga de Elena le prestó el libro. De las cuartetas eligió dos y había escrito su interpretación. Eran las únicas que había tenido tiempo de repasar. Nostradamus dijo que elegiría una que hablaba de un descubrimiento bíblico. Ella me pasó el libro y las notas que había hecho sobre las cuartetas. Apenas tuve tiempo de echarles un vistazo.

Hojeé a toda prisa el libro que yo había comprado y fui marcando algunas de las que el autor consideraba que correspondían al futuro. Tal vez podíamos concentrarnos en algunas de éstas, ya que no había tenido ocasión de estudiar ninguna más. Tenía que ser una sesión al azar y al descuido, sin la minuciosa preparación que yo esperaba.

Cuando Elena entró en trance le repetí las instrucciones detalladas que había recibido para contactar con Dionisio y Nostradamus en el lugar especial de encuentro donde ellos podían proyectarse mentalmente hacia nuestro tiempo. Ni siquiera estaba segura de que el procedimiento funcionara. Cuando empezamos, esperé lo mejor.

Dolores: *1, 2, 3. Dirígete al lugar especial de encuentro con Nostradamus para poder comunicarnos. ¿Estás allí?*
Elena: Estamos aquí.

Respiré con alivio y por primera vez me di cuenta de la tensión que estaba viviendo. Las instrucciones habían funcionado, y estábamos en contacto.

D.: *La última vez hablaste de una cuarteta que Elena tenía que encontrar para tratar de interpretarla ella misma. Di- jiste que se referiría a Escrituras Bíblicas que están por des- cubrirse. ¿Recuerdas haber hablado de eso?*
E.: Sí.
D.: *Bien. Leeré la cuarteta que ella encontró y su interpretación.*

CENTURIA VII-14. Esta cuarteta está escrita de forma distinta en el libro de Erika Cheetham.

D.: *«Ellos mostrarán erradamente la topografía. Las urnas de los monumentos se abrirán. Se multiplicarán las sectas y la santa filosofía dará negro por blanco y verde por oro.»*

Esto es lo que escribió Elena: «Se refiere al descubrimiento de los Manuscritos del Mar Muerto. Esta cuarteta contiene un mensaje para años diferentes. Y también al descubrimiento del Arca (de la alianza) en una fecha posterior. Negro por blanco habla de la fotografía de los manuscritos y de las nuevas páginas de las viejas». ¿Qué opinas de su interpretación?

E.: La primera parte es incorrecta. No se trata de los Manuscritos del Mar Muerto, sino de una obra perdida que coincidirá con el material en el que has estado trabajando y está a punto de publicarse.

Aunque su interpretación no fuese totalmente exacta, creo que es muy significativo que Elena fuera capaz de elegir al azar una cuarteta entre mil y que realmente tenía que ver con la Biblia. Era una probabilidad entre mil. En esto alguien tuvo que haberla guiado a través de su subconsciente. ¿Fue Andy? ¿Fue Dionisia? ¿O Nostradamus mismo? Era demasiado asombroso para ser coincidencia.

D.: *De acuerdo. Has dicho que me darías información sobre el lugar en que se descubriría. Has dicho algo sobre dibujar un mapa.*

Yo tenía preparado el bloc de notas y el rotulador por si se daba el caso de que lo necesitáramos. Aunque Elena era una artista, dijo que nunca había hecho el intento siquiera de dibujar un mapa.

E.: Un momento. (*Pausa, mientras escuchaba.*) Dice que más adelante volveremos a esto ya que existe la posibilidad de que alguien use estos mapas con fines lucrativos, no tú sino otros.

D.: *(Me sentí decepcionada.) Siempre es una posibilidad. ¿Quieres decir, cazadores de tesoros?*

E.: Eso es.

D.: *Pero ¿podrías decirme en qué país se descubrirá?*

E.: (*Larga pausa, después lentamente.*) Será en las montañas donde la ciudad está oculta. La ciudad que fue descubierta... por alguien que era indoeuropeo, pero se quitó la vida ... como una persona del desierto.

Él respondía con una cuarteta. Deliberadamente lo pronunció con mucha lentitud, como si estuviera escuchando y lo repitiera a continuación. Dijo que era una cuarteta nueva, no de su libro. Esto era todo lo que diría al respecto.

(Desde entonces se ha sugerido que tal vez se refiriera a Lawrence de Arabia, el hombre que ayudó a que los árabes se sacudieran el yugo del Imperio Otomano durante la Primera Guerra Mundial. Él fue el primer occidental que exploró estas tierras, y, ciertamente, fue un indoeuropeo que se suicidó como un habitante del desierto.)

ACTUALIZACIÓN: *En 1992, mientras preparábamos la versión revisada y actualizada de este libro, apareció un artículo en un periódico que justificaba esta nueva cuarteta. Cito textualmente: «La ciudad perdida de Ubar, a la que Lawrence de Arabia llamó "La Atlántida de las Arenas", ha sido descubierta en la remota Omán utilizando fotografías hechas desde el transbordador espacial Challenger, informan los exploradores (...). Se descubrieron ruinas de esa ciudad oasis casi enterradas bajo la arena en el emplazamiento de un manantial llamado Shisr al sur de la árida "Región Vacía" de Omán (...). Los investigadores encontraron la ciudad siguiendo el rastro de antiguos caminos del desierto detectados en las fotografías tomadas desde diversas naves, incluyendo cámaras ópticas y de radar transportadas por el Challenger en octubre de 1984 (...). Excavaciones recientes indican que la ciudad estuvo habitada desde el 2800 a. C. hasta el 100 d. C. Si las fechas proporcionadas por los aparatos son correctas, el desarrollo urbano en la región comenzó unos mil años antes de lo que se creía anteriormente. T. E. Lawrence, el soldado de la Primera Guerra Mundial conocido como Lawrence de Arabia, llamó a Ubar "la Atlántida de las arenas" por el legendario continente sumergido. Según la leyenda, Ubar —conocida como Iram, la "ciudad de las torres" en el Corán, el libro sagrado del Islam- fue destruida en un desastre alrededor del año 100 d. C., y luego quedó enterrada por la arena. Hay indicios de que la ciudad cayó en un agujero ocasionado por el derrumbamiento de una caverna de piedra caliza». Fin de la cita.*

E.: Te ha dado toda la información que necesitas saber. El resto vendrá a través de otra fuente.

D.: *(Esto fue una sorpresa.) ¿Otra fuente? Esto me interesa. Más adelante lo volveré a preguntar.*

Tal vez era un atisbo de esperanza de que el proyecto continuaría después de la marcha de Elena.

D.: *Aquí hay una cuarteta que Elena, el vehículo, ha leído y cree que está interpretada de forma incorrecta.* (CENTURIA II-48) *«El gran ejército que cruzará las montañas* cuando Saturno esté en Sagitario y Marte avance hacia Piscis. Veneno oculto bajo las cabezas de salmón, su jefe en la guerra colgado de una cuerda.»

La interpretación en nuestro libro dice que esta conjunción de planetas ocurrió en 1751 y la siguiente no será hasta 2193.

E.: Eso no es así. Ocurre en el duodécimo mes de 1986.

D.: *¿Qué es lo que tiene que ocurrir? Su interpretación es bastante confusa. Dijeron que no tenía ningún sentido. Y yo sé que Nostradamus no escribiría algo que careciera de sentido.*

E.: (*Pausa, como escuchando.*) Se dicen varias cosas. Cosas desconcertantes. (*Pausa.*) Habrá un contacto desde las estrellas ... después vendrá un despliegue de luz. En ese tiempo habrá un acontecimiento en el cielo.

D.: *¿Por eso se refiere a estas estrellas?*

E.: Así es.

D.: *En vez de una conjunción, ¿significa que ocurrirá en esa parte del cielo?*

E.: No. Es un elemento temporal. Proporciona la fecha. Matemáticamente, los astrónomos han hecho (*pausa, como buscando la palabra correcta*) una alineación incorrecta de los planetas. Es muy fácil cometer un error cuando se interpreta algo varios siglos antes. Como puedes ver, se han equivocado en veinte o treinta años respecto al tiempo exacto.

D.: *¿Ah, sí?*

E.: Cuando se usan los planetas como referencia para la interpretación es posible equivocarse en ... una o dos décadas.

D.: *Eso modificaría la interpretación. ¿Quieres decir que los planetas son diferentes ahora de lo que fueron en el tiempo en el que él los contemplaba?*

E.: Sí. Pero matemáticamente pueden sacar una falsa interpretación por unos ... (*Da un gran suspiro.*)

D.: *¿Cálculos erróneos?*

E.: Así es.

D.: *¿«Veneno oculto bajo las cabezas de salmón»?*

E.: Esto se relaciona de una forma diferente por lo que ocurre hoy en la atmósfera.

D.: *Dice que un gran ejército cruzará las montañas. ¿Es lo que quieres decir por el despliegue de luz?*

E.: Es correcto. A partir del contacto que hacen desde las estrellas, el universo. El contacto producirá una gran elevación de consciencia en la gente.

D.: *¿Y has dicho que esto ocurrirá en el duodécimo mes de 1986?*

E.: El 22 de diciembre. El 22 de diciembre de 1986. Por favor revisa la traducción que te di.

Esto me pilló desprevenida. Él no podía saber que o usaba una grabadora y no lo había escrito. Tendría que depender de mi memoria.

D.: *Era que... habría una gran luz en el cielo. Y un gran despliegue de luz.*

E.: De hecho será un despliegue que realizarán seres de otro planeta.

D.: *Quiero que sepas una cosa. No estoy tomando notas. Tengo una pequeña caja negra que capta las palabras y más tarde las repetirá para mí. Así que cuando me pides que vuelva a repetir lo que me has dicho, me cuesta recordarlo. Pero está grabado en la caja negra.*

E.: Muy bien, entiendo.

(Más tarde, cuando había pasado esta fecha, nos dimos cuenta de que durante ese tiempo había habido varios avistamientos espectaculares y fiables de ovnis. ¿Sería esto a lo que él se refería?)

En este momento, decidí preguntar sobre algunas cuartetas que yo había marcado apresuradamente.

D.: (CENTURIA II-46) *«Después de una gran desolación para la humanidad, otra aún mayor se acerca cuando se renueve el gran ciclo de las centurias. Lloverá sangre, leche, hambruna, guerra y enfermedad. En el cielo se verá un fuego que dejará tras de sí un gran reguero de chispas.» ¿Puedes decirme qué significa esto?*

E.: La primera parte se refiere a las naciones negras que padecen hambre. La segunda parte se refiere al cometa que aparece en este tiempo. La tercera parte se refiere al armamento que ha contaminado el aire y que será nocivo para las cosechas y el ser humano. Eso hará que la gente escupa sangre.

D.: *¿El armamento hace que esto ocurra en nuestro tiempo, el tiempo del cometa?*

E.: Correcto. La explosión armamentista. Afirma que esto ha ocurrido recientemente.

D.: *Creo que sé a qué se refiere. El pasado mes de abril ocurrió algo que ha preocupado a la gente.*

Estaba pensando en el accidente nuclear que acababa de ocurrir en la planta de Chernóbil, en Rusia, el 26 de abril de 1986.

E.: *Afirma que es a eso a lo que se refiere.*
D.: Desde luego nuestros científicos y expertos se empeñan en decir que esto no producirá ningún daño. Pretenden hacer creer a todos que fue un incidente de escasa importancia y que no perjudicará a nadie.
E.: Es incorrecto. Lo dicen para no crear pánico.

En agosto de 1986 ocurrió otro acontecimiento al que posiblemente también se refiera esta cuarteta. Un gas que salió inexplicablemente de un lago volcánico en Camerún, África, mató a unas 1.500 personas. Estas muertes ocurrieron porque el aire estaba envenenado y era imposible respirar. Se dijo que algunas de las víctimas escupían sangre. Las cosechas en las inmediaciones de la emisión de gas quedaron destruidas. Creo que éste podría ser un ejemplo de que una cuarteta se refiere a más de un suceso, como dijo Nostradamus que sucede a menudo, especialmente cuando ambos se dan tan cerca en el tiempo.

D.: *¿Como resultado de este accidente ocurrirá algo en nuestro país, al que llaman el Nuevo Mundo?*
E.: Será más hacia el norte y noroeste. El norte, cerca de Rusia. Al oeste, en la parte occidental de tu país. Y hacia lo que es llamado Canadá. (*Pronunciado más como «Kenada», lentamente, como si fuese una palabra desconocida.*)
D.: *¿Crees que estos problemas serán muy graves?*
E.: En diferentes grados.

Después, leí unas cuantas cuartetas; Dionisia dijo que no se referían al futuro inmediato, así que Nostradamus no las consideró importantes para nosotros en este momento. Había otras cosas de qué preocuparse en el presente. Parecía darse cuenta de la falta de tiempo y no quería perderlo en cuartetas relacionadas con el pasado.

D.: (CENTURIA I-16) *«Una guadaña junto a un estanque en Sagitario en su punto más elevado. Plaga, hambruna, muerte por manos militares. La centuria se acerca a su re- novación.»*

Me pidió que repitiera la cuarteta. Como si le resultara casi imposible entender la traducción del libro. Descubrí que todos los libros sobre las cuartetas se habían traducido de forma diferente según quién tradujera. No debía extrañar que él no las reconociera. Me preguntaba cuánta semejanza tendrían con sus intenciones originales. Después de leerla de nuevo, continuó: «Esto también se refiere a lo ocurrido en las semanas recientes. La guadaña es Rusia».

El símbolo actual de Rusia es una hoz, que también es un antiguo símbolo secreto de la muerte.

D.: *¿Qué significa «junto a un estanque»?*

E.: Se refiere a la forma en que ocurrió el accidente. Por la tubería de agua. (*Tenía dificultad para encontrar las palabras adecuadas.*) A su forma de manejar el poder que contenían. Y que éste era un lugar controlado por el ejército. Se les fue de las manos. Este accidente hará mucho daño a su país.

Esta traducción tenía mucho sentido a la luz de lo que acababa de ocurrir en la planta rusa de energía nuclear, Chernóbil. En aquel momento, menos de un mes después del accidente, nadie tenía idea de cuáles habían sido las causas. Los rusos no daban ninguna información. Más tarde se insinuó que tal vez no había tenido nada que ver con el sistema de refrigeración de la planta.

Los traductores eran proclives a interpretar con significado bélico muchas de las predicciones de Nostradamus. Era cada vez más obvio que no necesariamente era así.

D.: *La gente se ha estado preguntando qué quiso decir Nostradamus con lo de la Nueva Ciudad.*

E.: La gente cree que la nueva ciudad es a la que te refieres como Nueva York. En algunas de las cuartetas es correcto, pero no en todas.

D.: *Bien, leeré una que se cree que tiene que ver con la nueva ciudad.* (CENTURIA 1-87) *«Un fuego que hace temblar la tierra desde su centro causará temblores alrededor de la Nueva Ciudad. Dos grandes rocas lucharán durante largo tiempo. Después...» No sé si lo pronunciaré bien. «Arethusa teñirá de rojo un nuevo río.» ¿Se refiere a Nueva York?*

E.: (*Larga pausa, como si escuchara.*) Ya veo. Dice que hay tres ciudades implicadas, un efecto triángulo. Y afectará a la Costa Oeste. Nueva York *sufrirá* un terremoto que será devastador por los edificios altos que hay allí. Pero no es a ésta que se refiere en la cuarteta.

D.: *¿Has dicho que en la cuarteta se habla de tres ciudades, y que una de ellas está en la Costa Oeste? (Pensé que él daba a entender que una de estas ciudades era Nueva York.)*

E.: No, las tres están en la Costa Oeste. Un triángulo. Veamos. No entiendo ... Afectará a una ciudad llamada ... ¿Los Ángeles? (*Pronunciado con acento francés en vez de español.*) ¿San... Francisco? (*Dicha con lentitud como si se tratara de una palabra extraña.*) (*Pausa larga.*) «Los» no sé qué...

Desde entonces la gente ha sugerido que intentaba señalar Las Vegas, que podría formar un triángulo entre San Francisco y Los Ángeles. Dijo que el temblor afectaría a las tres ciudades en el mismo período de tiempo.

D.: *¿Significa eso que habrá muchos terremotos durante este próximo año?*

E.: Ya han empezado.

De hecho, eso era exacto. Se están produciendo terremotos en todas partes.

D.: *Aquí hay otra.* (CENTURIA VIII-91) *«Los dioses harán que a la humanidad le parezca que son los autores de una gran guerra. Antes el cielo estaba libre de armas y cohetes, el daño más grande se producirá en la izquierda.»*

E.: Se refiere al cambio en el planeta.

D.: *¿Ah? ¿Habrá un cambio en el planeta?*

Y o ya había oído esta predicción hecha por algunos videntes, pero quería ver si Nostradamus coincidía con ellos.

E.: ¡Ah sí! (*Pausa, después habló lentamente como si escuchara y repitiera.*) El cambio ocurrirá hacia el final del siglo en el que estás. Y será tan brusco como el lapso de seis a diez horas. Los continentes tal como los conoces ahora dejarán de existir o sufrirán un espectacular cambio. (*Un profundo suspiro.*)

Yo había oído antes esta terrible predicción, pero en cierto modo viniendo de Nostradamus, la sensación era aún más funesta.

D.: *¿Se puede hacer algo para evitarlo?*
E.: Lo único es hacer que la humanidad tome consciencia. Y que se preparen espiritualmente, y que en el aspecto intelectual aprendan a sobrevivir a los cambios climáticos.

Esto ya empezaba a perturbarme. Daba la impresión de algo muy determinante.

D.: *Si ocurriese de esa forma tan brusca, ¿morirían muchas personas?*
E.: La civilización dejará de existir tal como la conoces ahora.

Su voz tan tranquila y serena resultaba extraña mientras pronunciaba estas graves palabras para toda la humanidad.

D.: *¿En ese tiempo tan corto?*
E.: Será el principio de una nueva era.
D.: *¿Hay algo que podamos hacer para evitarlo? ¿Algún consejo?*
E.: ¡Ah sí! Simplemente suspender las explosiones que el ejército considera tan importantes.
D.: *¿Son cosas que acelerarán el cambio?*
E.: (Insegura.) ¡No sé qué pasa pero te estoy perdiendo! Floto en un … está muy gris y… no puedo oírte con la misma claridad.

Esto es extraño pero suele ocurrir. Quizá se produjera porque Elena estaba muy cansada, o tuviera algo que ver con el lugar especial de encuentro donde estábamos. Las características de esa dimensión o lo que sea podrían crear una condición que desconozco. No quería perder contacto con Nostradamus porque el tiempo de las sesiones era muy breve.

Pregunté: «¿Qué puedo hacer para mejorar la comunicación?».

E.: (*Su voz sonaba muy adormecida y torpe.*) Habla con ella. ¡Habla con ella!

Era como si alguno de los dos (Elena o Dionisia) empezara a quedarse dormido. Si esto ocurría, perdería contacto y tendría que adelantar a Dionisia a otro tiempo en su vida terrenal donde recibiríamos sólo información de su realidad, o tendría que despertar a Elena porque estaba demasiado cansada para continuar. Yo esperaba que no tuviera que hacer ninguna de las dos cosas puesto que sólo me quedaba una oportunidad para recibir información de Nostradamus. Él estaba realizando un trabajo excelente con las cuartetas, así que había que continuar. Le di instrucciones para que pudiera oírme claramente y siguiera mi voz sin que importara dónde se encontraba. Unos minutos después de esto, pude darme cuenta de que reaccionaba y que volvía de nuevo a mí. Su voz se oyó de inmediato. Lo que había causado la extraña reacción había pasado, y ya podíamos continuar.

Esto era interesante pero llevaba mucho tiempo tratar de determinar las cuartetas correctas relacionadas con esta clase de catástrofes. Como acabábamos de ver la película basada en lo que los traductores consideraban los pronósticos de Nostradamus para el futuro de nuestro mundo, pensé que podría ahorrar tiempo si le hacía preguntas directas.

D.: *Me gustaría leer algunas más, pero déjame decirte algunas de las cosas que los expertos nos aseguran que dicen sus predicciones. Tal vez esto te las respuestas. Afirman que habrá terremotos, escasez de alimentos y hambruna en todo el mundo.*

E.: Sí, así es.

D.: *¿Cuál será la causa?*

E.: ¿A qué período se refieren?

D.: *En la secuencia decían que habrá terremotos y erupciones volcánicas, y después habrá una hambruna, en ese orden. Se supone que es en nuestro futuro.*

E.: Los terremotos y erupciones volcánicas se deben a la actividad provocada por la conjunción de los planetas, que también afecta al cambio de este planeta. La hambruna es causada por las explosiones armamentistas. Accidentes que afectarán a las cosechas.

D.: *Los expertos piensan que entraremos en guerra en el futuro después de que ocurran estas cosas. Que habrá una guerra que implicará el uso de nuestro armamento. ¿Ve él que ocurra algo semejante?*

E.: Los acontecimientos han ido cambiando a lo largo de los siglos. Y debido a la nueva consciencia que ha adquirido la civilización occidental, al acelerado ritmo de cambios en la corteza terrestre y a la conjunción planetaria, la guerra podría evitarse. Dependerá de la velocidad con que ocurran los hechos naturales. Ya que, como en cualquier civilización, cuando ocurren desastres naturales, pasan a ser un problema más relevante que la invasión de un país.

D.: *Sí, sobre todo si además todos mueren de hambre, eso su- pone un gran cambio. Dicen que las cuartetas hablan de un hombre de Oriente Próximo, que será el tercer Anticristo, el que nos lleve a la guerra. ¿Crees que eso no corresponde a este momento?*

Todos los expertos están de acuerdo en que Nostradamus habló de tres Anticristos en sus cuartetas, Napoleón, Hitler y otro en el futuro. La Biblia también menciona a una bestia que vendrá en el tiempo de Armagedón. Creen que se trata de la misma persona.

E.: Esa posibilidad ya está en marcha. Pero el que esto lleve directamente a una guerra mundial depende de los desastres naturales que se estén produciendo. Estos desastres naturales no sólo ocurrirán en este continente sino en todo el planeta, y esto afectaría también a su país.

D.: *Ya veo. Lo interpretan como una guerra que ocasionará desastre y destrucción mundial. ¿Crees que esto más bien guarda relación con el cambio?*

E.: Así es. ¡Entiéndelo! Con los terremotos y volcanes habrá una explosión accidental del armamento que está enterrado en el suelo. Producirá una gran sacudida emocional en tu país y en otros: Gran Bretaña y Francia. Y los países europeos querrán el desarme. Es importante que se den cuenta de que si se produce el desarme, lo mismo sucederá en los países musulmanes.

D.: *¿Has dicho que el cambio de la tierra ocurrirá a finales de este siglo o será en el comienzo?*

E.: Ocurrirá antes de que termine el siglo, es decir, en el año 2000.

D.: *Muchas de las cuartetas dan fechas en torno a ese tiempo que los traductores han creído que significaba guerra. Pero has dicho que cuando ocurra el cambio, sucederá de forma muy rápida y será el fin de la civilización tal como la conocemos.*

E.: Es verdad.

D.: *¿Habrá supervivientes para que no acabe la raza humana?*

E.: ¡Sin lugar a dudas!

D.: *Da la impresión de que todo esto es muy definitivo. Espe- raba que me dieras algún rayo de esperanza.*

E.: No hay muerte, sino una consciencia diferente. No pienses que la gente dejará de existir. Estarán los que queden aquí para un nuevo comienzo en la tierra. Pero entiende, la tierra sólo es un objeto material con una vida limitada.

D.: *Sí, pero supongo que como es nuestro hogar, no queremos verla completamente destruida.*

E.: Por supuesto.

D.: *Si hubiese una destrucción total, tal como dices, la gente se preocupará por reconstruir sus vidas en vez de luchar unos contra otros, ¿no es verdad?*

E.: Me gustaría creerlo.

D.: *Pero ¿crees que no quedarán ciudades ni nada?*

E.: No como las conocemos ahora.

D.: *¿Y los continentes? ¿Se salvará alguno?*

E.: Toda la parte central de tu continente quedará tal como la conoces. Todos los continentes de la tierra se verán afectados. La masa de agua como la conocemos ahora cubrirá la tierra en mayor proporción. Los continentes que están conectados se separarán, quedarán separados por el agua los que antes no lo estaban.

D.: *¿Significa eso que en la parte central de nuestro país, el agua no...*

E.: (*Interrumpe.*) Es la que quedará menos afectada.

D.: *¿Y que ocurrirá con los demás continentes? ¿Habrá zonas parecidas que serán relativamente seguras?*

E.: ¿De qué continentes hablas?

D.: *¿Qué ocurrirá con Europa o Asia?*

E.: Europa quedará dañada. (*Pausa.*) Asia. (*Pausa.*) No habrá un solo país que no quede afectado.

D.: ¿Asia se verá cubierta de agua en su totalidad?

E.: En su mayor parte, sí.

D.: *¿Y África?*

E.: África quedará partida por un canal; un nuevo estrecho.

D.: *Sigo tratando de la parte central de Estados Unidos como una zona segura. Pero ¿realmente quedará algún lugar seguro después de esto?*

E.: Habrá lugares que se verán afectados de un modo mucho menos traumático que otros. Pero entiende que lo que ha ocurrido con tu armamento tendrá una amplia repercusión en el grado o la rapidez con que ocurra esta devastación.

Tuve que apartar las terribles imágenes que inundaban mimen- te, esas escenas de desolación y desesperanza.

D.: *¿Es esto lo que querías decir antes, al mencionar que nos darías estas interpretaciones y luego la gente podría decidir?*

E.: En efecto.

D.: *¿Qué quieres decir? ¿Qué ellos decidirán si se quedan o se van?*

E.: Con una mayor consciencia, todos pueden cambiar su destino. Haciendo que la gente tome consciencia del daño que puede ocurrir con su actual sistema de armamento. Enseñándoles a sobrevivir. A no darle importancia al dinero. A preocuparse de su espíritu. (*Pausa.*) Más adelante te diré más cosas.

D.: *Entonces ¿crees que tal vez sea posible cambiar el futuro si sabemos de antemano estas cosas?*

E.: Así es. La alineación de planetas no … no se sabe exactamente lo que ocurrirá. Lo que te he dicho es una posibilidad que veo desde donde estoy en este momento. El futuro ha cambiado muchas veces desde nuestro tiempo en el espacio.

D.: *¿Esto haría inexactas tus cuartetas?*

E.: Cambiaría el significado de algunas de ellas, sí.

D.: *Luego, si es una posibilidad, ¿sigue siendo posible que ocurra?*

E.: Así es. Como dije la última vez, debido a los cambios en la contingencia del tiempo hay varios significados en las cuartetas. No creas que la civilización tal como la conocemos -o para ser más exacto- tal como la conoces, no tiene esperanza de futuro. Con la capacidad de entender lo que puede ocurrir con un planeta y con una nueva consciencia, siempre se puede cambiar el curso de las cosas.

D.: *¿Incluso con un supuesto desplazamiento del eje?*

E.: Sí. Tal como él lo ve en este momento, el desplazamiento ocurrirá y habrá muchos cambios. Visto desde este momento en el tiempo, en tu tiempo. Pero cuando la gente se vuelva más consciente del daño que puede ocasionar la destrucción militar, sea voluntario o involuntario, si puede impedirse, la reacción que se desencadene bajo la superficie de la tierra será menos nociva.

D.: *¿Por eso cree que esta información debe transmitirse a la gente?*

E.: ¡Indiscutiblemente!

D.: *Si lográramos hacer que escuchen.*

E.: Habrá gente dispuesta a escuchar.

D.: *De lo contrario, tendrían que reconstruir toda una civilización, todo un mundo.*

E.: (*Sombríamente.*) Les quedará muy poco de la civilización.

D.: *Esto significa que sólo sobrevivirán los que tengan la capacidad de aguantar.*

E.: Así es.

D.: *Entonces, tal vez no sea exacto todo lo que se dice de la guerra. Lo más importante en este momento es el desplazamiento del eje.*

E.: Por eso quería hablar contigo.

D.: ¿Qué me dice de esos seres de otros planetas? ¿Ayudarán?

E.: Depende de la consciencia de la gente. Esta decisión se tomó para llevar a este planeta a una consciencia más elevada.

D.: *¿Podrían ayudar a evitar que esto ocurra?*

E.: (*Escuchando.*) Depende de cómo se les acoja. Pueden ayudar a una civilización. La gente debe decidir sí les dejan o no.

D.: *Me han dicho que no les está permitido intervenir. ¿Es eso lo que quieres decir?*

E.: (*Escuchando.*) Si hacemos que el planeta —es decir la gente de tu tiempo—se acelere hacia una muerte no natural, sí, intervendrán. Porque también a ellos les afectaría. Siempre que se produce un cambio en un planeta, hace que las fuerzas energéticas afecten a todo el sistema solar. Por tanto, el sistema solar en el que estamos se vería afectado. Y esto produciría un… dice que emplee la frase «efecto dominó».

D.: *Sí, entiendo el término. ¿Con esto quieres decir que se sentiría en todo el universo?*

E.: Es correcto.

D.: *Pero estos seres, o como quieras llamarles, ¿tienen el poder de detener algo como esto?*

E.: Tienen el poder de elevar nuestro nivel de consciencia y conocimiento para que sepáis cómo manejarlo de la mejor manera. Lamento no saber transmitir esto, no expresarme mejor. Cuando ocurra el cambio, el acontecer natural, el grado de intensidad dependerá de la consciencia mental y espiritual que tenga la gente. (*De forma repentina.*) Tengo que irme pero quería que entendieras lo que es necesario decir. Aún hay otras cuartetas que deben traducirse en la siguiente reunión. Corresponden a aspectos terrestres de los que debemos ocuparnos este año.

D.: *Tengo una pregunta más; después te dejaré ir. El vehículo a través del cual estamos trabajando va a mudarse lejos y ya no tendré contacto físico con ella. ¿Hay posibilidad de que podamos comunicarnos con otra fuente?*

E.: Tienes a varias personas que son receptivas pero hasta qué punto no lo sabremos hasta hacer la prueba. Hay una persona llamada Brian, un estudiante.

D.: *Creo que aún no he trabajado con él. Pero sí con Phi.*

E.: No, es Brian.

D.: *Ahora trabajo con Brenda, que es estudiante; estudiante de música. He tenido mucha suerte con ella.*

E.: Es ella.

Me pregunté si se referiría a Brenda. La semejanza de nombres era el tipo de acertijos que dieron fama a Nostradamus. También pudo haber utilizado el nombre más aproximado que podía encontrar en su tiempo. Lo tendría en cuenta más adelante cuando intentara encontrar otra forma de contactar con él.

E.: Pero no vemos ninguna razón para que Elena no pueda continuar el trabajo aunque haya distancia entre vosotras.

D.: *Quiere intentarlo por su cuenta y escribir sus interpretaciones. Siempre podría preguntarle a otro de mis vehículos en trance si la traducción es correcta.*

E.: Haz que Elena entienda la importancia que tiene esto, para que este trabajo quede terminado en un mínimo de tres meses. Esto te permitiría tenerlo preparado para el otoño. Y se publicaría antes de año nuevo.

Era un programa bastante acelerado. Yo no tenía el material, y mi sujeto se marchaba. Me hacía cargo de la importancia por lo poco que ya me había dicho, pero él me había asignado una tarea imposible. También era evidente que él no conocía los entresijos del negocio de las editoriales en el siglo XX. Intenté ser realista.

D.: *Eso es muy rápido. No sé si podrá hacerse...*

E.: (*Él interrumpió con mucho énfasis, y Elena me señaló moviendo el índice.*) ¡Puede hacerse! Y se hará.

D.: *La gente de la empresa editorial afirma que tarda más que eso, hace falta al menos un año o año y medio para publicar un libro. Debes entender que hay cosas que están fuera de mi control.*

E.: (*Con énfasis.*) ¡Pero no del nuestro!

La energía que había tras esta afirmación era tan fuerte que su sobrecarga casi apagó el sonido de la grabadora. En el momento de transcribir, su voz bajó tanto que apenas la podía oír.

Me encogí de hombros. Sabía que era inútil discutir con Nostradamus, incluso aunque no creía que conociese las complejidades de la industria editorial en nuestro tiempo. Tal vez en el suyo sería más fácil.

«De acuerdo», dije. «Puedo hablarles de la importancia de este trabajo y después veremos qué ocurre.»

E.: Entiende que también dependemos de otras fuentes.

D.: *Yo haré la parte que me corresponde, pero no hay que olvidar que hay otros en juego.*

E.: Todo se armonizará.

D.: *Mucho me temo que sin Elena perderemos contacto.*

E.: Intentaremos llegar a través de cualquier vehículo con que trabajes.

Después me dio instrucciones detalladas sobre la forma de dirigir a otro para que se reuniera con ellos en el lugar de encuentro.

D.: *Tendremos tiempo para trabajar con Elena una vez más antes de que se marche.*

E.: Te daré más instrucciones en esa ocasión.

D.: *Sinceramente espero que el contacto no se interrumpa. Veremos qué ocurre después de que Elena se vaya. Realmente es todo lo que podemos hacer. Las cosas están fuera de nuestro control.*

E.: (*Con énfasis.*) ¡Todo irá bien!

D.: *Con tu ayuda, tal vez. Necesito toda la ayuda posible.*

E.: Lo entendemos.

Con un dejo de tristeza hice que Elena volviera a su plena consciencia. A pesar de las alentadoras afirmaciones de Nostradamus, me quedé con la sensación de que perderíamos contacto cuando Elena se marchara. No veía la forma de hacer que aquello no se interrumpiera. ¿Cómo podría ocurrir? Parecía una situación imposible. Bueno, al menos tendríamos una sesión más para tratar de meter en ella todo un año de trabajo, por lo menos. Lamentaba mucho haber dejado que se nos escapara un valioso tiempo. A decir verdad, podíamos haber trabajado en este fascinante proyecto desde hacía meses. Pero también era cierto que nadie tenía la culpa. Las circunstancias en el ámbito privado de nuestra vida habían interferido constantemente y no podíamos adivinar que sobrevendrían estos raros sucesos. Además, al principio Andy no nos había dejado trabajar en esto, y seguramente con toda la razón. Tal vez éste fuera uno de los problemas: era una tarea demasiado abrumadora, demasiado para que Elena la aceptara. Ella carecía de los conocimientos metafísicos básicos que le ayudarían aceptar tan gigantesca responsabilidad. Yo podía entenderlo, otros muchos principiantes habrían reaccionado del mismo modo. Cualquier persona razonable huiría de semejante tarea. A decir verdad, yo también lo habría hecho. Pero supongo que soy más curiosa que razonable.

Ella me contó lo que recordaba de la sesión. «De repente era como si estuviese en un banco gris de nubes; fue realmente extraño. Me parecía oír tu voz que venía por un túnel. Era como si se estuviese apagando; creí que te perdía.» Era lo único que recordaba. Le expliqué lo que había ocurrido y que yo lo había corregido.

Dejé a Elena en casa de Val y no llegué a mi casa hasta las dos de la madrugada. No creo haberles revelado con mi actitud ni con mi palabra lo mucho que me había afectado la sesión. Ah, había oído hablar de predicciones semejantes sobre cambios en la tierra en boca de otros videntes, pero por alguna razón, el saberlo por Nostradamus parecía más claro, más definitivo.

Conduje a casa envuelta en una pesada niebla de depresión. No recuerdo haberme sentido nunca tan derrotada. Las palabras: «El fin de la civilización tal como la conoces», me martilleaban la cabeza. ¿Significaría esto que serían inútiles todas nuestras esperanzas y sueños de ese futuro siempre tan escurridizo, porque no habría futuro? Entonces ¿qué objeto tenía vivir? ¿Para qué molestarse en escribir libros? ¿Qué podía cambiar? ¿De qué serviría? En todo caso, ya nada tenía un propósito porque no estaríamos aquí para verlo.

Tal vez Elena tuviera razón. Quizá no deberíamos tratar de averiguar qué nos deparaba el futuro. ¿Realmente podemos manejar el conocimiento de esas horribles predicciones, sobre todo cuando son de semejante magnitud y no podemos hacer nada al respecto? ¿Sería preferible la actitud del avestruz?

Me afectó mucho esta sensación de irrevocabilidad. No había nada que pudiera detener algo de esta magnitud. Si Nostradamus y los otros profetas estaban en lo cierto, el mundo cambiaría. Los terribles cambios en la tierra acaecerían y lo que quedara de la humanidad se arrastraría entre los escombros para tratar de empezar a construir de nuevo el mundo desde cero. ¿Por qué? ¿Para qué realizar nada en la vida si podía desaparecer con tanta rapidez y facilidad? Entonces, ¿qué alternativa quedaba? No hallé respuestas, y las dos de la madrugada no es la hora más propicia para filosofar. Sólo sabía que la idea de que se destruyera mi amado mundo y mi estilo de vida me deprimían por completo.

Tal vez fuera mejor no seguir con las sesiones. Lo que Nostradamus ya me había dicho era tremendo. ¿Realmente quería saber algo más?

A la mañana siguiente, cuando desperté, vi brillar el sol a través de la ventana; la luz inundaba el suelo con dorado esplendor. Eso era todo; vi que el sol simplemente había salido como lo había hecho cada mañana de mi vida. Los lúgubres pensamientos habían quedado en el oscuro armario de la noche. Me dije: «Sí, el sol seguirá saliendo. El día seguirá al día y la vida avanzará, a pesar de las predicciones».

Con el despertar de esta revelación me di cuenta de que realmente no había alternativa. Puedes dejar de vivir, apagar tus sueños y aspiraciones, por un traumático «vaya uno a saber qué» que tal vez ocurra algún día. No, la vida debe vivirse. Esconderse y renunciar a los sueños de uno es traicionar a la vida, traicionar todo lo que representa.

Se suele preguntar: «Si supieras que morirías mañana, ¿vivirías hoy tu vida de forma diferente?». Lo dudo. Somos criaturas de costumbres. Yo sabía que ahora era más consciente de las posibles consecuencias y trataría de realizar algo con más sentido en el tiempo que me quedara. Además, nadie sabe realmente cuánto tiempo nos queda. Podría salirme de una curva mañana, podría arrollarme un coche, y en ese momento el mundo tal como lo conocía dejaría de existir para mí. Para nosotros, el mundo es real sólo mientras estamos en él.

Pensé en la gente de la antigua Italia. Aquel día en que el Vesubio hizo erupción y su lava inundó por completo Pompeya, la civilización cesó y quedó totalmente borrada para todas aquellas personas. La gente de Hiroshima tampoco recibió ninguna advertencia. En la brevedad de un instante, en un abrir y cerrar de ojos, su mundo desapareció y su civilización dejó de existir para ellos.

Aunque la idea de que nuestro mundo llegara a un final tan trágico era aterradoramente deprimente para mí, empecé a entender. Vive la vida mientras puedas. Ama y disfruta de la maravilla de lo que te rodea. Aprende a ver con los ojos de un niño y lucha de verdad para entender a tu prójimo, porque nuestra vida aquí en esta tierra es realmente algo delicado y frágil. Nostradamus me hizo mucho más consciente, pero en lo más íntimo de mi corazón seguía anhelando que estuviera equivocado. La única forma de saber es esperar hasta que lleguemos a ese momento en el tiempo. ¿Cuál es la alternativa? ¿Encontrar un agujero y esconderse en él? De un modo u otro, eso es morir. Prefiero pasarme la vida tratando de contar a la gente las maravillas que he encontrado con mi trabajo y transmitir los secretos que he descubierto.

Si tan sólo pudiera aferrarme a mis creencias, el futuro desconocido perdería su poder de atemorizarme.

Sabía que ahora no tenía alternativa. Debía continuar este proyecto. Mi parte curiosa era más fuerte que cualquier aprensión que pudiera sentir.

6
Elena se marcha

Era jueves, el día de nuestra última posible sesión. Hacía sólo dos días que Elena me había transmitido la inesperada noticia y me vi obligada a intentar meter tanta información como fuese posible en unos pocos y breves días. En la sesión que habíamos tenido la noche del jueves quedó claro que Nostradamus estaba dispuesto a trabajar con nosotros, y que era posible obtener una nueva y asombrosa comprensión de sus cuartetas. Era frustrante y desalentador ver cómo se cortaba de pronto una oportunidad única como ésa. No tenía información suficiente para un libro y no me parecía justo despertar la curiosidad de los lectores con la traducción de apenas unas pocas cuartetas. Elena había dicho que probablemente volvería de vacaciones el verano siguiente puesto que sus padres aún vivían en esta ciudad. Ésa quizá fuera una oportunidad para realizar una sesión. Si esta historia tenía que esperar hasta entonces, si había que aplazarla durante un año o más, así sería. Claro que esto iba en completa contradicción con las instrucciones de Nostradamus. Él había puesto mucho énfasis en que yo hiciera llegar la información lo antes posible a la gente de nuestro tiempo, pero en este momento no tenía otra solución. Elena se iba, y puesto que Alaska no está precisamente a la vuelta de la esquina, no había esperanza de trabajar con ella. Tal vez ella obtendría algunos resultados en su intento de traducir las cuartetas por su cuenta, pero eso me parecía muy impredecible. No confiaba en la validez de ese método. Los resultados en trance durante la comunicación con Dionisia y Nostradamus habían sido sorprendentemente claros y concisos. Sabía que estos resultados no podían reproducirse con ningún otro método que no fuera el de mi trabajo directamente con ella. No conocía a nadie llamado «Brian», pero me mantendría alerta a la posibilidad de que esa persona entrara en mi vida como posible sujeto. Yo trabajaba con varias personas y tenía en mente a una joven que me parecía muy idónea para este experimento, la estudiante de música que le mencioné a Nostradamus. Pero como yo nunca había oído hablar de que se intentara semejante experimento, pensé que era pedir lo imposible. Con Elena tuvimos mucha suerte porque descubrimos una vida pasada en la que ella era un estudiante de ese gran hombre. Como estaba fuera de toda probabilidad que encontrara a otro de sus discípulos, yo no tenía idea ni plan para contactar con él a través de otra persona. «Imposible» era la única palabra que encajaba aquí; era algo que incuestionablemente estaba en la esfera de lo irrealizable.

En este momento de nada servía preguntarse sobre ello. Al llegar al pueblo turístico supe que durante esta última sesión debía concentrar todas mis energías en el intento de obtener toda la información posible. La noche anterior me quedé revisando las cuartetas hasta la una de la madrugada. Era realmente la primera vez que las examinaba. Durante la lectura a veces recibía un destello intuitivo sobre un posible significado, pero la mayoría de ellas parecían incomprensibles y hasta disparatadas. Indudablemente, Nostradamus había hecho bien su trabajo. Podía entender por qué los investigadores habían pasado largos años tratando de descifrarlas. También entendí por qué muchas de las cuartetas no tenían explicación. Simplemente eran demasiado complejas u oscuras. Lo que sí pensé es que los traductores trataban de ceñirse demasiado a la letra del texto. Para mí era obvio que en muchos casos Nostradamus empleaba un simbolismo muy intrincado.

Yo había tomado notas sobre algunas cuartetas que quería descifrar y observaciones para otras que me parecieron curiosas. Sabía que no habría tiempo para abarcar ni tan siquiera una parte de ellas, de modo que me concentraría sólo en unas pocas. Escribí las preguntas que deseaba plantear sobre la escritura de las cuartetas. También sería importante tratar de conocer el resto de la vida de Dionisia y hacer algunas preguntas adicionales sobre la vida de Nostradamus. Tendría que repartir cuidadosamente mi tiempo si quería hacer al menos una parte de lo que había planeado. Éste era un caso en el que tendría que establecer claramente mis prioridades. Pero ¿cómo saber cuál era el aspecto en que era más importante concentrarse? Trabajar con tanta presión está lejos de ser la condición ideal para la hipnosis; además, detesto competir con el segundero de un reloj.

Éste era el último día que quedaba para dirigir una sesión porque al día siguiente (viernes), Elena tenía la venta del garaje y volaría a California el sábado por la mañana. Tenía que ocuparse de un montón de detalles de último momento. Para facilitarle las cosas, llegué antes de la hora de la sesión pero de poco sirvió. Elena tenía muchos temas pendientes antes de que pudiera serenarse e iniciar nuestro trabajo. Ahí seguía esperando yo, mientras ella iba a la peluquería y entregaba un retrato que le habían encargado. Necesitaba el dinero para el viaje. Luego tuvo que volver a casa y preparar algunas cosas para su hija. Elena debía de sentir que tiraban de ella en todas direcciones mientras intentaba dividirse entre las demandas de sus hijos. La seguí mientras ella realizaba varias tareas más, y la esperé viendo cómo se iban valiosos minutos. Sabía que debíamos empezar pronto puesto que Elena tenía planes para la noche.

Finalmente, llegamos a casa de Val; allí no nos molestarían. Val también se mudaba, y había cosas amontonadas por todas partes. Mientras preparaba mi grabadora sobre una maleta cerca de la cama, Elena anunció que tendríamos exactamente una hora y media para hacer la sesión; luego tendría que ir a casa de sus padres para una cena de despedida. ¡Vaya una manera de trabajar a presión! Realmente, aquello era empujar hasta el límite para conseguir que se hiciera algo en tan poco tiempo, pero eso era mejor que nada.

He incluido todos estos detalles sobre los acontecimientos del último día para mostrar que esta sesión carecía de importancia para Elena. Era casi como una molestia más. A ella le preocupaban más el inminente viaje y los detalles de última hora que requerían su atención. Simplemente, se conformaba con hacer un hueco para la sesión en su ocupado programa porque sabía que era importante para mí y no quería herir mis sentimientos. Por mí estaba bien, porque nunca quiero interferir en la vida privada de mis sujetos. Yo me sentía como una intrusa, y quería terminar y dejar de estorbarla.

Cuando Elena se tendió en la cama, le di la palabra clave y la observé mientras entraba en trance profundo. Después la llevé de nuevo a la vida de Dionisio y utilicé las instrucciones detalladas que me habían dado como método para contactar con Nostradamus en el lugar especial de encuentro. Ni siquiera estaba segura de conseguirlo de nuevo. Al final de la cuenta atrás, Dionisio anunció que allí estaban ellos y de nuevo sentí una gran oleada de alivio al ver que el procedimiento había tenido éxito.

Dolores: *Desde la última vez que hablamos he estado repasando diferentes libros. En nuestra época disponemos de muchas traducciones de las cuartetas de Nostradamus; todas ellas parecen ofrecer versiones diferentes. Esto nos crea problemas de comprensión.*

Elena: Esto ha sido fruto de la ignorancia de las edades; es por esa razón que habéis llegado a una época más ilustrada. Aún están aquellos que no tienen luz en su mente.

D.: *La gente se pregunta por qué Nostradamus era tan oscuro en sus cuartetas.*

E.: Lo hizo deliberadamente. Estas cosas habrían sido terribles para los de siglos anteriores.

D.: *Me has dicho antes que algunas de las cuartetas tenían más de un significado.*

E.: Correcto.

D.: *¿Todas las cuartetas tienen más de un significado?*

E.: Sólo algunas. No todas.

En el escaso tiempo que había tenido para estudiar las cuartetas la noche anterior, observé que eran extremadamente complicadas. Pero se me ocurrió una idea. En algunas de ellas, cada línea parecía referirse a algo distinto. Incluso los traductores lo comentaban ocasionalmente. Decían que una parte encajaría con su interpretación, en tanto que la otra no. Me preguntaba si sería posible que una o dos líneas pudieran referirse a un acontecimiento y el resto a otro. Esto explicaría parte de la confusión.

E.: Cada cuarteta contiene una sola profecía, pero en algunas se expresa de tal manera que el significado puede aplicarse a un tiempo distinto del que ocurrió el hecho.

D.: *¿No ha dicho él que algunos de esos acontecimientos no ocurrieron por la capacidad que tiene el hombre para cambiar el futuro?*

E.: Es cierto.

D.: *Algunos dicen que si el futuro no se puede cambiar, tampoco existe lo que se llama libre albedrío.*

E.: Existe el libre albedrío.

D.: *Entonces él no se equivocó ni falló. ¿Informaba simplemente de lo que veía?*

E.: Es lo que vio que ocurría en esa secuencia del tiempo. Esto es difícil… tal vez pueda explicarlo de otro modo. Es como cuando ves algo desde cierta distancia y observas que cuanto más te acercas, más claramente ves los detalles, que no son como se veían desde lejos. Esto significa que la voluntad o la fe del hombre tienen la capacidad de cambiar un acontecimiento a medida que se acerca ese momento. Por lo tanto, desde la distancia que mi maestro lo vio, fue antes de que la consciencia del hombre cambiara el acontecimiento o lo desviara en otra dirección.

D.: *De modo que éstos son los acontecimientos como él los vio, pero el hombre puede cambiarlos a medida que se acerca el momento.*

E.: Es verdad.

D.: *Es bueno saber que la gente puede cambiar las cosas de verdad si tiene conocimiento de ellas. Muchos creen que todo está predestinado, ¿me comprendes? Y que en ese sentido no hay nada qué hacer.*

E.: Por eso quiere que las conozcas, para que puedan cambiarlas.

En los libros de Nostradamus las cuartetas están ordenadas en lo que se llama «centurias». Una cuarteta es un verso de cuatro líneas (o mejor dicho, un acertijo de cuatro líneas) y se supone que una centuria es un conjunto de cien cuartetas. Hay diez centurias, aunque en el libro de la señora Cheetham una de ellas (VII) contiene sólo 42. Esto significa que hay casi mil cuartetas, 942 para ser exactos. Yo me preguntaba si fue ésta la disposición que quiso darles y si les dio ese orden con un propósito específico.

E.: No, éste es uno de los confusos acertijos introducidos por él. Los llamó centurias pero eso no significa que haya cien años de tiempo. Pretendió ponerlo en forma de rompecabezas, para confundir.

D.: *¿Puedes explicarme qué pretendía realmente?*

E.: (*Pausa, como escuchando.*) Lo hizo para que la gente, los que traducían con fines lucrativos, se confundiesen con el tema, con el período de tiempo. Para que no pudieran, a pesar de que aparentemente lo consiguieran, establecer cada uno de los acontecimientos en un siglo determinado. Es lo que da a entender cuando una cuarteta se aplica a más de un período.

D.: *Los expertos de nuestro tiempo dicen que una centuria representa un centenar de estas predicciones, y en ese orden las pusieron. Una centuria son cien cuartetas, la segunda centuria abarca otras cien.*

E.: Le tiene sin cuidado lo que piensan esos expertos.

D.: *Una de las centurias no contiene cien. ¿Lo hizo a propósito? Creí que faltaban algunas cuartetas, que él no las había terminado o que no las incluyeron.*

E.: No. Todo lo que quería que se supiese ha llegado hasta ti.

Yo sentía la necesidad de aclarar estas cosas. Tal vez las personas han intentado poner un excesivo orden en sus profecías y esto las aleja de lo que él pretendía decir. Antes mencionó que se habían cometido errores por no haber entendido sus cálculos de las diferentes posiciones planetarias. Yo pensaba que tal vez con 400 años de por medio la tierra había cambiado de posición lo suficiente para hacer que ahora el cielo apareciera de forma diferente, sobre todo en relación con los cálculos numéricos.

E.: Los cálculos que él dio *son* correctos. La forma en que los han *interpretado* es incorrecta. Cuando indica determinado momento astrológico del tiempo desde otro siglo, el astrólogo de nuestro presente tendría que deducir matemáticamente a qué punto del tiempo se refiere. Ahora bien, en algunos casos lo que ha ocurrido es que gracias al libre albedrío del hombre la profecía se ha acelerado o ha quedado eliminada.

D.: *Supongo que las posiciones de las estrellas han cambiado a lo largo de cuatrocientos años.*

E.: Así es. El cielo que él vio fue el de su profecía. No el de su tiempo.

D.: *¿Quieres decir que cuando vio el acontecimiento, veía también la posición de las estrellas en ese momento?*

E.: Antes de ver el acontecimiento, veía los cielos. Y luego se centraba en la tierra. Después, al igual que si viera a través de una lupa, el acontecimiento aparecía en el punto central.

D.: *Ya veo. Entonces el error está en los cálculos que el hombre hace en el presente.*

E.: Así es.

D.: *Éstas son cosas que nuestros expertos no creo que hayan tenido en cuenta... la última vez hablaste de nuestro armamento, o que esta fuerza de poder que hay detrás de nuestro armamento causaría problemas en nuestro tiempo. ¿Has dicho que la causa de los problemas es algo que estaría en el aire? ¿Qué clase de cambios producirá esta sustancia?*

E.: (*Pausa, escuchando.*) Cambiará la estructura de las nubes, la estructura de la vida vegetal, la estructura de los animales. Cuando digo «estructura» quiero decir cierto tipo de deformidad física, pero ... (*tenía dificultad para encontrar las palabras exactas para describirlo*) desde el interior de la sangre, los órganos internos.

D.: *Creo que entiendo de qué hablas.*

Obviamente, él se refería a los efectos de la radiación en la sangre y los genes. Estaba empleando las únicas palabras que podía encontrar para describir un concepto tan insólito.

(Cuando ocurrió el accidente de Chernóbil se pensó que la radiación no había causado gran daño y los científicos no estaban muy preocupados. Habían dado por hecho que las lluvias la arrastrarían. Pero varios meses más tarde se descubrió que se había infiltrado en el suelo y contaminado toda la vida vegetal, especialmente en Laponia. En esa zona los animales quedaron contaminados después de consumir las plantas. Después de unos meses, los científicos anunciaron que en ese momento el reno era el animal más afectado por la radiación sobre la faz de la tierra. Para la gente que vivía de la caza del reno, aquello fue un desastre. Tal vez era sólo la punta del iceberg. En el futuro habría hallazgos aún más asombrosos que demostrarían que estos accidentes nucleares no pueden ignorarse ni tomarse tan a la ligera.)

D.: *Nuestros científicos siguen diciendo que no hemos hecho nada que perjudique a la tierra. Dicen que esta sustancia no es más fuerte ni más dañina que la luz que llega del sol.*

E.: (*Con voz llena de incredulidad.*) ¿Cómo pueden decir eso? Es una estructura, un elemento completamente diferente.

D.: *Afirman que puesto que la luz solar no nos daña, esta sustancia tampoco nos perjudicará, a menos que sea en grandes dosis.*

E.: (*Grave y enfática.*) ¡Están en un error!

D.: *¿Entonces él cree que estas sustancias, aun en pequeñas dosis, dañarán a los seres humanos?*

E.: Cuanto más pequeña sea la dosis, más tardará en percibirse el daño. Pero él ya lo ha visto en los peces marinos. No entiende cómo pueden asegurar lo contrario teniendo a la vista esta prueba física.

D.: *¿Crees que es algo que tarda mucho tiempo en aparecer y quizá por eso no lo entienden?*

E.: Pero lo que irá ocurriendo es que el peligro para la estructura, procedente del armamento que contamina el aire, será muy fuerte. Se observarán cambios repentinos en pocas semanas, a menos que tomen conciencia de ello.

D.: *Verás, también piensan que es una energía buena y pueden usarla para otras cosas, no sólo en las armas. Por eso no quieren renunciar a ella.*

E.: Pero *no* la usaron para el bien cuando se creó este poder. La usaron para el mal, para destruir vidas. Por lo tanto, la energía resultante es una energía negativa. Si la hubieran empleado como lo pretendía su inventor, la energía en sí carecería totalmente de negatividad. Y en tanto que poseen la capacidad de contenerla, si la usan como arma, como algo destructivo, están creando un… (*tenía dificultad para definirlo*) karma negativo. Dice que en tu terminología existe la palabra «karma» o «aura», la fuerza espiritual presente en las cosas que las hace buenas o malas. Pero esto se creó como algo perverso.

D.: *Ya veo. Entonces, por la forma en que lo pusimos en marcha, ¿crees que la humanidad será alguna vez capaz de invertir los términos y usarla para hacer el bien?*

E.: De una fuente completamente diferente. Los materiales que actualmente se emplean para crearla no existirán en el futuro. Por tanto, no podrá volver a usarse.

D.: *¿Es decir que tendrán que encontrar otra fuente de poder o energía?*

E.: Evidentemente hay gente que ya la ha encontrado. ¿Se referiría Nostradamus a la energía solar?

D.: *Creo que la última vez sugirió que dejáramos de contaminar el aire.*

E.: Sí, es primordial. Ellos están acelerando los cambios en el planeta y la atmósfera, unos cambios que tendrán total re- percusión en el universo.

D.: *¿Quiere decir que no sólo afectarán a nuestro pequeño planeta?*

E.: Así es.

D.: *Pero hay muchos que no quieren pararlo. Siguen haciendo pruebas y cada vez que lo hacen, contaminan más el aire. Y recientemente también hemos tenido los accidentes de los que hablaste la última vez.*

E.: Y aún habrá más.

D.: *¿Sabe dónde, en qué país ocurrirán estos accidentes?*

E.: Eso está en las cuartetas.

D.: *¿Sobrevendrá alguno de ellos en el Nuevo Mundo; en el país donde vivo?*

E.: Sí. Los terremotos naturales ocasionarán estos accidentes.

D.: *¿Hay alguna forma de evitarlo?*

E.: La eliminación del sistema, del almacén que lo contiene.

D.: *Pero no hay manera de ...* (Yo intentaba encontrar una explicación que él pudiera entender.) *Él conoce el poder del rey en Francia. En nuestro país ocurre lo mismo. El poder está en manos de unos pocos y sus decisiones marcan la marcha del mundo. Allí es donde está el problema.*

E.: Por eso quiere que tu gente conozca el peligro que entraña y la razón por la que él habla con nosotros en estos momentos. Dice que los resultados que produciría un terremoto cerca de uno de los puntos donde se almacena armamento harían que vuestros líderes se dieran cuenta claramente de los peligros. Lo único que puedes hacer en este momento es tratar de evitar que eso ocurra.

D.: *Intentaré llamar su atención de la mejor manera posible. La última vez hablaste de que era importante que supiéramos que habría ciertos cambios en otros países.*

E.: ¿Te refieres al cambio en la tierra?

D.: *Bueno, lo que él considera importante que sepamos.*

E.: (*Escuchando.*) Que algunas zonas de la tierra se convertirán en islas y que en esos países los problemas de alimentos y la supervivencia serán sumamente graves.

D.: *¿Ocurrirá durante el cambio?*

E.: Sí. Previamente habrá problemas de gobierno. Insiste que eso dependerá del grado de consciencia de la gente. Tal vez surjan rebeliones a pequeña escala o se unan potencias para combatir las rebeliones en los países del golfo Pérsico.

D.: *¿Los países del golfo Pérsico? ¿Sucederá todo esto antes del cambio, o simultáneamente?*

E.: Precederá al cambio en la tierra, pero éste cobrará más importancia porque cesarán los combates. Es decir que la destrucción de los diferentes países relegará la lucha a un segundo plano.

D.: *Ya veo. ¿Nos ve en el futuro usando este tipo de armamento antes de que ocurra el cambio?*

E.: No, no el más peligroso. Son los cambios en la tierra los que harán peligroso el armamento.

D.: *Al menos nuestros líderes muestran algo de cordura. ¿Ves a nuestro país, al nuevo mundo, implicado en una guerra antes de que llegue este cambio?*

E.: (*Pausa, escuchando.*) Si el líder que está al frente del país del golfo Pérsico si g u e siendo fuerte, eso podría ser un factor.

D.: *Una vez más está en juego el libre albedrío del hombre, ¿verdad?*

E.: Así es.

Decidí empezar la lectura de las cuartetas.

D.: (CENTURIA II-41) *«La gran estrella arderá durante siete días y la nube hará que el sol se vea doble. El gran mastín aullará toda la noche cuando el gran pontífice cambie de morada.»*

En esta cuarteta, el traductor no entiende qué quiso decir Nostradamus con lo de dos estrellas. Tras una larga pausa, Dionisio dio la definición.

E.: Ésta es una cuarteta que se refiere a la llegada de la gente de las estrellas. El mastín sería el símbolo del Diablo o el mal, y el Papa cambiará. Roma ya no será el centro de la Iglesia católica.

D.: *Luego, ¿eso es lo que significa «la gran estrella arderá durante siete días»? ¿La llegada de esa otra gente?*

E.: También se refiere a la cuarteta de la que hablamos en la última sesión.

D.: *¿Sobre el espectáculo de luces?*

E.: Correcto. El sol que aparece doble no significa que sean dos soles. Significa que el sol se verá tanto de día como de noche.

D.: *El traductor interpretó que significaba guerra. Puedo ver por qué les resultaba tan difícil encontrar el verdadero significado, sobre todo si no creen que haya seres que habitan otros planetas además de la tierra.* (Busqué otra cuarteta que había anotado en mi cuaderno.) (CENTURIA VI-5) *«Una gran hambruna (*ocasionada*) por una oleada pestilente extenderá su largo reinado por todo el Círculo Polar Ártico. Samarobrin, a cien leguas del hemisferio. Vivirán sin ley, con excepción de la política.»*

A veces Nostradamus parecía confuso o frustrado, como si la traducción inglesa le dificultara la identificación de la cuarteta. Casi como si pensara: «¿Qué cuarteta será ésta?».

E.: Ocurrirá después del cambio de los polos.

D.: *¿Qué significa Samarobrin? Es una palabra que nunca han podido entender.*

E.: Deletréala por favor. (Lo hice.) ¿Es así también en francés?

D.: *Sí, pero también podría estar mal traducida en francés.*

E.: Sí. En el momento del cambio habrá una separación de la gran masa de tierra que está encima del nuevo país. Ésta estará fragmentada en pequeñas islas. A causa de la distancia y la incapacidad de comunicarse, vivirán bajo su propia ley y serán agresivos y fuertes y… «agresivos» no es la palabra correcta, pero protegerán mucho los lugares donde habitan debido al tiempo que lleva reconstruir y encontrar alimento. Y éste es el nombre por el que se les conocerá, por un ... (*buscando*) pez que existe en esa zona. Éste es parte de su nombre.

Más tarde cuando hablábamos de esto, se sugirió que el pez podría ser el salmón, que es originario de la zona de Canadá y Alaska.

Yo echaba una ojeada al reloj de vez en cuando y sabía que si tenía que averiguar otras cosas que me interesaban, tendría que dejar las traducciones, aunque estábamos obteniendo excelentes resultados.

D.: *Antes mencioné que el vehículo a través del que hablas va a mudarse a una zona diferente, y me dijiste que intentarías venir mediante otra persona con quien estuviera trabajando.*

E.: Lo intentaremos. Si un vehículo puede ser receptivo, con gusto haremos el contacto. Deseo manifestarte que con Elena, tu vehículo, ha sido sumamente fácil debido a la anterior conexión de vidas. (*Después de una pausa, ella continuó, con voz llena de asombro.*) Qué interesante es esto. Nunca se me había ocurrido esa idea.

D.: *¿Qué quieres decir?*

E.: Bueno, eso es lo que ha dicho Nostradamus. Que tengo una conexión con tu vehículo.

D.: *¿Nunca habías reflexionado en esto, sobre otras vidas? Pues es verdad. Es por eso que está ocurriendo esto. Y me preguntaba si sería más difícil comunicarse a través de otra persona que no tuviese ninguna conexión con él. Pero dice que lo intentará.*

E.: Asegura que no será tan difícil en este lugar abstracto al que nos ha traído.

D.: *Daré instrucciones al vehículo para que medite sobre estas cuartetas y que me envíe sus interpretaciones por mensajero.*

E.: Sí, porque por desgracia no hemos terminado de examinar las cuartetas que más importan. Sólo algunas, pero no todas.

Yo era incapaz de imaginar qué podía ser más esencial e importante que las que ya habíamos trabajado, así que me dejó desconcertada.

D.: *Bueno, cuando hagamos la conexión y vengas a través de otra persona, tal vez podamos encontrar esas cuartetas. Podemos intentarlo de las dos maneras. Pero cuando llegue por medio de otra persona, ¿habrá algún modo de saber que realmente se trata de Nostradamus y no de alguien que intenta tomarme el pelo?*

E.: Dice que el mejor modo de saberlo es que le des a este vehículo y a la otra persona la misma cuarteta. Si la traducen de un modo parecido -no tiene por qué ser literalmente-, tú lo sabrás.

D.: *Será una buena prueba. Porque quiero estar segura de que no hablo con otra entidad o espíritu o alguna otra persona. Quiero estar segura de que es él.*

E.: Añade que ... no, prefiere no decirlo. Iba a sugerir una determinada palabra que ellos dirían. Pero si poseen habilidades psíquicas podrían extraer esta palabra de tu mente.

D.: *De acuerdo. Creo que trabajo con un número de personas suficiente como para encontrar a otro vehículo a través del cual él pueda venir. Y Elena seguirá trabajando por su cuenta hasta que volvamos a reunirnos algún día en el futuro.*

Me preparaba para dar las órdenes que sacarían a Dionisia de esa escena. Val no podía entender por qué, puesto que la traducción marchaba muy bien. Señalaba frenéticamente su reloj susurrando que aún nos quedaba media hora. No sabía que yo había planeado obtener el resto de la historia de la vida de Dionisio. Como escritora, no debo perder de vista la perspectiva más amplia en lugar de ver sólo lo que está ocurriendo en el momento. Si realmente creí a Nostradamus cuando me aseguró que era posible obtener a través de otra persona la traducción de las cuartetas, así ocurriría. Pero la historia de la vida de Dionisia nunca la conseguiría con otra fuente que no fuera Elena. Sabía que esto era esencial para un posible libro que tratara sobre este fenómeno. También esperaba averiguar algo más sobre la vida de Nostradamus desde la perspectiva de uno de sus estudiantes. Val no entendía que en esta última sesión no había tiempo suficiente para hacerlo todo. Por eso tenía que concentrarme en lo que consideraba más esencial. Obviamente, para su curiosidad eran más importantes las cuartetas, pero yo sabía que apenas lograríamos rozarlas en la media hora que nos quedaba.

Hice caso omiso de la frustración de Val y di instrucciones a Dionisia para que abandonara esa escena y avanzara hasta el último día de su vida. Le insinué que podía observarla si no quería participar en ella. Esto suele hacerse con frecuencia para evitar que el sujeto tenga un trauma innecesario.

E.: (*Su voz se volvió suave y débil.*) Me veo tendido en la cama. Mis dos amigos lloran.

D.: *¿Qué te ocurre?*

E.: Algo que está en mis entrañas. Intenté detener su crecimiento pero ha podido más que yo.

D.: *¿Eres muy viejo cuando esto ocurre?*

E.: Cincuenta y ocho años. Es una buena edad, una buena edad.
D.: *¿Has trabajado como médico todos esos años?*
E.: No, decidí estudiar el espíritu y el conocimiento de la mente.
D.: *¿Sigue vivo Nostradamus en este tiempo?* (Negó con un movimiento de cabeza.) *¿Puedes decirme qué le ocurrió?*
E.: La edad. Llevaba tiempo enfermo. Se puso enfermo con una ... (*tenía dificultad*) no recuerdo la palabra.
D.: *Describe lo que era, tal vez se me ocurra la palabra.*
E.: Era una ... tos persistente.

Instintivamente, Val pronunció la palabra latina *consumptio** creyendo que Elena no la oiría.

* *Consumption* (del latín *consumptio*), en inglés es tuberculosis pulmonar. (N. de la t.)

E.: *Consumptio*, gracias.

Val se cubrió la boca con la mano para disculparse. A los que están presentes siempre les pido que no se dirijan al sujeto mientras está en trance, a menos que yo lo autorice. Por lo general, el sujeto es incapaz de oír nada de lo que ocurre en la habitación a menos que se le indique expresamente. Sin querer a Val se le había escapado la palabra de forma espontánea.

D.: *¿Era sobre todo eso lo que le ocurría a Nostradamus?*
E.: Estaba envejeciendo. Tenía algunos problemas de salud pero sobre todo su cuerpo estaba envejeciendo. Y su mente estaba cansada.
D.: *¿No supo cuidar de sí mismo?*
E.: Él estaba dispuesto a continuar.
D.: *Una vez mencionaste que tenía varias casas, que vivía en lugares distintos. ¿Tenía una familia?*
E.: Se volvió a casar en la última etapa de su vida. Tenía esposa y tres hijos.

Recordé la película, que él se había casado muy joven y que su familia murió a consecuencia de la peste. Quería verificar esto.

D.: *¿Entonces no era su primera esposa?*
E.: (*Con tristeza.*) No.
D.: *Te contó alguna vez lo que le ocurrió a su primera esposa?*

E.: Sí. Fue algo muy doloroso para él. Se casó cuando era muy joven y hubo una gran enfermedad en su país que costó muchas vidas. Y aunque pudo ayudar a mucha gente, mientras estaba ... (*busca la palabra*) ejerciendo la medicina, su esposa y su familia contrajeron la enfermedad.

D.: *¿Y él no estaba allí?*

E.: No. Llegó poco antes de que murieran, ya era demasiado tarde para salvarlos.

D.: *¿Pensó que podía haberles ayudado si hubiese estado allí?*

E.: Sí. Fue la mayor tristeza de su vida.

D.: *¿Por eso no volvió a casarse durante mucho tiempo?*

E.: Tenía más de cuarenta años cuando volvió a casarse. Era un buen médico. A medida que se hacía mayor, aumentaba su conocimiento del cuerpo y el espíritu y podía ayudar a muchos.

D.: *¿Tuvo muchos estudiantes aparte de ti?*

E.: En todo el tiempo que le conocí tuvo ... (pensando) tal vez fuimos veinticinco o treinta los que él instruyó a lo largo de los años. En los últimos diez años de su vida se dedicó a escribir y estudiar. En esos años no tuvo estudiantes.

En la primera parte del libro de la señora Cheetham, hay una breve biografía de Nostradamus. En ella se menciona a un hombre llamado Jean Chavigny que supuestamente fue uno de sus estudiantes. Se decía que lo ayudó en la recopilación y publicación de las cuartetas. Me preguntaba si Dionisia pudo haberlo conocido. Tenía tanta dificultad con mi lamentable pronunciación del nombre que no entendió a quién me refería. Después de deletreárselo, lo repitió con una pronunciación francesa que sonaba muy bien.

E.: Este nombre no es raro. A Chavigny, realmente no lo conocí. Él ya había muerto cuando empecé a estudiar con Nostradamus.

D.: *¿Te marchaste cuando Nostradamus empezaba a escribir?*

E.: No. Él ya había empezado a escribir, y yo me quedé con él aprendiendo más cosas en el ámbito espiritual. A medida que se adentraba en sus escritos, se convirtió en una especie de ermitaño. Y yo estaba ansioso por aprender otras cosas y empecé a viajar.

D.: *¿Tuviste otros maestros?*

E.: No de carne y hueso. (*¿Significa esta respuesta que aprendía de guías espirituales?*) Empecé a enseñar a algunos estudiantes que consideraba íntimos y semejantes a mí en espíritu.

D.: *Creo que habría sido difícil encontrar a un maestro tan ilustrado como él, ¿verdad?*

E.: (*Con emoción.*) Yo lo amaba mucho.

D.: *¿Tuvo alguna vez Nostradamus problemas con la Iglesia cuando hacía estas cosas diferentes?*

E.: Sólo cuando era más joven. Después se volvió más discreto en lo que decía y hacía en público. Era un fervoroso católico.

D.: *En ese tiempo, la Iglesia no estaba a favor de estas cosas, ¿no es así?*

E.: Era terrible.

D.: *¿Alguna vez tuviste ese tipo de problemas con la Iglesia?*

E.: Sí. Fue después de dejar a Nostradamus. Yo había empezado a hablar con algunas personas sobre mis creencias. Una de ellas era un hombre en quien creía que podía confiar. Me denunció al clero de la provincia. Tuve la suerte de que el clero era afín y cercano a mí en alma y espíritu. Hablaron conmigo, y no permitieron que el incidente trascendiera.

D.: *No era extraño encontrar un espíritu afín en la Iglesia?*

E.: Mi gran suerte fue que el hombre me llevara ante un sacerdote y no un obispo o alguien superior. Era un hombre que armonizaba más con lo espiritual que con lo material.

D.: *¿Después de eso fuiste más cauteloso?*

E.: Bastante más. El sacerdote tuvo la bondad suficiente para sugerirme que me fuera de allí para que el asunto no tuviese repercusiones.

D.: *Sí, tuviste mucha suerte. Me da la impresión de que te sientes cansado.*

E.: (*Con voz suave.*) Sí.

D.: *¿El cuerpo ya ha dejado de existir?*

E.: Sólo estoy observando.

D.: *¿Qué piensas hacer ahora que se acerca el fin?*

E.: (*Suavemente.*) No tengo miedo.

D.: *Entonces adelantémonos un poco hasta el momento en que todo ha terminado. Sólo quiero que me digas cómo es y qué ves.*

E.: (*Con respetuoso temor.*) ¡Ah, es tan maravilloso!

D.: *¿Qué ves?*

E.: (*Su voz estaba llena de asombro.*) ¡Todo! ¡Todo! Puedo ir en cualquier dirección.

D.: *Eres libre. ¿Estás solo?*

E.: No, aquí hay alguien; pero ... sólo la sensación, de un ser, del amor. Un guía.

D.: *¿Sabes lo que vas a hacer?*

E.: Voy a seguir. A seguir al amor. ¡Ah, es tan bello!

D.: *¿Qué te parece la vida que acabas de dejar?*

E.: Creo que fue buena. Las cosas que no entendía me aparecen ahora con claridad.

D.: *Sí, fue una vida de gran conocimiento. Creo que en esa vida aprendiste mucho y evolucionaste espiritualmente. ¿Eres feliz ahora donde estás?*

E.: Sí. Pero volveré.

D.: *¿Ya lo sabes?*

E.: Sí, ellos me lo dicen. Me hacen saber que aún queda mucho por hacer en el plano terrestre. Ah, es un gran honor que me lo digan.

D.: *¿Te dicen qué vas a hacer?*

E.: Que ayudaré a la humanidad.

D.: *¿Qué piensas de ello?*

E.: Que será maravilloso.

D.: *Creí que tal vez no te gustaba vivir en la tierra, que no querrías volver de nuevo.*

E.: ¡No! Me gustaba vivir en la tierra.

D.: *¿Crees que tardarás mucho antes de volver a la tierra?*

E.: No lo sé. Ellos me honran al pensar así sobre mí.

D.: *Ah, y yo también. Creo que es extraordinario. Y también yo he aprendido mucho de tu conocimiento.*

E.: Gracias. Tal vez volvamos a hablar.

D.: *Tal vez, sí, tal vez. Nunca sabes cuándo puedo volver de nuevo y hacer preguntas. Y te deseo paz y amor y gozo adondequiera que vayas en tus viajes.*

Había llegado a sentirme muy cercana a este hombre bondadoso pero en cierto modo sabía que nunca volvería a hablar con él. Sentía que cuando se fuera Elena, este capítulo se cerraría y no sería necesario reabrirlo. Sabía que la vida de Elena iría en otra dirección. Al menos, el tener estas dos sesiones quizás aliviara la presión que su subconsciente ejercía sobre ella. Ahora ella sentía que podía decir con seguridad que había intentado hacer su parte en este extraño escenario y que las circunstancias habían intervenido. Yo temía que sin ninguna sesión ella se hubiera ido con la carga subconsciente de un asunto inacabado, lo cual podría ocasionarle una enfermedad. Ahora sabía que había hecho todo lo que me era posible con esta historia desde el punto de vista de Elena. Sólo lamentaba todos esos meses perdidos que podíamos haber trabajado en esto. Pero no había forma de intuir siquiera la existencia de esta historia. Así es la vida. En todo caso, las circunstancias mandan y antes de darnos cuenta de ello, el tiempo ya se nos ha escurrido como agua entre las manos. Así que sólo podíamos decir que la vida se cruzó en el camino, y seguir adelante sin hacer conjeturas ni lamentarnos.

Acto seguido hice volver a Elena a su plena consciencia. Val se enfadó conmigo porque no había continuado con más cuartetas cuando Nostradamus las estaba traduciendo tan bien. Ella temía que nunca volviera a presentarse una oportunidad como ésta. Naturalmente, Val desconocía que yo intentaba conocer el resto de la vida de Dionisia, algo que habría sido imposible obtener con alguien que no fuera Elena. Tenía que aprovechar al máximo el limitado tiempo que nos quedaba en la última y definitiva sesión de hoy. Era yo quien tenía que decidir cuál era la información más importante.

Val siguió animando a Elena para que se quedara unas cuantas semanas más para poder seguir trabajando conmigo. Yo no le dije una sola palabra al respecto. Sabía que había tomado su decisión y nunca querría llevar en mi conciencia el haber tratado de influir en ella para cambiar sus planes sólo para que se acomodara a los míos. No tenía idea del camino que tomaría esta historia, pero aunque sólo fuese a parar a un cajón para esperar su regreso, sabía que ella había hecho los mejores planes para su vida porque eran sus planes y no estaba influida por mí. Lo que sí hice fue alentarla para que encontrara tiempo para dibujar la imagen de Nostradamus una vez que se hubiese instalado. Esto sí lo aceptó con entusiasmo. Cuando se despidió de mí con un estrecho abrazo, supe que mi trabajo con ella había terminado.

Dijo afectuosamente: «Ah, seguiremos en contacto. Tienes que prometerme una cosa: que me dirás si se llega a producir el contacto a través de otra persona. Eso sería lo más fantástico. Si eso llegara a ocurrir, yo también lo creeré todo».

Cuando salí de allí y cogí la carretera de vuelta a casa, no tenía respuestas, sólo algunas cintas grabadas que contenían el comienzo de un experimento interesante. Lo justo para despertar mi insaciable curiosidad para luego ver que la puerta se cerraba de golpe. Nostradamus había insistido en que era posible continuar, pero en este momento no me sentía capaz de ver la manera de hacerlo. Lo que él proponía era imposible, nunca antes se había hecho. Mientras conducía, los árboles se convirtieron en un interminable borrón y en mi mente resonaban las últimas palabras de Elena.

Para mis adentros respondí: «Sí, si alguna vez ocurre, yo también lo creeré todo».

7
A través del espejo mágico

Después de que Elena se marchara, seguí trabajando con otros muchos sujetos puesto que me ocupaba de una serie de proyectos. Siempre trabajo en varias cosas distintas en diversas fases de evolución. Me desalentaba ver que el material de Nostradamus había empezado tan bien y ahora aparecía en toda su realidad que se me había escapado para siempre. Las probabilidades de que encontrara a otro de sus estudiantes eran prácticamente nulas. La única alternativa era tratar de contactar con él mediante otro sujeto. Esto era algo que nunca había intentado hacer; nunca había pensado en ello. Antes había funcionado porque me vi involucrada en la vida de uno de sus estudiantes. Siguiendo sus instrucciones pude dirigir al estudiante para pedirle que se reuniera con nosotros en el lugar especial de encuentro designado por Nostradamus. Para que funcionara con otra persona, tendría que encontrar la forma de que ella contactara con Nostradamus durante su vida en el siglo XVI, en Francia, y pedirle también que se reuniera con nosotros en ese lugar especial ¿Existiría este lugar y sería accesible para otro? ¿Cómo podría dirigir a otro para que intentara comunicarse con él? Como no fuera que alguien hablara físicamente con él, como lo había hecho Dionisia, ¿cómo se haría el contacto?

Era claramente un reto con el que me encantaría experimentar. Sería mucho más complicado que tratar de contactar con la difunta tía Lucy y hablar con ella en forma de espíritu a través de un médium, si tal cosa fuese posible. No lo sé: nunca he participado en una sesión espiritista. Creo que lo que yo hago es totalmente diferente.

Para conseguirlo, tendría que contactar con Nostradamus durante el mismo período de tiempo a través de un canal o vehículo diferente que no tuviese conocimiento de lo que había ocurrido antes. Nostradamus tendría que acordarse de mí, que habíamos iniciado un experimento y estar dispuesto a continuar. Todo esto era extraño y prácticamente imposible. Pero si eso resultara, ¿no demostraría que realmente había estado en contacto con el verdadero Nostradamus durante su vida? ¿No demostraría por fin que era posible viajar a través del tiempo con este método único en su género? En el pasado he conseguido encontrar a dos o tres personas que estaban implicadas en la misma vida y pudieron darme su versión personal de la historia, demostrando con esto que de verdad vivieron juntos esa vida en el pasado. Pero esto era completamente distinto. Demostraría que es posible llegar hasta un personaje a través de alguien desconocido para ellos y que no hubiese tenido relación con ellos durante su vida.

Un reto fascinante. Mientras trabajaba con varios de mis sujetos, los estudié para aislar al que potencialmente considerara el más idóneo para hacer de cobaya en este experimento. A ninguno de ellos les hablé de mis planes. Finalmente, decidí intentarlo con Brenda, una joven estudiante de música en la universidad local. Hace años que la conozco, desde que acudía a la misma escuela que mis hijos. Era una chica muy activa, trabajaba a tiempo parcial en la universidad y asistía a clases para graduarse en música. En el poco tiempo libre que le quedaba, se dedicaba a componer, su gran afición. Había manifestado curiosidad por mi trabajo y quería probar una regresión. Desde la primera sesión demostró que era un excelente sujeto sonámbulo y de inmediato empezó a llegar un material maravilloso. No era habitual que consiguiera un material tan valioso en la primera sesión. Tal vez la razón de que ocurriera tan rápidamente fuera que ya se había establecido un nivel de confianza, puesto que yo no era una extraña para ella. Por esta razón quise hacer el experimento primero con ella, porque era un canal muy claro y conciso. Habíamos estado trabajando juntas en otros proyectos distintos durante más de un año y ella ya había dado muestras de su flexibilidad para trabajar en experimentación.

Un notable ejemplo de su adaptabilidad y facilidad para obtener respuestas se dio en ocasión del accidente nuclear de Chernóbil, en abril de 1986. El día que dieron la noticia de la explosión, los noticiarios lo trataron de forma superficial; nadie parecía saber qué estaba ocurriendo. Una información más amplia no llegó hasta varios días después. Pensé que sería interesante hacerle a Brenda preguntas sobre esta cuestión mientras estaba en trance y tratar de descubrir qué ocurría.

Cuando llegué a su casa ese día, le pregunté si había escuchado las noticias. Dijo que tal vez ella fuera sólo una compositora loca pero que prefería tocar el piano y escribir música que ver la televisión o escuchar la radio, así que pocas veces las encendía. Posiblemente cueste creerlo pero aún hay personas que no caen en la trampa de la caja tonta. Las circunstancias eran perfectas para un experimento.

Hacia el final de nuestra sesión habitual le pregunté si podía ver lo que estaba ocurriendo en Rusia en aquellos momentos. Inmediatamente captó el accidente nuclear y lo comentó como si fuera un observador; dijo que la causa del problema era una variedad de fallos de escasa importancia en la maquinaria que habían dado lugar a otros más graves. Dijo que habían muerto varias personas y que después morirían más como resultado de la radiación, por cáncer y males similares. No se esperaba que hubiese mucho peligro de radiación puesto que en su mayor parte ésta fue a parar a la tierra y por lo tanto el agua en esa zona estaría envenenada. Proporcionó gran cantidad de detalles que nadie en nuestro país conocía en ese momento. Nada de esto se decía en las noticias, pero sus observaciones se confirmaron días después.

Otro ejemplo de sus habilidades se relaciona con su predicción de un gran terremoto en toda la zona central de Estados Unidos cuyo detonante sería la falla de Nuevo Madrid. Afortunadamente, esto no ha ocurrido aún, pero dio gran cantidad de detalles sobre este terremoto.

Fue por estos ejemplos tan notables que elegí a Brenda como mi primera opción para el experimento.

No pude poner en marcha el experimento hasta pasado un mes. Estuve trabajando con ella en otro proyecto. Explorábamos la interesante vida pasada de una joven que vivió en Europa en tiempos de la Inquisición. Esta vida contenía gran cantidad de información sobre la persecución que la Iglesia realizaba en esa época y quería terminarlo antes de empezar un nuevo proyecto. Trabajábamos una vez por semana, y la otra entidad se convertía en una especie de Scheherazade, la princesa de las noches de Arabia. La mujer que para salvar su vida le contaba historias a un príncipe durante mil y una noches. Cada semana me preparaba para hacerla desaparecer, por así decirlo, y llegar al final de su vida y poder pasar al nuevo experimento. Y cada semana seguía proporcionándome más y más información interesante. Así pues, la dejé vivir una semana más. Finalmente, después de un mes, pudimos concluir su historia, hacer que descansara y permitir que se retirara de nuevo a las páginas del tiempo. Su historia se contará en mi libro: *The Horns of the Goddess* ('Los cuernos de la diosa'). En caso de necesitar más información, siempre podría resucitar a esta joven. Esto que cuento podría hacer que alguien pensara que yo tengo poder de vida y muerte en relación a otras personalidades, pero de hecho muestra la facilidad con que ellas pueden ser contactadas una y otra vez. Dejaré a otros el debate sobre la lógica de esta cuestión. Sólo sé que mis técnicas funcionan.

La noche en que iba a probar el experimento, no estaba más preparada en cuanto al método que emplearía para contactar con Nostradamus de lo que estaba cuando Elena se marchó tan inesperadamente. Es importante subrayar que Elena y Brenda viven en dos ciudades que están a unos cincuenta kilómetros una de la otra y que nunca se han visto. Rara vez hablo con mis sujetos sobre los temas en los que trabajo con otros. Cuando estoy con ellos, trato de concentrarme en el trabajo que tengo delante. Así que esa noche simplemente le dije a Brenda que quería hacer un experimento. Si no funcionaba, siempre podíamos hacer contacto con otra vida que ella hubiese vivido en el pasado.

Brenda conocía mis razones para no hablarle de ello. Si salía bien, nadie podría decir nunca que había influido en ella porque desconocía por completo el objetivo de mi búsqueda. Lo habíamos hecho antes, así que esto no le molestó. Se mostró de acuerdo y dijo: «Muy bien. Pero ¿me lo contarás cuando despierte?». Me reí y le aseguré que lo haría.

A continuación, empleé su palabra clave y observé mientras ella pasaba suavemente a un profundo trance sonámbulo. Le pedí que regresara a un tiempo en el que estaba entre vidas, en el llamado estado «muerto». He descubierto que se puede obtener mucha más información cuando las personas se hallan en ese estado ya que no están directamente implicadas en una vida. Cuando alguien vive una vida física, su percepción se reduce y sólo suelen ser consciente de su entorno físico. No puede proporcionar información que no corresponda a la vida que vive. Después de morir, el velo, por así decirlo, parece rasgarse y la persona tiene acceso a un mayor conocimiento, a menudo de forma muy notable. Habrá más información sobre este asombroso estado en mi libro *Conversation with a Spirit* ('Conversación con un espíritu'). Brenda ya había demostrado que tenía gran capacidad para descubrir para mí este conocimiento cuando la había dirigido hacia ese estado. Ignoraba cómo lo haría pero pensé que éste era un buen lugar para empezar, una vez que ella eliminara los obstáculos de un restrictivo cuerpo físico. Cuando terminé de contar, la encontré en un lugar sobrenatural de sutil belleza.

Brenda: Estoy en una de las tierras altas. Una tierra en una vibración más elevada. Todo es muy hermoso en este lugar. Estoy junto a una límpida corriente cristalina que baja por entre rocas, cristales y gemas. Los colores son mucho más brillantes y vivos que en la tierra en la que vivimos. La hierba es de un verde esmeralda extremadamente intenso. Me encuentro bajo un roble y cerca hay una cascada. Y una de las raras características de esta cascada es que también es una formación natural de cristales que suenan con el viento. Algunos suenan todos al mismo tiempo, como campanillas suspendidas en el aire, y otros suenan como arpas o silbidos del viento. Los cristales y la cascada producen toda suerte de música. Es un plano maravilloso en extremo. Es uno de mis lugares favoritos.

Realmente daba la impresión de que era un lugar muy hermoso y apacible. Me preguntaba si estaría dispuesta a ayudarme o si estaba ocupada.

Brenda: (*Risas.*) Estoy escuchando el sonido de las campanillas. Pero estoy sola.

Dolores: *Quisiera saber si estás ocupada en algo de lo que yo te apartaría si te hiciera algunas preguntas.*

B.: No. No lo creo. En caso de que tenga que cambiar de lugar para encontrar la respuesta a una pregunta, siempre puedo volver después. Este lugar es especial para mí.

D.: *De acuerdo. Me gustaría mostrarte un problema y ver si puedes ayudarme a solucionarlo.*

B.: Siempre que no sea de matemáticas.

D.: (Risas.) *No. A mí tampoco me gustan las matemáticas. Es un problema que me surgió, un problema circunstancial. Tal vez puedas ayudarme.*

B.: Veré lo que puedo ver.

D.: *¿Sabes que empleando este método trabajo con muchas personas distintas para obtener información?*

B.: ¿A qué método te refieres?

D.: *Bueno, es un método que me permite hablar contigo en estos estados diferentes. De este modo obtengo información a través de diversas personas.*

B.: Sí, has encontrado un medio de acceso.

D.: *Pues bien, ése es el problema. Estaba trabajando con una mujer joven que en una vida pasada fue estudiante del gran maestro Nostradamus.*

B.: Michel de Notredame.

D.: *En nuestro tiempo le llamamos Nostradamus, pero ¿sabes a quién me refiero?*

B.: Sí, tú usas la versión latina de su nombre. Es un alma muy evolucionada. En esa vida tuvo que recorrer un sendero muy difícil. Fue el ser más talentoso y mejor dotado de cualidades psíquicas que jamás ha existido en ese plano. Tenía tanta capacidad psíquica que ... la derramaba a chorros. En otras edades le habrían deificado como a un dios.

D.: *Sin embargo, en su tiempo sufrió la incomprensión de múltiples f armas. Como te decía, yo trabajaba con esta joven, y ella me proporcionó información sobre la vida de él como uno de sus estudiantes. Y mientras lo hacíamos, Nostradamus le habló al estudiante. No directamente conmigo, pero manifestó que era muy importante traducir sus cuartetas, sus profecías. Dijo que ellas tienen mucha importancia para este tiempo en el que vivimos. Insistió mucho en que yo hiciera este trabajo.*

B.: Entiendo la situación.

D.: *Me estaba proporcionando mucha información sobre las cuartetas, pero esta joven con la que trabajaba tuvo que ir a vivir a otra ciudad. Antes de marcharse, Nostradamus manifestó que contactaría conmigo a través de otra persona para continuar con nuestro trabajo. Y me preguntaba: ¿si yo te diera las instrucciones que él me dio, podrías contactar con él?*

B.: Por lo que veo, presiento que podría haber una manera. Además de tener habilidades psíquicas, también acude a los guías de este lado de la realidad. Y creo que puedo ir y presentarme cuando acude a sus guías; veremos qué pasa. De forma amistosa, no como guía. Sólo como un ser amistoso que ayuda a comunicarse con él. Podría presentarme como un medio de acceso a través de una dimensión en el tiempo.

Empezaba a emocionarme. Parecía tan segura. ¿Sería éste el modo de reestablecer el contacto con él? Casi no me atrevía a esperar que fuese tan fácil.

D.: *Él quería un vehículo que pudiera usar para continuar el trabajo que hacíamos con las traducciones. Dijo que había sido más fácil con la otra mujer porque existía un vínculo entre ambos porque en otro tiempo había sido su discípulo.*

B.: Sí, eso facilitaría las cosas. ¿Especificó el vehículo que quería o lo dejó a tu criterio?

Él mencionó al estudiante de música con quien yo trabajaba. Aunque dijo «Brian», creo que en realidad quería decir Brenda. De todas formas, pensando en el experimento daría esto por sentado.

D.: *De hecho especificó este vehículo. Intentaría venir a través de ella del mismo modo que se había comunicado a través de la otra persona.*

B.: Está bien que lo especificara. Debe percibir que hay una vibración de simpatía favorable a la comunicación.

D.: *Puedo hablarte de las instrucciones que me dio para contactar con él. No sé si necesitamos o no a la otra persona, al estudiante.*

B.: No parece que sea así. Por lo que puedo ver, podría estar dispuesto a hablar conmigo como lo hace con sus otros espíritus guías. Y repetiré o hablaré como si lo hiciera él directamente, como si yo no estuviera de por medio; generalmente es lo que funciona mejor.

Hice hincapié en la enorme importancia que él daba al hecho de revelar esta información a nuestro tiempo. La sensación de urgencia que transmitió sobre el trabajo que se debía hacer. Ella manifestó que lo entendía.

D.: *Nos reunimos con él en un punto al que llamó lugar «especial» de encuentro. No sé si sabes dónde está ese lugar.*

B.: Creo que se refiere a cierta dimensión a la que él puede acceder.

D.: *Eso es, porque cuando lo describió, no estaba en la tierra. Y para conversar conmigo, sólo podía permanecer allí un tiempo limitado.*

B.: Es verdad. Lo hace; irá a este lugar de encuentro cuando converse con sus guías.

D.: *Entonces, ¿te doy sus instrucciones? ¿O será necesario hacerte una cuenta atrás para que llegues al sitio? ¿Qué será más fácil? Después siempre podrás volver a tu hermoso lugar.*

B.: Sí, puedo volver a este lugar en otra ocasión. Esta situación es fascinante. Proyéctame hacia un año determinado para que yo sepa de qué momento se trata.

D.: *¿Un año de su vida?*

B.: Sí. Donde estoy, el tiempo no significa nada y puedo ver toda su vida, y el después y el antes, como un panorama movible.

D.: *No estoy segura de los años exactos, pero creo que vivió en el siglo XVI.*

B.: De acuerdo. Dame un momento para concentrarme en él; así podré hacerle llegar el mensaje.

D.: *Sé que sería difícil hacerlo con un ser humano corriente, pero él no era corriente.*

B.: No, nada corriente en absoluto, así que puede hacerse. Pero como es la primera vez, tal vez lleve algo más de tiempo. Si te describiera lo que veo a medida que me dirijo al lugar, tal vez sea una ayuda.

D.: *De acuerdo. Quizá podemos volver a la misma época o situación en la que él estaba la última vez que hablamos.*

B.: O lo suficientemente próxima a ella para que recuerde la conexión.

Mi emoción iba en aumento. ¿Sería capaz de localizarlo y comunicarse con él? Las probabilidades eran tan tremendamente escasas que cualquier persona racional lo habría tachado de imposible.

Sin embargo, lo consiguiésemos o no, bien valía la pena que lo probáramos. Ansiosa, contuve el aliento.

B.: Me proyecto hacia la tierra: ahora estoy sobre Europa. Allí está Francia. Me estoy acercando. ¿Sabes en qué parte de Francia estaba?

D.: *Realmente no estoy segura del nombre de la ciudad.*

B.: Su nombre es Michel de Notredame ... De acuerdo, le veo en su sitio. Hay una casa donde realiza su trabajo. Es una casa de piedra. Según los cánones de ese tiempo es cómodamente grande. Pero según los tuyos, sería más bien pequeña. Todo es relativo. Hay una estancia especial donde a él le gustaba trabajar. En esta estancia, tiene instalados varios instrumentos. Y veo ... acaba de entrar... y ha encendido una llama. Quema alcohol para que la llama sea azul. Y está colocando varios de los instrumentos que le ayudan a concentrarse en los planos superiores.

D.: *¿Son los que le ayudan a tener sus visiones?*

B.: Sí. Por alguna razón, estos instrumentos de medición le sirven. Le ayudan a sintonizar con las más elevadas vibraciones del universo, que matemáticamente son muy exactas. Puede sintonizar con ellas, muy parecido a sintonizar una radio. Y de ahí puede ver muchas cosas, o viajar astralmente a otras dimensiones durante cierto tiempo. Es un hombre muy extraño.

D.: *¿Cómo son esos instrumentos que ves?*

B.: Tiene instrumentos para escribir y tiene ... (Difícil describirlos.) Puedo verlos pero no sé cómo llamarlos. Indicado- res que están conectados en ángulo como para medir distancias en mapas. Y tiene calibradores. También tiene a mano algunos cristales de diferentes clases. Entiendo que usa los cristales para enfocar la luz de formas específicas y así alcanzar ciertas vibraciones de luz.

D.: *¿Te parece que los usa para observar o qué?*

B.: No observa los cristales. Los enfoca para obtener una vibración en particular, o más bien un color determinado de luz y medita en esto para propiciar cierto estado mental.

D.: *¿Y no sabes para qué son los calibradores y los otros instrumentos de medición?*

B.: No, no estoy segura, a menos que sean para tratar de trazar un bosquejo de lo que ve y quiere hacerlo con precisión.

D.: *¿Ves algo más?*

B.: Bueno, todo el espacio está atiborrado de cosas. Por todas partes hay pergaminos, manuscritos e instrumentos para escribir. Y hay una mesa llena de cosas. Él está ante un escritorio, o más bien hay un escritorio cerca. Y también unos cuantos libros aquí y allá.

Esta descripción de la estancia y de la casa coincidía bastante con la que había hecho Dionisio. Le pedí una descripción de Nostradamus.

B.: Es un hombre de aspecto muy distinguido. De estatura mediana para su tiempo. Frente arrogante en un rostro de rasgos muy finos. Ojos penetrantes de color gris --o azul-- de suave tonalidad. En este momento tiene poco más de cincuenta años. Sus cabellos son grises y lleva una espesa barba y bigote que se mezclan con el pelo que mantiene impecable, lo cual es inusual para su tiempo. Cuida mucho su aspecto. Creo que en parte se debe a las cosas que ha visto en el futuro; se me ocurre que ha visto las ventajas de una buena higiene. Lleva una túnica, pero esto es lo habitual.

D.: *¿Tiene algún rasgo prominente?*

B.: Sus rasgos son finos. Su rostro está bien proporcionado. Tiene cejas rectas y nariz prominente y bien formada. Sus cejas sombrean un poco los ojos, y los pómulos sobresalen lo suficiente como para dar profundidad a los ojos. Como son de color gris plateado, parecen muy penetrantes. Te miran y es como si te atraparan.

Aspiré aire rápidamente mientras un cosquilleo de emoción me recorría el cuerpo. Elena también mencionó que había una cualidad especial respecto a los ojos del hombre. Por la descripción, parecía que Brenda estaba viendo al mismo hombre en el mismo entorno.

D.: *Pero su aspecto no infunde miedo, ¿verdad?*

B.: No, porque es un hombre bondadoso. Sólo que muy agudo e inteligente.

D.: *¿En qué se ocupa cuando no hace estas predicciones?*

B.: Es médico. Su instrumental no está en esta estancia. Creo que está en otra parte de la casa. Hace un poco de todo pero ésa parece ser la pauta habitual en este tiempo: que los hombres cultos sean capaces de ejercitar y conocer todas las ramas principales de las artes y las ciencias.

D.: *¿Enseñó medicina?*

B.: ¿Quieres decir, si tuvo discípulos?

D.: *Sí, que hayan aprendido medicina con él.*

B.: No lo creo. No parece que sea así. Tiene algunos estudiantes que aprenden metafísica con él. Deben decir que estudian medicina por la Inquisición y cosas parecidas.

Por estas afirmaciones, parecía que los estudiantes residían en la casa con Nostradamus; esto coincidía con lo dicho por Dionisio.

D.: *Hubo un estudiante en especial por el que siento interés. No sé si puedes ver a sus estudiantes.*

B.: En este tiempo no hay estudiantes. Trabaja solo.

D.: *Nostradamus tiene curas y métodos para ayudar médicamente a las personas que los médicos de su tiempo no podían entender. ¿Sabes algo a ese respecto?*

B.: Esto se relaciona directamente con sus habilidades psíquicas. Cuando entra en otra dimensión puede ver todo lo que desea ver. Cualquier campo, cualquier tema. Es capaz de ver lo que puede hacerse con las cosas que tiene a su alcanee. Cosas que a los otros no se les ocurrirían pero que pueden ser más efectivas para tratar a sus pacientes.

D.: *Siempre me he preguntado por qué no compartía sus métodos con otros médicos.*

Éstas eran preguntas de «sondeo» para ver si ella me daba las mismas respuestas que había dado Elena.

B.: Los médicos solían mofarse de él porque todo esto era contrario a los métodos tradicionales de hacer las cosas. Si tuviesen la suficiente apertura mental para intentar algo, querrían saber: «Vaya, ¿cómo lo has descubierto? ¿Quién te lo ha enseñado? ¿De dónde recibiste esos conocimientos?». Desconfiaban mucho. Decían que él había hecho un pacto con el Demonio. Entre la Iglesia, que agitaba las cosas, la intranquilidad política y las distintas plagas que azotaban de vez en cuando, todo era sospechoso.

D.: *Es una lástima, ¿verdad? Porque podía haberles enseñado muchas cosas.*

B.: Es verdad. Básicamente sus talentos no servían en esta época. En el tiempo que le tocó vivir, hizo lo que pudo.

También me he fijado en otro instrumento que tiene. No es exactamente un espejo. Está entre ... una suerte de espejo y de cristal nublado. Realmente no puedo ver qué es.

Me quedé sin aliento. ¿Sería el mismo espejo que mencionó Elena, el que usaba Nostradamus para tener sus visiones?

B.: Este espejo es un instrumento antiguo; él conoce el arte de usarlo. Se controla con la mente. Creo que es lo que la tradición popular llama un «espejo mágico». Este espejo fue creado en tiempos antiguos, antes de que desapareciera la civilización.

¿A qué civilización se refería? ¿A la Atlántida?

D.: *Me pregunto cómo llegó hasta él.*

B.: No estoy segura. Hay varias reliquias como ésta esparcidas por Europa que son muy apreciadas por su valor. Y cada una tiene su historia sobre cómo pasó de una generación a otra y perduró a lo largo de los siglos. En este momento se dispone a usarlo. Y creo que es la forma en que podré contactar con él, a través de su espejo. Porque al parecer se concentrará en él ayudándose de la luz que ha enfocado. Se concentra en el espejo y lo nublado se aclara. Y en el espacio que se ha despejado verá, bien a una persona con la que hablará, o bien un sendero para entrar en otra dimensión. Es más bien como tu historia, *A través del espejo*, en la que la niña pasaba al otro lado del espejo. Lo atravesará mentalmente y se encaminará por el sendero que vea. Creo que me presentaré cuando se concentre en el espejo y éste se aclare, luego le hablaré y lo invitaré a recorrer el sendero hasta ti.

D.: *Tal vez sea esto lo que él quiere decir por «lugar especial de encuentro».*

B.: Tal vez. Este espejo podría ser la senda.

D.: *La última vez, él y su estudiante se encontraron allí conmigo. Convendría que lo hiciésemos sin el estudiante. Así no habrá otros implicados.*

B.: Sí. Hablaremos directamente. Voy a esperar hasta que esté en el adecuado estado de concentración. (*Pausa larga.*) Me cuesta centrarme, pero creo que se debe a que es la primera vez.

D.: *Sí, creo que después nos será mucho más fácil. Cuando él vea que se produce un nuevo contacto.*

B.: Sí, y se alegrará por ello, lo sé. Es algo muy vital. Es como ... existe una descripción de la cantidad de energía que hay detrás del trabajo que tú haces. Multiplícalo por diez o cien veces: ésa es la cantidad de energía que hay detrás del trabajo que él hace. ¡Tiene que llegar hasta nosotros! Y debe ser del modo más exacto posible.

D.: *Cuando ven que algo va a ocurrir, es normal que los profetas intenten advertir a la gente.*

B.: Sí, porque es tan ... parece que capto parte de sus pensamientos. Tal vez esto ayude en nuestra comunicación. Lo que más le preocupa es que, a pesar de sus advertencias, la gente sigue tornando decisiones equivocadas, que conducirán directamente a lo que él ha visto. Él trata de que la información llegue a la gente con el margen suficiente para que pueda cambiar su actitud mental en relación a ciertas cosas y evitar lo peor.

D.: *Me parece que él no entendía muchas de las cosas que vio en sus visiones. Intentó hacerlas llegar hasta mí; eso es difícil porque sus cuartetas son acertijos.*

B.: Tenían que ser oscuras. Así tenía que ser. Percibo que eso es lo que quiere hacer. Añadir una explicación en prosa que vaya junto a las cuartetas. ¡Ah!, creo que ahora está en el punto adecuado. Intentaré contactar con él. Voy a informarle sobre lo que ocurre. (*Pausa.*) ¡Ahora me está viendo! (*Se dirigió a él con mucho respeto.*) Michel de Notredame. Me han enviado para contactar contigo. Me han enviado a ti para hacer de enlace con la persona que contactó contigo desde el otro lado del tiempo. (*Pausa.*) Sí, soy yo. Me pide que repita para ti que nos reunamos en el lugar especial de encuentro. Para ratificar la interpretación de tus cuartetas en lenguaje comprensible. Para que todos nosotros tomemos precauciones a tiempo. (*Pausa.*) Bien, podemos intentar empezar o al menos establecer nuestra línea de comunicación para que funcione correctamente. ¿Estás preparado para ir al lugar especial, Michel de Notredame? (*Pausa.*) Bien. Te esperamos allí.

Apenas podía contener la emoción. ¿Realmente sería posible? De hecho parecía que habíamos hecho contacto con él.

D.: *¿Te ha comprendido?*

B.: Sí. Parece que esta comunicación se efectúa mentalmente y contiene más conceptos que un lenguaje hablado. Así que no importa el idioma en que piensas; son los conceptos básicos los que se transmiten e interpretan en el lenguaje que use su mente consciente, y viceversa.

D.: *¿Recordaba aquello de lo que le has hablado?*

B.: Sí, aunque la expresión de su rostro no cambió, en sus ojos brilló una chispa de fuego. Se puede decir que está emocionado. Y que lo recuerda. Dice que ha estado esperando el momento de ser contactado, y que se preguntaba cuándo y cómo lo haríamos.

Sentí vértigo. Apenas podía resistir el deseo de echarme a reír a carcajadas de puro gozo. Pensé que habíamos perdido contacto con él y me preocupaba que no fuésemos capaces de restablecerlo. Realmente creí que sería más difícil, si no absolutamente imposible.

B.: Creo que esta vez lo primero que haremos será tratar de establecer una comunicación clara y de que la información llegue con precisión, porque la próxima vez será más fácil. Sabré concentrarme en el espejo. He tardado un poco en descubrirlo.

Asentí; lo más importante era restablecer la línea de comunicación. En todo caso, esa noche estaba demasiado emocionada para pensar en la traducción.

D.: *¿Quieres preguntarle cómo quiere hacer esto, o puede oírme?*

B.: De momento, tengo que repetir. He de transmitirle lo que tú dices porque él no te oye. Sabe que estás ahí pero no puede observarte directamente. Me está usando para ese fin. Tengo la sensación de que sé cómo quiere hacer esto: En vez de decir yo siempre: «Ha dicho esto y aquello», y luego volverme y decirle «Ella dice esto y aquello», para que a mi vez yo ... Será como el espejo mágico pero con palabras: sólo tengo que hablar como si fuese él quien lo hiciera.

D.: *Será mucho más fácil así porque antes había mucho parlamento en un sentido y en otro. Una conversación a tres bandas.*

B.: Aún puede haber algo de eso. No estoy segura. Pero está muy impaciente por comunicarse. Sigo actuando en tercera persona porque él está aquí, pero aún no ha dicho nada. Simplemente trata de decidir cómo quiere organizarlo. Sé que ha dicho que nunca hablaría a través de otro ser humano, para que la gente se cuidara de los imitadores que se hagan pasar por él. Pero, como instrumento de comunicación, soy un ser humano; la parte de mí a la que él se dirige es un espíritu. Así que, desde su punto de vista, está hablando con un espíritu y no con un ser humano. Ocurre que el último eslabón que se pone en contacto contigo es un ser humano, pero mi espíritu está entre medio.

Me sorprendió que ella nombrara también esta predicción que advertía sobre los imitadores.

D.: *¿Puedes ver cómo es el lugar especial de encuentro?*

B.: En realidad, aquí no hay nada. Es un vacío, forma parte de una dimensión particular. Parece una especie de pequeña situación a la que puede acudir gente para relacionarse y comunicarse entre dos o tres dimensiones distintas. No es posible describir características físicas porque no existen. Sólo es una determinada vibración en el universo.

Esto parecía encajar con la descripción que había dado Elena de este lugar. Dijo que era como un banco gris de nubes llenas de bruma pero sin forma ni sustancia. Me alegré porque daba la impresión de que habíamos encontrado exactamente el mismo lugar donde nos habíamos reunido antes.

B.: Me parece que es el mismo lugar. Básicamente siento su presencia, pero veo que allí está la imagen de su rostro para que pueda identificarlo. Y a ti te oigo pero no te veo.

Yo quería estar segura de que ella se sintiera cómoda en este extraño lugar, para que no empezara a perder contacto conmigo como le había ocurrido a Elena al entrar en esa dimensión. Para evitar cualquier interrupción, le di instrucciones.

B.: Estoy bien, pero tengo la sensación de que estoy en dos sitios al mismo tiempo. Es una sensación extraña pero ... no es desagradable. Si puedo describírtela, es como cuando estás entre despierta y dormida. Y crees estar despierta pero en realidad duermes. Y te sientes muy rara porque crees estar despierta. De modo que la sensación es como estar en dos lugares al mismo tiempo. Dos estados mentales simultáneos.

Esta descripción también se asemejaba asombrosamente a la de Elena. Fue lo único que ella recordaba una vez despierta. También era consciente del rostro de Nostradamus.

D.: *El estudiante que habló a través del otro vehículo también dijo tener una extraña sensación. Le costaba un poco mantenerla porque no estaba habituado a ella.*

B.: Puedo percibir en qué sentido. Su condicionamiento era diferente al que tiene este vehículo. Lo había entrenado Nostradamus pero tenía que vencer muchos obstáculos culturales.

D.: *¿Sabe Nostradamus que soy la misma persona que habló antes con él?*

B.: Sí. Te envía sus saludos.

D.: *Y yo a él los míos.*

B.: Y añade: «Me complace mucho haber conseguido establecer esta línea de comunicación. Aunque había anticipado que nunca hablaría a través de otra persona, aquí hablo con un espíritu. Y el espíritu dice que puede transmitir mis palabras a medida que las expreso. Aunque parece que hablo a través de una persona, simplemente se debe a que este comunicador está omitiendo el aspecto de tercera persona. Los "él dice" y "ella dice". Le permito hacer esto para acelerar el trabajo, para dar más amplitud a la comunicación en el tiempo de que disponemos. Pero sólo puedo permanecer aquí poco tiempo antes de que *mi* cuerpo se canse y me obligue a volver».

De nuevo, esto venía a ser una confirmación de que hablábamos con él mientras vivía en su vida física, puesto que un espíritu no se cansaría.

D.: *Agradezco cualquier tiempo que puedas dedicarme.*

B.: No sabes cómo te agradezco que puedas comunicarte conmigo, para asegurar que mis cuartetas tengan una adecuada explicación.

D.: *Me preocupé mucho cuando el otro vehículo se marchó.*

B.: Bueno, por mis estudios sé que si algo tiene que ocurrir, siempre existe un plan trazado para llevarlo hasta su realización.

D.: *Sí, porque quiero transmitir este conocimiento a la gente de mi tiempo.*

B.: Hay muchos que ansían recibir el conocimiento y lo necesitan. Es apremiante que se transmita y se divulgue para que la gente pueda prestar atención y trate de protegerse de aquello que aún puedo advertirles.

D.: *Antes has dicho que me darías las correcciones sobre las cuartetas porque sabías que algunas de ellas habían sido traducidas incorrectamente.*

B.: Eso es. Y para la mayor parte, incluso aquéllas cuya traducción era casi correcta, para todas ellas quiero darte explicaciones adicionales de lo que vi mientras las escribía. Tuve que omitir gran cantidad de cosas por la forma en que tenía que escribirlas. Me gustaría explicar muchas cosas para ayudar a aclararlas. Porque en varias de ellas fue necesario combinar dos o tres acontecimientos y escribir sobre ello como si se tratara de uno solo, para poder encajarlo en la cuarteta.

D.: *¿Quieres decir que eran acontecimientos de tiempos diferentes, o acontecimientos que sucedían simultáneamente?*

B.: Ambas cosas. Muchas veces podía escribir una sola cuarteta sobre acontecimientos de tiempos distintos pero que seguían pautas similares.

D.: *Es algo que la gente no entiende. La mayoría de los que estudian tus cuartetas creen que hablas de un solo acontecimiento.*

B.: Es muy fácil que cometan ese error por la forma en la que tuve que escribirlas. De modo que no me ofendo por eso.

D.: *Realmente está en la naturaleza humana el tratar de entender de la forma más sencilla.*

B.: Sí. Es difícil entender lo que es complejo si no sabes dónde mirar.

D.: *Si los acontecimientos ocurrían en tiempos diferentes, ¿por qué los incluiste en una cuarteta? ¿Tienen una semejanza entre sí o qué?*

B.: Michel de Notredame ha intentado hacer una demostración. En la dimensión en la que estamos hay una forma de demostrar el tiempo físicamente. Es difícil de describir. Al parecer, uno de los aspectos del tiempo es que se mueve en espiral. Y en las posiciones similares de cada uno de los círculos de la espiral, los acontecimientos tienden a parecerse, o al menos a seguir pautas generales semejantes. Siempre que observaba algunas de estas pautas generales, en especial si afectaban a la misma cultura, las incluía todas en una misma cuarteta. Creo que una de las razones para hacerlo era confundir a los que le perseguían. Y creo que otra razón es que si podía escribirlo en una cuarteta en vez de tres o cuatro, el tiempo necesario para escribir las tres o cuatro cuartetas podía emplearlo para escribir sobre otros acontecimientos. Intentaba anotar la mayor cantidad posible de acontecimientos, por ser muchas las cosas que veía. No pudo escribirlas todas. Así que procuraba ampliar lo más posible la perspectiva porque sabía que era extremadamente urgente transmitir toda la información que podía.

D.: *Dice un refrán que la historia se repite, que sigue unas pautas. ¿Es eso lo que quieres decir?*

B.: Básicamente. En esta dimensión, puedo ver que hay otros aspectos difícilmente visibles en el plano físico. Pero en principio, sí. Por ejemplo, una persona desconocida sube al poder y se convierte en tirano y finalmente le derriban. Ésta es una pauta que se repite varias veces. Por lo tanto descubrió que si hay dos o tres personajes con una influencia determinada en la historia del mundo, podía escribir una sola cuarteta sobre más de uno, digamos dos o tres. Hay referencias ocultas en la cuarteta donde podemos ver que, efectivamente, se alude a esta persona y asimismo a aquella otra, porque a esta persona le ocurrió tal cosa, y a esa otra persona le aconteció tal otra. Sin embargo, ambas siguen pautas similares.

D.: *El problema es que nuestros expertos creen que se refiere a un acontecimiento o a una persona, y es muy difícil adivinar lo que quiere decir.*

B.: Uno de los problemas es que tus expertos lo contemplan desde el plano físico. Esto, él lo entiende. En especial si es- criben influidos por el angustioso acontecimiento histórico. Tienden a interpretar todas las cuartetas en relación con ese acontecimiento histórico. Es lógico y comprensible. Por eso estaba impaciente por establecer esta línea de comunicación, para poder eliminar los prejuicios y equilibrar las opiniones sobre las cuartetas.

D.: *Muchas de ellas ni siquiera las entienden después de que ocurren.*

B.: Así es realmente. Ésa es otra razón por la que quiere dar explicaciones adicionales con sus traducciones.

A modo de prueba, decidí hacerle unas preguntas. Este hombre me inspiraba un respeto tan grande y me abrumaba tanto este avance que realmente no necesitaba ninguna prueba. Ya se habían hecho muchas comprobaciones entre lo dicho por Elena y lo que ahora manifestaba Brenda. Pero él me había dicho que era conveniente hacerla para que estuviera segura de que hablaba con la misma persona. Yo tenía cierto temor de que mis preguntas sobre su validez ofendieran a Nostradamus.

B.: Déjame que le explique esta situación. (*Pausa.*) Sí, te anima para que continúes. Me dice que no duda de mi sinceridad, que sólo quiere asegurarse de que la comunicación es clara.

D.: *En sus cuartetas empleó muchos datos temporales que se relacionan con los signos astrológicos. ¿Sabes algo al respecto?*

B.: ¿Que si yo sé algo al respecto? ¿O que si él lo sabe?

D.: *De acuerdo, ¿lo sabe él? ¿Puede decirme cómo determinó los tiempos en los que ocurrirían estos hechos, cuando usó estos símbolos astrológicos en sus cuartetas?*

B.: Le trasladaré tu pregunta. (*Larga pausa como si escuchara.*) La respuesta que me llega son imágenes más de conceptos que de palabras. Y no estoy segura de que pueda explicar con claridad lo que estoy viendo. Antes que nada, percibo que va a mostrarme una perspectiva general y luego hará que me centre en lo específico. Dice --o más bien me transmite a través de imágenes-- que todo está interrelacionado. Posiciones de los planetas con respecto al tiempo y cosas por el estilo. Y cuando digo «todo», veo la imagen de nuestra galaxia en este momento, y su posición está vinculada con el tiempo. La galaxia puede dividirse en dos tajadas, por así decirlo, y cada tajada representa cierta cantidad de tiempo. Esto también se aplica al gran recorrido del tiempo en el sistema solar. Y cada una de estas tajadas de tiempo está influida principalmente por las vibraciones de determinado cuerpo celeste. Y estas tajadas aparecen de forma ordenada, una precede después de la otra. Cada vez que menciona cierto cuerpo celeste, se refiere a esa tajada de tiempo en la que penetran las vibraciones de ese cuerpo celeste. Y puesto que aparece en un orden específico, será por ejemplo una cantidad determinada de años después del tiempo en que él habla, porque habría de por medio otras tajadas de tiempo. El lenguaje no basta para expresarlo bien. Los llamo tajadas de tiempo porque todo, toda energía, emana de una fuente central, y el tiempo es una especie de energía. Todos estos diferentes cuerpos celestes en sus diferentes posiciones irradian sus propias vibraciones. Y la posición de cada uno de ellos, vistas tanto desde fuera como desde dentro del sistema solar, dan un indicio de la forma en que se influyen mutuamente. Y, en consecuencia, afectarán a las tajadas del tiempo en las que penetran.

Recibí una respuesta mucho más complicada de lo que esperaba al hacer la pregunta. Aunque me resultaba oscura, cuando después se la mostré a un astrólogo, dijo que para él tenía sentido. Aunque la descripción empleaba un fraseo arcaico, Nostradamus hacía una clara descripción de la astrología. Yo pensé sobre todo que la frase «estas tajadas aparecen de forma ordenada, una precede después de la otra», tenía que ser un error. Porque ¿cómo puede una cosa preceder después de otra? Preceder significa ir antes. El astrólogo admitió que esto es correcto en el lenguaje normal, pero que en astrología los planetas ciertamente preceden uno después de otro. Esto era prueba de que la mente que transmitía este concepto era la de un astrólogo, en este caso, Nostradamus, ya que Brenda y yo sólo teníamos conocimientos rudimentarios de astrología.

D.: *¿Por qué a los expertos de hoy les resulta tan difícil calcular las fechas de los acontecimientos en sus cuartetas?*

B.: Creo que se debe a que consideran que los conceptos que él usa son tonterías y por lo tanto ni siquiera los toman en cuenta. De este modo, desechan datos esenciales que les ayudarían en el cálculo de las fechas en sus cuartetas.

D.: *Quería hacer otra pregunta. ¿Existe alguna posibilidad de que sus cuartetas estén equivocadas? ¿De que algunas de ellas nunca lleguen a ocurrir?*

B.: Si alguna de sus cuartetas contuviera inexactitudes, no es por que no lo hubiese visto con precisión sino por lo inadecuado del lenguaje para transmitir lo que vio. Ése puede ser el mayor obstáculo. La única forma de que algunas de sus cuartetas sean incorrectas es si la humanidad en general cae en la cuenta del camino por el que va y, ante una encrucijada en un momento decisivo, opta por cambiar de sendero. Eso alteraría drásticamente la historia. El resultado sería diferente al que él vio, diferente al rumbo por el que ya se encaminaba la humanidad en su tiempo.

D.: *Ya veo. Entonces ¿cree que el hombre es capaz de cambiar el futuro?*

B.: (*Suspiro.*) Confía en ello. Dice que ésa es la principal razón por la que escribió sus cuartetas. Para que no ocurran algunas de las cosas horribles que vio.

D.: *¿Pudo el hombre haber cambiado el futuro en diferentes momentos del pasado entre su época y la nuestra?*

B.: Aparentemente ha habido algunos cambios menores pero nada que llegara a alterar la pauta general.

D.: *Pensé que sería imposible interpretar las cuartetas si un acontecimiento del que él tuvo visión no llegara a ocurrir porque el ser humano había tomado otro sendero.*

B.: Es verdad. Es una posibilidad. Pero al parecer en este momento aún persiste la pauta principal.

Yo seguía haciendo preguntas de prueba.

D.: *¿Puedo preguntarte si conoces a una persona llamada Dionisio?* (Tuve que repetirlo dos veces intentando pronunciar correctamente.)

B.: Tu pronunciación es bastante aproximada. Es uno de mis discípulos. Estudia bien. A veces le cuesta entender, pero está consiguiendo abrir su mente. Se esfuerza mucho. Por lo tanto, creo que promete. En sus estudios de medicina va bien, pero tiene ante todo un profundo interés en... la metafísica, creo. Sí, el vehículo lo llama «metafísica». Estudios metafísicos. No posee una habilidad natural como la que tengo yo. Pero he descubierto que hay cosas que la gente puede hacer para abrir esas partes de su mente de las que no son conscientes. De modo que hemos tenido éxito con esto.

D.: *¿Sabes de dónde era Dionisia?*

B.: (*Pausa.*) No estoy muy seguro. Sus padres son emigrantes. Él es de alguna parte fuera de nuestro país. Vino aquí para estudiar conmigo.

D.: *¿Qué quieres decir por emigrantes? ¿Que vinieron de otro país?*

B.: Sí. Permitiré que el comunicador use palabras que no corresponden a mi tiempo, si vienen al caso. Si el concepto requiere lo que tú considerarías un término moderno, estoy perfectamente dispuesto a que lo use si transmite lo que quiero decir. Mejor eso que recurrir a palabrería cuando existe ya un término al alcance.

De nuevo me entró un escalofrío. Su descripción de Dionisia era demasiado perfecta para ser una coincidencia.

D.: *¿Puedes decirme en qué ciudad vives? Sé que a veces esto es difícil.*

B.: Sí, es difícil. Me sale decir París pero no creo que sea París. Es otro centro cultural importante que no está demasiado lejos de París. Tal vez recuerde el nombre. He observado que a veces ocurre lo mismo con algunos de mis pacientes. Intentan pensar en algo que cuesta recordar. Y cuando empiezan a hablar de otra cosa, de pronto salta y lo recuerdan.

Más tarde, cuando Brenda despertó y hablamos de esta sesión tan extraordinaria, le vino de pronto a la cabeza el nombre «Lyon». Lo dejó escapar sin razón aparente. Con cara de total perplejidad preguntó qué significaba. Le dije que tal vez era el nombre de una ciudad en Francia. ¿Sería éste el nombre que trataba de recordar y más tarde irrumpió realmente en la mente del vehículo, mientras pensaba en otra cosa? Una posibilidad interesante. También es un ejemplo de que no se relaciona con la parte del cerebro que contiene fechas y nombres concretos.

D.: *¿Has estado alguna vez en la universidad?*

B.: Sí, muchas veces. La ciudad en la que vivo tiene universidad. La más importante está en París. Y aquí también hay una universidad en la que se puede estudiar ciencias y teología y cosas por el estilo. Suelo ir allí principalmente para hacer uso de su biblioteca.

D.: *¿Alguna vez has enseñado medicina en alguna de estas universidades?*

B.: Allí he dado cursos. No siempre de medicina. A veces me piden que enseñe filosofía.

D.: *Cuando volvamos a vernos, ¿querrá traducir las cuartetas o simplemente me dirá lo que va a ocurrir?*

B.: Combinará ambas cosas, según lo que se presente. Para poner en marcha la comunicación; tal vez también te haga leer una cuarteta que él interpretará a continuación. Y en un momento dado, tal vez ... (*risas*) dice que ya lo conoces, empezará a disertar sobre ello y seguirá más o menos parloteando. (*Risas.*) La palabra «parloteando» es suya. No mía.

D.: (Risas.) *Vaya, pues quiero que parlotee todo lo que le apetezca. Estoy aquí para escucharle y transmitirlo. Tenemos muchos, muchos libros de traducciones de sus cuartetas, y he observado que ninguna de ellas coincide. Eso lo dificulta.*

B.: Sí. Sugiere que encuentres una interpretación con la que te sientas cómoda, y así será más fácil comunicar los conceptos. Y si los conceptos no son los mismos que los que pretendía comunicar, entonces te dirá lo que quería decir, lo que tal vez se haya perdido en la interpretación. Dice que si te sientes más cómoda leyéndolas en voz alta en inglés, está bien, porque yo transmitiré los conceptos de lo que expresas en inglés. Y él lo comparará con los conceptos que tenía en la mente, a pesar de haberlos escrito en francés.

D.: *De acuerdo, porque no sé francés. Al comparar varios libros he observado que el inglés es diferente en cada uno, según quién hiciera la traducción.*

B.: Sí. Por eso prefiere manejar conceptos y no le preocupa el idioma que hablemos.

Mi temor era que algunas hubiesen cambiado tanto que ni siquiera él pudiera reconocerlas.

B.: Dice que conoce intrínsecamente todas sus cuartetas. Sabe cómo pueden haber tergiversado algunos de los conceptos. Así que cuando leas una cuarteta escrita por él, hablará de esa cuarteta. Pero si no le resulta familiar, tal vez te pida que la leas en francés para ayudarle a centrarse en esa cuarteta específica.

Confieso que, por mi desconocimiento del francés, esa idea no me atraía. Pregunté si podría centrarse en el libro de algún modo.

B.: No estoy segura de que eso pueda hacerse.

Protesté: «No seré capaz de pronunciar las palabras en francés». Pero él no estaba dispuesto a dejar que yo me saliera tan fácilmente con la mía.

B.: Vaya, me indica que el francés ha cambiado. Cuando se lee francés en tu tiempo, muchos de los sonidos se omiten. Pero en su tiempo casi todos los sonidos se pronunciaban. En el francés de tu tiempo no se pronuncian algunas consonantes y se unen las vocales. Tú sigue adelante y pronúncialas. Haz que tus vocales suenen claras y léelo tal como está escrito. Y aunque quizá le suene mal, él sabrá lo que dices.

D.: (Risas.) *Eso creo. Me temo que sonará fatal.*

B.: Le tiene sin cuidado. Si estuviese aquí en cuerpo físico, le haría saltar. Pero esto no tiene importancia. Quiere hacer llegar los conceptos.

D.: *No todas sus cuartetas estaban en francés, ¿verdad?*

B.: No, hay algunas influencias del latín. Te lo advertiré. Tal vez me exalte en cierto momento por lo que han hecho con mis cuartetas. Pero trataré de mantener el control porque ésta es mi oportunidad para deshacer lo que han hecho; en consecuencia tomaré plena ventaja de ello e intentaré comunicar. Es muy importante que el mensaje llegue.

D.: *Sólo promete que no te enfadarás con mi francés chapuce- ro.* (Risas.)

B.: No, no me enfadaré con tu francés. Sólo con los editores y traductores.

D.: *Tal vez convendría encontrar a alguien que hable francés, para que lea para ti.*

B.: No serviría de mucho porque el idioma ha pasado por muchos cambios a lo largo de los siglos. Y su francés también me sonaría chapucero.

Al parecer, yo no tenía escapatoria.

D.: *De acuerdo. Entonces la próxima vez que nos reunamos, te la leeré en inglés. Y si no logras identificarla en absoluto, probaré en francés como último recurso.*

B.: Sí. Creo que en inglés funcionará. Este vehículo que estamos usando conoce bien el idioma. Y desde el extremo en el que estoy, nos entendemos con conceptos mentales. Así que léelo en inglés; el vehículo puede comprender los conceptos de lo que se comunica y mostrármelos. Si éstos no llegaran a ser exactamente lo que yo deseaba transmitir, le daré al vehículo los conceptos que tenía en mente. Después te los dará en inglés ya que aquí manejamos conceptos y el vehículo normalmente los traduce al inglés o alemán cuando los transmite. Y si me propongo añadir algunos conceptos más, empezaré a disertar, por así decirlo.

D.: *Me sentiría mucho más cómoda con eso. Una cosa más: has utilizado palabras que llamamos anagramas. ¿Puedes decirme por qué?*

B.: Solía usar anagramas siempre que escribía sobre algo políticamente delicado.

D.: *¿En tu tiempo o en otros tiempos?*

B.: En los dos. Utilicé algunos de los anagramas por la sensibilidad política de mi tiempo, en el que sería temerario hablar de forma directa. Y entenderás que en mi tiempo la nobleza tenía mucho poder. No quería irritarlos porque me habrían arrestado y no habría podido seguir escribiendo cuartetas. Así que estoy dispuesto a llegar hasta ciertos extremos para disfrazar lo que escribo, con tal de que perdure. Ahora bien, en algunas de las demás cuartetas uso anagramas porque el tema es muy delicado para el tiempo al que se refiere. No convendría que el público en general supiera de qué escribo, porque causaría pánico o algo parecido. Así que uso anagramas para que los entendidos puedan extraer conclusiones. Porque los que están bien informados suelen estar en posición de hacer algo al respecto.

D.: *Pienso que tal vez esté cansado. Lo principal que quería hacer esta noche era restablecer este contacto.*

B.: Sí, está de acuerdo en que el tiempo de esta comunicación llega a su fin. Su control y concentración se debilitan, y percibe que también se fatiga el comunicador.

D.: *Éste es el tiempo máximo que nos llevará cada vez.* (Una hora aproximadamente.)

B.: Por su parte está bien. El tiempo carece de sentido en este lugar. Podrá prolongar los encuentros a un ritmo que pueda controlar. La cantidad de tiempo que pasa para él no será necesariamente la misma que transcurre para ti. Y considera que desde su punto de vista él iniciará la comunicación. Básicamente hará lo mismo que esta noche para entrar en este lugar especial de encuentro. Y sabe que cuando aparezca, tú estarás aquí. Aunque para él hayan pasado dos o tres semanas, para ti pueden haber sido sólo un día o dos. Pero no importa. Sabe que podrá encontrarte aquí para comunicarse. Dile al vehículo que vaya al lugar especial de encuentro y piense en el espejo porque eso ayuda a abrir el camino. Que visualice el espejo y la habitación en la que él estará y que mentalmente lo vea entrar. Eso ayuda a crear la energía para atraerlo. De acuerdo a como está organizada esta dimensión, cuando el vehículo piense en él junto al espejo para contactar contigo, de algún modo lleva automáticamente a un tiempo en el que ya está dispuesto para contactar contigo.

Me preguntaba qué ocurriría si se quedara esperando para contactar con nosotros en un tiempo en el que no estábamos trabajando. Ciertamente, no me gustaba imaginarlo esperando mentalmente en vano e impacientándose. Este procedimiento parecía extraño pero era evidente que el contacto se producía automáticamente. En general, todo lo concerniente a esta situación era extraño, así que no venía al caso dudar de su verosimilitud ni su lógica.

D.: *Entonces, la próxima vez que nos encontremos empezaré leyendo algunas de las cuartetas. ¿Las escojo al azar o qué?*

B.: No está seguro. La comunicación se vuelve cada vez más difícil porque necesita volver. Dice que lo aclararemos la próxima vez. En este momento se va, vuelve a su cuerpo. Se encuentra en su laboratorio. Está totalmente agotado pero muy satisfecho. Te envía sentimientos de cordialidad.

Tampoco quería cansarlo. Le dije que tuve miedo de que el contacto se interrumpiera cuando Elena se marchó y creí que no había forma posible de contactar de nuevo con él.

B.: Aún tiene abierto el espejo a pesar de haber vuelto a su cuerpo. Transmite el concepto de que, tratándose de metafísica... bueno, me ha dado luz verde para usar una frase coloquial aquí. (Risas.) Hay muchos modos de matar pulgas. Dice que si de este modo no hubiese funcionado, habría pensado en otro, pero habría sido mucho más difícil para él. Sin embargo, esperaba que funcionara de este modo porque es el más fácil para él y, posiblemente, también para ti.

D.: *Sí, porque el vehículo es excelente, un canal muy claro.*

B.: Sí. Se ha dado cuenta de eso. Deseaba encontrar un vehículo con un buen nivel de educación y un vocabulario amplio, lo cual servirá para comunicar conceptos con la mayor concisión posible.

D.: *Creo que al otro vehículo le dio un poco de miedo. Se sintió abrumada. Le pareció una responsabilidad enorme.*

B.: Es verdad. Percibe que la estructura mental de este vehículo podrá manejarlo porque es una mente muy dispuesta y abierta. Dispuesta a aprender cosas nuevas y a adquirir conocimiento. Dice que mientras más usemos este método de comunicación, más fácil se volverá. Igual que una pipa favorita, cuanto más se usa mejor funciona.

D.: *En el tiempo que se nos otorga intentaremos obtener toda la información sobre las cuartetas que él quiera proporcionarnos. Después, cada uno podrá dedicarse a sus propios asuntos, y él se sentirá satisfecho de haber cumplido una misión.*

B.: Sí. Puede tomar bastante tiempo. Realmente no sabe con seguridad cuánto. Pero sea el que sea, está dispuesto a dedicarse a ello, siempre y cuando se disponga de un vehículo de comunicación. Se da cuenta de que posiblemente tendrás otros proyectos en marcha con este vehículo y con otros. Y transmite que te sientas en libertad para continuarlos, porque él también seguirá adelante con sus propios proyectos. Pero quiere permanecer en estrecha comunicación contigo para mantener en marcha este proyecto, ya que es de vital importancia. Pero se da cuenta de que no debe ... «acaparar al vehículo», creo que éste es el concepto. Ahora pone fin a su ... digamos «ritual», antes de volver a su estado normal de conciencia.

D.: *Yo también estoy dispuesta a dedicar a esto todo el tiempo que sea necesario y de verdad pienso que podemos hacerlo. Siento una gran confianza. A ti (*Brenda*) también te estoy muy agradecida por tu colaboración.*

B.: No tienes nada qué agradecer. Hace algún tiempo que admiro a este hombre. Además esos temas me interesan. Y en la vida actual de este vehículo también ha estado muy implicada en esas cosas. Así que para ella también será interesante. Me sentí honrada de que me eligieran para una tarea tan importante.

Le dije que podía volver de nuevo a su hermoso lugar, pero se me había adelantado y ya estaba allí, disfrutando una vez más con el río de cristal y la cascada musical.

B.: Creo que la próxima vez, en cuanto me digas que vaya al lugar especial de encuentro, funcionará porque ese lugar no está vinculado con la rueda de la vida. Ello me captaría automáticamente, me refiero a esta entidad, en un lapso entre ciclos de vida.

Después de despertar Brenda y antes de hablarle de la sesión, quise saber qué recordaba conscientemente. Ella seguía viendo un extraño cristal o espejo. Le pedí que lo describiera.

B.: Intentaré dar también las medidas. Veo un óvalo, diría que de unos 35 centímetros de largo y unos 12 de ancho (*a la vez media con las manos*). Un óvalo de ... quiero llamarlo «cristal», pero no estoy segura. Es una especie de superficie entre dos dimensiones. Una cara del cristal está en nuestra dimensión y tiene un color blanco lechoso. Y cuando lo vuelves del otro lado, te das cuenta que está conectado con la otra dimensión, no ves nada, es un vacío, negro. Tal vez, si la luz le da de lleno, emite algún destello de vez en cuando. Pero allí sencillamente no hay nada porque el otro lado de este cristal no está en esta dimensión. Como una ventana o entrada o algo similar. Y veo el rostro de un hombre como suspendido, flotando, sin un fondo específico.

D.: *¿Es un rostro agradable?*

B.: Es bien parecido. Ciertamente, lo es. Su frente es algo recta, y el pelo está peinado hacia atrás. Lleva bigote y una barba ondulada y bella. Y sus ojos son penetrantes. Lo asocio con una especie de laboratorio, cosas amontonadas, instrumentos, ese tipo de chismes. Pero lo que más me fascina es el concepto de este óvalo de cristal o espejo bidimensional. No sé qué clase de tecnología o conocimiento produciría algo semejante, pero es interesante pensar en la civilización que se esforzó por crear instrumentos como ése. (*Risas.*) No me importaría tener uno de esos artilugios.

Después le revelé lo que había ocurrido. Le dije: «¡Acabamos de lograr lo imposible!». Hablé a Brenda de mi experiencia con Elena y todas las complicaciones que me llevaron al deseo de intentar este experimento con ella. Se sintió muy emocionada y dispuesta a continuar trabajando. De lo que había leído sobre Nostradamus, lo único que podía recordar era un viejo libro sobre sus profecías publicado después de la Segunda Guerra Mundial; en ese libro se empeñaban en relacionar todas las cuartetas con la guerra. Recordaba que en aquel entonces lo consideró una tontería, porque muchas de ellas no parecían aplicarse a la guerra y los traductores las habían forzado para que encajaran.

Mis emociones después de esta sesión iban desde la incredulidad, porque consideraba imposible la realización del proyecto, al asombro, el éxtasis y el regocijo por el verdadero logro y avance. Sentí que si esto podía ocurrir, entonces nada era realmente imposible. Nada nos impediría seguir adelante porque habíamos podido trascender las barreras y limitaciones del tiempo y el espacio. Sabía que se nos permitiría volver una y otra vez, tantas veces como deseáramos, para buscar y encontrar conocimientos ocultos. Ni siquiera podía concebir o imaginar las maravillosas aventuras y sutilezas que nos aguardaban más allá del portal del espejo mágico.

8
El hombre misterioso

No había tenido noticias de Elena desde su marcha. Después de este formidable paso adelante, le escribí para informarle sobre el increíble descubrimiento. También quería que supiera que ahora «estaba libre». Ya no tenía ninguna responsabilidad en este proyecto. Llegué a la conclusión de que su participación en todo esto había consistido en hacer de puente, un catalizador para poner todo en marcha.

Su respuesta contenía la siguiente revelación: «Pocas semanas después de marcharme supe que había terminado con esa parte. Pero tuve la clara intuición de que las cosas seguirían adelante, a pesar de que mi intelecto no lo entendía. Sé que haré el retrato, cada día he estado viendo su rostro más claramente con el ojo de mi mente».

El retrato llegó pocas semanas después. Por alguna razón, ella le veía con un gorro de lana calado hasta las orejas. Comentó que le había costado dibujarlo y no le satisfacía del todo. Lo que más la desalentaba era la sensación de que no había sido capaz de reproducir la intensidad de su mirada. Cuando Brenda vio el dibujo afirmó que se parecía mucho a la imagen mental que tenía de él. Fuese o no del todo exacto, la verdad es que era un gran logro que Elena pudiese reproducir el retrato de un hombre que llevaba muerto 400 años.

O debería decir «supuestamente» muerto, ya que cuando empecé a conversar regularmente con él, la palabra «muerto» nunca le cabría. Para mí se convirtió en alguien muy vivo que manifestaba toda la gama de variadas emociones que caracterizan a los seres humanos. En momentos diferentes se mostró impaciente, intenso, irritable o preocupado. A veces le encolerizaba ver la manera en que los intérpretes habían traducido sus cuartetas. En otros momentos hacía gala de un auténtico sentido del humor. En esas ocasiones se mostró bromista con nosotras e incluso efusivo. Él era toda una personalidad.

Y asimismo muy humano. En todo momento tenía la certeza de que me comunicaba con un ser humano físico vivo y no con un espíritu. También era muy enfático cuando insistía que estaba muy vivo, que yo no hablaba con los muertos. Este punto era muy importante para él. Él deseaba profundamente que yo lo entendiera. Sólo que poseía este raro talento que le hacía posible ver el futuro y por consiguiente comunicarse conmigo. ¿Significa esto que la teoría del tiempo simultáneo o paralelo es un hecho? Dejaré que otros traten de explicar el cómo, el por qué y la lógica de esto. Sólo intentaré llevar a cabo el proyecto que él me asignó.

Yo quería saber más sobre Nostradamus, así que muchas veces hice preguntas sobre su vida. Todo esto lo reuniré aquí, fuera de contexto.

Dolores: *¿Le importaría a él si te hago algunas preguntas sobre su vida?*

Brenda: Responderá lo que pueda. Puesto que aún no ha llegado al final de su vida, no conoce la historia completa.

D.: (Risas.) *Pero me interesa la primera parte. Seguro que la conoces. Una de las cosas que la gente siempre se ha preguntado es cómo pudiste realizar tus curas médicas. Cómo controlabas el dolor y la hemorragia y cosas por el estilo. ¿Puedes compartirlo conmigo?*

B.: Depende del método empleado. A veces uso medios físicos y a veces mentales. Suelo pensar que mi ... como quieras llamarlo, hace que pueda ver cosas que van a ocurrir.

A veces se presentan efectos añadidos, energías invisibles que pueden hacer otras cosas como aliviar el dolor o parar hemorragias. En cuanto a los medios físicos, también empleo mi talento. Si entro mentalmente en un estado determinado, puedo ver las energías de vida que fluyen a través de un cuerpo. Si en algún punto no fluyen como debieran, presiono o froto esa zona, o bien uso otro tipo de manipulación hasta que fluyan de nuevo libremente; eso suele ayudar a eliminar el dolor. Con frecuencia empleo una combinación de métodos físicos y mentales para controlar el dolor en las operaciones. Una de las cosas que hago suele ser muy efectiva. Animo al paciente para que me ayude.

También les induzco un estado mental adecuado para no sentir dolor. Al no sentir el dolor, y con la ayuda de mi mente y la presión en ciertos puntos, puedo ver que eso ayuda a controlar el dolor, manteniéndolo en un nivel mínimo en el que me es posible operar sin que su sistema nervioso experimente ninguna conmoción.

D.: *Todo esto resulta desconocido para los otros médicos, ¿verdad?*

B.: Así es. No tienen el talento que yo poseo. Y además, todos ellos desconocen el poder de la mente. He realizado experimentos para descubrir qué puede hacer la mente. Ésa es una de las cosas que he estado haciendo con mis discípulos. Los estudios que hacemos sobre la mente son al mismo tiempo médicos y metafísicos. Eso es lo que más les gusta a mis estudiantes.

D.: *Puedo imaginármelo. Pero ¿no se preguntan los demás médicos cómo puedes hacer estas cosas?*

B.: Lo hacen, pero siempre que intento explicarles se interfieren sus supersticiones y acto seguido empiezan a exclamar «¡Brujería!». Así que ¿para qué molestarse? Sólo sonrío, me encojo de hombros, arqueo una ceja y dejo que sigan preguntando. Y mi reputación aumenta.

D.: *Pensaba que si supieran intentarían imitarte, copiarte de algún modo.*

B.: No saben cómo copiarme.

D.: *¿No aprenderían observándote?*

B.: No. Al empezar una operación suelo mirar fijamente a los ojos del paciente para hacer que entre en el estado mental adecuado. Realmente ignoro por qué puedo hacer esto, pero lo hago. Y aparentemente ellos [los médicos] son incapaces de concentrar la mirada lo bastante como para conseguirlo.

D.: *Creo que si te escucharan cuando hablas con el paciente sabrían lo que haces.*

B.: En realidad, le hablo al paciente en voz muy baja pero los médicos no están lo suficientemente cerca para oír lo que digo.

D.: *¿Qué le dices al paciente?*

B.: Ah, depende de la situación. Generalmente les digo cosas positivas. Por ejemplo, que se sienten bien, que es muy agradable, que no hay nada que temer, y que todo irá bien y que después ellos se sentirán perfectamente, y cosas por el estilo.

Recordé que Dionisio dijo que vivían tiempos difíciles y que a causa de la Inquisición tenían que ser muy cautelosos.

D.: *Siempre creí que un hombre tan poderoso como tú no estaría en peligro. De todas f armas te considero poderoso por todo tu conocimiento.*

B.: Me respetan por mi educación y porque mi medicina --mi práctica-- funciona. Me respetan porque me consideran inteligente. Soy un hombre refinado y culto. Pero eso no me da la influencia política necesaria para librarme de todo peligro. Mis padres eran gente corriente. No tengo títulos. En la época que vivo, los que tienen verdadero poder son los nobles, y el pueblo está sinceramente convencido de que el rey es Dios, o muy próximo a Dios, porque el rey tiene poder absoluto. De modo que así son las cosas. Además, en mi tiempo la Iglesia es *extremadamente* poderosa.

Y también por esa razón tengo que ser prudente. Porque la Iglesia tiene tanto poder político que puede hacer que los reyes y la nobleza se doblegue a sus deseos en determinadas situaciones. Por consiguiente, mi tarea es muy importante. No alardeo al decir esto. Debería ser obvio para cualquiera que mi tarea es vital. De no ser así, ¿qué sentido tendría mi talento? Lo he tenido toda mi vida. Yo no lo he pedido. Estaba ahí, y debe de ser por un propósito. Dios trabaja de formas misteriosas; supongo que ésta es una de las más misteriosas. De modo que voy a hacer todo lo que pueda y de la mejor forma posible para ayudar a la humanidad en general.

Después de esto, Nostradamus rara vez habló en primera persona. La información a través de Brenda era transmitida en tercera persona.

D.: *¿Puede damos Nostradamus información sobre procedimientos curativos que puedan servirnos en nuestro tiempo presente?*

B.: Sí, puede. Es decir, puede intentar explicar algunas de las cosas que haría. Si las consideras útiles, úsalas. Dice que muchas de las técnicas físicas que emplea las aprendió de lo que ha visto en el futuro. Incluso se decía: «¡Ah! Eso lo puedo hacer yo mismo ahora. Quizá mis colegas no lo acepten pero puedo decidir hacerlo, y ayudará a la gente. Y voy a ayudarla tanto como me sea posible». En su mayor parte, no son procedimientos complicados, sencillamente son cosas que aumentan las probabilidades de salvar a algunos de sus pacientes. Sin embargo, aun siendo psíquicamente fuerte, él afirma que mentalmente puede ver dónde está el mal y el tratamiento que conviene. Emplea con la persona una gran cantidad de energía positiva y hace que ésta lo ayude visualizándose a sí misma libre de ese problema. Fortalece a sus pacientes y les ayuda a confiar en sí mismos y también en lo que él hace. Ayuda a que los campos psíquicos sean favorables a los aspectos físico, mental y emocional de la sanación.

Aunque no lo llamara de ese modo, era evidente que Nostradamus practicaba una forma avanzada de hipnosis combinada con acupresión y la capacidad de ver los puntos débiles en el aura. Al parecer, era un metafísico natural tan avanzado que poseía también otros talentos que empleaba sin darse cuenta exactamente de cómo o por qué lo hacía.

D.: *¿Usa alguna vez el color como factor de sanación?*

B.: Sí, con mucha frecuencia. Dice que una de las cosas que suele hacer para ayudar a crear la atmósfera idónea es mostrar a los pacientes los colores de la luz a través de un prisma. Suele demostrarles que lo que parece luz blanca contiene en sí otros colores. Les señala uno de los colores y les pide que se imaginen debajo de una luz de ese color que les envuelve por completo. Cualquier color necesario para el deseado efecto de ayudar a equilibrar sus campos psíquicos.

D.: *¿Conoce el método que empleo para contactar con él?*

B.: No exactamente, pero tiene la fuerte sensación de que se asemeja a algunos de los que él emplea para sanar.

D.: *Sí; en mi tiempo se llama «hipnosis».*

B.: Dice que lo ha utilizado para ayudar a disminuir el dolor.

D.: *En nuestro tiempo también se emplea para eso. Pero tiene otros muchos usos.*

B.: Afirma que es sumamente prodigioso. Es una herramienta que está al alcance de la mano; se alegra de que no se haya perdido a través de las edades.

D.: *Probablemente, sabe usarlo mejor que nosotros y tal vez le dé otros usos que aún desconocemos. No obstante, he descubierto la forma de emplearlo para contactar con personas a través del tiempo. Funciona con la mente, y la mente es una creación maravillosa.*

B.: Realmente no hay límites a lo que puede hacerse con la mente.

D.: *Lástima que los de su tiempo no puedan aprender estas cosas. Ayudaría a mejorar.*

B.: Podrían aprender, pero no quieren. En este punto percibo un gran dolor en Michel de Notredame. Es consciente de que existen muchas cosas que la gente de su tiempo podría hacer para mejorar su calidad de vida. Pero no quieren o no pueden, porque las desconocen o no saben manejar el conocimiento, o porque sencilla y llanamente se los mantiene en la ignorancia. Esto le entristece mucho.

D.: *Sí; ése es el tiempo que le ha tocado vivir y no tenemos control sobre eso. Me preguntaba dónde habrá aprendido a hacer estas cosas. ¿Alguien se las enseñó?*

B.: Siempre fue un poco excéntrico y siempre lo han acompañado las visiones del futuro. Veía a la gente, y sobre ella aparecían visiones superpuestas de lo que les sobrevendría. Y se daba cuenta de que podía usar este don para ayudarlos. Así que empezó buscando conocimiento e instrucción. Dice que no había mucho sitio donde buscar. La mayor parte de lo que hace lo descubrió solo. Descubrió que conseguía una buena concentración contemplando la llama de una vela. Luego comprobó que era aún mejor si usaba un infiernillo de alcohol o algo parecido para obtener una llama más pura.

D.: *La gente cree que tal vez viajó y aprendió estas cosas de grandes maestros de otros países.*

B.: Ha estudiado con unos pocos maestros pero no tantos como se cree. Gran parte de la enseñanza que tuvo la recibió de grandes maestros del otro plano. Señala que a veces cuando meditaba recibía conocimiento. Pero está confundido y no sabe exactamente de dónde le vino el espejo. En realidad, no está seguro de cómo sucedió. Cree que un ser de otro plano o de otra dimensión se lo cedió para que pudiera establecer comunicación entre planos distintos.

D.: *Me gustaría saber cómo lo encontró.*

B.: No lo encontró. Un día estaba meditando y vio a este ser de pie ante él, que le hablaba y enseñaba. El ser le dijo que podría volver a contactar con él y con otros planos siempre que lo deseara. Y Nostradamus preguntó: «¿Cómo? Aún no estoy suficientemente preparado». Y el ser le dijo: «Lo sabrás cuando vuelvas a tu consciencia normal». Cuando volvió a su consciencia normal, el espejo estaba delante de él.

D.: *Entonces no sabe a ciencia cierta de dónde vino.*

Al comienzo de una sesión, ella anunció:

B.: Esta vez le ha costado un poco llegar hasta el lugar de encuentro, pero cree que sus problemas no deben obstaculizar su proyecto contigo.

D.: *¿Por qué le ha costado?*

B.: Me parece que no lo sabe. Sospecha que puede tener relación con el hecho de que algunos escépticos lo han estado interrogando. Han desencadenado fuerzas e influencias negativas que interfieren en sus planes. Dice que los escépticos son tan eternos como la mala hierba y crecen como ella. En este punto resopla indignado y mueve la cabeza.

D.: *¿Dudan de su práctica médica o de su trabajo con estas profecías?*

B.: Ambas cosas.

D.: *Le entiendo porque a veces yo también percibo una reacción negativa. Tal vez no sea capaz de hacerme una idea exacta de su situación, pero lo intento.*

B.: Él agradece tu comprensión pero debes darte cuenta de que tiene que vérselas con mucha más ignorancia de la que jamás hayas podido imaginar. Afirma que cierto tipo de ignorancia permanece inalterable con el paso de los siglos y otros cambian, pero así es la vida.

D.: *¿Ha estado alguna vez en peligro por parte de la Iglesia debido a lo que hace?*

B.: A veces ha habido sólo veladas amenazas. Algunos miembros de la Iglesia pretenden manipularlo y obligarlo a actuar según sus normas. Pero él se las arregla para superarlos en astucia y mantener el control.

D.: *¿Intentaron hacer que predijera cosas para la Iglesia?*

B.: Trataron de impedir que publicara ciertas predicciones. Intentaron atraparle en algunas de sus predicciones para que pareciera que había incurrido en herejía. Se propusieron chantajearlo y sobornarlo con dinero. Y también trataron de obligarlo a que modificara ciertas predicciones para que se ajustaran a sus necesidades. Expresa que la Iglesia no es una institución religiosa. Es una de las mayores instituciones políticas que hay en la tierra. Por lo tanto, no les importa nada; y aquí me copia una frase. Dice que les importa un bledo. Cuando captó en mi mente esta frase, preguntó qué era un bledo. (*Risas.*) A la Iglesia le tienen sin cuidado los aspectos religiosos. Se sirven de ellos para poder manipular políticamente. Actúan de ese modo para hacer que las cosas se amolden a sus conveniencias.

D.: *¿Quiere decir que podrían intentar cambiar las cuartetas?*

B.: Sí, eso también. En cualquier caso quieren cambiarlas, y como nadie puede pillarlos *in fraganti*, sabe que tal como él las redacta no tendrán mucho sentido para los sacerdotes y otros. Por lo tanto, no sabrán en qué punto cambiarlas a su conveniencia.

D.: *Muy listo. Pero tal vez hayan cambiado algunas. Es lo que intentamos averiguar.*

B.: Por lo que él sabe, a los sacerdotes en realidad nunca se les dio bien cambiar sus cuartetas. Algunos de los cambios hechos se deben a errores tipográficos más que a errores deliberados. Él supone que estamos al tanto de que también hubo algunas traducciones deficientes.

Dice que siempre que ve el futuro, los lugares donde no ocurre nada especial aparecen suaves como seda. Pero ahí donde suceden cosas de mayor importancia aparece una especie de rugosidad en el tejido ... como una mancha de hilos enmarañados. Esto atrae su atención y mira con más detenimiento para ver de qué se trata. De esa maraña de nudos e hilos revueltos en el tejido le llegan vislumbres de lo que ocurre. Y los hechos de mayor gravedad se detectan más fácilmente porque la maraña es más grande y visible. Es una razón por la que muchas de sus cuartetas hablan de cosas que producen desazón, como la guerra. Porque son muy evidentes y visibles, a veces le cuesta pasar por esos lugares en el tiempo sin examinarlos y ver lo que va a ocurrir. Le cuesta expresarlo, pero de vez en cuando intentará, como ahora, explicar lo que ocurre cuando contempla en el tiempo.

D.: *El traductor del libro que estoy usando opina que él escribió originalmente las cuartetas en latín antes de ponerlas en francés. ¿Es verdad?*

B.: Dice que tal como estaba la situación, su consciencia era como una pizarra en blanco para escribir en ella y las palabras surgían para ayudarle a descifrar los conceptos que estaba contemplando. No sabía en ese momento en qué idioma estaban hasta después de escribirlas. A menudo estaban en latín, pero no siempre. Luego las traducía al francés porque esto lo escribía para la gente ordinaria y no para el clero.

D.: *¿De verdad no era consciente de lo que había escrito hasta que salía del trance?*

B.: Así es. Mientras estaba en trance tenía control del movimiento de sus manos al escribir, pero no sabía por qué escribía. Las fuerzas sobrenaturales del espejo guiaban su mano. Cuando volvía en sí, sabía lo que había visto pero no lo que había escrito.

D.: *¿Y cuándo los convertía en acertijos? ¿Durante el trance o cuando estaba consciente?*

B.: Mientras estaba en trance.

D.: *Es decir que esos acertijos no los creó conscientemente.*

B.: No. Podía hacerlo y así solía redactar su correspondencia privada, pero no de forma tan complicada como lo que quedaba escrito durante el trance. Cuando salía del espejo, dice que se quedaba sorprendido por la complejidad del acertijo. Conocía todos los significados, los distintos grados de significados y las sutilezas contenidas en lo que había visto. No obstante, señala que hay otro elemento, además de su mente consciente, que puede manipular mejor las palabras en estos acertijos. Cuando está en trance ve varias cosas, escena tras escena. A veces, al salir del trance, apenas ha quedado escrita una cuarteta. Y ve que a pesar de haber visto varios acontecimientos distintos, todos se relacionaban con esa cuarteta.

D.: *Son tan complicadas que se diría que rebasan la capacidad intelectual de una persona ordinaria. Habría que ser un maestro en rompecabezas. Ahora puedo darme mejor cuenta de las dificultades del ser humano corriente en su intento por descifrarlas.*

B.: Es verdad. De ahí la importancia de este proyecto. Ayudar a algunos seres humanos a que restablezcan contacto con ese aspecto de la existencia que podría ayudar a interpretar estas cuartetas.

Parecía un caso claro de escritura automática. Muchas personas poseen esta capacidad tanto en estado consciente como en trance; a estas personas, les surgen con frecuencia cosas totalmente ajenas a ellas. Se ha discutido que lo que mueve la mano de la persona no es otra cosa que su subconsciente y no una entidad separada. Lo que ocurre en el caso de Nostradamus puede ser un tema de debate.

D.: *A lo largo de la historia, a veces, los diferentes gobernantes han intentado cambiar algunos de los significados para dar a entender que predecía cosas sobre ellos.*
B.: Sí. Se ríe y dice que este juego es muy común entre los que gobiernan a los hombres.
D.: *Sus acertijos, los anagramas y los diferentes significados de las palabras también crean problemas.*
B.: Ésa es una de las razones por las que se alegra de poder iniciar este proyecto.

Esto era verdad. Realmente fue él quien lo inició. La idea nunca se me habría pasado por la cabeza. Me sorprendió mucho cuando empezó a hablarme a través de Elena.

B.: Sabía que serías tú, sabía que estarías abierta a la comunicación, lo cual era una ventaja para él.
D.: *Sí, mi curiosidad no me permitía dejar pasar una oportunidad como ésta.* (Risas.) *Se fijó en una persona curiosa.*
B.: Prefiere mil veces a una persona curiosa que a otra segura de sí misma. Porque las personas seguras de sí mismas se sienten superiores, están pagadas de sí mismas y creen saberlo todo. Pero la curiosa dice: «Tal vez sepa un poco, pero siempre queda mucho por aprender; quiero saber lo que hace que algo suceda».
D.: *Entonces me comprende. ¿Por qué es tan importante para él que se traduzcan correctamente estas cuartetas en nuestro tiempo?*
B.: ¿De qué sirve una profecía si las palabras son erróneas? Para que una profecía sirva para algo, debe ser exacta. Cuando ves el futuro y profetizas para ayudar a la gente implicada, de nada sirve si

nadie entiende qué tratas de decir. Si no escuchan la advertencia tal como está expresada, ¿cómo podrán hacer algo al respecto?

D.: *Es verdad. Porque sus cuartetas son muy oscuras, muchas de sus profecías no se entienden hasta que ocurren, cuando es demasiado tarde.*

B.: Arquea la ceja, esboza una media sonrisa y dice: «Vaya, ya sabemos quién es la culpable». Creo que se refiere a la Inquisición o a la Iglesia. U no de los problemas fue que lo que intentaba describir era incom... sobrepasaba la capacidad intelectual de la humanidad, y él sólo tenía un vocabulario limitado para describirlas. Para la gente, estaban tan lejos de su comprensión que sólo reconocieron lo que él intentaba describir cuando ya lo habían visto, porque describía muchas cosas hasta entonces desconocidas para la humanidad. Así que no sabrán cómo identificarlas hasta que la humanidad las haya experimentado.

D.: *Sí, y después dirán: «Eso es lo que quería decir». Pero ocurre lo mismo con la Biblia. Tuvieron que escribirla con símbolos porque las cosas que vieron eran demasiado difíciles de entender hasta para ellos mismos.*

B.: Sí. Señala sobre todo a un profeta menor en el Antiguo Testamento, y a la vez suelta una risita. Dice que este profeta menor también predijo algunas de las cosas vaticinadas por él sobre los avances tecnológicos. Ignoro por qué pero lo encuentra divertido.

D.: *¿Qué profeta menor?*

B.: Me llega el nombre de Sofonías. ¿Hay algún Sofonías?

D.: *Creo que sí. Seguramente algunos de sus escritos pueden haber sido eliminados de la Biblia.*

B.: Es verdad.

Durante un momento pensé que quería decir Zacarías. Me parece que nunca he leído un libro atribuido a Sofonías. Más tarde cuando lo encontré, vi que sólo tenía unas pocas páginas. Era un largo relato de destrucción total producida aparentemente por la ira de Dios.

D.: *Dime si siente cansancio.*

B.: Por ahora lo lleva bien. No sabe cuánto tiempo podrá quedarse hoy puesto que la conexión no parece tan nítida como la última vez. Y le resulta más difícil hacer llegar la imagen. Pero este proyecto es muy trascendental para él, así que no le importa esforzarse un poco más, si es necesario.

D.: *No quiero que esto lo perjudique. Me preocupa mucho.*

B.: Ha descubierto un sistema que evita cualquier posible daño permanente para él mismo. Si traspasara sus límites, automáticamente volverá a su ... me sale decir «laboratorio». Tal vez le duela la cabeza y se sienta mareado unos días, pero eso pasará. Es una de las razones por las que adoptó este sistema. Sabía que habría varias formas diferentes de ajustar la comunicación y entrar en contacto con nuestro tiempo. Pero quería asegurarse de hacerlo con los que pudieran manejar este conocimiento sin que se hicieran daño a ellos mismos o sin que falsearan lo que descubrieran.

D.: *Sí. Con esto podría hacerse mucho daño, de muchas maneras. Y también hay otros a quienes les importa muy poco el vehículo. En este sentido, yo soy muy cuidadosa.*

B.: Eso es importante. Es difícil encontrar buenos vehículos; por eso es esencial cuidar a los que tienes.

D.: *Y también seré muy cuidadosa en la forma de escribir estas cosas, para ser lo más fiel posible a lo que él dice.*

B.: Agradece el cuidado que pondrás en ello. Te ocasionará problemas, pero sabe que tú aceptaste asumir esto antes de entrar en esta vida. Puesto que lo aceptaste, las fuerzas del universo te respaldan de tal modo que no necesitas más.

D.: *Eso está bien, porque tengo demasiada curiosidad para dejarlo.*

Esta pregunta la hizo un observador en una de las sesiones. No sabía quién era Catalina de Médicis. Más tarde cuando empecé a investigar descubrí que fue la madre de tres reyes de Francia, y ejerció un gran poder detrás del trono. A menudo le pedía a Nostradamus que hiciera un pronóstico del futuro de sus hijos en su país.

John: *Después de conocer un poco de tu vida, ¿cómo era estar al servicio de Catalina de Médicis, madre de reyes en aquel tiempo?*

B.: Mueve la cabeza y emite una risita. Dice que a veces era como caminar por la cuerda floja sobre un pozo en llamas. Ella poseía una mente aguda y era interesante estar en este entorno. Pero nunca sabías dónde daría el siguiente zarpazo. Era muy retorcida y en todo momento sus pensamientos estaban dominados por el interés por su familia y por saber cómo podrían aumentar su poder. Era una gran manipuladora. Pero tenía que serlo para ejercer el poder y el control que ansiaba. En realidad, tendría que haber sido hombre. Pero nació mujer y en la cultura de su tiempo tuvo que recurrir a todo tipo de argucias para ejercer la influencia que ella sentía que debía tener. Asegura que con la combinación de su horóscopo y el karma que había en su vida, el resultado era realmente interesante. Cuando estaba con ella debía actuar siempre con ex- tremada diplomacia y emplear palabras suaves pero cargadas de verdad porque si ella intuía en él algún intento de prevaricar o mentir sobre algo, su enfado era monumental.

J.: *Al parecer, era una persona de trato difícil.*

B.: Lo era. Dice que como amiga habría podido ser mucho más interesante, alguien con quien se podía hacer un verdadero y apasionante intercambio intelectual de no haber sido por su posición.

D.: *Lo que me interesa es la vida personal de Nostradamus. Espero que no se moleste si le hago algunas preguntas al respecto.*

B.: No parece agraciarle mucho la idea. Se ha quedado perplejo. Pregunta para qué quieres saber esas cosas. No viene al caso para nuestro proyecto. No tiene nada que ver con la tarea que nos espera.

D.: *El caso es que se han publicado biografías sobre su vida y me interesa saber si eran correctas. Quería tener algunos datos que dieran credibilidad a lo publicado.*

B.: Dice que realmente le tiene sin cuidado si son correctas o no. No le importa que digan las mentiras más infames sobre su vida, mientras traduzcan correctamente sus cuartetas. También añade que es el momento de irse. Para mí que trata de escabullirse de esa clase de preguntas.

D.: *De acuerdo. No quería molestarlo. Pero también queríamos conocerlo como persona, no sólo como profeta. Nunca sé si mis preguntas lo ofenden.*

B.: No creo que se haya ofendido. Es muy fácil saber cuando algo le ofende. Suele producirse un eco en el cuerpo de la comunicadora.

Nostradamus no sólo convirtió cada cuarteta en un acertijo sino que todo el libro lo compiló como un gigantesco rompecabezas. No parece haber un orden lógico en su disposición. Cuando hice esta pregunta habíamos traducido más de cien, y yo aún no sabía cómo ordenarlas.

D.: *Mi intención es ordenar un poco las cuartetas que ya hemos examinado. Si es posible, cronológicamente. Y es mucho trabajo.*
B.: Esta vez está de buen humor y cuando has dicho que querías ponerlas en orden, preguntó jocosamente: «¿En un orden lógico o en uno sin lógica?».

Disfrutaba mucho cuando él estaba de humor y bromeaba conmigo. Era mucho más agradable que recibir broncas cada vez que hacía algún comentario que no venía al caso.

D.: (Risas.) *¿Hay alguna diferencia?*
B.: Dice que depende de tu punto de vista.
D.: (Risas.) *Vaya, el tratar de ponerlas en cierto orden cronológico ya es difícil de por sí.*
B.: Dice que el orden cronológico sería el más lógico. Un orden ilógico sería ponerlas por orden alfabético según la primera palabra de la cuarteta.
D.: (Risas.) *O la forma que él empleó, a la que considero sin lógica.*
B.: Asegura que era bastante lógica. Se basaba en principios matemáticos exactos como el lanzamiento de dados.
D.: *¿Fue así como decidió el orden que les daría?*
B.: No estoy segura. Hoy está muy cáustico. Su humor es excelente.
D.: (Risas.) *Creo que las lanzaba todas juntas y las barajaba como cartas. Y así decidió el orden en qué irían. Eso me parece.*
B.: En realidad, lo que hizo fue ponerlas en seis grupos, cada uno según la cara de un dado. Y lanzó los dados, y cuando le salía dos veces el mismo número tomaba una al azar del grupo designado con ese número, y era la que a continuación aparecía en su libro. Pero si sacaba dos números distintos, los sumaba y después los dividía por un decimal y con el número obtenido elegía una al azar de otro grupo.
D.: *Supongo que es un sistema tan bueno como cualquier otro. No sabía que había dados en su tiempo.*
B.: Dice que los dados existen desde hace siglos. De vez en cuando pueden cambiar su forma y dimensiones, pero el principio es el

mismo. Los llama dados porque es algo que tenemos que se relaciona con lo que él usaba.

D.: *Pensé que cuando por fin termine este proyecto tal vez descubra algún tipo de pauta usada por él; quizás en las matemáticas, si es que ahí existen pautas.*

B.: Es indudable que en las matemáticas existen pautas, aunque son difíciles de encontrar. Pero no te alarmes si no las encuentras. Quiso hacerlas deliberadamente oscuras para que a ciertos partidos --y son literalmente sus palabras-- les costara adivinar lo que decía.

D.: *De acuerdo, entonces no espero encontrar ninguna pauta. Sólo se trataba de barajarlas y lanzarlas.*

B.: Existe una pauta. Sólo que matemáticamente es demasiado compleja para una persona corriente.

D.: *Vaya, era lo único que quería saber, cómo había decidido su orden.*

B.: Espera que su discurso te haya servido de algo.

D.: *Pero ya ves la clase de misión que acabas de confiarme: debo tratar de reorganizarlas en el orden en que se supone que deben estar.*

B.: Bastará un orden cronológico.

D.: *A veces es difícil de calcular. Es complicado porque a menudo él se refiere a varios sucesos y éstos ocurren en tiempos distintos.*

B.: Puedes escribirlas dos veces. Uno para cada período de tiempo.

D.: *Es lo que he tratado de hacer, referirme a ellas repetidas veces en distintos momentos. Es difícil. La tarea es ardua.*

Fue una torpeza hacer este comentario. En este punto, intervino Nostradamus. Brenda empezó a hablar muy deprisa, como si él se hubiera ofendido.

B.: No quiere saber nada de tus dificultades para escribir. Dice que ahora cae en la cuenta de que los del siglo xx lo tenemos todo muy fácil. No valoras lo fácil que nos resulta todo. No quiero saber nada de eso. Ella no tiene a la Inquisición pisándole los talones todo el tiempo. Ella no tiene qué ponerlo todo en forma de acertijos para salvar el pellejo. Ella --está desvariando-- no tiene que hacer esto, no tiene que hacer aquello. No quiero escucharla. Quiero que este proyecto se haga. Te quejas de los obstáculos que te surgen para escribir pero son insignificantes e intrascendentes comparados con los problemas que él tiene cuando escribe.

Tuve que echarme a reír; su explosión me pilló completamente desprevenida. A menudo manifestaba inesperados cambios de humor. Ciertamente, yo no pretendía enfadarlo.

D.: *Y mis instrumentos para escribir son mucho más fáciles de usar.*
B.: Exacto.
D.: *De acuerdo. Pido disculpas. Ésta es la parte que me toca resolver.*
B.: Sí, dice que ése es tu problema. Y también que no te lo puede dar todo para tus libros, lo sabes. Tienes que poner algo de tu parte.

Me sentí de nuevo como una escolar regañada por un maestro. A pesar de sus muchas reprensiones, podía percibir una especie de afecto y comprensión por debajo de su mal humor. Tenía razón, él había hecho su parte en este proyecto hacía 400 años. Yo debía responsabilizarme del resto.

Solía hacer esto cada vez que le preguntaba el orden de determinadas cuartetas y la relación temporal entre ellas. Decía que él sólo interpretaba la cuarteta en la que estábamos trabajando en ese momento. Organizarlas era problema mío. Estaba claro que él no me daría todas las respuestas.

Segunda parte

LA TRADUCCIÓN

9
Empieza la traducción

Dolores: *¿Quieres que haga la cuenta atrás o podrás ir allí y ver si le encuentras a través del espejo?*

Brenda: Quédate en silencio y medita en algo durante un momento; yo podré ir allí para hacerlo. Te avisaré cuando todo esté listo. En este momento me concentro en el lugar donde vive. Está en su ... lo llamaré laboratorio. Es una mezcla de laboratorio y estudio. Ahí está, concentrado en el espejo. «Michel de Notredame, he vuelto. Es hora de reunirnos de nuevo, si es tu deseo.» (*Pausa.*) Dice que se reunirá con nosotras en el lugar de encuentro. (*Pausa.*) Muy bien. Estoy allí, y él ha llegado también.

Pide que leas la cuarteta haciendo una breve pausa entre cada línea para que la comunicadora tenga tiempo de captar bien las frases y él pueda transmitir el concepto.

D.: *Sé que intentarás traducirlas en términos conocidos para nosotras. Pero dime primero cómo lo expresa para poder entender mejor su f arma de pensar.*

B.: En este lugar especial no usamos palabras, *per se.* Cuando afirmo «dice esto y lo otro», realmente quiero decir que comunica esto y lo otro. Básicamente, se ha estado comunicando a través de imágenes mentales con sensación subliminal de palabras, si es que eso tiene sentido. Lo haré lo mejor que pueda. Dice que será mejor hacerlo en pequeños lapsos. No importa que sean breves porque venir a este lugar le supone un gran desgaste. Pero mientras nos mantengamos firmes en este empeño, el trabajo se hará.

D.: *Me gustaría que hubiese una forma más ágil de hacerlo.*

B.: Asegura que si ha de hacerse, se hará. Posiblemente cambiemos a un ritmo más cómodo y todos podremos funcionar mejor.

D.: *¿Quiere que empiece por el principio del libro o por una cuarteta al azar?*

B.: Le preguntaré. (*Pausa.*) Para empezar, elige una que te parezca adecuada. Sugiere que aquietes el cuerpo y la mente, mires en el núcleo interior de ti misma, ahí donde reside la sabiduría. Y al dejarte guiar por ella podrás escoger la correcta. Él habla con rodeos. En realidad, no entiendo pero eso es lo que él dice.

D.: *Quiero que sepa que el libro que estoy usando contiene las traducciones en francés e inglés, y está dividido en centurias. Hay diez centurias y cada una de ellas tiene 100 cuartetas. ¿Es así como pretendió que fuera?*

B.: Ha dicho: «Desde luego, es así como lo organicé. Así lo puse en el manuscrito».

D.: *Creí que tal vez fuera una disposición que alguien introdujo posteriormente.*

B.: Dice: «Repito que es como yo lo puse en el manuscrito».

D.: *Pero hay una centuria que no contiene cien.*

B.: No. Él lo sabe. Lo organizó en centurias por conveniencia. Pero no todas las centurias estaban completas porque no pudo despejar los canales de tiempo para obtenerlas todas.

D.: *Sólo quería estar segura de que nadie las había manipulado indebidamente. Así que eso nos daría casi mil. Eso haría muy difícil empezar por el principio y terminar. Llevaría muchísimo tiempo.*

Más tarde, fue eso precisamente lo que acabamos haciendo. Después de elegir cien cuartetas al azar, decidimos organizarnos mejor. En ese tiempo empecé por el principio del libro siguiendo un orden. Sin embargo, a pesar de seguir ese procedimiento no parece haber un orden lógico en lo tocante a la secuencia temporal.

D.: *¿Podrá más tarde explicarse detalladamente sin usar las cuartetas?*

B.: Cree que quizá las necesite para centrarse, puesto que tiene que comunicar de una forma indirecta. A veces podrá improvisar pero no quiere depender de eso.

D.: *Entonces necesitamos las cuartetas para que pueda recordar lo que ha visto.*

B.: Bueno, no precisamente para que pueda recordar lo que ha visto sino para que pueda concentrarse de tal forma que yo pueda comunicar lo que él intenta decir. Si de vez en cuando suena áspero, no es porque personalmente tenga algo contra ti o contra mí, la comunicadora. Simplemente trata de que el trabajo se haga. A veces haces demasiados comentarios inoportunos entre cuartetas o cuando él está intentando pensar. Si en algún momento te pide que dejes de hablar, no pretende ser desagradable, ya que está sumamente agradecido por este contacto de comunicación. La cuestión es que hay tanta información que transmitir que a veces pierde la paciencia. Sobre todo cuando intenta hacernos llegar una idea o hablar, y tú también hablas. (*Me disculpé.*) Con todo, no te preocupes. Siempre que se prueban nuevos experimentos, todo tiene que salir de acuerdo a un plan. Si hay algo que él no entiende, te lo preguntará. Y no hace falta que te disculpes tanto.

D.: *De acuerdo. Pero siento un gran respeto por él y no quiero que se enfade conmigo.*

B.: Le complace tener cómplices.

D.: *No es bueno hacer esto solo, ¿verdad?*

B.: Puede hacerse, pero es más difícil.

D.: *Quiero decir... estar solo.*

B.: Cuando le turban o preocupan cosas más elevadas, no le importa la soledad.

Al principio, cuando empecé a presentarle las cuartetas, hubo muchos tanteos para la traducción. Después de muchos tumbos y tropezones, aprendí el procedimiento que él quería usar. En este tiempo empecé a reconocer cuándo se comunicaba mentalmente con Brenda y me rogaba que dejara de parlotear e interrumpir. Sus instrucciones fueron que leyera lentamente la cuarteta haciendo una pausa en cada línea. En caso de no entender alguna palabra, y hubo muchas, tenía que deletreárselas tanto en inglés como en francés. Muchas veces eran nombres propios o palabras que él usó como anagramas. Con frecuencia me pedía que volviera a leer la cuarteta. Entonces esperaba unos segundos para que la traducción empezara a llegar. Tenía que retener mis preguntas muchas veces porque no le gustaba que rompiera su línea de pensamiento. Al principio no sabía si lo ofendía con mis torpes esfuerzos, pero dijo que eso no era problema. Su vehemencia se debía a que trataba de abarcar mucho en un tiempo limitado.

Fue asombrosa la rapidez con que acepté este extraño proyecto. Qué fácilmente lo extraño se convierte en común. Muy pronto, conversar con Nostradamus con 400 años de distancia en el tiempo y el espacio, parecía tan normal como hablar por teléfono con un vecino.

Después de las primeras sesiones, las traducciones se hicieron mucho más detalladas. Al principio, sólo podía abarcar cuatro cuartetas en una sesión. Más tarde, cuando establecimos una pauta, podíamos manejar entre seis y ocho; a veces, hasta diez. Las primeras cuartetas que usé para este experimento fueron elegidas al azar. Escogí las que de un modo u otro me impresionaban. Me interesaban las más difíciles, aquéllas para las que los expertos nunca pudieron encontrar explicación. Esto convertía el proyecto en un verdadero reto. También elegí las que los traductores consideraban correspondientes a nuestro futuro. Después de terminar unas cien de éstas, me volví más sistemática y empecé por el principio del libro, procediendo más organizadamente. Para entonces, ya éramos tan expertos que examinamos hasta treinta cuartetas en una sesión de una hora.

Nunca he dudado que estaba realmente en contacto con el Nostradamus físico que vive en Francia en el siglo XVI porque sufre las limitaciones características de un cuerpo vivo. Sólo puede permanecer en contacto conmigo durante una hora más o menos, antes de volver a su cuerpo físico. Es obvio que hacia el final de la sesión está cansado y expresa la necesidad de irse. A veces se va repentinamente, sin previo aviso. En esas ocasiones, tengo la impresión de que se enfrasca tanto que accidentalmente sobrepasa su tiempo límite. O que algo puede haber ocurrido en su extremo de la conexión que le hace volver a su cuerpo.

Mencionó que si permanecía demasiado tiempo aparecían síntomas físicos, dolor de cabeza y mareo, que se mantenían el resto del día. Pero está dispuesto a sufrir estas inconveniencias si logra que el trabajo se realice. Puesto que no deseo causarle ninguna incomodidad, respeto sus condiciones. De todas formas no podría retenerlo ahí porque cuando se dispone a marcharse, simplemente se va. Sé que esto no ocurre porque mi sujeto, Brenda, se canse, ya que cuando Nostradamus vuelve a su cuerpo físico en su laboratorio, nosotras seguimos trabajando en otra cosa.

Una vez hecho el contacto inicial y siguiendo cuidadosamente las instrucciones, reunirnos con Nostradamus en nuestro lugar especial de encuentro resultó una tarea extraordinariamente simple. A partir de ahí empezamos un proyecto muy ambicioso, un proyecto para el que nunca me habría ofrecido voluntaria: la traducción de sus cuartetas a lenguaje moderno.

Elena tuvo dificultades para transmitir sus significados porque también contemplaba las profecías desde el punto de vista del siglo XVI, el de su estudiante, Dionisia. Las cosas que Nostradamus le mostraba eran misteriosas y aterradoras; con su limitada experiencia no podía encontrar palabras para describirlas con exactitud. Para poder transmitir los significados, tenía que recurrir a un crudo simbolismo. A Brenda no le fue tan difícil. No estaba implicada y vinculada a una vida como Dionisia. Hablaba desde el estado entre vidas en el que la perspectiva se amplía y se expande enormemente. Por lo tanto, podía reconocer y comprender cualquier visión o simbolismo que se le mostrara. Era capaz de proporcionar palabras modernas a cosas que carecían de nombre en el tiempo de Nostradamus. Tal vez fue así como pudimos encontrar el sentido de sus acertijos, y captar la verdadera profundidad y los maravillosos poderes de este hombre extraño y notable.

Empezaré con nuestros torpes primeros esfuerzos. Aunque experimentábamos e intentábamos encontrar un modelo y un procedimiento de trabajo, los resultados fueron auténticamente asombrosos.

Las dos primeras cuartetas que aparecen en el libro son relativamente fáciles de descifrar para cualquiera, pero las pondré al principio por la misma razón que Nostradamus empezó su libro con ellas.

CENTURIA I-1

Estant assis de nuict secret etude
Seul reposé sur la selle d'œrain;
Flambe exigue sortant de solitude
Fait prosperer qui n'est a croire vain.

Sentado en la noche, en secreto estudio; / está apoyado en el trípode de bronce. / Una leve llama sale del vacío y / hace prosperar aquello que no debe creerse en vano.

B.: Dice que no es más que una descripción de lo que hace en su laboratorio. La puso al principio como explicación del lugar donde recibió las cosas que escribía.

CENTURIA I-2

Le verge en main mise au milieus des BRANCHES.
De l'onde il moulle & le limbe & le pied:
Un peur & voix fremissant par les manches:
Splendeur divine. Le divine pres s'assied.

La vara en la mano está colocada en medio de las PATAS del trípode. / Con agua asperja la costura de su túnica y su pie. / Una voz, temor, tiembla en sus vestiduras. / Esplendor divino, el dios se sienta cerca.

B.: Repite lo mismo. La primera cuarteta explica sus instrumentos, y la segunda explica cómo inicia el proceso de abrirse a los otros mundos.

D.: *Los traductores afirman que Nostradamus tiene miedo del poder que invoca cuando viene a él. «Una voz, temor, tiembla en sus vestiduras». Pensaron que esto significaba que tenía miedo de las cosas que veía.*

B.: ¡Huy! No le gusta nada esa interpretación. Dice que temor no quiere decir miedo, sino respeto. Dice que siente un maravilloso temor reverente por lo que ve porque no entiende todo lo que ocurre. Pero no tiene miedo, sólo está lleno de respeto. Y sabe que tiene que trabajar con mucha cautela para asegurarse de no cometer un error.

CENTURIA III-92

Le monde proche du dernier periode,
Saturne encor tard sera de retour:

Translat empire devers nation Brodde,
L'oeil arraché à Narbon par Autour

El mundo está cerca de su período final, / Saturno llegará tarde de nuevo en su regreso. / El imperio cambiará hacia la nación Brodde; / Un ojo arrancado en Narbona por un azor.

B.: Está poniendo en orden los pensamientos y conceptos que ha de darme para que yo pueda expresarlos con claridad. Indica que como trabaja a través de una tercera persona, que soy yo, debe intentar minimizar cualquier fallo en la comunicación. (Pausa.) En esta cuarteta se está refiriendo a un tiempo en el que hay una guerra. Y el acontecimiento ocurre cerca del final de esta guerra, en las últimas etapas, cuando Saturno llega tarde de nuevo. Esa frase tiene un doble significado. Por un lado se refiere al acontecimiento astrológico de Saturno en retroceso, para ayudar a limitar el tiempo al que corresponde. También se refiere a parte de la tecnología de esta guerra. En esta guerra, como en todas las guerras, se hacen grandes avances en investigación científica, tanto en armamento como en otras cosas similares. En esta guerra, los científicos investigan el modo de desviar y modificar el tiempo para ayudar a cambiar algunos acontecimientos, alterar el curso de la guerra a su conveniencia. Y por ahora han vuelto a fracasar. Como resultado de este segundo fracaso, todo el complejo es destruido por una gran catástrofe. Ése es el ojo arrancado por un azor o milano. Porque manejan poderes que no saben controlar y éstos los destruyen. Los que no están allí suponen, por la gran destrucción, que los atacaron con cierto tipo de misil. Pero ocurrió que los vórtices de energía que pretendían manipular no estaban ajustados con la suficiente precisión para operar con ellos y se descontrolaron. Las palabras Narbona (se pronuncia Narbone) y Brodde (se pronuncia Broadda) se refieren a la nación y al lugar. Pero afirma haber captado que el Gobierno en cuestión es sumamente engañoso y pone falsos nombres a las cosas. Creo que lo que quiere decir son «códigos», y lo que percibió al ver esto eran nombres codificados. Le preguntaré si sabe dónde están estos lugares. Se concentra en ello para ver si puede decírmelo. (*Pausa larga.*) Dice que es difícil hacerlo porque, en esta cuarteta, la imagen que siempre le llegaba era el complejo de investigación donde lo hacían. Le parece que tiene que ver con Inglaterra y el norte de Europa. Narbona es el nombre de un lugar, la ciudad en cuyos alrededores ocurre: Por la forma en que habla, me parece que ambos nombres son anagramas. Le resulta difícil hacerme llegar el concepto de lugares específicos porque piensa en anagramas y los anagramas no me llegan como conceptos claros.

D.: *¿Tiene idea de cuándo ocurrirá esto?*

B.: Sigue estando en nuestro futuro pero las bases ya están puestas. Los científicos involucrados en proyectos secretos ya están trabajando en esa dirección, pero pasará un tiempo antes de que obtengan resultados. Algo puede aparecer en el término de nuestra vida pero no lo sabremos porque el Gobierno lo mantendrá en secreto.

D.: *En la traducción creen que Brodde es una antigua palabra francesa que significa negro o marrón oscuro. Dado que él usó esa palabra, creen que la cuarteta tiene que ver con las naciones africanas o la gente de color.*

B.: No es verdad. Ahora se ríe. Afirma que empleó a propósito esa palabra porque en sí se parece a la palabra que significa color oscuro, pero en realidad es un anagrama que oculta el nombre del lugar. No quiso ser demasiado específico porque no quería ponérselo tan fácil a la Inquisición y que los curiosos descubrieron de qué sitio hablaba.

D.: *Bueno, esto muestra la dificultad que han tenido para entender sus cuartetas. En todo caso, ya estamos en el comienzo.*

B.: Así es. Y los comienzos son siempre difíciles. Pero mientras trabajemos en equipo, nos iremos acostumbrando a nuestras formas de pensar y podremos trabajar mejor. Esta vez nos toca a ti y a mí luchar para comunicarnos porque hoy no percibo ninguna imagen visual como antes. No obstante, con mi concentración y con la suya, consigue transmitir la imagen de lo que intenta decir. Me envió el perfil de parte de un complejo de investigación donde ocurrirá esto.

D.: *¿Afectará al resto del mundo, o sólo a esa zona?*

B.: En lo que concierne a la catástrofe, estará muy localizada y en general allí tendrá algunos efectos secundarios en la dimensión del tiempo. Realmente, no puede describirla y tampoco puede decirnos cómo debemos prepararnos para ella porque es muy extraña. Pero ha dicho que en definitiva los efectos serán de largo alcance porque el Gobierno dependía de esa línea de investigación que le daría ventaja en esta guerra. Y parte de esa ventaja desaparecerá y terminará influyendo en el resultado de la guerra.

D.: *¿Sabe qué guerra será ésta?*

B.: La tercera, dice. La tercera guerra.

D.: *No sabía que tendríamos otra guerra. Espero que no.*

B.: Ha visto que tendremos varias guerras y confía en poder evitar algunas.

D.: *¿Puede ver qué países se implicarán?*

B.: El hemisferio norte y una parte del hemisferio sur. Intento descubrir qué parte del sur. Creo que quiere decir Australia porque lo que dice a continuación es que la parte implicada del hemisferio sur es una isla.

Era la primera vez que él mencionaba esta guerra. En los meses siguientes yo iba a descubrir mucho más de lo que deseaba saber al respecto. Esta información se presenta en los capítulos que hablan del terrible Anticristo.

CENTURIA II-62

Mabus puis tost alors mourra, viendra,
De gens & bestes une horrible defaite:
Puis tout à coup la vengeance on verra,
Cent, main, soif, faim, quand courra la comete.

Mabus pronto morirá y y vendrá / una terrible destrucción de gente y animales. / De pronto se revelará la venganza, / cien manos, hambre y sed, cuando pase el cometa.

Pidió que deletreara Mabus y luego corrigió mi pronunciación: Mei-bus.

B.: Dice que la muerte de un líder mundial, tal vez un líder religioso, coincidirá con la aparición de un gran cometa. Me parece que se refiere al Halley. Añade que el cometa será claramente visible en el país donde muere este líder mundial. Ese país está en Oriente

Próximo. La muerte del líder mundial en ese país de Oriente Próximo, y el paso del cometa provocarán una rebelión. Parte de la razón por la que esta rebelión se produce tan rápidamente es que en ese año también habrá considerables pérdidas de cosechas. Muchos padecerán hambre.

D.: *¿Ocurrirá esto en el año en que es visible el cometa?*

B.: Empezará en el año en que es visible el cometa, pero continuará durante 500 días, cien manos. Emplea ese simbolismo para indicar cuánto durará, y también para indicar que cien personas contribuirán a la rebelión de tal forma que estallará, se intensificará y extenderá tanto que llamará la atención del mundo.

Era una idea interesante que cien manos pudieran significar 500 días. Los cinco dedos de una mano multiplicados por cien. Asimismo, aún hoy usamos la palabra «mano» para referirnos a una persona, como «mano de obra». De ahí el doble significado. Era evidente que Nostradamus pensaba con mucha astucia. Discurrí que esta cuarteta podría referirse a la caída del presidente Marcos de Filipinas por la semejanza de su nombre con Mabus, y la referencia temporal sería la correcta. Pero Marcos no murió sino que fue derrocado.

Como el cometa Halley apareció en 1986 sin crear el espectacular despliegue que se esperaba, y en vista de que en ese año no había ocurrido nada que encajara con esta cuarteta, podría creerse que esta cuarteta no era exacta. Pero fue Brenda la que supuso que se trataba del Halley. Esta cuarteta podría referirse a un cometa no descubierto. Hay otras muchas posibilidades además del Halley.

ACTUALIZACIÓN: *La guerra del golfo Pérsico empezó a materializarse en agosto de 1990. Recibí cartas y llamadas de lectores de este libro. Habían observado que el anagrama Mabus se convertía en Sudam leyéndolo al revés en la imagen de un espejo. Resultó asombroso y encajaba perfectamente en el pensamiento de Nostradamus. Si Sadam Husein era el líder de Oriente Próximo al que se refería esta cuarteta, significaba que moriría. Durante toda la guerra, el presidente Bush insinuó que su propio pueblo se levantaría y lo asesinaría. Esto no ocurrió, pero la cuarteta también contenía el número de 500 días. ¿Había alguna relación? También se sugirió que el cometa que pasaba podría ser una referencia a los misiles empleados durante la guerra. Sin lugar a dudas, cuando surcaban el cielo nocturno parecían cometas.*

CENTURIA II-65

Le pare enclin grande calamité.
Par l'Hesperie & Insubre fera:
Le feu en nef peste et captivité,
Mercure en l'Are Saturne fenera.

En la endeble palestra, gran calamidad / por América y Lombardía. / Fuego en la nave, plaga y cautividad, / Mercurio en Sagitario, advertencia de Saturno.

B.: Dice que la primera línea se refiere a la incompetencia de los líderes implicados. Están ahí por prestigio familiar. Dice que en unos acuerdos de colaboración entre América y Francia ... le cuesta describirlo. Creo que intenta describir una lanzadera espacial.

D.: *¿Ah? ¿Qué aspecto tiene la imagen?*

B.: No ofrece una imagen de ella. Sólo intenta describir el concepto de su funcionamiento. Dice que es una nave pero de las que viajan por el mar. Yo pregunto: «¿Luego es un avión, una nave que va por el cielo?». Contesta que no en el aire, sino por y sobre éste. Así como vuela una aeronave por encima del océano y de barcos regulares, así vuela ésta sobre la aeronave. Dice que habrá una calamidad. Esta nave transportará a algunos científicos que realizan experimentos biológicos para ver su efecto más allá de la influencia de la gravedad. Ocurrirá un accidente, un fallo que hará que la nave dé volteretas y caiga de nuevo en la atmósfera y al entrar en ella estallará en llamas. No obstante, algunos de los frascos y redomas usadas en los experimentos biológicos contienen organismos tan resistentes que sobrevivirán a la caída. Después de estar expuestos al cosmos serán diferentes a lo que eran antes. Y potencialmente estos organismos pueden provocar plagas. La indicación astrológica en la última línea es como un horóscopo de la fecha.

Mercurio y Sagitario son fáciles de observar. Sólo tienes que contemplar el cielo nocturno provisto de un --lo llama «ojo de larga vista»-- creo que se refiere al telescopio. En cuanto a la advertencia de Saturno, sugiere que un trazador de horóscopos haga un horóscopo cuando Mercurio está en Sagitario y Saturno en una casa desfavorable tanto para América como para Francia. Será entonces. Creo que intenta decir que Saturno estará en ... con relación a Mercurio, el ángulo tendrá un significado malo.

D.: *Será un acuerdo de colaboración entre América y Francia. El traductor dijo que al interpretar estos signos astrológicos como una conjunción, esta cuarteta ocurriría en el año 2044. ¿Sabes de qué conjunción se trata?*

B.: Sí, te la acaba de describir. Y que el desastre entristecerá tanto a estos países como a otras naciones solidarias, y trabajarán juntas para investigar lo ocurrido.

Ésta era la primera indicación de que necesitaría a un astrólogo o «trazador de horóscopos» para ayudar en las traducciones. ¿Pero dónde encontraría a alguien lo suficientemente hábil para hacerlo, y que además fuera receptivo y conocedor de los conceptos metafísicos?

Una vez más entrarían en juego extrañas circunstancias. La semana siguiente, uno de los miembros de nuestro grupo metafísico trajo a la reunión a un joven que nunca antes había venido. Resultó ser un astrólogo profesional a quien también le interesaban las cuartetas de Nostradamus. Cuando se enteró de lo que yo hacía, se mostró ansioso por colaborar conmigo. ¿Coincidencia? Más tarde comentó: «Sabía que había alguna razón para acudir a esa reunión aquella noche». Debido a otras circunstancias nunca volvió a las reuniones. Parecía estar destinado a acudir allí aquella noche para que pudiéramos hacer la conexión.

Al principio le llevaba las interpretaciones para que las examinara. Pero después quiso estar presente en las sesiones para hacer personalmente algunas preguntas a Nostradamus.

En esas ocasiones yo procuraba que se concentrara sólo en las cuartetas que contenían referencias astrológicas. Esto resultó engañoso porque muchas veces lo que parecía una cuarteta astrológica se refería en realidad a otra cosa distinta.

John Feeley estudió con la famosa astróloga lsabelle Hickey, y ha estado realizando horóscopos desde 1969. Ha sido sumamente valioso en la comprensión de estos conceptos astrológicos que a Brenda y a mí nos eran ajenos. Oportunamente, incluiré sus hallazgos en la traducción de las cuartetas. Él ha aportado mucha perspicacia en las fechas y los factores temporales.

CENTURIA II-91

Soleil levant un grand feu l'on verra,
Bruit & clarté vers Aquilon tendants:
Dedans le rond mort & cris l'on orra,
Par glaive, feu, faim, mort las attendants.

Al amanecer, se verá un gran fuego, / el ruido y la luz se extienden hacia el norte. / Dentro del globo se oyen muerte y gritos, / les espera muerte por armas, fuego y hambre.

B.: Dice que ésta tiene un doble significado, una doble fecha. Una de ellas ya ha pasado y la otra aún está por llegar. Señala que el primer acontecimiento mencionado es el desastre de Tunguska a comienzos del siglo xx.

Me quedé perpleja. Hablaba de la terrible explosión de origen desconocido ocurrida en Siberia a principios del siglo xx. Arrasó el bosque en un radio de más de cincuenta kilómetros y mató la mayor parte de la vida silvestre puesto que la zona estaba escasamente habitada en ese tiempo; contaminó la tierra con radiactividad y la inutilizó. Hay muchas teorías para explicar esto. La más común es que un meteorito cayó en ese sitio. Pero ¿y la radiactividad? Los científicos rusos ofrecen ahora la hipótesis de que allí pudo haberse estrellado una nave espacial.

¿Podría Nostradamus indicarnos la verdadera causa? Su siguiente afirmación me dejó aún más perpleja.

B.: Dice que el otro acontecimiento al que se refiere esta cuarteta es un suceso parecido. Lo dice porque un grupo que él llama los «Otros» -y tengo la sensación de que lo dice con mayúscula- intentaban contactarnos. Y cuando entran en la atmósfera de la tierra, tratan de hacerlo en una órbita circumpolar. Pero los soviéticos han hecho algunos experimentos de armas secretas y en esa zona norte tienen campos energéticos que vigilan los corredores de aproximación. Cuando la nave entra en esos corredores, se producen fallos tan graves que ocasionan la muerte de gran parte de la tripulación. Y donde se estrellan hay soldados alertas para capturarlos o matarlos y hacerlos desaparecer. Pero la nave contiene organismos microscópicos que reaccionan de forma extraña en el clima de la tierra y dan origen a plagas desconocidas. Plagas incomprensibles porque los científicos desconocen el organismo que las produce.

La mención de los «Otros» realmente me sobrecogió. Me asombró que usara ese término. Durante mis sesiones, he oído muchas veces el término los Otros y los Vigías. Suele referirse a seres del espacio exterior. Inmediatamente supuse que Nostradamus también usaba la palabra en ese contexto.

D.: *Supongo que no tenían intención de matarlos; que les interesaría estudiarlos.*

B.: Dice que el país en el que se estrellan estará en guerra, o a punto de entrar en una guerra. Su predisposición mental será la del tiempo de guerra, de modo que cualquier cosa que venga del exterior es un enemigo y representa un daño potencial. En vez de ser curiosos, son ... dice que nuestra palabra «paranoicos» encajaría. Sospechan de un nuevo tipo de arma de su supuesto «enemigo», así que matan a estos seres. Aparentemente, un soldado tiene el dedo nervioso en el gatillo y con un arma de cierto tipo --creo que transmite el concepto de un arma de fuego-- empezará a disparar a todo lo que ve.

D.: *Se me ocurre que querrían estudiarlos. Nuestro país lo haría, al menos es lo que me atrevería a esperar.*

B.: Nunca des nada por hecho porque nadie sabe lo que va a ocurrir en la guerra.

Sin decirlo directamente, parecía insinuar que ambos incidentes (el de Tunguska y éste) tenían que ver con la colisión de una nave espacial.

Lo que me preocupaba era que mencionara microbios y gérmenes en dos cuartetas diferentes. Sabía que en el tiempo de Nostradamus los médicos no conocían la existencia de bacterias ni de gérmenes. En este tema eran muy ignorantes y realmente no sabían la causa de muchas enfermedades de aquel tiempo. Comúnmente se creía que todas las formas inferiores de vida se creaban por generación espontánea, y los médicos no escatimaban esfuerzos para demostrarlo. Era una creencia extraña, que todas las formas inferiores de vida, desde ratones y ratas hasta ranas, sapos, gusanos e insectos, no tuvieran progenitores. Los creaban espontáneamente los rayos del sol en el fango, el cieno, el agua estancada o la materia en descomposición de la que parecían emerger. Así que me preguntaba cómo podía saber Nostradamus algo que quizá nunca había visto. Pregunté si había usado esos términos «microbios y gérmenes» o si Brenda lo había interpretado así de lo que se le mostraba.

B.: En su tiempo, lo normal es que se acepte que esas cosas no existen. Pero primero recibió una vaga noción de que pueden existir por la lectura de escritos de algunos filósofos griegos. Especulaban sobre el hecho de que tales cosas podrían existir. Incluso como formas de vida pueden hacerse más y más grandes: seres humanos, animales, plantas, el planeta... en el espacio, el éter y cosas parecidas. Que por qué no podría ocurrir lo contrario y que las cosas se hicieran cada vez más pequeñas. De este modo afirma que los griegos creían en la existencia de partículas muy pequeñas llamadas «átomos». ¿Y por qué no podrían llamarse «átomos» estos pequeños animales y similares y comportarse como algunas plantas? Algunas plantas actúan como veneno. Bueno, teorizaba, ¿por qué no podrían algunos animales también actuar de este modo? Y este tipo de especulaciones le ayudaba a entender lo que veía cada vez que contemplaba estas cosas del futuro. Ha descubierto que yo entendía estos conceptos y que en mi lenguaje hay nombres para estos conceptos. Así que me dio luz verde para denominarlos microbios y gérmenes. En su propia comprensión tiene diferentes palabras. A veces los llama «átomos», como harían los griegos. Y a veces llama «diminutos» y «animalitos» a los que hacen esto. En realidad, dice que no sabe qué son. De modo que cuando no está en trance, el pensar en esas cosas es sólo un ejercicio teórico o mental, una distracción de la mente. Y cuando ve que en las generaciones futuras la existencia de esas cosas es generalmente reconocida, tiene la misma sensación que cuando encajan las piezas de un rompecabezas.

D.: *Me sorprende mucho que los griegos tuviesen conocimiento de estas cosas. Creo que en nuestro tiempo no creemos que fueran tan inteligentes.*

B.: Algunas personas de tu tiempo están al tanto de que los griegos sabían estas cosas. En general no se les reconoce que tuvieran conocimiento de muchas cosas porque en la antigua Grecia había varias escuelas de pensamiento. Y algunas de ellas no eran populares. Las que lo eran, en especial entre los romanos, son las escuelas de pensamiento que consiguieron subsistir a lo largo de los siglos, y éstas no incluían conceptos como el átomo y cosas parecidas, aunque existen registros escritos de esas escuelas de pensamiento.

D.: *Comúnmente se cree que ignoraban su existencia porque no podían verlas.*

B.: Se ríe con cierta sorna. Dice que si los científicos de tu tiempo piensan así es que son muy estrechos de miras y bastante estúpidos. Dice que los griegos, por encima de todo eran pensadores. Siempre estaban pensando y calculando cosas. No necesitaban ver algo para llegar lógicamente a la conclusión de su existencia.

Otra cosa que me intrigó fue la mención de los Otros. Le dije que conocía el término pero quería que me dijera qué sabía él de ellos.

B.: No sabe mucho. Sólo lo que ha visto en sus visiones y lo que por lógica ha podido conjeturar. Dice que tienen diversas creencias heréticas. Que si expresara de viva voz la mitad de ellas lo quemarían en la hoguera. Se pone nervioso en este punto. Dice que una cosa es cierta, la tierra no es plana; es redonda.

D.: *Y está en lo cierto.*

B.: Bueno, con cierta arrogancia dice: «Lo sé». (Risas.) Y otra cosa, afirma que cualquiera que posea un poco de conocimiento, cualquiera que tenga ojos para ver, sabe que la tierra no es el centro del universo. Y duda mucho que también el sol esté en el centro del universo. El sol no es más que el centro de esta parte del universo. Que si Dios es un Dios infinito e infinitamente poderoso, nadie tiene autoridad suficiente para decir que somos las únicas creaciones de Dios. Piensa que si Dios es un Dios infinito, debe de haber creaciones infinitas de Dios. En sus visiones, ha visto cosas que el único modo de explicarlas es admitir que son otras de las muchas creaciones divinas: otros seres humanos, animales y seres de otras partes del universo. Dice que los sacerdotes considerarían heréticas estas cosas, pero él personalmente considera que los sacerdotes son herejes puesto que intentan limitar a Dios. Y la Biblia dice muy llanamente que para Dios no hay límites.

D.: *Bueno, estoy de acuerdo con él. Se hace las mismas preguntas que hoy día nos seguimos haciendo, sólo que ahora somos un poco más receptivos para buscar respuestas.*

B.: Supone que habrá algunos no tan receptivos. En la sociedad siempre habrá un segmento que hace de la estrechez de miras una costumbre permanente.

Cuando despertó, le pregunté a Brenda si conocía el término «los Otros». Respondió que podía significar muchas cosas, pero no lo relacionaba especialmente con nada que se destacara en su mente. Cuando le dije lo que significaba para mí, ella dijo que no se le había ocurrido considerarlo en ese contexto.

B.: El hombre tiene buen sentido del humor cuando no se exalta. ¡Huy! Me acaba de reprender por mi impertinencia.

D.: (Risas.) *Vaya, no hay nada malo en tener sentido del humor. Alivia la tensión.*

B.: Ah, no me reñía por eso. Me llamó impertinente por lo que dije de él cuando no está exaltado.

Él asegura que habrá sesiones futuras. Lo ha visto. Dice que las cosas volverán a estabilizarse en sus pautas. Y seguiremos avanzando en esa línea durante un tiempo con algunos cambios esporádicos. Pero dando forma poco a poco a nuestras vidas en las distintas direcciones que emprendan.

D.: *En todo caso, me propongo traducir la totalidad de las cuartetas.*

B.: Manifiesta que se alegrará si nuestros senderos toman esa dirección porque ése es su deseo. Tiene la certeza de que lograremos traducir las más importantes. Que para nosotros lo importante es concentrarnos en las cuartetas y en la información que contienen, y no en la diversidad de información periférica. Se da cuenta de que la forma en que se estableció la comunicación puede parecerte asombrosa, pero para él carece de importancia. Lo esencial es hacer que la gente tenga acceso a la información contenida en estas cuartetas.

Él está muy empeñado en el trabajo y en su objetivo. Sólo se concentra en conseguir que se haga y se olvida de tus inseguridades al respecto. Es como un artista en plena realización de un cuadro. Se concentra en el final del esfuerzo, en el esfuerzo en sí y en llevarlo a buen fin. Y no le molesta lo que considera bagatelas que surgen en el camino. Se concentra exclusivamente en la meta.

Michel de Notredame se da cuenta de que para ti eso es a veces frustrante por los obstáculos que surgen en el camino. Pero al marcharse, en su mente estaba el pensamiento de que cuanto más se lucha por realizar algo, más se demora esa realización.

Imaginemos un rompecabezas de varios cientos de piezas. A este dilema me enfrentaba cuando trataba de organizar las cuartetas en una especie de orden lógico. Era posible pero resultaba difícil. Sobre todo, cuando de pronto aparece una pieza que se resiste a encajar en alguna parte. Decidí fiarme de cualquier fecha y tema que apareciera. Después de mucho barajar y reorganizar, decidí el siguiente orden. Es sorprendente y casi increíble que cuando se combinan las cuartetas tienen sentido y forman una historia continua. No aparecen contradicciones, como si Nostradamus las tuviera en cierto orden antes de barajarlas y mezclarlas definitivamente. Cuando recordamos que se interpretaron de una forma tan atropellada, parece absolutamente impensable que se diera esta continuidad.

10
Cuartetas que se refieren al pasado

Brenda: Está a punto de llegar. Tú no ves lo que yo veo, así que no sabes cómo es. Es como ver a alguien que surge de la niebla. Una vez que empiezas a verlo, en cierto sentido está allí. Pero cuando aparece saliendo de la niebla están despejando la conexión. Así que ya está aquí; sólo que aún no aparece.

Dolores: *¿Entonces cuando lo veas con mayor claridad o esté más cerca sabrás que está ahí?*

B.: Más claro. Aquí no existen distancias porque en este plano interviene una serie de dimensiones diferentes. Pensé que esa descripción te interesaría. A veces me olvido de que no puedes verlo, cuando para mí aparece tan sencillamente. Y ya está aquí. Dice que mientras seleccionabas las cuartetas que te atraían, supo que entre ellas habría algunas del pasado. Eran necesarias para que dieran perspectiva a las que aún no han ocurrido. Para que los que lo lean empiecen a entender su forma de pensar y se convenzan de los acontecimientos que aún no han ocurrido.

D: *No hay forma de saber si se relacionan con el pasado.*

B.: Eso no importa. Porque si das con una que ya ha ocurrido te ayudará a verificar la exactitud de las traducciones e interpretaciones de otras más. También sirve como ejemplo de la manera en que él da a entender que sus cuartetas pueden referirse a más de una cosa. Porque si es una cuarteta que ya se ha realizado, la gente puede hacerse una idea más completa de lo ocurrido en ambos acontecimientos y pue- de ver la forma en que la misma cuarteta sirve para ambos.

A medida que traducíamos cada vez más cuartetas, vi que tenía que empezar a decidir cuáles debía incluir en este libro. Estaba convencida de que, si queríamos publicarlas todas, tendría que haber otros volúmenes, ya que uno solo nunca podría contenerlas. Nostradamus me aconsejó sobre esto y sugirió que omitiésemos las que se relacionaban con el pasado lejano y nos centráramos en las que describen acontecimientos de los últimos cien años, más o menos. Él quería sobre todo que me centrara en las correspondientes a sucesos que sobrevendrían en los próximos veinte años. Estas últimas le parecían vitales y el elemento más importante de este proyecto. Descubrí que las que se relacionaban con el pasado eran interesantes y que también lo serían para los lectores, pero admito que tal vez él tenía razón. Sugirió que se incluyeran más tarde en un libro reservado a los históricamente curiosos.

No quiero que el lector llegue a la errónea conclusión de que todas las cuartetas traducidas por Nostradamus durante este experimento sólo tenían que ver con los tiempos modernos. Sería un grave error. Las que decidí omitir se relacionaban con la Revolución Francesa, Napoleón, el destino de diversas dinastías reales europeas, la Guerra Civil española, la Primera Guerra Mundial, etcétera. Nostradamus también sentía predilección por vaticinar tendencias en religiones y filosofías. Sabía que esto también ejercería una profunda influencia en el futuro del mundo. Decidí omitir muchas de éstas puesto que hablaban de culturas del pasado.

En este capítulo sólo incluiré algunas cuartetas que corresponden al pasado para mostrar la línea de pensamiento de Nostradamus. El resto irá a parar algún día a otro libro en el que habrá más espacio para analizarlas y observar su sorprendente exactitud. Creo que las que decidí incluir en este libro demostrarán sobradamente que Nostradamus empleó a fondo un complejo simbolismo.

CENTURIA I-25

Perdu trouvé, caché de si long siecle,
Sera Pasteur demi Dieu honoré:
Ains que la lune acheve son grand siecle,
Par autres vents sera deshonoré.

Lo perdido se descubre, oculto durante siglos. / A Pasteur le honrarán como a un semidiós. / Esto será cuando la luna llene su gran ciclo, / pero por otros rumores le vilipendiarán.

D.: *Es curioso que emplee ese nombre, Pasteur.*

B.: Dice que el nombre se refiere a la persona en la que estás pensando. Los secretos farmacológicos que descubrió Pasteur son simplemente redescubrimientos de cosas que ya se conocían con anterioridad pero que se perdieron durante la gran edad oscura. Dice que algunas de las cosas que Pasteur hace ... hizo ... se confunde con sus tiempos verbales.

D.: (Risas.) *Porque está en su futuro y en nuestro pasado.*

B.: Sí. Dice que algunas de las cosas que hace Pasteur quedarán posteriormente invalidadas por prácticas mejores. Y se sabrá que el modo en que las hizo no fue el mejor. Es lo que significa ser vilipendiado, porque se descubrirán mejores métodos para hacer lo que Pasteur descubrió.

D.: *¿Es lo que significa «cuando la luna llene su gran ciclo»?*

B.: No. Dice que la luna tiene muchos ciclos que los científicos como conjunto parecen desconocer. Si los científicos fueran plenamente conscientes de los ciclos de la luna no les desconcertaría el propósito y la construcción de estructuras como Stonehenge. Al menos, el gran ciclo de la luna abarcaba el tiempo desde la caída de la civilización de la Atlántida hasta la gradual recuperación de la civilización y el redescubrimiento del conocimiento perdido en siglos anteriores.

D.: *De modo que significa eso. Pasteur sólo estaba redescubriendo cosas que ya se conocían en el tiempo de la Atlántida. Y «por otros rumores le vilipendiarán» significa que encontrarán otros métodos para hacer estas cosas. Los traductores relacionaron esta cuarteta con Pasteur porque Nostradamus usó ese nombre. No hay muchas en las que mencione el verdadero nombre de alguien.*

B.: Una persona en particular destaca a veces. Dice que si no fuera por el trabajo de Pasteur, la medicina moderna tal como la conoces no existiría.

Durante los meses que trabajamos, tradujimos varias cuartetas relacionadas con la Segunda Guerra Mundial. Nostradamus hizo comentarios acerca de las figuras principales involucradas en ese conflicto. Curiosamente, al referirse al presidente Franklin Roosevelt describió una figura bastante distinta de la que vimos los que vivíamos en ese tiempo. Siempre lo consideré un gran hombre que nos había conducido durante la guerra. Nostradamus se refirió a él como alguien capaz de manipular sus poderes presidenciales hasta ser casi un rey (CENTURIA VIII-74). De hecho permaneció en funciones mucho más tiempo que cualquier otro presidente, y se rumoreaba en aquel entonces que podría llegar a ser casi un rey. Fue en esa época cuando el Congreso puso límites al número de años que un presidente podía estar en funciones. También se refirió a las manipulaciones de Roosevelt para meternos en la guerra. En la CENTURIA I-23, el leopardo representa a Inglaterra y el jabalí a los nazis porque eran una panda de codiciosos. A América se refiere como el águila que vuela en torno al sol, para indicar que *supuestamente* éramos neutrales. Esta cuarteta menciona un tiempo: «el tercer mes al amanecer». No es un dato astrológico sino que se refiere al momento en el que Inglaterra empezó a sentirse amenazada por Alemania e intentó comprometer a Estados Unidos en la guerra. Señala que Roosevelt tenía que encontrar la manera de entrar en la guerra con el apoyo del pueblo. La investigación demuestra que esto es exacto. En *marzo* de 1941, Roosevelt le ofreció a Inglaterra toda la ayuda «en caso de guerra». Sus más poderosos oponentes le acusaron de preparar a la nación para una declaración de guerra. La razón para implicarnos era impulsar la economía. En la CENTURIA I-84, se describe a Roosevelt como el grande que se oculta en las sombras sosteniendo un cuchillo en la herida sangrante. El significado es que lo hizo todo para provocar a Japón. En esta cuarteta a Inglaterra la menciona como a su hermana. Hay otros ejemplos más en los que Nostradamus se refiere a Inglaterra como nuestra hermana. Hay otra alusión a Roosevelt en la CENTURIA II-9 como el hombre delgado que gobierna pacíficamente durante nueve años antes de promover una sed de sangre. Fue elegido en 1932 y entramos en la guerra en diciembre de 1941. Aunque estos nueve años incluían la era de la Depresión, fueron relativamente pacíficos. Había otras varias cuartetas, pero éstas bastan para mostrar cómo veía Nostradamus a Roosevelt y la participación de nuestro país en la Segunda Guerra Mundial.

CENTURIA III-75

Pau, Verone, Vicence, Sarragousse,
De glaives loings terroirs de sang humides.
Peste si granee viendra à la grand gousse,
Proche secours, & bien loing les remedes.

Pau, Verona, Vicenza, Sarragousse, / espadas chorreando sangre de tierras lejanas. / Una inmensa plaga vendrá con la gran vaina, / alivio al alcance, pero los remedios lejanos.

B.: Esta cuarteta se refiere a la Primera y a la Segunda Guerra Mundial. Los nombres de los lugares mencionados al principio se refieren a sitios que desempeñaron un papel clave en la Primera Guerra Mundial. La política europea se había enmarañado tanto que dio origen a las dos guerras mundiales. Afirma que si no hubiese ocurrido la Primera Guerra Mundial, tampoco habría ocurrido la Segunda. La plaga extendida por la gran vaina son las bombas atómicas lanzadas sobre Japón. Se recibió algo de ayuda médica para las víctimas, pero el remedio lo tenía que proporcionar Estados Unidos que estaba muy lejos.

D.: *Esto lo interpretaron como algo que ocurriría en el futuro. Creían que hablaba de armamento químico, gas o algo parecido.*

B.: Puede ver de donde sacan ese aspecto de la interpretación por el gas empleado como arma en la Primera Guerra Mundial. También aludía a eso. Hablaba de ambos acontecimientos, las dos guerras mundiales, aunque la segunda fue la más calamitosa de las dos.

Ahora podía constatar que esta cuarteta era un perfecto ejemplo de que sus profecías tenían un doble significado. De la historia que se repite al referirse a la vez al armamento químico como plaga y también a la plaga de la radiactividad.

En esta cuarteta, los nombres de lugares tenían importancia, pero a menudo cuando Nostradamus usaba nombres de ciudades, se refería a un país. Las cuartetas han sido continuamente malinterpretadas porque los traductores solían pensar que se refería a un acontecimiento que ocurriría en determinada ciudad cuando de hecho usaba esos nombres como simbolismo de un país.

La siguiente también hace referencia a la bomba atómica.

CENTURIA V-8

Sera laissé le feu vif, mort caché,
Dedans les globes horrible espouvantable,
De nuict à classe cité en poudre lasché,
La cite à feu, l'ennemi favorable.

Se dejará caer fuego vivo y muerte oculta, / pavorosa dentro de horrendos globos. / De noche la flota reducirá la ciudad a escombros, / la ciudad incendiada, a favor del enemigo.

B.: Fuego vivo dentro de horrendos globos se refiere a la radiación de las bombas atómicas que cayeron sobre Japón. Que ardió como fuego pero la gente no moría al instante como ocurriría con un fuego normal, y tendría que experimentar la agonía antes de morir. La flota se refiere a los aviones alemanes que sobrevuelan y bombardean Londres, reduciéndola a escombros. Los horrendos globos eran bombas incendiarias. Querían alumbrarse para poder encontrar sus blancos. De modo que para ver mejor los objetivos de sus bombas destructivas lanzaban globos con líquidos explosivos que se incendiaban al contacto con el aire.

D.: *Tiene sentido porque durante la Segunda Guerra Mundial lo normal eran los oscurecimientos.*

Había muchas cuartetas que hablaban de Hitler. Muchas de ellas podían traducirse con exactitud, sobre todo cuando Nostradamus empleaba el anagrama «Hister» para referirse a Hitler. Incluiré una que no era tan evidente.

CENTURIA III-36

Enseveli non mort apopletique,
Sera trouvé avoir les mains mangees:
Quand la cité damnera l'heretique,
Qu 'avoit leurs loix se leur sembloit changees.

Quemado, apopléjico, pero no muerto, / lo encontrarán con las manos roídas; / cuando la ciudad condene al hereje / que según ellos cambió sus leyes.

B.: Se refiere al suicidio y muerte de Hitler y el posterior descubrimiento de sus restos en el búnker. Las manos roídas simbolizan la desintegración de lo que en un tiempo fue su gran poder y el largo alcance que antes tuvo. Los aliados iban devorando, por así decirlo, sus fronteras.

D.: *Apopléjico significa normalmente una persona que está en coma o algo parecido, ¿no es así?*

B.: Es un enfermo con los ojos desorbitados por la rabia, alguien que sufre un accidente cerebral por la hipertensión arterial ocasionada por un estallido de cólera. Dice que este hombre [Hitler] no podía controlar sus pasiones, y se dejaba llevar por ellas. Solía empezar a hablar de un tema que le irritaba y dejaba que sus emociones le arrastraran hasta el punto de sufrir un colapso nervioso.

D.: *De modo que así le veía Nostradamus. Creo que se ha dicho que Hitler era emocionalmente muy inestable. ¿Qué significa la segunda parte: «cuando la ciudad condene al hereje que según ellos cambió sus leyes»? ¿También se refiere a Hitler?*

B.: Sin lugar a dudas. Pensó que era tan obvio que no se molestó en darte la explicación. La ciudad siempre decía «Heil Hitler», lo imitaban y expresaban que era perfecto y todo eso. Pero después de su muerte, se dieron prisa en condenarlo puesto que él había cambiado el modo de hacer las cosas de una democracia a una dictadura.

D.: *Siempre se especuló mucho sobre si Hitler murió de verdad en ese búnker. Surgió el rumor de que tal vez huyó y otro había muerto en su lugar.*

B.: Allí murió realmente. Los peces gordos del Partido Nazi que sobrevivieron y escaparon a Sudamérica y otros lugares hicieron circular ese rumor para poder conservar el control de lo que quedaba del Partido Nazi. Y también para que los seguidores que quedaban tuvieran la esperanza de que volverían a subir al poder y la gloria.

CENTURIA IV-95

La regne à deux laissé bien peu tiendront,
Trois and sept mois passés feront la guerre.
Les deux vestales contre eux rebelleront,
Victor puis nay en Armorique terre.

El gobierno dejado a dos, lo mantendrán por poco tiempo. / Tres años y siete meses después harán la guerra. / Las dos vestales se rebelarán contra ellos; / el vencedor nacerá en suelo americano.

D.: *Los traductores no entienden la palabra «vestales». Creen que es una alteración de otra palabra.*

B.: Dice que esta cuarteta tiene múltiples significados pero todos aluden a la misma serie de acontecimientos relacionados con la Segunda Guerra Mundial. El gobierno dejado a dos significa los dos dictadores principales que intentaban conquistar el mundo: el líder del imperio alemán y el del imperio japonés. Entre estos dos intentaban tomar el control del mundo. Hitler trataba de ocupar Rusia y Europa, y, finalmente, se proponía controlar Estados Unidos. Los japoneses invadían Mongolia, Siberia, China, India, Australia y esa parte del mundo. Su plan era ayudar a controlar Estados Unidos desde la otra costa, para obligar a los pueblos del hemisferio occidental a combatir en dos frentes. No obstante, en Estados Unidos, mientras tanto, ya estaban preparando al vencedor, el elemento que debía decidir qué lado de este conflicto ganaría. Este elemento era la bomba atómica. Había dos científicos importantes cuyos cerebros calcularon los datos teóricos necesarios para crear la bomba. En esta cuarteta Nostradamus puso fecha a este conflicto. El elemento tiempo mencionado habla del momento en el que los norteamericanos se implicaron en la Segunda Guerra Mundial. Habla de tres años y siete meses después, que es cuando los norteamericanos, junto con el vencedor, ponen fin a la guerra dejando caer la bomba.

D.: *Los traductores dicen que «después de haber pasado tres años y siete meses, ellos irán a la guerra» representa el momento en que alguien empezará una guerra.*

B.: Esa interpretación es errónea. Él sabe de qué habla. Tres años y siete meses más tarde es cuando el vencedor va a la guerra. Es cuando la *bomba* entra en la guerra y cambia definitivamente el concepto de violencia. Tres años y siete meses después es cuando dejan caer la primera bomba. Y la bomba es metafóricamente representada como un caballero vencedor que va a la batalla a favor de los aliados. Este campeón, la bomba, va por primera vez a la guerra tres años y siete meses después. Y este peculiar caballero, digamos, estaría presente a partir de ese momento y para siempre, influyendo en la política bélica y en el aspecto de la batalla. Porque tras el fin de la Segunda Guerra Mundial, los efectos de la bomba aún se sentían por todas partes por la Guerra Fría y porque las cosas seguían siendo tensas. Por lo tanto, el mundo no recuperó la paz que había existido antes. Porque ahí seguía la amenaza de guerra por este caballero que simboliza la bomba.

D.: *¿Las «dos vestales que se rebelarán contra ellos» son los dos científicos?*

B.: Sí. Estos dos científicos no sólo se rebelaron contra los dictadores que pretendían controlar el mundo, sino también contra el pensamiento convencional de aquel tiempo. Sostenía que los científicos se imaginaban el mundo de un modo que nada tenía que ver con la vida real. Consiguieron abrirse paso a través de los convencionalismos y promover las diversas teorías y mecanizaciones del poder nuclear.

Esto explica que usara la palabra «vestales» para representar a los científicos. Descubrí que según la mitología romana, Vesta era la diosa del hogar y el fuego del hogar. En la antigua Roma, había seis vírgenes vestales que cuidaban del fuego sagrado de su templo. Éste es otro notable ejemplo de la astucia con que Nostradamus empleaba palabras y mitología para crear dentro del rompecabezas la imagen que se proponía. Los científicos podían compararse a las vestales puesto que cuidaban de un fuego sagrado cuando inventaron la bomba.

La bomba también podría considerarse una virgen vestal en ese tiempo puesto que su éxito nunca pudo demostrarse.

D.: *Los traductores dicen que las dos potencias serán Estados Unidos y Rusia e irán a la guerra en un futuro.*

B.: Estados Unidos y Rusia estarán en guerra en el futuro, pero esta cuarteta no se refiere a eso.

CENTURIA II-89

Un jour seront demis les deux grand maistres,
Leur grand pouvoir se verra augmenté:
Le terre neufue sera en ses hauts estres,
Au sanguinaire le nombre recompté.

Un día los dos grandes líderes serán amigos; / Su gran poder irá en aumento. / La nueva tierra estará a la altura de su poder, / se informa del número al sanguinario.

B.: Esto se refiere a los contactos diplomáticos establecidos por tu presidente Nixon con la China comunista. Dice que son los dos hombres de poder. Y en ese tiempo la nueva tierra --es decir, Estados U nidos-- estaba en la cumbre de su poder militar. Desde el punto de vista económico y monetario, el dólar estadounidense todavía era muy fuerte en el mercado internacional. Dice que el informe del número al sanguinario se refiere a las bajas en la Guerra de Vietnam comunicadas al presidente Nixon. En especial las cifras definitivas que se le proporcionaron después de que Estados U nidos se retirara de ese conflicto.

D.: *¿Es decir que se le llama el sanguinario porque pensaron que era el máximo responsable?*

B.: No fue el máximo responsable. Eso recae directamente en el presidente anterior, el presidente Johnson. Pero le llaman el sanguinario porque fue Comandante en Jefe durante los años más sangrientos de esa guerra, aun cuando logró ponerle un fin oficialmente reconocido a la implicación norteamericana en ese conflicto.

D.: *Oficialmente reconocido. ¿Quieres decir que realmente no ha terminado?*

B.: No sólo eso, sino que existen organizaciones secretas controladas por los estadounidenses que siguen estando implicadas. Nunca han *dejado* de estarlo.

D.: *Aún continúa una especie de guerra silenciosa, por así decirlo. ¿Es correcto?*

B.: Sí. Por eso se siguen produciendo ahí descubrimientos esporádicos de prisioneros estadounidenses. A pesar de la supuesta retirada oficial de Estados Unidos y del desconocimiento del público norteamericano de las organizaciones secretas que siguen implicadas, los de allí *conocen* estas organizaciones. Y *saben* que son estadounidenses. Así que siguen considerando implicados a los estadounidenses y por consiguiente les parece justo y conveniente retenerlos como pns10neros.

D.: *¿Por qué siguen ahí estas organizaciones secretas?*

B.: La razón tiene que ver con las imaginarias esferas de poder entre lo que llaman «democracia» y lo que llaman «comunismo». Los líderes de estas organizaciones creen que una total retirada puede amenazar el equilibrio de poder en esa zona del mundo. Y no quieren que esto ocurra.

D.: *Han traducido esta cuarteta como si se refiriera a Estados Unidos y Rusia. Que en un tiempo futuro podrían ser amigos. Y creen que el sanguinario podría ser el Anticristo.*

B.: Es verdad que algún día Estados Unidos y Rusia establecerán lazos de amistad. Pero eso se deberá a los esfuerzos del hombre que vendrá *después* del Anticristo.

CENTURIA V-78

Les deux unis ne tiendront longuement,
Et dans treize ans au Barbare Satrappe:
Au deux costez seront tel perdement,
Qu'un benira le Barque & sa cappe.

La alianza de los dos no durará mucho; / antes de trece años se rendirán al poder bárbaro. / Habrá tal pérdida en ambos bandos / que uno bendecirá la Barca [de Pedro] y a su líder.

B.: Afirma que esto ya ha ocurrido. Se refiere a Estados Unidos y Rusia después de la Segunda Guerra Mundial. Aunque en la Segunda Guerra Mundial e inmediatamente después durante la ocupación de Alemania fueron aliados, cinco años después de terminar la guerra, estas dos potencias siguieron por caminos distintos y se situaron en bandos opuestos. Los trece años se refieren a... me indica que cuente a partir de 1950 poco más o menos, el momento en que estas dos potencias se separan. Los trece años aluden a la etapa más intensa de la Guerra Fría. Desde que rompen relaciones hasta el momento de la crisis de misiles en Cuba, cuando estuvo a punto de convertirse en una guerra abierta. Éste fue un tiempo de gran desasosiego en ambos países. Uno de ellos, Rusia, intentaba remediar los daños de la guerra y a la vez modernizarse, y esto produjo una gran tensión social. En aquel tiempo, Stalin hacía sus depuraciones, y la policía secreta asesinaba a mucha gente sin razón alguna, liquidando a imaginarios enemigos del Estado. En esta época también había en Estados Unidos un gran malestar social debido a la paranoia sobre el comunismo fomentada por McCarthy y otros de la misma ideología. Ambos países padecían una creciente paranoia. En ese momento, la gente se dio cuenta de que por un escaso margen la situación estuvo a punto de estallar en un conflicto abierto, pero a estas alturas nadie sabe hasta qué punto se estuvo a un paso de entrar en una guerra abierta. Dice que fue un momento decisivo e importante a lo largo de los senderos del tiempo. Un importante ramal se divide y a partir de aquí tendrán que seguir en una sola dirección para empezar a analizar sus problemas y llegar a la paz, o al menos a una situación de debate, tal como están hoy en día. O bien podrá estallar la guerra entre ellos y de paso destruir la mayor parte de Europa en un mutuo ataque con bombas y armas. Como se trata de un punto trascendental de bifurcación en los senderos del tiempo, sobresalía con especial claridad y le fue fácil encontrarlo. También demuestra categóricamente que el hombre puede cambiar las consecuencias de su futuro, especialmente si sabe cuáles son estas consecuencias.

ACTUALIZACIÓN: *Estas observaciones nos fueron proporcionadas en 1986 mientras interpretábamos las cuartetas. Pero en enero de 1992, finalmente, salió a la luz que Nostradamus estaba en lo cierto. La crisis de 1962 fue desencadenada por la instalación soviética de misiles nucleares con un alcance de 1.300 a 1.600 kilómetros. Kennedy vio esto como una clara amenaza a Estados Unidos. Finalmente, esos misiles fueron retirados después de días de tensión, un tiempo en el que Kennedy se hallaba bajo una fuerte presión para que invadiera Cuba. El general soviético A. J. Gribkov anunció que durante la crisis de los misiles de Cuba la Unión Soviética también había enviado a Cuba armas nucleares de corto alcance (65 kilómetros aprox.) y autorizado su uso contra cualquier fuerza invasora de Estados Unidos. Dijo que en aquel momento las dos superpotencias se estaban acercando a una guerra nuclear mucho más de lo que anteriormente se creía. Robert McNamara, secretario de Defensa del presidente John F. Kennedy, declaró que desconocía la presencia de los misiles de corto alcance en Cuba en aquel momento. Pero tenía la completa certeza de que Kennedy habría ordenado ejercer represalias nucleares contra Cuba --y quizá también contra la Unión Soviética-- si hubieran usado armas nucleares contra el Ejército estadounidense. Un portavoz manifestó: «Hemos estado mucho más cerca de una guerra nuclear de lo que nadie ha imaginado jamás. Hemos estado a punto, de eso no cabe la menor duda».*

D.: *En la versión francesa, la palabra* Barque *aparece con mayúscula: «Bendecirá la Barca».*

B.: Afirma que un hombre que irá en nombre de un país a Estados Unidos aprobará los esfuerzos del Papa de la Iglesia católica en su intento de hacer la paz entre las dos naciones y de intervenir también en otros conflictos armados. Rusia, que afirma ser un país ateo, recelará de todo lo que haga la Iglesia católica porque considera que es un truco capitalista. Mientras que el capitalista, el país supuestamente cristiano, Estados Unidos, aprobará esos esfuerzos porque lo considera como un tercero que podría ser algo más objetivo y ayudar a solucionar sus problemas. Percibo que el

Papa al que se refiere es el actual, que parece estar muy interesado por la política e intenta que haya paz en el mundo. Sí, me confirma que es una sensación correcta. Otra razón para representarlo como una Barca es porque es un tipo de bote, algo que sirve para viajar. Y este Papa no permanecerá encerrado en el Vaticano.

D.: *Sí, tiene sentido. Este Papa viaja mucho.*

ACTUALIZACIÓN: *En 1992, se reveló que en el pasado el Papa actual estuvo envuelto en negociaciones políticas con Estados Unidos y los países comunistas. Tal descubrimiento da mayor credibilidad a esta cuarteta. Se reveló que hace una década el presidente Reagan aprobó un programa secreto de ayuda al movimiento clandestino Solidaridad después de consultar al Papa Juan Pablo II y de una acalorada discusión entre funcionarios de la Administración.*

D.: *Ellos lo interpretaron como una alianza entre Estados Unidos y Rusia en vez del momento de mayor distanciamiento entre ellos.*

B.: Quiere que pases a la siguiente cuarteta, estas interpretaciones son ridículas.

CENTURIA IV-28

Lors que Venus du Sol sera couvert,
Soubs l'esplendeur sera forme occulte:
Mercure au feu les aura descouvert,
Par bruit bellique sera mis à l'insulte.

Cuando Venus esté cubierta por el Sol, / bajo el esplendor habrá una forma oculta. / Mercurio los habrá expuesto al fuego, / afrentado por un rumor de guerra.

B.: Señala que en esta cuarteta especialmente no todas las alusiones de apariencia astrológica lo son necesariamente. Le cuesta hacer llegar los conceptos pero lo intentará. Afirma que esta cuarteta tiene múltiples significados. Una de las interpretaciones se refiere a un acontecimiento que ya ha pasado. Es un acontecimiento que ocurrió de verdad, pero que en aquel entonces era sólo un rumor. Un aspecto de esta cuarteta tiene relación con el programa espacial ruso. Indica que a comienzos de los años setenta, cuando Rusia y Estados Unidos intentaban superarse el uno al otro en sus vuelos espaciales, sobre todo los vuelos tripulados, Rusia se embarcó en un ambicioso proyecto. Decidieron que como no habían conseguido el éxito en un vuelo tripulado a la Luna, en un esfuerzo por salvar su orgullo herido, argumentaron que harían algo mejor y dejarían de preocuparse por la Luna. Intentaron enviar un vuelo tripulado a Venus. Cuando lo hicieron, se perdió contacto durante cierto tiempo y se supuso que la nave se había perdido o destruido. En el último minuto se restableció la comunicación, poco antes de que la nave ardiera en la atmósfera de Venus. En esa época, Estados Unidos sospechaba lo ocurrido, pero pensaban que podría ser una treta propagandística de los rusos. Era un tiempo en que las relaciones diplomáticas entre los dos países eran muy delicadas.

Nostradamus vio que lo ocurrido con el Challenger no fue un incidente aislado de tragedia espacial. Simplemente fue el que tuvo más publicidad. Vio que desde el principio de la exploración espacial se perdieron astronautas no sólo de Estados Unidos sino de Rusia y otros países. El mundo ignoraba que otros países, además de las dos superpotencias, realizaban experimentos espaciales en los comienzos de esos viajes. Muchos de ellos dejaron de experimentar tras desastrosos resultados. Nostradamus informó que muchos de los vuelos supuestamente «no tripulados» en realidad llevaban astronautas que morían o se perdían en el espacio durante misiones que fracasaban. Por obvias razones, estos accidentes nunca se hacían públicos. Cuando reflexionaba en esto, me acordé de los rumores que corrieron a principios de los años setenta acerca de que los primeros aterrizajes soviéticos en Venus realmente llevaban astronautas que murieron. Había mucha especulación en aquel tiempo debido a misteriosas emisiones por radio. Pero nunca se encontraron pruebas y estas especulaciones no pasaron de ser rumores. ¿Vio Nostradamus lo que ocurrió realmente en algunas de estas misiones espaciales?

11
El tiempo presente

Brenda: Quiere que te diga que está preparado con sus instrumentos y herramientas, sus rollos de papel y su tintero.

Dolores: *¿Ah, sí? ¿Y por qué los ha traído esta vez?*

B.: Habla en sentido figurado. Es un decir. De hecho siempre los lleva consigo. Además trae su ... lo llama su libro de preguntas. Y me muestra la imagen de un libro que sólo contiene signos de interrogación.

D.: (Risas.) *De acuerdo. Dile que tengo mis rollos de papel, mis instrumentos para escribir y la pequeña caja negra.*

B.: Dice que eres una trapacera, lo único que tienes es la pequeña caja negra.

D.: (Risas.) *Pido perdón. Pero tengo su libro.*

B.: Dice que eso no cuenta, porque es su libro, y él también lo tiene. ¡Ah, pero tú no tienes tintero ni libro de preguntas! Sin embargo, acaba de añadir que la infernal mujer hace muchas preguntas. Ella no necesita un libro de preguntas. (*Risas.*) Creo que se burla de ti.

D.: (Risas.) *Eso me temo.* (Risas.) *Sí, estoy llena de preguntas. Tengo una curiosidad terrible.*

B.: Dice que terrible es la palabra acertada.

D.: (Risas.) *Me alegro de que tenga paciencia para aguantarme. Al fin y al cabo él lo empezó todo.*

B.: Dice que la rueda del karma es interminable. No tiene principio ni fin. Por lo tanto, no puedes acusarle de ser el promotor de este lío, porque las cosas son interminables. Que con la misma facilidad podría decir que tú lo empezaste todo, en principio por implicarte en la hipnosis regresiva, por lo tanto podrás ver que esto es algo que nunca se acaba. Si todo el mundo se diera cuenta de eso, caerían en desuso tribunales y leyes.

D.: *Bien, si ha terminado de bromear con nosotras, ¿está preparado para continuar el trabajo de traducir sus cuartetas?*

B.: Hace un gesto grandilocuente con la mano y dice que siempre está preparado para continuar el trabajo y añade: «Manos a la obra». (*Con una amplia sonrisa.*) Al parecer, está de un humor excelente.

En los meses que trabajamos juntos, Nostradamus me dio la traducción de muchas cuartetas que se aplican a nuestro presente. Incluiré aquí las más originales.

CENTURIA III-13

Par fouldre en l'arche or & argent fondu,
De deux captifs l'un l'autre mangera:
De la cité le plus grand estendu,
Quend submergee la classe nagera.

Por el relámpago en la caja se funden el oro y la plata, / los dos cautivos se devorarán entre sí. / El mayor de la ciudad se estirará / cuando la flota navegue bajo el agua.

B.: Esta cuarteta se refiere a algunos inventos que tú llamarías «modernos». Naturalmente, se descubrirá que tienen aplicaciones militares. Como ejemplo, dice que la caja con luz relampagueante se refiere al control y dominio de la electricidad. El oro y la plata que se funden en la caja aluden a algunas de las aplicaciones de la tecnología eléctrica, como galvanizar metales con oro y plata. Y como a su vez esto llevó a una tecnología como la de las comunicaciones, que usa microchips y cosas similares, que a su vez se emplean para comunicarse con lo que llamas «submarino» ... la flota de submarinos que tiene cada país. Así que dice que sólo intentaba producir una imagen de la gran cantidad de maravillosos inventos que vio para el futuro.

D.: *Y eso concuerda con la parte que dice: «los dos cautivos se devorarán entre sí».*

B.: Cierto. Tiene que ver con las energías que entraña porque tienen que estar equilibradas. Son energías opuestas pero deben compensarse para que funcionen. Así pues, en cierto sentido se devoran entre sí cuando están equilibradas.

D.: *Los traductores creyeron que hablaba de la alquimia.*

B.: La práctica de la alquimia dio origen a la química y a la astronomía, y también la astrología contribuyó en ello. Y a la vez influyó en la física. Dice que algunos de los antiguos alquimistas buscaban el conocimiento metafísico y otros simplemente buscaban conocimiento físico. Esto condujo finalmente a lo que tú llamarías ciencias modernas, las que inventaron todas estas cosas.

D.: *Entonces, de forma aproximada se refiere a la alquimia. Aunque los traductores creen que habla de una especie de proceso que él usó en su día.*

B.: Puede deducir de dónde han podido sacar esa interpretación puesto que se empeñan en ponerle anteojeras.

Era frecuente que él no me diera todas las respuestas. Solía dejarnos una parte del acertijo para que lo resolviéramos nosotras.

B.: Dedúcelo tú misma. No va a decírtelo todo. Con las claves que acaba de darte podrás averiguarlo. Es necesario ejercitar la mente para que se desarrolle o de lo contrario te vuelves estúpido. (*Risas del grupo.*)

D.: *Así que quiere que use mi propio cerebro.*

B.: Dice que no te gustaría tener mucho queso suizo en esa región de tu cuerpo.

D.: (Risas.) *Cierto. No quiero tener un cerebro lleno de agujeros. No se pueden obtener todas las respuestas sin más, ¿verdad?*

B.: Ha tenido demasiada práctica en ser misterioso. Le resulta difícil abrirse completamente.

Había varias cuartetas que se relacionaban con el derrocamiento del Sha de Irán y la subida al poder del Ayatolá Jomeini porque fueron sucesos previos a los terribles «tiempos difíciles» (CENTURIAS II-10 y I-70.)

CENTURIA VI-34

Du feu volant la machination,

Viendra troubler au grand chef assiegez:
Dedans sera telle sedition,
Qu'en desespoir seront les profligez.

La máquina de fuego volador / vendrá a perturbar al gran jefe acosado. / Dentro habrá tal sedición / que los abandonados no tendrán esperanza.

B.: Señala que esta cuarteta predecía el accidente ocurrido a principios de este año en la NASA con la tripulación del Challenger. (Ocurrió a finales de enero de 1986.) A raíz de ese trágico accidente hubo una gran división de opiniones en el poder, tanto en la NASA como en el Comando Aéreo Estratégico con respecto a los objetivos y metas del programa espacial norteamericano. Dice que una facción estuvo agitando durante bastante tiempo en favor de experimentos no tripulados con sofisticados instrumentos. Este accidente fue para ellos la chispa que necesitaban para hacer estallar un fuego de disensión. Y los idealistas aferrados al sueño del hombre que explora directamente el espacio se han sentido muy defraudados por la evolución del asunto. Estaban deseosos de construir estaciones espaciales y promover la energía solar que serviría para satisfacer las necesidades energéticas de la tierra.

D.: *«Vendrá a perturbar al gran jefe acosado.» ¿Con esto se refiere a los dirigentes de la NASA?*

B.: Dice que el gran jefe acosado son al mismo tiempo los dirigentes de la NASA y el presidente de Estados Unidos.

D.: *¿Puede ver lo que causó el accidente?*

B.: Le preguntaré. (Pausa.) Indica que es difícil de ver con claridad pero al parecer una de las principales causas del accidente fue un error informático.

D.: *Desde luego no sabrá qué son los ordenadores, ¿verdad? ¿Vio algo semejante a máquinas o qué?*

B.: Bueno, contempló la situación y el concepto lo captó de la mente de este vehículo. Pensaba en matemáticos y pensadores, y pensaba en máquinas. Pensaba en máquinas que reemplazaban el pensamiento de matemáticos y pensadores. Y en lo que ocurriría si un sistema que depende de semejante máquina se estropeara y cometiera un error como los que cometen los humanos. Y él, en vez de una palabra corriente, pidió un término que encajara en ese concepto. Le cuadró bien el término «error informático».

D.: *Lo hizo con mucho ingenio.*

B.: Señala que aunque gran parte de los indicios quedó destruida en la conflagración, si logran encontrar algunas pie- zas y reconstruir parte de la historia, no llegará a publicarse. Se guardará celosamente en las altas esferas de la NASA para tratar de resolver cuál fue la causa de un accidente tan horrible.

D.: *Han divulgado algunas cosas, pero nunca se sabe si es la verdad o no.*

B.: Lo que han divulgado es propaganda.

D.: *¿Atrasará esto nuestro programa espacial?*

B.: Sí, en cierto modo. Lo retrasará temporalmente. Pero el tiempo que tarde será más largo de lo previsto. Porque ahora mismo ha creado una gran división en las filas. Es como una serpiente de dos cabezas que luchan una contra otra. Cada división trata de tener el control del programa espacial y llevarlo en la dirección deseada. Cuando esto se resuelva, la puesta en práctica de la decisión se retrasará por la guerra. Cuando termine la guerra, cuando todo vuelva a estabilizarse y el país se recupere de las secuelas de la guerra, se pondrá en marcha el programa espacial enfocado en la evolución de la energía solar y de las estaciones espaciales. Finalmente, vencerán los idealistas, pero será una decisión muy reñida. El advenimiento de la guerra fortalecerá su posición.

CENTURIA IV-30

Plus onze fois Luna Sol ne voudra,
Taus augmenté & baissez de degré:
Et si bas mis que peu or on cendra,
Qu'apres faim, peste, descouvert le secret.

Más de once veces la Luna rechazará al Sol, / ambos elevados y degradados. / En puestos tan bajos que uno monopolizará poco oro: / tras el hambre y la peste, el secreto se descubrirá.

B.: Esta cuarteta se refiere a un acontecimiento cuyas bases ya han sido puestas pero el resultado aún tardará en conocerse. Señala que la frase «más de once veces la luna rechazará al sol» se refiere al programa espacial de Estados U nidos y los vuelos tripulados a la Luna. En ese tiempo, la Luna ocupará un lugar destacado en el pensamiento de los hombres, y de ahí su elevada gloria e importancia. Pero después el programa espacial caerá en desgracia hasta el punto de que la gloria de la Luna disminuye debido a cambios en el sistema de gobierno, y el énfasis se desplaza en otra dirección. Y el cambio de énfasis se debe a un inicuo plan de acción --insiste en el uso del término «inicuo»-- entre bastidores que los votantes desconocen, pero que no aprobarían si lo conocieran. Estos cambios de política para desviar fondos hacia lo militar en vez del campo científico, contribuirán a los horrores de los cambios que están por llegar. Pero las maquinaciones entre bastidores no se divulgarán hasta más tarde.

ACTUALIZACIÓN: *Uno de mis lectores detectó algo en esta cuarteta en lo que yo no me había fijado. Cito textualmente su carta: «Hubo hasta once intentos de llegar a la Luna antes de que Neil Armstrong aterrizara en su superficie. Las misiones recibieron, por supuesto, el nombre de Apolo, el dios solar de los romanos».*

D.: *¿Qué quiere decir «uno monopolizará poco oro»?*

B.: El cambio de política afectará la reserva de dinero para contribuir a la gloria de la Luna; es decir, el dinero disponible para programas espaciales. Se desvía a otros usos y como no existe financiación para el programa espacial, no pueden corresponder con la misma moneda. Porque cuando se aportan fondos para la investigación en la que está implicado el programa espacial, el beneficio obtenido es diez veces mayor por los descubrimientos que se realizan para ayudar a mejorar el destino de la humanidad.

D.: *«Tras el hambre y la peste el secreto se descubrirá.»*

B.: Después de los tiempos difíciles.

D.: *Estoy pensando en otra cuarteta que hemos cubierto sobre la tragedia del Challenger y el intento de construir estaciones espaciales en el espacio. Dijo que todo se retrasaría a causa de una guerra. ¿Crees que estas dos están relacionadas?*

B.: Sí. La situación que atañe a la exploración del espacio es muy complicada y enmarañada.

D.: *La siguiente cuarteta contiene algunos datos astrológicos. Tengo especial interés en decirle que he encontrado a un joven que es un astrólogo experto. Quiere trabajar conmigo para identificar los signos que Nostradamus menciona en ellas.*

B.: Le parece bien si el joven mantiene abierta su mente a interpretaciones novedosas de lo que ve y no es demasiado inflexible, rápido y precipitado respecto a las normas establecidas de la astrología. Los planetas crean sus pautas y con el tiempo suficiente pasarán de nuevo por esas pautas. Por lo tanto, se indicará más de un sendero, al igual que se puede dar más de una interpretación a la cuarteta.

D.: *El joven sugirió que en ocasiones es conveniente pedir más información astrológica.*

B.: Hará lo que pueda para ayudar. A veces es difícil traducir los conceptos con la suficiente precisión para que tengan verdadera utilidad. Pero hará lo que pueda.

John estaba presente; quería hacer una pregunta sobre una cuarteta que yo había recibido de Elena. Le pedí que buscara los signos astrológicos y quería más información sobre ella. Le preocupaba porque supuestamente debía ocurrir muy pronto, el 22 de diciembre de 1986, en un lapso de dos meses. Elena había interpretado a través de Dionisio que la cuarteta se relacionaba con naves espaciales. John no estaba de acuerdo.

CENTURIA II-48

La grand copie qui passera les monts,
Saturne en l'Arq tournant du poisson Mars:
Venins caches soubs testes de saulmons,
Leur chef pendu à fil de polemars.

El gran ejército que cruzará los montes / cuando Saturno esté en Sagitario y Marte se mueva hacia Piscis. / Veneno oculto bajo las cabezas de salmón, / su jefe en guerra colgado de una cuerda.

B.: Una vez más afirma que esta cuarteta tiene más de un significado. Un error cometido por un líder ocasionará un incidente internacional. El principal problema de la situación estará causado por el colapso en la comunicación entre las dos potencias implicadas.

John: *Sabemos que, durante ese período, Marte y Saturno estarán en cuadratura. «Veneno oculto bajo las cabezas de salmón. Su jefe en guerra colgado de una cuerda.» ¿Significa esto que el jefe se ahorcará? ¿Que se suicidará por su error?*

B.: «El jefe en guerra colgado de una cuerda.» La situación es mucho más complicada de lo que parece a primera vista, simbolizado por el supuesto nudo en la cuerda. Para colgarse uno mismo con una cuerda hace falta hacerle un nudo en alguna parte. Señala que el jefe, el líder en cuestión, lamentará mucho lo ocurrido y querrá continuar su carrera y ayudar a enderezar la situación, a contrarrestar los efectos adversos de la misma. Sin embargo, simbólicamente lo cuelgan los que desean ocupar su puesto en la organización. Lo ahorcarán en lo que respecta a la política y a su carrera. Será casi como si se suicidara porque el resultado final es que se convertirá en un hombre quebrado y no podrá hacer nada respecto a la situación. Tal como se puede ver desde ambos lados parece como si todo lo que concierne a este acontecimiento terminara como un fiasco. Pero tendrá consecuencias catastróficas y muy perjudiciales. Hay otra palabra que quiere usar aquí pero no puedo encontrarla. Tendrá consecuencias muy... profundas para ambos países involucrados.

D.: *¿Serviría la palabra «trascendente»?*

B.: No. Profundas, de un profundo alcance, que hiere en lo más vivo, porque en general afectará a la política mundial para muchas naciones.

D.: *Queríamos aclarar de nuevo esta primera parte. «El gran ejército». En una traducción francesa aparece: «La gran horda que atravesará las montañas».*

B.: Señala que la palabra «horda» se acerca más a la descripción que «ejército». Tal como se desenvuelve la situación, un enemigo o alguien que no siente simpatía por Estados Unidos aprovechará la ocasión para extender su poder de una forma poco ética. Y lo hará enviando una horda de agentes que trabajarán para ellos en esta zona. No lo ve claro, pero ese aspecto de la situación no saldrá a la luz sino hasta poco después. Y esta acción ofenderá a gran parte del mundo. Michel de Notredame pregunta si quieres añadir algo más.

D.: *¿Es correcta esa fecha, 22 de diciembre de 1986?*

B.: Contesta que sí, o tan próxima que la diferencia no importa.

D.: *Nos interesa porque esto ocurrirá muy pronto en nuestro futuro.* (Hacíamos estas preguntas en octubre de 1986.)

B.: Sí. Desde su perspectiva parece tan inmediato que este momento en el que hablamos y el tiempo en el que ocurre parecen casi simultáneos.

La señora Cheetham interpretó como una conjunción los signos astrológicos mencionados en la cuarteta, pero no es así. John descubrió que estos signos aparecerían a partir de la última semana de noviembre de 1986, durante todo el mes de diciembre y hasta la primera semana de enero de 1987. Es interesante que Elena pensara en esta fecha para la cuarteta sin saber nada de astrología.

Creo que esta cuarteta se refiere al problema que tuvo el presidente Reagan cuando se descubrió el negocio de las armas con Irán. Este fiasco empezó a darse a conocer hacia finales de noviembre, continuó durante diciembre hasta enero. El resto de la nación observaba por televisión el avance de la historia y probablemente experimentó todo tipo de emociones: incredulidad, ira, frustración. Algunos tal vez sintieron que toda esta hipótesis se estaba exagerando demasiado. Esa parte del drama no me afectaba. Con cierta indiferencia escuché cuando un senador le sugirió al presidente Reagan que dimitiera y designara a un sucesor. La frase: «su jefe en guerra colgado de una cuerda» seguía apareciendo en mi mente. Indudablemente, el presidente era el jefe de las fuerzas armadas. La sorpresa y el asombro sustituyeron mi simpatía por el presidente simbólicamente colgado al observar que la profecía hecha por Nostradamus 400 años antes se hacía realidad ante mis ojos. Luego un escalofrío me recorrió todo el cuerpo. Si había acertado en esta predicción, ¿se cumplirían también sus horribles visiones del Anticristo?

La señora Cheetham dice en su libro que en lengua provenzal «salmón» significa 'la cabeza de un burro'. No podía ver otra forma lógica de traducirlo en esta cuarteta, de modo que utilizó la palabra «salmón». Pero me pregunto si se referiría al burro, símbolo del Partido Democrático. Por «veneno oculto bajo la cabeza del burro» ¿podría significar que los demócratas eran en cierto modo culpables de la negatividad de las noticias relacionadas con este acontecimiento? John dijo también que la cabeza de un burro era el tipo de máscara preferido en los festivales de Francia; una vez más se sugiere aquí que algo oculto está en marcha. Éstas son mis observaciones y no las de Nostradamus, pero también es verdad que me dijo que usara mi propia capacidad deductiva cuando tratara de resolver estos acertijos.

J.: *Has dicho que esta cuarteta podría tener más de un significado. En mi opinión, Saturno en Sagitario representa casi como una flecha de fuego. Y Marte en Piscis es agua como los océanos. ¿Tiene esto algo que ver con dificultades en el mar o batallas navales?*

D.: *¿O prefieres explicarlo con tus propias palabras?*

B.: No le importa que John haga preguntas como ésta porque para eso son los debates. Para dar y recibir. Esperaba con impaciencia el momento de entablar un debate con este joven en vez de sólo comunicarle cosas. Dice que hay una diferencia entre debate y comunicación. Algo que le resulta particularmente agradable es ver que lo que parece ser tu línea de pensamiento resulta ser paralela a su propio proceso de pensamiento. Esto hace que la discusión sea más fácil y directa. Dice que haces bien en seguir tus intuiciones sobre el tema cuando interpretas símbolos horológicos. Tus intuiciones son tus guías psíquicos que te ayudan mientras observan desde sus planos superiores. Así ayudan a tu perspicacia en la materia. Señala que este acontecimiento en especial afecta al mar. Me ofrece una imagen de lo que deduzco que es un submarino. Estará involucrado en esto, junto con barcos de guerra de superficie en el mar.

D.: *¿De qué país se trata?*

B.: No puede decirlo con seguridad. La sensación que me transmite es que se implicará un estadounidense y será en el océano Atlántico. La imagen que Michel de Notredame proyecta en mi mente se parece a la que se ve cuando se mira un mapa desde arriba, y en el centro de este mapa está el océano Atlántico. Y veo algo semejante a misiles cilíndricos que caen en el agua y algo semejante a un barco parcialmente sumergido y en sus inmediaciones, un submarino. Es como una fotografía que aparece superpuesta en el mapa del océano Atlántico, de tal modo que el tamaño de los objetos en esta fotografía está desproporcionado en relación con el océano. Pero su ubicación es el hemisferio norte del océano Atlántico, en el cuadrante sudoeste. Percibo que es el lugar donde ocurrirá el incidente.

Es interesante que se mencionaran misiles porque también estaban implicados en el escándalo de las armas en Irán. ¿Se estaría refiriendo de nuevo a ambos incidentes?

D.: *Hacemos preguntas sobre esta cuarteta porque el otro vehículo pensó que se relacionaba con naves espaciales. Fue Dionisia quien nos lo dijo; en mi opinión, tal vez no interpretó correctamente lo que veía.*

B.: Es perfectamente razonable porque en la imagen predominan los objetos cilíndricos, el submarino y los misiles. Pudo haberlos confundido con naves que viajaban al espacio puesto que también suelen ser cilíndricas.

J.: *¿Qué significa «el veneno oculto bajo las cabezas de salmón»?*

B.: Representa dos cosas. Veneno oculto en las cabezas de salmón se refiere a un submarino nuclear, y también alude a la predisposición beligerante de los capitanes de estos submarinos. Están nerviosos por pulsar el botón, por así decirlo. Los dos incidentes aludidos en esta cuarteta terminan en fiasco.

J.: *Me parece que el cuadrante sudoeste estaría cerca de Cuba o por esa zona. ¿Eso significa que un submarino soviético en maniobras fu era de la costa podría amenazar o incluso bombardear Estados Unidos?*

B.: Sí. Ahí sobre todo habrá en la superficie un barco estadounidense en peligro. El comandante del submarino soviético tendrá órdenes secretas, desconocidas por el resto de la tripulación, básicamente de provocar hostilidad e instigar hasta donde sea posible sin incurrir en la ilegalidad, sin tener forzosamente que cruzar la línea. Lo que ocurre es que se deja llevar y va demasiado lejos, pero no teme el castigo por la naturaleza general de sus órdenes. Por otro lado, el comandante norteamericano está en una situación en la que recibió órdenes de defender la costa de Estados Unidos pero sin hacer nada que pueda provocar una guerra. El comandante, en su intento de defender su barco del submarino, dispara al submarino y cree haberlo hundido. Siente que tiene atadas las manos, que tal vez esto pueda ser interpretado como una acción para iniciar una guerra más que una acción de defensa de Estados Unidos.

J.: *¿Conducirá esto a una guerra?*

B.: Será uno de los hechos que darán lugar a un conflicto, previo a los tiempos difíciles. En esta ocasión no será una guerra a fondo sino un incidente previo que conducirá a la guerra. Por ejemplo, dice que hay varias cosas que ocurrieron antes de la Segunda Guerra Mundial que en aquel entonces se consideraron incidentes aislados, pero posteriormente se percibió que fueron determinados hechos que condujeron a la Segunda Guerra Mundial. Es el mismo tipo de situación. Desde su perspectiva es difícil decirlo, pero cuando terminen los tiempos difíciles y podamos contemplar y documentar ese período, la conexión resultará evidente.

¿Podría tener esta predicción alguna conexión con el submarino soviético que se hundió entre el 3 y 6 de octubre de 1986? Se dijo que había habido un incendio y una explosión nuclear a bordo del submarino, que se hundió al este de las Bermudas mientras lo remolcaban de vuelta a Rusia. Rechazaron nuestra ayuda y se ordenó a los aviones y barcos estadounidenses que se mantuvieran apartados. ¿Pudo haber más implicaciones de las que se dieron a conocer?

Además, en abril de 1988, cuando estaba a punto de publicarse este libro, hubo un incidente relacionado con el submarino estadounidense Bonefish. La nave quedó inhabilitada por una explosión de origen indeterminado exactamente en la misma zona del océano indicada por Nostradamus. Además había otros paralelismos con la cuarteta. «Veneno oculto bajo las cabezas de salmón» en este caso podría referirse a las emanaciones tóxicas que se liberaron en el interior del submarino y que amenazaron a todos los que estaban a bordo. La palabra «salmón» también podría referirse al submarino (un pez) y a su extraño nombre Bonefish. En esa zona del Atlántico había barcos de superficie que realizaban ejercicios de rutina. El Bonefish era un submarino obsoleto con propulsión electro-diesel que pronto sería retirado del servicio. Sólo quedan cuatro submarinos de este tipo en servicio activo. La Marina los usa para simular submarinos soviéticos en estos ejercicios porque los rusos aún mantienen en navegación muchos submarinos de este tipo. ¿Por esto le indicó Nostradamus a Brenda que era un submarino soviético? ¿Podría de hecho haberle mostrado un accidente que ocurrió durante los «juegos» de guerra y no en una confrontación real? Habría sido difícil para Brenda sacar otras conclusiones de las imágenes que se le mostraban. De nuevo me pregunto si él veía o no más de lo que jamás podría contarnos.

B.: Señala que fue muy difícil comunicarse a través de Dionisio. En primer lugar, porque él no pensaba en francés tan bien como Michel de Notredame. Dice que con mucha frecuencia confundía los conceptos que intentaba transmitir. Añade también que era una forma muy indirecta de comunicación. En todo caso, tenía que establecerla; ése fue el método más elemental que se le ocurrió. Porque sabía que se perfeccionaría hasta que fuera esta clase de comunicación. Pensó que era muy importante abrir camino porque el momento actual en tu tiempo es muy crítico. Estás en una situación en la que todo esto irá sucediendo en el transcurso de vuestras vidas. Tendrá un efecto muy profundo en vuestra vida y en la vida de todos. Quiere que salga la información para que al menos se intente ayudar a algunas de las personas. Tiene la esperanza de que el joven astrólogo que acaba de conocer hoy no se sienta excesivamente defraudado por la falta de referencias astrológicas claras hasta ahora. Pero dice que le complacerá seguir trabajando con este joven a través de esta médium. Trabajar juntos en esto para ayudar a aclarar los acertijos contenidos. Sabe que en su propio tiempo hay varios dialectos del francés en su país, y aunque el tuyo es relativamente joven, encuentra divertido que también allí parece que existen en estos momentos varios dialectos de tu idioma. Dice que ha observado que el joven astrólogo se expresa en este idioma de forma diferente de la que se ha acostumbrado a escuchar en tu plano.

Nos reímos. John es de Boston. No pensé que su acento se notara tanto, pero al parecer a Nostradamus no le pasó desapercibido.

CENTURIA VII-41

Les oz des piedz & des main enserrés,
Par bruit maison long temps inhabitee:
Seront par songes concavent deterrés,
Maison salubre & sans bruit habitee.

Los huesos de pies y manos trabados; / debido al ruido, la casa se queda vacía mucho tiempo. / Cavando en sueños serán desenterrados, / la casa saludable y habitada sin ruidos.

B.: Se refiere a varios acontecimientos de la historia norteamericana, y a algunos que están por venir. Ésta es una de esas cuartetas que tienen varias interpretaciones. La casa se refiere a la Casa Blanca. Una de las asociaciones con esta cuarteta, una de las cosas que veía y no destacó lo suficiente fue el asunto Watergate. La razón por la que no puso demasiado énfasis es porque la cuarteta se relaciona con otros sucesos que parecen tener mayor trascendencia e importancia. Pensó que era necesario advertir a la gente de éstos y no sólo del asunto Watergate. Quería darles una pista obre Watergate porque fue grave que ocurriera, pero no necesariamente evitable. En secreto los presidentes del país supuestamente libre han estado abusando sistemáticamente del poder en un grado cada vez mayor. Y tenía que ocurrir algo que removiera y conmocionara a la gente para que no sea tan complaciente. Pero dice que también se refiere a hechos futuros. Habrá un tiempo en que habrá otro período de gran desasosiego social, aún mayor del que hubo durante la época de Vietnam, el cual, debido a... la noción que trata de hacer llegar es una combinación de dos conceptos difíciles de explicar con dos o tres palabras. Primero muestra la idea de un jurado en desacuerdo, de forma que un tribunal no puede dictar sentencia, pero él lo aplica a una elección. Una elección en desacuerdo en la que la nación es el jurado en desacuerdo y un voto claramente dividido entre dos candidatos distintos a la presidencia. El colegio electoral tampoco podrá tomar la decisión porque el voto estará muy igualado tan exactamente dividido en todo el país que paralizará temporalmente el proceso democrático. Las manos y los pies, lo más esencial de la operación que es la elección, estarán atados, congelados. Dice que la gente se manifestará por el candidato al que ha votado, y habrá un gran alboroto en toda la nación. Será un tema espinoso en vista de la situación mundial general en ese tiempo. Por lo tanto, si uno u otro candidato obtiene el cargo sería a riesgo de producir otra guerra civil o al menos una revolución. Dice que será un tiempo de gran presión y malestar social, mucho más explosivo que en tiempos de la guerra de Vietnam. Pasará un tiempo hasta que lleguen a un compromiso y hagan una nueva elección que dé como resultado un candidato aceptable para todos, el que pueda instalarse en la Casa Blanca sin la amenaza de tanto alboroto, confusión y todo lo demás que causa una revolución o una guerra civil o lo que sea.

D.: *¿Qué significa «cavando en sueños»?*

B.: Dice que mientras se encuentra una solución al problema habrá mucho palabrería. Saldrán a relucir muchos conceptos como patriotismo y amor al país y cosas por el estilo, y se hará alusión a los sueños de los padres fundadores de la nación.

Pensé que tal vez esto podría ocurrir en las elecciones presidenciales de 1988. En 1987, no había un candidato favorito bien definido que pudiera salir triunfante en una elección. Cuando se anunció la candidatura de Bush y Dukakis, ambos fueron recibidos con cierta indiferencia. Pero el concepto del jurado en desacuerdo no se materializó ya que George Bush resultó elegido para el cargo de presidente. Por lo tanto, da la impresión de que esta extraña profecía describe un acontecimiento que aún está en nuestro futuro. En cuanto al momento exacto, sólo podemos especular.

D.: *¿No has dicho que debido a la confusión también podría referirse a Watergate?*

B.: Sí. Dice que si lo deseas te dará algunas de las asociaciones de Watergate pero no cree que sea esencial. En el caso de Watergate, los huesos bloqueados de manos y pies se refieren al presidente que abusa de los poderes de la CIA en interés de su partido político frente al partido rival. Algo así como vengarse en perjuicio de sí mismo, ya que ambos partidos quieren trabajar por el bien del país. Y dejan que las tonterías y diferencias de partido se conviertan en un obstáculo que se vuelve demasiado grande. El presidente abusó de sus poderes en el momento de la elección contra el otro partido y esto provocó mucho ruido. Dicho de otro modo, Watergate. (*Juego de palabras. La apertura de una compuerta* [water gate] *produce un ruido muy fuerte.*) Esto no se solucionó hasta que el presidente renunció a su cargo para que las cosas se calmaran y otro ocupara su lugar.

Ahora podía entender la comparación. En ambos casos, alguien tendría que ser nombrado para ocupar el cargo hasta que un presidente pudiera ser debidamente elegido. Es lo que quiso decir por la casa deshabitada. Hubo un período, en Watergate y en este caso futuro, en el que el país estaba regido por alguien que no había sido elegido por el pueblo.

B.: Dice que el hombre que asumió el cargo (*Gerald Ford*) estaba en una situación delicada ya que fue nombrado vicepresidente tras de la impugnación del anterior. Luego renunció el presidente y fue así como llegó a sustituirlo sin haber tenido ni un solo voto, salvo los de su distrito electoral en Michigan. Para ese hombre en particular (*Ford*), era una posición muy incómoda. Él no la había buscado. No aspiraba a la presidencia. En esas circunstancias, el hombre hizo un buen papel y su forma de manejar toda la situación dio origen a muchas causas buenas para su karma.

D.: *Entiendo. La casa estaba habitada pero no por un presidente electo. Este otro significado sobre la elección es más importante porque el episodio Watergate ya había pasado. Probablemente se enfadará de nuevo si le leo la traducción de esta cuarteta. Es como sigue: «Parece que Nostradamus creía en fantasmas porque ésta es la descripción de una casa encantada que es exorcizada cuando sacan los huesos de la víctima. ¿Tal vez un ocupante de la casa soñó la tumba que llevó al descubrimiento del esqueleto?».*

B.: No se ha enfadado al oírlo. Proyecta la imagen de sí mismo rodando por el suelo con un ataque de risa. Dice que si la traductora quiere fantasmas, le enseñará fantasmas. Vendrá y la perseguirá en sus sueños.

D.: *Una interpretación demasiado literal, ¿verdad?*

B.: Sí. Por eso se inició este proyecto. Sabía que esto ocurriría.

Para ser justo con la señora Cheetham, también otros muchos traductores creyeron que esta cuarteta se refería a una casa encantada.

Me parece un buen ejemplo del maravilloso empleo del simbolismo de Nostradamus.

La siguiente cuarteta es sumamente asombrosa porque parece haberse hecho realidad mientras se escribía este libro. Nos dio su traducción en diciembre de 1986 y da la impresión de ser una clara referencia a los Bakker y sus problemas con el Club PTL,* que empezaron en marzo de 1987. Al parecer, se relaciona también con los problemas de immy Swaggart,** a principios de 1988. Se ve que Nostradamus consideró importante comentarla porque percibió que influiría negativamente en la Iglesia en general. Creo que vio consecuencias más trascendentales de lo que pensamos.

* El Club PTL fue uno de los negocios de predicación por televisión de mayor éxito en las décadas de los setenta y los ochenta. PTL es la sigla de

«Praise The Lord» ('Alaba al Señor') y de «People That Love» ('Gente que ama'). (N.de la t.)

** Jimmy Swaggart, conocido telepredicador de los años ochenta, fue pionero en este ámbito. En febrero de 1988 se retiró del púlpito después de confesar que había cometido un pecado que no especificó. Posteriormente, salió a la luz que se trataba de un «pecado sexual».

Los Bakker (Jim y Tammy Faye) también fueron telepredicadores durante la misma época. En 1987, Jim se retiró en desgracia por un escándalo sexual y también cumplió una pena de prisión por evasión de impuestos. (N. de la t.)

CENTURIA II-27

Le devin verbe sera du ciel frappé,
Qui ne pourra proceder plus avant:
Du reserant, le secret estoupé
Qu'on marchera par dessus. & devant.

La voz divina resonará en el cielo / y no podrá proseguir más adelante_ / El secreto oculto con la revelación / para que la gente camine sobre él y avance.

Aquí había un doble significado. El primero no se aplica a este capítulo de modo que sólo incluiré aquí el segundo.

B.: También alude a un acontecimiento en el que, debido a las presiones de los tiempos, los grandes poderes que habrá atraído hacia sí el fundamentalismo le serán arrebatados por información revelada sobre los líderes. Una información vergonzosa que, por así decirlo, deshinchará sus velas y hará que su causa pierda adeptos. La gente seguirá adelante y la vida continuará como si nunca hubiesen existido. Te ruega que no hagas ningún comentario sobre la interpretación de esta cuarteta. Debes recordarla y poner interés en ella porque es mucho más inmediata y cercana en el futuro. Asegúrate de que tu mente no la borre. Para que después medites acerca de ella.

CENTURIA I-40

La tombe fausse dissimulant folie,
Fera Bisance un changement de loix:
Istra d'Egypte qui veut que l'on deslie,
Edict changeant monnaies & alois.

Falsa trompeta que simula locura/ hará que Bizancio cambie sus leyes. / De Egipto saldrá un hombre que quiere hacer que se retire el edicto, / cambiando dinero y normas.

B.: Ésta es una cuarteta de significado múltiple. Uno de los significados se refiere a hechos pasados, pero también se aplica a hechos futuros que pueden serte útiles. La falsa trompeta alude a líderes poderosos, tanto religiosos como políticos. Hombres que han convertido la religión en su medio de vida, quienes desde muy jóvenes se comprometen en política. Podría darte nombres, pero eso apenas tendría importancia para los escépticos de tu libro. Sólo para tu información personal está dispuesto a darte algunos nombres siempre que no los publiques. No puede dejar de pensar en que las huellas de la Inquisición siguen existiendo en tu tiempo.

D.: *Tal vez no con tanta maldad, pero aún...*

B.: Empeorará con el tiempo. En primer lugar, te invita a usar las frases en las que no los llama por su nombre, porque la información que contiene es necesaria. En parte es también para tu protección, porque estos hombres tienen poder suficiente para perjudicarte mediante denuncias y cosas por el estilo. Las personas parecidas a ti, como este vehículo y otras muchas, sabrán de quién hablas sin que tengas que mencionar nombres, porque con vuestros dispositivos de comunicación es fácil dar con estos individuos. (*Acepté sus restricciones.*) Dice que la falsa trompeta se refiere a los religiosos de talante fundamentalista que distorsionan la palabra de Dios y la usan para sus propios fines. Varios de estos hombres luchan por el poder político y se unen para ayudar a tantos de su mismo bando como les sea posible para llegar a puestos clave en el Gobierno. Muchos de estos puestos no son necesariamente visibles o públicos. Tal vez un puesto tranquilo y segundón en la burocracia en alguna parte que esté en un lugar clave en lo que concierne al flujo de información y poder, donde puedan usarlo para sus propios fines e influir sutilmente a su favor en los acontecimientos mundiales. Afirma que el solo hecho de que estos hombres consigan poder político tendrá repercusiones en todo el mundo. Esto hará que muchos países del centro ... lo llama tierra Media a la vez que me muestra una imagen que abarca toda la zona del este de Europa, oeste de Asia y Oriente Próximo, toda esa zona. El desarrollo de los acontecimientos hará que cunda la alarma entre los líderes de esa parte del mundo. Como respuesta, empezarán a cambiar sus leyes para poner cada vez más trabas al movimiento de los norteamericanos en esa parte del mundo. Sobre todo, cambiarán algunas leyes relacionadas con la conversión de dólares a otras *monedas y el comercio con Estados Unidos. Las re*percusiones serán negativas. En consecuencia, terminará afectando al joven Anticristo, al que se alude como Bizancio. El joven Anticristo, en su propio país, mientras construye una base de poder, estará influido por las perversas acciones de estos fundamentalistas. Lo afectará hasta tal punto que más tarde la situación se volverá aún más difícil para el cristianismo en general. Señala que estos hombres de apariencia muy religiosa son muy astutos y calculadores. Cuando acuden a los seminarios para aprender a ser un reverendo o algo así, gran parte de lo que aprenden puede usarse para manipular a las masas, lavar el cerebro a la gente y controlarla. Esto es básicamente lo que hacen, pero se inclinan por lo privado y lo mundano, y no sólo lo religioso.

D.: *Entonces lo que realmente buscan es poder.*

B.: Exactamente.

La interpretación del resto de esta cuarteta se dará en el capítulo 17, «El monstruo aparece>>.

CENTURIA VI-62

Trop tard tous deux les fleurs seront perdues,
Contre la loi serpent ne voudra faire:
Des ligueurs forces par gallots confondues,
Savone, Albinque par monech grand martyre.

Demasiado tarde se perderán ambas flores, / la serpiente no querrá violar la ley; / los ejércitos aliados confudidos por los franceses, / Savona, Albenga, gran martirio por Mónaco.

B.: Dice que esta cuarteta concierne a Irlanda. Puede decirse que las dos flores aluden a Irlanda e Irlanda del Norte, o a los irlandeses protestantes y los irlandeses católicos. Siente pena por la pobre Irlanda; esa pobre isla está tan dividida contra sí misma, que está mejor representada con *dos* flores en lugar de una sola. Ambos grupos de Irlanda creen luchar por el bien de su amado país. Y cuando se dan cuenta de que lo han estado destrozando es demasiado tarde y se perderá por completo. En el último minuto tratarán de llegar a un acuerdo en un intento de salvar la situación. La serpiente se refiere al líder de las fuerzas rebeldes y la ley son las fuerzas que cooperan con Gran Bretaña. Pero sus esfuerzos quedarán frustrados por diversos proyectos puestos en ejecución por miembros del inframundo de las distintas localidades mencionadas en la cuarteta. Trastornarán en gran manera la situación, tanto por proporcionar armas defectuosas a ambos bandos como por traficar con drogas y similares para perturbar la mente de los que están en lucha. Mónaco es el punto de canalización a Irlanda. Hay miembros del inframundo en los diversos lugares descritos en la cuarteta, pero a través de Mónaco coordinan esfuerzos y canalizan sus acciones. La forma de hacerlo parece ilógica, pero a través de las sutiles conexiones del inframundo es la más directa y lógica.

D.: *La traductora calificó esta cuarteta de «errónea».*

B.: Dice que de eso nada. No puedo repetir exactamente su respuesta a esto porque fue un sonido brusco no verbal. Dice: «Demuéstrame de su parte el error».

D.: *La traductora cree que hablaba de cierta clase de alianza entre países. Dice lo siguiente: «En este verso, Nostradamus parecía dar a entender una alianza contra los franceses, en la cual éstos vencen. Pero Mónaco estaba vinculado por un tratado con los españoles y Savona y Albenga pertenecen a Génova. Tal vez Nostradamus tenía en mente una de las alianzas italianas del siglo XVI, pero en este caso, erróneamente».*

B.: Mueve la cabeza con cierta exasperación. Dice que la impertinente mujer debería volver a la escuela y aprender de nuevo el ABC. Afirma que de vez en cuando le salía una cuarteta que se refería con bastante claridad a algún hecho de su propio tiempo, simplemente para mantener arriba sus credenciales. Pero tal como estaba la situación política en su tiempo era tan insignificante e inestable comparada con los acontecimientos futuros que realmente nunca se interesó gran cosa en ella. Los acontecimientos por venir eran mucho más trágicos y convulsos para el mundo. Pero si ella insiste en relacionarlo con una alianza, la cuarteta podría tener cierta conexión con la Liga de las Naciones. Ésta fue concebida de forma imperfecta por la Primera Guerra Mundial y la Segunda acabó con ella. Tal vez fuese lógico que lo relacionara. Pero si se empeña en pensar con un retraso de 400 años, peor para ella.

D.: *Intentaron ponerle límites diciendo que se interesaba más en su propio tiempo, al que corresponden muchas de sus cuartetas.*

B.: Asegura que su vista es larga, tanto en el tiempo como en la distancia. Ha visto todo, hasta el final de la tierra y hasta el final de este sistema solar. ¿Por qué habrían de preocuparle sólo los insignificantes sucesos del sur de Europa de su tiempo? Sugiero que cambiemos de tema. Su enfado crece por momentos. Estoy en comunicación con él en el plano espiritual y puede transmitir imágenes que literalmente no son verdad. En este momento proyecta una imagen de sí mismo: golpea el suelo con los pies y le sale humo por las orejas.

D.: (Risas.) *Tienes razón; será mejor que pasemos a otra cuarteta.*

CENTURIA V-75

Montera haut sur le bien plus à dextre,
Demourra assis sur la pierre quarree:
Vers le midi posé à la fenestre,
Bastan tortu en main, bouche serree.

Se elevará por encima de su riqueza, más a la derecha;/ permanecerá sentado sobre la piedra cuadrada; / hacia el sur, en la ventana, / un bastón torcido en la mano, la boca sellada.

B.: Esto se refiere a un hombre en Estados Unidos. Un hombre muy rico. Tan rico que cualquier cosa que manda hacer, se hace instantáneamente, porque posee el dinero para conseguirlo. Señala que este hombre será muy conocido y famoso por su riqueza, pero su verdadera misión en la vida será secreta, ya que será un fanático clasista. Estará implicado en organizaciones como el Partido Nazi americano y el Ku Klux Klan. Por eso insertó la frase: «un bastón torcido» para representar las cruces ardientes del Klan y la esvástica del Partido Nazi. La única ambición en la vida de este hombre es derribar al Gobierno norteamericano tal como está constituido en el siglo xx. Lógicamente, este hombre también estará involucrado en política. Pero aunque su principal ambición es cambiar la forma del Gobierno norteamericano, tiene que pasar desapercibido en política para poder seguir alargando sus redes de poder y hacer nuevos contactos y expandir su esfera de influencia. Los cimientos que ha colocado darán su fruto en los tiempos difíciles ocasionados por el Anticristo.

D.: *¿Actualmente sabe alguien quién es?*

B.: Sus seguidores saben quién es.

D.: *¿De los demás nadie sabe el peligro que representa?*

B.: No, porque es muy taimado, muy cauteloso.

D.: *¿Eso explicaría la frase «permanecerá sentado sobre la piedra cuadrada»?*

B.: Sí. Estará en el centro de toda la organización, pero no será la figura poderosa que ve la gente. Tendrá una marioneta, alguien que aparenta ser el que tiene el poder, pero el que tira de las cuerdas es él. Tendrá un testaferro, pero permanece detrás sentado en la piedra cuadrada, es decir, en el centro de esta organización.

D.: *«La boca sellada» significaría que es reservado.*

B.: Así es. La frase «hacia el sur en la ventana», significa que por sus ideas políticas, si hay alguna actividad pública en la que le gusta aparecer y el bullicio que le gusta provocar, suele ser la de presentarse en la zona sur del país donde por tradición tal bullicio ha sido más bien habitual.

D.: *Así pues, nadie sabrá su identidad hasta que salga a la luz en el tiempo del Anticristo.*

B.: Eso es. Nostradamus tiene la esperanza de que los mensajes que intenta transmitir lleguen a tiempo. Confía en que la gente esté lo suficientemente dispuesta a aceptarlo y tal vez colabore divulgando el conocimiento esencial que ayuda a advertir de los desastres que ha visto, ya que son evitables. Por eso siempre está dispuesto a comunicarse.

D.: *Teníamos una pregunta sobre algo que no se podrá contestar. Se refiere al mercado de valores. ¿Conoce nuestro mercado de valores?*

B.: Ha oído contar historias de que en Florencia los comerciantes compran y venden cosas según lo que obtendrán en viajes comerciales futuros y no con dinero en mano. Pregunta si es algo parecido a esto.

D.: *En eso consiste el mercado de valores. Lo que quería saber es: El 31 de octubre de 1988, los planetas estarán en la misma alineación que el 29 de octubre de 1929. Ese día quebró el mercado de valores. ¿Ocurrirá algo semejante en 1988 por la semejanza de los signos?*

B.: Las vibraciones producirán una resonancia similar. No está muy seguro de lo que quieres saber respecto al mercado de valores, pero puede decirte que los efectos que te preocupan y que se dieron en 1929 ocurrirán de nuevo, para la sociedad en general. Tendrá grandes efectos sociales y económicos. No sabe nada del mercado de valores per se, pero dice que lo que lo trastocó en ese tiempo volverá a trastocarlo.

D.: *La última vez que ocurrió sí que tuvo un gran efecto en la economía mundial.*

Después, surgió la duda de si esto podría significar la posibilidad de quiebras bancarias, ya que se supone que el mercado de valores está protegido contra un riesgo así. Durante este tiempo, las entidades de ahorro y préstamo estaban pasando por dificultades. La semejanza en los signos podría referirse a un problema monetario o financiero, aparentemente de grandes proporciones.

NOTA: *A finales de octubre de 1987, el mercado de valores se hundió de modo espectacular. Esperamos para ver si esto se repetía en octubre de 1988. En ese entonces empezaron las grandes fusiones corporativas, adquisiciones y subastas de enormes proporciones en las que se movían inmensas sumas de dinero prestado. Cuando esto empezó, el mercado se tambaleó, pero no fue nada en comparación con la caída en picado del año anterior. Ésta fue la fecha que John encontró en sus cálculos astrológicos. No era predicción de Nostradamus. Nostradamus simple- mente confirmó que la semejanza de signos podría tener que ver con un acontecimiento similar.*

12
El futuro inmediato

Algunas de las cuartetas eran difíciles de fechar y, sin embargo, parecían corresponder a acontecimientos que ocurrirían pronto, o en un futuro no demasiado distante. Las he incluido en este capítulo.

CENTURIA II-53

La grande peste de cité maritime,
Ne cessera que mort ne soit vengée,
Du juste sang par pris damné sans crtme,
De la grand dame par feincte. n'outragée.

La gran peste en la ciudad marítima / no cesará hasta que la muerte sea vengada / por la sangre de un justo arrestado y condenado sin crimen; / la gran dama es ultrajada por vanidad.

Brenda: Indica que ésta alude a dos acontecimientos diferentes. Vio --desde su perspectiva, en el futuro de su tiempo-- que Londres iba a sufrir otro brote de peste negra. Pero que para nosotros ya está lejos en el pasado, así que esta vez no tocará ese tema. El otro acontecimiento también se refiere a una gran plaga. Afirma que cuando usa la frase «la ciudad marítima», unas veces se refiere a Londres y otras a Nueva York. Porque ambas son, en tu tiempo al menos, dos de las ciudades más importantes del mundo y son puertos. Las llama ciudades marítimas porque son a la vez puertos y grandes ciudades. Sugiere que a lo que debemos estar atentos es que antes y durante los tiempos difíciles habrá muchas enfermedades en el ambiente y muchas epidemias y plagas. En especial la que se ha dado en llamar «sida». Se extenderá por las ciudades y se propagará como un incendio destructivo por todo el país, y afectará a gran parte de la población.

Dolores: *¿Puede aclararnos la frase: «La plaga no cesará hasta que la muerte sea vengada con la sangre de un justo arrestado y condenado sin crimen»?*

B.: Si tuviera que explicar esa parte en realidad no tendría ningún sentido, pero con el tiempo se aclarará. Se disculpa por ser tan ambiguo respecto a esa parte.

D.: *¿Tendrá algo qué ver con un remedio o algo así?*

B.: Dice que no hay cura que llegue a tiempo para esta plaga. La muerte sólo tendrá que seguir su curso.

D.: *Los traductores la han identificado como la Gran Plaga de Londres.*

NOTA: *Esta cuarteta se aclara más adelante, en el volumen II.*

CENTURIA II-35

Dans deux logis de nuict le feu prendra,
Plusieurs dedans estouffes & rostís:
Pres de deux fleuves pour seul il adviendra:
Sol, l'Arq & Caper tous seront amortis.

El fuego prenderá de noche en dos casas, / varios habitantes asfixiados o quemados. / De seguro ocurrirá junto a dos ríos, / cuando el Sol, Sagitario y Capricornio decrezcan.

B.: Dice que esta cuarteta contiene una fecha en la última línea. El fuego que prende en dos casas indica el fracaso en la comunicación entre dos importantes potencias; en este caso particular, se refiere a Estados Unidos y Rusia. El fuego que prende en dos casas será la oleada de resentimientos por un malentendido entre los dos capitolios, el Kremlin y la Casa Blanca. La gente que se asfixia o se quema indica que en los dos sitios habrá personas dispuestas a impedir la exacerbación de sentimientos, a tratar de que las cosas se mantengan en equilibrio, a hablar. A algunas, simplemente se las pondrá en una posición en la que nadie escuche lo que tienen que decir, y por eso son asfixiados, por así decirlo. Otros alzarán la voz a pesar de todo y arruinarán sus carreras. Las arriesgarán por tratar de impedir que la situación empeore y por eso los quemarán, por así decirlo.

D.: *«De seguro ocurrirá junto a dos ríos.»*

B.: Uno de los ríos es el Potomac, y el otro río está en Rusia, igualmente simbólico en la historia rusa.

D.: *«Cuando el Sol, Sagitario y Capricornio decrezcan.» ¿Puedes darme un poco de información sobre eso?*

B.: Indica que esto se sitúa en un tiempo en el que estas tres fuerzas zodiacales no están en sus respectivas casas y, por lo tanto, no ejercen influencia en los asuntos del hombre. Cada uno de los signos zodiacales ejerce influencia en mayor o menor grado, dependiendo de su relación con los demás signos. En este tiempo, el poder e influencia de los otros signos será mayor, y el de estos tres signos, menor. De ahí que decrezca el poder e influencia que tendrán en la situación. Sugiere que visualices un horóscopo para el mundo en general y en determinado momento en este horóscopo en el que la influencia de estos tres signos está en decadencia, eso te dará una idea aproximada de cuándo ocurriría esto. Sobre todo en relación con los horóscopos de los dos países en cuestión.

D.: *¿Rusia y Estados Unidos? Será muy difícil trazar un horóscopo para el mundo entero.*

B.: Puede hacerse pero es muy complicado. Para ello tendrías que tener su espejo.

D.: (Risas.) *John, el astrólogo, no podría hacer eso, pero quizá pueda trazar uno para Rusia y Estados Unidos.*

B.: Sugiere que, usando la fecha del comienzo de los actuales sistemas políticos, haga un horóscopo comparativo entre los dos países. Es decir, el 2 de julio de 1776 para Estados Unidos, y la fecha apropiada para Rusia, cercana al comienzo del siglo xx. Le resultará divertido hacerlo porque lo va a disfrutar.

Siguiendo las instrucciones de Nostradamus, John hizo un análisis comparativo de los horóscopos de Estados Unidos y de Rusia. A continuación detallo lo que descubrió:

El horóscopo más ampliamente utilizado para Estados Unidos tiene a Géminis como ascendente, la Luna en Acuario, y el Sol en Cáncer. El predominio de Géminis indica que somos un pueblo que disfruta con las novedades, las modas, el conocimiento y las comunicaciones. Marte en Géminis significa que podemos mostrar agresivamente al mundo nuestro dualismo en muchos temas. Venus en Cáncer en el mismo cuadrante indica nuestro amor por la maternidad, los niños, el glamour y la nostalgia. También revela nuestra naturaleza sustentadora y protectora hacia el resto del mundo. Júpiter, el Sol y Mercurio aparecen en el signo de Cáncer en la segunda casa, la del dinero y los valores. Damos importancia a la riqueza material y a la acumulación de posesiones. Con Júpiter en esta casa nos resulta muy fácil conseguirlo. Mercurio, nuestro intelecto, se enfoca en los avances científicos siempre y cuando al final supongan una recompensa material. Puesto que tenemos el nódulo norte en el signo de Leo en la tercera casa, debemos concentrarnos en nuestros problemas en vez de embrollarnos en los asuntos de otros países. Esto nos ocasionó la ruina (Vietnam) y puede ser nuestro desastre final. Neptuno y Saturno aparecen en la quinta casa. Neptuno en Virgo señala los formidables avances que hemos hecho en sanidad, en la conservación de alimentos y en la electrónica. Saturno en Libra influye en nuestro sistema judicial, que es muy indulgente comparado con otros países. Estos planetas también muestran nuestra obsesión por todas las formas de deportes y entretenimiento. Plutón en Capricornio en la novena casa nos advierte que no nos entrometamos en otros países. Podría llevarnos a la ruina. La Luna en Acuario en la décima casa influye en nuestra veleidosa popularización de celebridades. Somos una nación fácilmente gobernable, y nuestros medios publicitarios explotan este hecho. Urano en Géminis en la duodécima casa es nuestro talento oculto, nuestro genio para producir nuevos y maravillosos inventos que han revolucionado el mundo. En comparación con el horóscopo de Rusia, somos más adaptables y no tan rígidos en la ideología.

El horóscopo para la Unión Soviética (7 de noviembre de 1917) tiene el Sol en Escorpión con la Luna en Leo, y también Leo como ascendente, todos ellos signos muy fijos decididos a emprender su propio camino. Saturno en el ascendente en Leo indica que el nacimiento del Estado soviético fue difícil y lleno de tensión. Saturno aquí muestra un comienzo problemático seguido por una madurez que relaja la tensión. La Luna en Leo con Marte en Virgo en la segunda casa revela que los que tienen el poder tendrán el control del dinero de la nación. El dinero llega en abundancia y de la misma manera se gasta, con Marte aquí tal vez para ir al paso de las últimas innovaciones. El Sol y Mercurio están en Escorpión en la cuarta casa, lo cual señala la abundante riqueza que este país, el país más grande del mundo, tiene oculto bajo su vasta tundra. Esta gran riqueza podría ser la esperanza de futuro de esta nación. Venus y el nódulo Norte están en el sector 5.°, lo cual indica que la gente es muy sobria y conservadora en el aspecto del entretenimiento. La esperanza de este país está en la creatividad e ingenio de su gente. Tener a Urano en Acuario en la séptima casa augura relaciones extrañas y a veces hostiles con otros países. Júpiter en Géminis y Plutón en Cáncer en la undécima casa advierten que las relaciones con otros países amistosos podrían cambiar y convertirse en una «puñalada por la espalda». Neptuno en Leo en la duodécima casa muestra que los líderes no deben negar la profunda esencia espiritual de la gente. Neptuno en su posición regente muestra misticismo y espiritualidad a la vez que ineficacia.

Hay aspectos positivos y negativos entre los dos cuadros de estas potencias mundiales, pero con cooperación y una mejor comprensión tal vez podamos construir juntos un mañana mejor.

CENTURIA I-21

Profonde argille blanche nourrit rochier,
Qui d'un abisme istra lactineuse:
En vain troublez ne l'oseront toucher,
Ignorans estre au fond terre argilleuse.

La roca guarda en su seno arcilla pura/ que saldrá por una grieta blanca como la leche. / La gente en vano angustiada no osará tocarla, / ignorando que es de arcilla la base de la tierra.

B.: Dice que esto se refiere a un acontecimiento. En alguna parte en el oeste de Norteamérica, habrá mineros que extraen mineral. Y el mineral que encuentran será distinto del que buscan. Tendrán miedo de que sea una especie de material radiactivo producido o introducido por un meteorito en siglos pasados. Pero que no hay por qué alarmarse porque este material, aunque terminará siendo un elemento nuevo en la tabla de Mendeléiev, no será perjudicial para la humanidad y puede hacerse buen uso de él.

D.: *¿Fue introducido por un meteorito?*

B.: Eso es lo que él ha dicho.

D.: *Los traductores se preguntaban si esta cuarteta podría ser alquímica.*

B.: Podría considerarse así. Pero como el público lector en general no entenderá sus teorías de la alquimia, por ahora no te las dará.

CENTURIA X-49

Jardin du monde au pres du cité neufve,
Dans le chemin des montaignes cavees,
Sera saisi & plongé dans la Cuve,
Beuvant par force eaux soulfre envemmees.

Jardín del mundo junto a la Nueva Ciudad, / en el camino de las montañas huecas. / Le asirán y hundirán en el tanque, / obligado a beber agua envenenada con azufre.

B.: Señala que «jardín del mundo» alude al Nuevo Mundo, ya que ahí hay abundancia de alimentos y tenemos tanto excedente que podríamos alimentar al mundo entero. Me muestra una imagen de Estados Unidos. En las Montañas Rocosas se ha construido recientemente o se construirá una ciudad que formará parte de un proyecto gubernamental. Será una ciudad completa con todos los servicios necesarios para la gente que viva allí. Estará junto a unas amplísimas cámaras subterráneas excavadas en la montaña para el almacenamiento de archivos secretos y cosas así. Lo que ocurrirá es que ... bueno, las imágenes que me muestra son de un reactor nuclear. Aparentemente, habrá una especie de fusión. Dice que el agua que se bombea al reactor para enfriarlo no estará totalmente purificada. Cometerán un error y un componente en el agua reaccionará con los elementos radiactivos del reactor y habrá un accidente. El veneno que menciona en la cuarteta se refiere al veneno radiactivo y no a un veneno convencional.

D.: *¿Lo llama reactor nuclear?*

B.: No lo llama de ningún modo. No conoce la palabra correspondiente. Pero me da una imagen de lo que ve. La muestra en varias capas. Primero me muestra la imagen de un átomo estilizado. Después la de un trozo de mineral que brilla de noche. Y luego muestra un montón de artilugios alrededor del trozo de mineral y todo este conjunto de cosas bañado por una luz azul. Todo esto aparece sumergido en un enorme tanque de agua.

D.: *Entonces, este reactor nuclear está dentro de la montaña hueca, o ¿has dicho que era una ciudad?*

B.: Dice que el reactor está dentro de la montaña hueca pero como la ciudad está junto a ella, podría ser un peligro para los habitantes de la ciudad. La ciudad está ahí por el reactor, con todos los técnicos, etcétera.

D.: *De modo que a eso se refiere con «Nueva Ciudad». Ellos interpretaron la Nueva Ciudad como Nueva York y las montañas huecas serían los edificios altos de Nueva York.*

B.: Al oír esto se ríe. Sólo porque un lugar se llama «nuevo» como Nueva York, no significa que sea nuevo. Partiendo de lo que ha visto a través de su espejo, percibe que en tu tiempo Nueva York ya es una ciudad bastante vieja. Ha tenido algunas visiones relacionadas con Nueva York y dice que a esta ciudad le sobrevendrán calamidades. Pero esta cuarteta en particular no se refiere a ellas.

Yo nunca había oído hablar de una ciudad como ésta, lo cual no sería raro si en verdad fuese un proyecto secreto del Gobierno. Desde entonces se ha sugerido que podría referirse a las instalaciones NORAD en las Montañas Rocosas de Colorado. Entonces descubrí que en el libro *Bigger Secrets* ('Secretos mayores'), escrito por William Poundstone, se menciona la ciudad secreta que se utilizará para albergar a los máximos funcionarios del Gobierno en caso de un ataque nuclear. Se encuentra en el interior del ahuecado monte Weather, 70 kilómetros al oeste de Washington, D. C. Es una verdadera ciudad subterránea que contiene edificios para oficinas, cafeterías y hospitales. Es completamente autosuficiente y tiene su propio sistema de abastecimiento de agua, almacén de alimentos y generador de energía. La plantilla está formada por cientos de funcionarios del Gobierno y operarios de mantenimiento. Incluso hay un lago artificial subterráneo alimentado por un manantial. Todo esto suena demasiado parecido a la descripción de Nostradamus para ser coincidencia. ¿Podría ser la ciudad que él vio? Es cierto que Brenda mencionó las Montañas Rocosas pero podría haber otras ciudades subterráneas secretas del Gobierno de las que no sabemos nada.

CENTURIA III-21

Au Crustamin par mer Hadriatique,
Apparoistra un horrible poisson
De face humaine & la fin aquatique,
Qui se prendra dehors de l'amacon.

Cerca del [río] Conca, junto al mar Adriático, / aparecerá un pez horrible / con rasgos humanos y propósito acuático, / y lo pescarán sin anzuelo.

B.: Esto se refiere a un escándalo que ocurrirá en relación con secretos militares. Como experimento, los soviéticos han construido una cúpula subacuática y una base para submarinos en el mar Adriático. Dice que usan este lugar bajo el agua para enviar sus submarinos con fines subversivos. Cuando esto se descubra como resultado de la presión ejercida por los estadistas, diplomáticos y políticos, todo esto se llevará a la superficie. Sacarán de ahí los submarinos sin usar anzuelo, por así decirlo. Porque en vez de llevarse los submarinos destruyéndolos con armas, lo harán mediante maniobras políticas.

D.: *¿«Un pez horrible con rasgos humanos» alude a la gente implicada?*

B.: Sí. Se refiere tanto a la base subacuática como a la existencia de submarinos en ella. Necesitan tener gente encargada para controlar ambas cosas.

D.: *La traducción que le dan me irrita realmente. Ellos creen que él puede estar refiriéndose a una criatura real: una sirena o algo parecido.*

B.: Se tapa los oídos con los índices. Se enfada y resopla, agita la barba de un lado a otro y dice: «¡No quiero escucharlo! ¡No he venido para escuchar esto!». (Risas.) Que si creen que habla de una sirena, entonces les mostrará un genuino modelo de la tierra plana. Cualquier hombre culto sabe que la tierra es redonda. Así que si creen que habla claramente de una sirena, también se alegrarán de ver un modelo de la tierra plana, porque probablemente también creen en eso.

D.: *Sí, a mí también me parece ridícula esa traducción. Creen que podría haber sido una criatura con aspecto de sirena. Afirman que hay algunos animales acuáticos que en cierto modo se parecen a las sirenas. Por ejemplo, la foca. (*De hecho, se refieren a un manatí o a un dugongo. No pensé que él conociera esos términos.*) Creen que lo que quiere decir va en esa línea.*

B.: Asegura que nunca los describiría como horribles porque todas las criaturas poseen una belleza digna de contemplar.

D.: (Risas.) *Es más sensato que ellos.*

B.: Exclama: «¡No te quepa duda!».

D.: *Es curioso que las únicas explicaciones que encuentran suelen ser así de literales.*

B.: Es porque se niegan a creer que él realmente ve lo que ve y no confían en los poderes con los que trabaja.

D.: *Creen que está atado a su propio tiempo.*

CENTURIA I-22

Ce que vivra & n'ayant ancien sens,
Viendra leser à mort son artifice:
Austun, Chalan, Langres & les deux Sens,
La gresle & glace fera grand malefice.

Un objeto que existe carente de sentidos / causará su propio fin con un ardid. / En Autun, Chalan, Langres y los dos Sens / granizo y hielo causarán mucho daño.

D.: *Los traductores creen que porque él es médico habla aquí de algo relacionado con la medicina.*

B.: No. Aquí habla de un acontecimiento futuro. La humanidad habrá inventado algunos artefactos para atemperar el clima y tener opción a decidir sus características. Las máquinas que realizan estos cómputos y cálculos serán tan perfectas que llegarán a ser demasiado inteligentes pero carecerán de sentido común. El sentido común es lo que se adquiere a través de la experiencia de vivir. Por consiguiente, un fallo en su programación que no se detecta hasta que es demasiado tarde producirá accidentalmente un trastorno climático que causará muchos daños por medio de hielo y granizo fuera de estación. Los encargados de su funcionamiento ignoran que cuando se intenta forzar el clima durante un lapso demasiado prolongado, el patrón climático natural logrará vencer la interferencia, y mientras vuelve a equilibrarse tal vez se produzcan ciertas anomalías climáticas. Como consecuencia de ello, en los ordenadores programados para vencer las fuerzas naturales, que a su vez tratan de recuperar su equilibrio, saltará un fusible, di- gamos, y el daño será irreparable.

D.: *¿Qué significan estos nombres?*

B.: Los sitios que sufrirán el peor daño por las anomalías del clima.

D.: *Ésta es una de las cuartetas que los traductores no pudieron entender.*

B.: Asegura que la escribió con bastante claridad porque sabía que los conceptos contenidos ya eran bastante oscuros para que ninguno de sus contemporáneos los entendiera.

D.: *No pensaban en artefactos. Creyeron que siendo médico, él se refería a algo médico, como un embrión osificado que se saca del vientre de una mujer. Eso sería algo vivo carente de sentido.*

B.: Es verdad. Eso sería algo que carece de sentidos. Sin embargo, los inventos del hombre como los ordenadores y cosas así tampoco tienen sentidos. Sólo se encoge de hombros y añade: «Bien, si insisten en ser estrechos de mente, allá ellos».

CENTURIA II-2

La teste bleu fera la tete blanche
Autant de mal que France a faict leur bien,
Mort à l'anthene grand pendu sus la branche,
Quand prins des siens le Roy dira combien.

El líder azul infligirá al líder blanco / tanto daño como bien les hizo Francia. / Muerte por la gran antena colgada de la rama, / cuando el rey pregunte a cuántos de sus hombres capturaron.

B.: Señala que esto se refiere a acontecimientos que sobrevendrán durante el tiempo de los cataclismos. Habrá un accidente, una gran tragedia. Empezará como tácticas de un juego de guerra, procedimientos para una situación hipotética. Como «en caso de que ocurra esto o lo otro, éstas son las medidas defensivas que tomaremos». En este juego de guerra especialmente, se asignan a los equipos los colores azul y blanco, con un líder azul y un líder blanco, al estilo de una estrategia y un plan militar. A los diversos bandos se les asignan colores para que se dé una situación genérica. Insiste en que Gran Bretaña se implicará en esto, y que los líderes llevarán el control de este juego de guerra en los ordenadores. Un circuito defectuoso en el ordenador hará que se dispare un error, de tal forma que la programación detectará que se trata de una situación real en vez de un juego de guerra. En consecuencia, el ordenador pondrá en marcha las tácticas defensivas y las correspondientes armas, y empezará a soltar bombas de verdad en las zonas implicadas y provocará un trágico incidente internacional. Dice que este incidente en especial arrojará a Europa al caos, y que tratará de explicarse qué ha ocurrido y por qué.

D.: *¿Implicará a las tropas de Estados Unidos al igual que a las europeas?*

B.: No. Básicamente serán tropas europeas. Las únicas tropas estadounidenses serán las que estén acuarteladas en ese momento en esa parte del mundo. No acudirán tropas norteamericanas adicionales. Dado que la operación que se desencadene será tan sin sentido y extraña, resultará evidente que se trata de un insensato que lanzó los proyectiles o de un accidente fortuito. Y no hay razón para que se sumen tropas para luchar. Cuando las cosas empiecen a calmarse, se pedirá la ayuda de tropas humanitarias para restablecer el orden civil.

D.: *Quería una aclaración sobre «Muerte por la gran antena colgada de la rama».*

B.: Tiene un significado múltiple. Por un lado se refiere a la creación de un nuevo tipo de arma. Una especie de onda de radio que en determinadas frecuencias e intensidades puede llegar a ser mortal. Puede causar un dolor intenso en las terminaciones nerviosas y destruir ciertas porciones del cerebro. Señala que al mismo tiempo se refiere también a la emisión de órdenes por radio desde el ordenador. La «rama» se refiere a esa parte defectuosa del ordenador que se desvía en dirección distinta de la programada. Los dos principales países implicados serán Gran Bretaña y Francia. Gran Bretaña se mostrará agresiva con Francia sin razón aparente, y esto perjudicará seriamente a Francia, tanto física como económica y políticamente. Las relaciones entre Francia y Gran Bretaña serán muy tensas hasta que se explique el equívoco.

CENTURIA II-14

A Tours, Gien, gardé seront yeux penetrans,
Descouvriront de loing la grand seraine:
Elle & sa suitte au port seront entrans.
Combat, poussez, puissance souverame.

En Tours y Gien ojos vigilantes serán guardados, / espiarán de lejos la serena alteza. / Ella y su séquito entrarán en el puerto, / combate unido, poder soberano.

B.: Señala que esto se refiere a un acontecimiento que sucederá en el futuro cercano, no más tarde de 1991. Un incidente entre la Marina británica y una potencia de Oriente Próximo, del norte de África. Creo que alude a Libia. Me muestra un mapa y se concentra en la región que en nuestros mapas sería Libia. Aunque en el mapa que me muestra los países no están dibujados, la parte de África en la que tiene puestos los ojos se llama Libia en los mapas del siglo xx. Dice que la gente de esos puertos de Francia,

> con su radar, se hará una idea de la situación y observará su desarrollo y evolución. Un buque insignia de la Marina, uno de los más importantes de la línea, es aludido como «ella» porque a los barcos se les atribuye el género femenino. Como es el buque insignia de esa flota en particular, es la reina de esa flota. Este buque insignia se encontrará con algunos barcos de una potencia extranjera y habrá un enfrentamiento. Ocurrirá en la zona noroccidental del Mediterráneo. Será una confrontación de escasa importancia en lo que respecta a la lucha porque nadie morirá. Básica- mente se lanzarán granadas y torpedos, pero la prensa y el mundo diplomático lo convertirán en un incidente internacional. En este incidente en particular Gran Bretaña saldrá victoriosa de la situación, ganará, por así decirlo.

Esto parece muy posible puesto que los conflictos con barcos de la Marina en el golfo Pérsico empezaron en 1988.

ACTUALIZACIÓN: *Se ha sugerido que esta cuarteta se refería a la intervención británica en la guerra del golfo Pérsico en 1990 y 1991. Brenda pensó que se refería a Libia, pero ella lo adivinó porque Nostradamus le mostraba un mapa sin fronteras de países. También podría aludir a un incidente futuro, que implicara a Libia, ocasionado por la creciente tensión en Oriente Próximo.*

13
Tiempo de cataclismos

Nostradamus presagio un tiempo de cambios dramáticos y violentos en la tierra al que llamó «tiempo de cataclismos». Algunos eran difíciles de fechar porque él también anunció un tiempo aún más terrible en el futuro lejano en que los cambios en la tierra serían muy dramáticos. A veces me costaba distinguir de qué período estaba hablando. He intentado clasificarlos lo mejor posible por categorías.

CENTURIA VIII-29

Au quart pillier l'on sacre à Saturne.
Par tremblant terre & deluge fendu
Soubz l'edifice Saturnin trouvee urne,
D'or Capion ravi & puis rendu.

En el cuarto pilar que ellos consagraron a Saturno / partido por terremoto e inundación; / bajo el edificio de Saturno es hallada una urna, / el oro robado por Cepión y luego restituido.

Brenda: Esta cuarteta se refiere a dos acontecimientos diferentes. No aclara si existe relación entre ambos hechos. Los cuatro pilares representan a cuatro importantes naciones. Cada nación tiene por propio derecho un pilar de la cultura que generalmente comparten estas naciones. Una de ellas, la que se halla bajo los auspicios de Saturno, sufrirá desastres naturales de grandes proporciones, tal como se menciona en la cuarteta, terremotos e inundaciones. Desgarrará la nación de punta a punta, y habrá grandes lamentos. Asimismo, los servicios generales se colapsarán, y esto producirá angustia y dolor. La línea que habla de la gran urna llena de oro que es robada y luego restituida tiene un doble significado. Uno de ellos es la nación desgarrada por el temblor y la inundación. Es una nación rica pero estos desastres naturales vaciarán sus cofres cuando intente enfrentarse a ellos. Después de agotar sus propios recursos, pedirá ayuda a otras naciones. Y los otros tres pilares la enviarán para que llene de nuevo las arcas y la gente logre sobrevivir.

ACTUALIZACIÓN: *Ciertamente esto empezó a sucede1: El final de los años ochenta y principio de los noventa han sido testigos de una proliferación de terremotos devastadores por todo el mundo, así como el despertar de volcanes que llevaban Largo tiempo dormidos. Todo esto, sin lugar a dudas, ha «vaciado las arcas de estas naciones». Nostradamus dijo que no hacía falta una guerra para agotar los recursos económicos; esto lo consiguen muy fácilmente los desastres naturales.*

Brenda: Otro significado para esta última línea se refiere al oro de Centroamérica robado por cierto países europeos durante la era de la colonización. Una parte se la llevaron a Europa, otra se hundió en el mar. En el futuro, a medida que avance la tecnología, lograrán encontrar más fácilmente los tesoros que fueron a parar al fondo del mar. Todos estos tesoros serán restituidos a los países donde fueron robados.

Dolores: *¿Habla del tiempo de Cortés y los conquistadores?*

B.: Sí. Nostradamus habla expresamente de España y el expolio y la violación de Centroamérica y América del Sur que ella hizo, de su oro y sus tesoros de plata.

Existe un paralelismo asombroso entre esta definición y el simbolismo usado en la cuarteta. «El oro robado por Cepión y luego restituido». Según la señora Cheetham, Cepión fue un cónsul romano que saqueó Toulouse en 106 a. C. Sin embargo, el tesoro nunca llegó a Roma, y Cepión fue denunciado y expulsado del Senado. Resulta obvio que Nostradamus empleaba de nuevo la simbología basándose en un acontecimiento de la historia romana. Explicó que esto lo hacía a menudo para confundir a la Inquisición.

D.: *Luego es verdad que tiene un doble significado. ¿Podría decirme cuáles son los cuatro países representados por los cuatro pilares?*

B.: Le resulta difícil decirlo porque entre hoy y el tiempo en que eso ocurrirá, algunos de los países habrán cambiado de nombre, aunque la nacionalidad seguirá siendo la misma. Lo que sí puede decir es que los cuatro pilares tienen que ver con la cultura occidental.

CENTURIA IX-31

Le tremblement de terre à Montara,
Cassich saint George à demi perfondrez,
Paix assoupie, la guerre esveillera,
Dans temple à Pasques abismes enfondrez.

El temblor de la tierra en Mortara, / la isla de hojalata de San Jorge a medias hundida; / soñolienta de paz, la guerra surgirá; / en Pascua, se abrieron los abismos en el templo.

B.: Dice que la tierra, después de un período de paz, como se indica en la línea «soñolienta de paz», sufrirá un gran desastre natural. La tierra sufrirá terremotos extraordinariamente graves. Tanto, que la corteza se abrirá por toda la superficie terrestre y vomitará lava ardiente. Este temblor en particular será tan catastrófico que desencadenará otros más en todas las zonas sísmicas. Serán tan extensos y peligrosos que destruirán todo a diestra y siniestra. Dice que la mitad de la isla inglesa quedará destruida y desaparecerá en el mar. Como resultado de este desastre, casi de inmediato aparecerá la hambruna y la gente empezará a pelear. Harán la guerra por los pocos recursos que queden en el planeta después de este desastre. No habrá suficiente comida para todos y los que vivan en países donde se mueren de hambre se marcharán a otros lugares donde sobra el alimento. Dice que el país donde tú vives será afortunado porque está protegido por los océanos. Pero aún así, el país simplemente sobrevivirá, porque será uno de los más afectados por los terremotos. Puesto que tiene excedente de comida, el hambre no lo afectará. Su distribución sólo será un problema. Otros países, como la India y China, también quedarán destrozados por terremotos, pero tienen demasiada población y poca comida. Y se volverán y marcharán hacia Rusia y Europa del Este donde existen campos de maíz y de trigo.

D.: *¿Esas palabras (Mortara y Cassich) son nombres o anagramas de países?*

B.: Son anagramas que representan algo que entonces le pareció desconcertante. Pero cuando los asocia con una persona del siglo xx, empieza a entenderlo. Dice que al parecer en la tierra había lugares a los que se les vinculaba algunos nombres, pero no podía distinguir si era un país u otra cosa. Y ahora descubre que, a través del trabajo de científicos posteriores a su tiempo, hay lugares del mundo con nombres que los identifican, no porque sean países, sino porque son un rasgo geológico. Por ejemplo, la falla de San Andrés (*extrañamente pronunciado*) tiene su propio nombre pero no es un país. Estos nombres son anagramas que se refieren a las principales líneas sísmicas que serán decisivas en este acontecimiento.

D.: *Han identificado St. George en relación con Inglaterra.*

B.: Sí, es una referencia clara puesto que fue un desastre natural, no provocado por la mano del hombre. Sólo quería disfrazarlo lo suficiente para eludir a la Inquisición y no ponérselo demasiado difícil a las generaciones futuras.

D.: *«En Pascua, se abrieron los abismos en el templo». ¿Es una indicación del momento en que eso ocurrirá?*

B.: Se trata de una alegoría. Por este gran desastre en el que se colapsan las comunicaciones y los servicios y la gente se marcha a otros países para luchar y cosas semejantes, los abismos que se abren en los templos en Pascua se refiere a que los sacerdotes, al ser incapaces de proporcionar una explicación tranquilizadora acerca de estas cosas, perderán crédito ante la gente y se abrirán los abismos desde la base misma de la religión. Dice que el cristianismo tropezará con los fragmentos de sus propios cimientos.

CENTURIA IV-67

L'an que Saturne & Mars esgaux combuste,
L'air fort seiché longue trajection:

Par feux secrets, d'ardeur grand lieu adust
Peu pluie, vent chault, guerres, incurstons.

El año en que Saturno y Marte estén igualmente ardientes, / el aire será muy seco, un largo meteoro. / Por ocultos fuegos arde de calor un gran lugar, / poca lluvia, un viento que quema, guerras e mvas10nes.

B.: Él dice que, personalmente a ésta la llama la cuarteta *seca.* (*Ella reía.*) Creo que pretende estar de buen humor. Indica que en este año del que habla... te dará las circunstancias correspondientes y tal vez John pueda encontrar el año. Afirma que está en un futuro no muy lejano. Cuando Saturno esté en un signo de fuego y en el momento en que el sol cambie a un signo de fuego, habrá un cometa. Este cometa será muy brillante y fácilmente visible. Pero tal vez no se conozca previamente. Coincide con un tiempo de grandes trastornos geológicos. Habrá terremotos y erupción de volcanes, y esto trastornará el clima, y en consecuencia habrá una gran hambruna y sequía. Esto provocará cataclismos sociales en lugares inesperados. Se revelará que las naciones consideradas prósperas y poderosas, en especial las occidentales, no lo serán tanto como generalmente se creía. Y se desgarrarán con guerras civiles y reyertas a medida que la gente intenta dejar las zonas de sequía para ir hacia zonas que aún tienen algo de agua y se pueden cultivar. Asegura que ya antes se aludió a esto, que será un tiempo muy traumático. Ocasionará revueltas en varias partes del mundo porque esta situación se extenderá mucho. La revuelta social que esto provoca ayudará a que el Anticristo gane poder en ciertas zonas del mundo. Será uno de los factores que contribuirán al debilitamiento y preparación de las condiciones para que el Anticristo asuma el poder.

John: (Había estado buscando estos signos.) *Marte y Saturno estarán en conjunción en Sagitario dentro de muy poco tiempo, aproximadamente en.... febrero de 1988.*

D.: *¡Vaya, dentro de muy pocos años!*

B.: Desde su perspectiva, eso parece estar muy próximo al tiempo que contempla. Será un tiempo abrasador, muy seco y muy cálido, ardiente desde el punto de vista astrológico. La gente normal y corriente se sentirá rota mental y espiritualmente por todos los sucesivos desastres cosmológicos que la sacude desde todas direcciones.

Había una gran semejanza con la «Cuarteta del Arco Ins» (CENTURIA I-17) de la que se hablará en el capítulo 25: «El futuro lejano». Nostradamus indicó que una de las señales de que se acercaba el Anticristo sería todo un año sin arco iris. Daba la impresión de ser más simbólico que real. Nostradamus dijo que habría sequías con poca lluvia hasta este año dramático sin arco iris, indicio de una sequedad extrema. Ese año sería la señal de que el Anticristo había llegado, y las predicciones en torno a él empezarían a realizarse. Así, estas dos cuartetas están conectadas simbólicamente.

J.: *Marte y Saturno, en conjunción en Sagitario también nos mostrarían cierto tipo de lucha pseudo-religiosa, o cierto tipo de fervor o fanatismo religioso que podría ser muy perjudicial para otros. ¿Esta cuarteta también se refiere a eso?*

B.: Sí, es uno de los cataclismos sociales que contribuirán a preparar el camino para que el Anticristo se haga con el poder. La estructura social y política de ciertos países quedará totalmente trastocada. Y los religiosos fanáticos... y no se refiere a gente religiosa sino a fanáticos religiosos. Destaca de forma expresa que, diferencias aparte, esto es muy claro y decisivo. Los fanáticos religiosos llegarán al poder convencidos de que están haciendo lo que deben. Ha habido otros grupos que llegaron al poder creyendo que hacían lo que debían, aunque fuera con medios drásticos, y siempre han acabado mal. Este fervor religioso también influye en los intereses del Anticristo. Eso lo ayuda a llegar al poder puesto que su lengua es muy engañosa. Y aquéllos en los que influye también lo venerarán como figura religiosa.

D.: *Es interesante que la llame su cuarteta seca.*

B.: Porque el mundo estará muy sediento. Sediento de agua y sediento de consuelo... de consuelo espiritual. Porque los fanáticos religiosos no le ofrecerán ningún consuelo espiritual, sólo juegos de poder.

Esa fecha, febrero de 1988, llegó mientras este libro estaba en la editorial; aún pudimos ver que se hacía realidad otra de las cuartetas de Nostradamus. No creo que él diera a entender que todas las partes de su explicación se realizarían en ese mes, ni siquiera en ese año. Nos proporcionó los signos astrológicos para que le pusiéramos fecha al comienzo de su visión. El invierno de 1987 y el año 1988 fueron declarados como los más extraños de los últimos cien años. Se decía que el verano de 1988 había sido el más seco de los últimos cincuenta años. Estábamos en medio de una terrible sequía que igualaba, si no superaba, la sequía de la época de la Depresión. Por primera vez en la historia, las barcazas no pudieron navegar en el Mississippi, quedaron varadas cuando el cauce del río estuvo en los niveles más bajos de la historia. En el río Arkansas aparecieron a la luz del día restos de barcos hundidos cien años atrás y los arqueólogos pudieron examinarlos. ¿Todo era coincidencia? ¿O era el principio de los tiempos que conducían al año sin arco iris?

Además, ese año 1988 fue sin lugar a dudas muy convulso y cargado de confusión religiosa, provocada por los escándalos de Bakker y Swaggart. Un sentimiento general de desconfianza se extendía por toda la comunidad eclesial.

CENTURIA III-3

Mars and Mercure & l'argent joint ensemble,
Vers le midi extreme siccité:
Au fond d'Asie on dira terre tremble,
Corinthe, Ephese lors en perplexité.

Marte, Mercurio y la Luna en conjunción, / habrá una gran sequía hacia el sur. / Se hablará de un temblor en el Asia profunda; / Corinto y Éfeso en situación angustiosa.

B.: Esos acontecimientos se refieren a lo que tú considerarías el estado actual del mundo. Si quieres una fecha, busca esa particular conjunción de planetas.

John quería saber en qué signo se produciría esa conjunción.

B.: Un momento, por favor. (*Pausa.*) Me está dando dos signos. Cáncer y Leo. (*John consultó enseguida sus Efemérides.*) Se queja de mi subconsciente. Mueve la cabeza perplejo. (*Risas.*) Podría significar dos fechas diferentes, pero dice que estos acontecimientos tendrán lugar en un futuro muy próximo.

D.: *La cuarteta dice que en ese tiempo «habrá una gran sequía hacia el sur».*

B.: Se refiere a la sequía en África.

D.: *«Se hablará de un temblor en el Asia profunda.»*

B.: Sí. El más fuerte será en China, y causará muchas muertes.

D.: *«Corinto y Éfeso estarán en situación angustiosa.»*

B.: (Corrigió mi pronunciación.) Esto significa que siempre habrá problemas en la zona oriental del Mediterráneo, en esa parte del mundo. Será muy vulnerable y el Anticristo se movilizará en esa dirección.

De hecho, estas ciudades están en el este del Mediterráneo. Corinto está en Grecia y Éfeso es parte de la moderna Turquía; sus ruinas están cerca de Izmir. En los siguientes capítulos se asocia reiteradamente al Anticristo con estos dos países.

J.: (Muy entusiasmado.) *Ya tengo la fecha. 13 de julio de 1991, en Leo.*

B.: Dice que está a sólo cinco años de tu tiempo. Y desde su punto de vista aparece casi simultáneo.

D.: *Da la impresión de que el Anticristo llegará al poder cuando estén ocurriendo también todos estos cambios en la tierra.*

B.: Sí, será un tiempo sumamente traumático.

ACTUALIZACIÓN: *Al inicio de los años noventa se informó profusamente sobre la violenta actividad sísmica en toda Asia. Términos como «el más fuerte, el peor», eran descripciones comunes. En el verano de 1991 hubo terribles inundaciones que causaron enormes deslizamientos de lodo en China, que ocasionaron la muerte de miles de personas y la pérdida del hogar de millones más. No dudaría en clasificar los deslizamientos de lodo en la misma categoría que los terremotos porque literalmente la tierra se movió. Tiempo después, cuando el astrólogo tuvo tiempo de estudiar a fondo estas posiciones planetarias, dijo que esta combinación ocurriría en otras fechas durante los noventa. La única de estas fechas que sería en Leo era el 21 de agosto de 1998. Podría sernos útil anotar las otras posibilidades por la dificultad de Brenda para la información astrológica, y Nostradamus parecía estar dándole más de una fecha. Para los* astrológicamente curiosos: 3 de enero de 1992, 16 de octubre de 1993, 11 de enero de *1994, 8 de abril de 1994, 22 de diciembre de 1995, 16 de mayo de 1996, 12 de junio de 1996, 3 de diciembre de 1997, 27 de febrero y 28 de marzo de 1998 también eran posibilidades, según los signos proporcionados en esta cuarteta. Personalmente, el astrólogo creía que el 22 de diciembre de 1995 sería la mejor alternativa porque tenía el grado más exacto de conjunción. Esa fecha también encajaría más exactamente con el cumplimiento de los «tiempos difíciles».*

CENTURIA III-12

Par la tumeur de Heb, Po, Tag, Timbre & Rome,
Et par l'estang leman & Arentin
Les deux grands chefs & citez de Garonne,
Prins mors noyez. Partir humain butin.

Por el desbordamiento del Ebro, Po, Tajo, Tíber y Ródano, / y junto a los lagos de Ginebra y Arezzo, / las dos grandes ciudades del Garona / tomadas, muertas, ahogadas. El botín humano repartido.

B.: Esto se refiere a los cambios que sucederán en la tierra, algo que aprovechará el Anticristo durante su conquista del mundo. En el centro y sur de Europa, en Oriente Próximo, sobre todo en torno a la parte este del Mediterráneo habrá varias inundaciones graves. Como consecuencia de la disolución de los gobiernos locales a causa de estos desastres naturales, el Anticristo movilizará sus tropas de inmediato, supuestamente para colaborar con la gente en la restauración del orden civil después de estos desastres. Lo aprovechará como dispositivo para asumir el control de los países y usará a la población como esclavos y cosas por el estilo. Por eso alude al botín humano. También será un tiempo de problemas económicos, y éste será uno de los factores que contribuirán a los tiempos difíciles. El gran malestar, fallos en el funcionamiento de las cosas y la paralización generalizada, contribuirán a facilitar la llegada al poder del Anticristo. Será un tiempo en el que jóvenes dinámicos con facilidad de palabra podrán hacer que las masas se inclinen hacia su ideología porque el pueblo necesita creer en algo.

D.: *Da la impresión de que en ese tiempo todo se desmoronará.*

B.: Será un tiempo muy traumático. Las almas que en este tiempo están en la tierra eran conscientes de estas consecuencias antes de entrar en esta vida. Por eso hay más al más viejas que en ningún otro tiempo de la historia en proporción con las almas jóvenes que viven hoy. Se necesitará firmeza de propósito para sobrevivir en estos tiempos.

D.: *Tengo algunas preguntas que me gustaría hacerle. Quiero aclarar algunas de las cuartetas que ya hemos pasado.*

B.: Dice que lo que se pretende con esto es aclarar.

D.: *La mayor parte trata de las predicciones sobre terremotos. Sólo me gustaría saber si van a ocurrir antes del Anticristo o durante el tiempo del Anticristo.*

B.: Entre los cambios en la tierra hay terremotos y erupciones volcánicas, cambios en el nivel del mar y variación en la cantidad de glaciares. Esto tendrá lugar a finales de los años ochenta y principios de los noventa. Añade que estos acontecimientos son diferentes. Son actos de Dios, nada tienen que ver con el Anticristo. Pero éste los aprovechará para sus intereses porque varios países quedarán desorganizados por la gravedad de los desastres naturales. Será más fácil para el Anticristo introducir espías y gente que trabaje desde dentro y le ayude más tarde a destruir el país. Cuando estos acontecimientos estén ocurriendo, el Anticristo ya habrá empezado a construir su base de poder en esa zona del mundo. Pero estos desastres naturales sucederán en todo el mundo, y en varios casos ayudarán a que el Anticristo prepare el terreno para tomar ciertos países más tarde en su carrera, como a mediados y finales de la última década del siglo XX.

En diciembre de 1988, mientras se publicaba este libro, un desastroso terremoto afectó a Armenia. La cantidad de muertes y el daño producido fue inconcebible. Desaparecieron ciudades enteras. El balance aproximado de muertos fue de 55.000, y los sobrevivientes se morían por el terrible frío. Países de todo el mundo enviaron agua y por primera vez los soviéticos aceptaron el auxilio ofrecido. ¿Empezaban a cumplirse las terribles profecías de Nostradamus relacionadas con los desastres naturales?

D.: *Al principio de nuestro trabajo, teníamos cuartetas relacionadas con terremotos que afectarían a Estados Unidos. Nos lo dijo a través de Dionisia. Dijo algo sobre un triángulo. Habría tres ciudades en la Costa Oeste que formaban un triángulo y se verían afectadas por terremotos. ¿Puede darnos información sobre ello?*

B.: Como fácilmente podrás averiguar, dos de los puntos del triángulo están en el lugar llamado «California». La tercera... dice que le resulta muy extraño tratar de ponerle nombre a esa parte del mundo puesto que es el Nuevo Mundo... pero podrás hacerlo tú misma. Sugiere que encuentres un lugar no demasiado distante hacia el este, que también ha sido propenso a terremotos en el pasado.

D.: *De acuerdo. Es lo que ha dicho antes, que formaban un triángulo. Mencionó además que también habría terremotos en Nueva York.*

B.: Serán parte de los cambios más drásticos que ocurrirán en la tierra más tarde.

D.: *¿Los de California ocurrirán antes?*

B.: Sí. Estarán más próximos al orden natural de las cosas porque ese lugar en sí es propenso a los terremotos. De modo que ocurrirán primero en los lugares propensos a los terremotos o donde los sufren esporádicamente pero con mucha violencia. Pero también los habrá en zonas donde no suele haber terremotos.

D.: *Se ha hablado mucho de que se producirá un desplazamiento del eje de la tierra aproximadamente en ese tiempo. ¿Puede ver algo de eso?*

B.: Es difícil de decir. Muchas cosas se ven nebulosas en este tiempo, pero no le sorprendería que ocurriera. Este cambio del eje no es algo gradual como dirían algunos. Ocurre repentinamente. Y cuando ocurre podría ser muy catastrófico.

D.: *Sin embargo, cree que los hechos relacionados con el Anticristo son tan predominantes en las líneas del tiempo que ocurrirán de todos modos, a pesar de los cambios de la tierra o de un desplazamiento del eje de rotación.*

B.: Cierto. Dice que en la parte de la tierra donde está el Anticristo se sufrirán menos daños que en otras. Estos cambios afectarán a su país pero no lo devastarán como a otros. De este modo, podrá aprovecharse en ventaja propia. Poco tiempo después, mientras otros países siguen en su empeño de recuperarse, él ofrece ayuda. Y cuando aceptan la ayuda, es demasiado tarde para ellos, porque finalmente terminará clavándoles un puñal por la espalda.

D.: *Eso es lo que pensé. Si los países quedaran completamente devastados por terremotos y catástrofes, también afectaría al suyo. Y no podría pensar en conquistarlos.*

B.: El suyo también tendrá sus problemas, pero estará bajo una fuerte ley marcial y organizado para un esfuerzo común, en tanto que otros países estarán bajo la ley civil cuando llegue el tiempo de los terremotos. Después de ocurrido el desastre, se declara la ley marcial para poner orden en las calles y detener el pillaje.

Creo que estas revelaciones no contradicen nada de lo que me dijo Dionisia a través de Elena. Simplemente se ve que no entendía del todo lo que veía, y puede haberse confundido en la secuencia de tiempos entre estos primeros acontecimientos y los más radicales cambios en la tierra que vio Nostradamus en el futuro lejano (que se relatan en el capítulo 25).

De verdad creo que si aquella noche después de dejar la casa de Elena no me hubiera reconciliado con este trabajo, es probable que me hubiera afectado mucho el hecho de escuchar tantas terribles predicciones de un espantoso acontecimiento tras otro. Cuando Nostradamus me habló por primera vez de estas terribles visiones que aparentemente llenan nuestro futuro, naturalmente mi lado humano sintió angustia. Pero ahora que he aceptado mi papel en algo donde no puedo cambiar nada soy capaz de actuar como un periodista objetivo, por desagradable que sea la tarea.

14
La llegada del Anticristo

A lo largo de las sesiones se fueron revelando pequeños fragmentos y vestigios de esta personalidad conocida como el Anticristo. Aparecía como una figura siniestra y secreta incluso para el mismo Nostradamus. Para poder entender a este individuo que está destinado a cobrar demasiada importancia en el futuro de la humanidad, he intentado incluir en este capítulo todos los detalles que pudimos averiguar sobre él.

Dolores: *Cuando los traductores se refieren al Anticristo del que tanto hemos venido hablando, dicen que Nostradamus le llamaba el tercer Anticristo. ¿Es correcto?*

Brenda: Si se trata del segundo Anticristo o del tercero, depende de tu punto de vista. Desde la perspectiva europea sería el tercer Anticristo. Desde otra perspectiva sólo habrá dos Anticristos en vez de tres.

D.: *¿De quién sería esa perspectiva?*

B.: Cualquier persona no europea. Los asiáticos, los países del Tercer Mundo, las Américas.

D.: *Pensé que tal vez fue algo que dijo en sus cuartetas que les hizo suponer que habría tres.*

B.: Hay cuartetas que se refieren al tercer Anticristo. No las especifica expresamente, pero algunas se cumplieron y la gente comprendió que la cuarteta se aplicaba a un acontecimiento en particular, e interpretaron que cuando habla del Anticristo alude a tres hombres diferentes.

D.: *Según sus definiciones, ¿quiénes fueron los otros Anticristos?*

B.: Napoleón fue uno, pero desde una perspectiva estrictamente europea. Porque Napoleón influyó principalmente en Europa y eso fue todo, aunque fue sobradamente devastador. Así que sólo los europeos considerarían que Napoleón es un Anticristo. Pero el otro Anticristo, independientemente de tu punto de vista, es muy claro. Fue Adolf Hitler. Lo que hizo Hitler y lo que hará el próximo Anticristo afectará a todo el mundo, no sólo a Europa.

D.: *Y él considera que el próximo Anticristo será el tercero.*

B.: Sí, y que es mucho peor que Adolf Hitler.

D.: *¿Podríamos tener alguna información sobre el Anticristo?*

B.: ¿Qué quieres decir? ¿Qué tipo de información?

D.: *Que nos diga tal vez el lugar donde está en este momento en nuestro mundo y, a ser posible, su edad.*

B.: Le resulta difícil reconocer el lugar por la confusión en las líneas del tiempo desde esta perspectiva temporal. Puesto que nos acercamos al momento de realización de los acontecimientos, se produce un efecto parecido a una tormenta eléctrica en las líneas del tiempo. Sabe que el Anticristo está en alguna parte de Oriente Próximo. No puede situarle exactamente por tanta violencia y hechos negativos que hay en esa parte del mundo, y que en cierto modo nublan su visión. Añade que actualmente este Anticristo es un joven que se encuentra en un momento muy decisivo de su vida. Todas las impresiones fuertes que percibe en este momento tendrán un efecto en la trayectoria futura de su vida. Y en el lugar de Oriente Próximo donde se encuentra ahora existen muchas maniobras políticas, violencia y corrupción. Debido a la influencia que en él ejerce la atmósfera que lo rodea en este momento decisivo de su vida, empieza a darse cuenta del destino que le espera.

D.: *Pero has dicho que era una figura de tal calibre que sería difícil impedir que llegara al poder.*

B.: Es verdad. Los acontecimientos que le llevan al poder se pusieron en movimiento hace siglos, desde la primera concepción e inicio del Imperio otomano.

CENTURIA I-76

D'un nom farouche tel proferé sera,
Que les trois soeurs auront fato le nom:
Puis grand peuple par langue & faict dira
Plus que nul autre bruit & renom.

A este hombre le darán un nombre bárbaro / que tres hermanas recibirán del destino. / Él se dirigirá entonces a un pueblo grande en obras y palabras, / y tendrá más fama y renombre que cualquier otro hombre.

B.: Esta cuarteta se refiere al Anticristo. Las tres hermanas son las tres Parcas: la que estira el hilo de la vida, la que mide la duración de la vida, y la que lo corta en la longitud adecuada. Este hombre está destinado a convertirse en un líder mundial aunque hará mal uso de este poder. Su nombre, al estilo de algunos países, será algo extenso. Y si buscas el significado de la raíz de algunos de los nombres que ostenta, te darán la pista de aquello que está destinado a ser. Algunos nombres significan cosas distintas, por ejemplo, nombres como Leonardo y Leo hacen alusión a las cualidades del león, cualidades reales, y cosas por el estilo. Su nombre, aunque suene algo bárbaro a los oídos europeos, también tendrá en su raíz significados que darán algunas pistas de lo que será capaz de hacer. Ya sea que decida ser bueno o malo, podrá realizar mucho en ambos sentidos. Es simplemente la decisión de ir en una dirección positiva o en una negativa.

D.: *Entonces, en el momento en que empecemos a oír hablar de esta persona, ¿tenemos que analizar su nombre para ver si encontramos algunas pistas?*

B.: Exactamente. Afirma que este hombre estará influido por ciertas costumbres antiguas que en cierto modo se han olvidado. Aún se conocen en la literatura pero ya no se practican. No puede ser más específico.

D.: *Los traductores dicen que esta cuarteta se refiere a Napoleón. Dijeron que su nombre derivaba de una palabra griega que significa «destructor» o «terminador».*

B.: Un buen ejemplo de lo que pretende decir sobre el Anticristo.

CENTURIA I-50

De l'aquatique triplicité naistra.
D'un qui fera le jeudi pour sa feste:
Son bruit, loz, regne, sa puissance croistra,

Par terre & mer aux Oriens tempeste.

De los tres signos de agua nacerá un hombre/ que celebrará su fiesta el jueves. / Su fama, elogio, ley y poder crecerán / por mar y tierra, ocasionando disturbios en Oriente.

D.: *«De los tres signos de agua.» ¿Significa que esos serán los signos de su horóscopo?*

B.: Su significado es múltiple. Esos signos estarán predominantes en su horóscopo pero también lo empleó para indicar de qué lugar del mundo vendría el Anticristo. Porque en las proximidades habrá tres importantes masas de agua --sobre todo el mar Mediterráneo, el Mar Rojo y el mar Arábigo.

D.: *Ahora me doy cuenta de que trata de incluir todo lo posible en estas cuartetas. Condensa muchas cosas en apenas unas líneas. Le debe de resultar muy difícil hacerlo.*

B.: Asegura que después de un tiempo le coges el truco. La Inquisición hace maravillas porque te obliga a desarrollar habilidades para todo. Esta cuarteta se refiere a este hombre y al modo en que conseguirá reunir una inmensa cantidad de poder mundial. Dice que, como lo indicó en sus cuartetas, el jueves será un día importante para él y sus seguidores. Será una amenaza para todos, pero en especial para Oriente porque logrará conquistar China y Rusia, y tendrá todo el continente asiático bajo su control. Ésta será la primera y única vez que todo el continente estará sometido a un solo líder.

Le llevé esta cuarteta a John, el astrólogo, para ver si lograba sacar de ella alguna información. Le pareció que los tres signos de agua podrían referirse a un gran elemento trino. Dijo que esto tendría una considerable influencia si se encontraban en un horóscopo. Después de buscar en sus Efemérides pudo indagar que una gran trinidad de signos de agua ocurriría el 1 de julio de 1994. John cree que ésta podría ser la fecha en que el Anticristo llega al poder total.

D.: *Hemos estado hablando mucho sobre la llegada del Anticristo y tratando de encajar las piezas de su historia. Se ha planteado la pregunta: ¿tiene el Anticristo alguna conexión con la ciudad de Damasco?*

B.: Un momento por favor. Dice que tendrá que atisbar en las brumas del tiempo para contestarte. (Pausa.) Ha estado en Damasco, pero no es su lugar de origen. Mantendrá ocultos sus orígenes por razones de seguridad. Lo usará como parte de su misterio. Pero tendrá conexiones con Libia y con Siria. Usará muchos conductos para llegar al poder. Se aprovechará y usará todas las vías a su alcance. Y si en Damasco hay conductos disponibles, puedes estar segura de que los usará.

D.: *Eso elimina la posibilidad de saber dónde está en este momento de su vida.*

B.: Ha pasado toda su vida en la zona cultural conocida como Oriente Próximo. Ha estado expuesto a diversos sistemas políticos, y uno de los sistemas políticos que más han influido en él es el de Libia. Encaja con sus estudios sobre Adolf Hitler. Su actitud es muy dictatorial. (*Pausa.*) Actualmente está en Egipto.

Me sorprendió inesperadamente porque antes había dicho que no podía ver dónde estaba.

D.: *¿Ahora vive en Egipto?*

B.: Sí. Este período de su vida lo pasa aprendiendo en Egipto, porque Egipto está en un buen lugar en lo que respecta al mundo árabe. Desde Egipto tiene igual acceso tanto a Oriente Próximo como al norte de África, y también a la cultura existente en Egipto. Por otra parte, Egipto es suficientemente fuerte para protegerse de los otros países, de modo que no es objetivo probable de ataques militares.

D.: *Quiere decir que no es de origen egipcio, sólo estudia allí. Imagino que cuando le llegue el momento de asumir el poder volverá a su país. Es una conjetura que hago.*

B.: No. Cuando le llegue el momento de asumir el poder irá al lugar donde vea grietas en su sistema de defensa. Irá adonde pueda sacar ventaja del sistema político hasta el punto de empezar a acumular poder propio. No le preocupará si es o no un nativo del país. Encontrará formas de conquistar países y aprovecharse de las debilidades de su sistema, viciar su poder para incorporarlo a sus propios recursos.

D.: *Imaginaba que para una persona corriente sería difícil hacer esto. Debe de haber heredado una posición con una determinada clase de poder... a través de su familia o algo así.*

B.: Podrá inventarse posiciones.

D.: *¿El Anticristo asumirá la autoridad por un familiar que muere y que lo deja en el poder?*

B.: Dice que el Anticristo tendrá varios caminos entre los cuales podrá elegir para llegar al poder. Ése sería el método más fácil de llegar al poder para él, y es muy posible que lo utilice. En el lugar donde está, lo esencial es que llegar al poder de esta manera, ocupando el sitio de un miembro de la familia que ha muerto, será socialmente aceptable.

D.: *¿Una línea de sucesión?*

B.: No necesariamente. Pide que no saques conclusiones tan rápidas. Ésta es una dictadura militar. Podría ser un caso de poder en el que el sobrino se halla dentro de la organización militar y el tío muere. Y el sobrino, mediante una jugada muy agresiva y audaz, se hace con las posesiones y poderes del tío y amedrenta a todos los que están por debajo de él.

D.: *Luego no tiene por qué ser un hijo.*

B.: El primer camino que se le abra. Si es a través de su padre, así será. Si es a través de su tío, así será. O por cualquier otro medio. Dice que el joven está obsesionado por el poder y por conseguirlo.

D.: *Bueno, ya tenemos unas cuantas piezas más. Estamos tratando de entender su personalidad.*

B.: Es difícil. Se trata de un personaje complejo.

CENTURIA II-3

Pour la chaleur solaire sus la mer
De Negrepont les poissons demi cuits:
Les habitans les viendront entamer,
Quand Rhod & Gannes leur faudra le biscuit.

Por un calor como el del sol sobre el mar, / los peces en el Negrepont casi se cocerán. / Los lugareños los comerán / cuando en Rodas y Génova falte el alimento.

B.: Dice que en tiempos futuros habrá armas sumamente terribles y asombrosas. Y un tipo de estas armas equivale a hacer bajar un trozo de sol a la tierra, en su intensidad y poder. Siempre que se dispara una de estas armas, la destrucción se extiende muchos kilómetros a la redonda. Dice que esta cuarteta se refiere al constante malestar en Oriente Próximo. Como consecuencia de este desasosiego que irá en aumento se desatará una más de las tantas guerras que allí ocurren. Uno de los líderes podrá hacerse con ... el término moderno para ello es un arma atómica. Primero muestra un largo cilindro gris y luego me muestra una imagen de una nube en forma de hongo.

D.: *Es obvio que se refiere a eso.*

B.: Correcto. Por eso no dudé en llamarla arma atómica. Dice que hay un líder en esa parte de la tierra que enloquecerá y no escatimará esfuerzos por la más mínima cosa. Y este líder no dudará en usar esas armas tan terribles porque usará métodos terribles en la guerra. De este modo, los pueblos con quienes está en guerra se vengarán con un arma atómica. El país está ahí mismo; tiene una costa en el Mediterráneo. Y cuando bombardeen este país, una de las bombas caerá en el Mediterráneo y no en tierra. Al caer en el mar envenenará a todos los peces y muchos de ellos morirán por el calor. Debido a esta guerra, la navegación comercial quedará interrumpida, y la gente del otro lado del Mediterráneo estará tan desesperada por la falta de alimento que comerán de ese pescado, aún sabiendo que no deberían.

D.: *¿Qué quiere decir «Negrepont»?*

B.: Señala que se refiere a un lugar característico del Mediterráneo. Tiene la fuerte impresión de que este lugar, Negrepont, está en el este del Mediterráneo. Ahí hay un lugar en la costa con peñascos de un color oscuro. Los lugareños tienen un nombre determinado para estos peñascos: la Punta Negra; «Negrepont».

D.: *Eso es interesante porque según creo, en latín Negre suele significar 'negro' u 'oscuro'.*

B.: Dice que es la palabra indicada para oscuro o negro en muchos idiomas, muchos de ellos de raíz latina. Voy a tomarme la libertad de hacerle una pregunta. Es sólo por curiosidad personal. Depende de su respuesta... si responde «no», me sentiré estúpida y no te diré la pregunta.

D.: *Ah, no; no tienes por qué sentirte estúpida. La ausencia de curiosidad sí lo es. Puedes decirme lo que le has preguntado.*

Más tarde, cuando Brenda despertó, le hablé de este incidente y le pareció interesante que su subconsciente también tuviese curiosidad.

B.: Mientras decía que el líder no repararía en esfuerzos para hacer lo que fuese, me acordé de un líder de tu tiempo conocido porque hacía lo mismo y que está en esa parte del mundo. Le preguntaba si era la misma persona. Y él dijo que no lo era, pero sí alguien muy parecido a esta persona.

D.: *¿En quién pensabas?*

B.: En el líder de Libia, Muammar el-Gaddafi. Dijo que no creía que fuese él; el elemento tiempo está un poco distante. Pero dice que es alguien muy parecido a Gaddafi, tal vez alguien emparentado con él.

D.: *Ésa fue una buena pregunta porque mucha gente cree que este líder, Gaddafi, está loco.*

B.: Michel de Notredame dice que en verdad está loco. (*Risas.*) Dice que sufre sífilis cerebral.

D.: *Los líderes mundiales se están dando cuenta de que es una persona con la que es muy difícil comunicarse o resolver algo.*

B.: Dice que Gaddafi podría tener que ver con la causa original del conflicto, pero cuando llegue a este punto, será muchos años después. Dice que Gaddafi formará parte de la causa raíz. Sus acciones en el presente, las cosas que hace, conducen a este conflicto. Pero a medida que pasan los años se volverá cada vez más loco, hasta el grado de que cuando el conflicto alcance su punto crítico ya no será capaz de manejar nada, ni de funcionar. Él seguirá creyendo que está en el poder pero los «incondicionales» de su entorno lo tratarán con mucha diplomacia y lo mantendrán en una especie de celda acolchada, por así decirlo.

D.: *¿Para entonces ya no le permitirán tomar decisiones?*

B.: Ah, él creerá que decide; sólo que ellos no le obedecerán. De modo que el conflicto lo pasarán a otras manos.

D.: *Mucha gente ha creído que Gaddafi es el tercer Anticristo del que habló Nostradamus.*

B.: Asegura que Gaddafi es un estúpido presuntuoso. De haber jugado bien sus cartas podría haber sido el tercer Anticristo para alcanzar el poder que quería, pero constantemente se sabotea a sí mismo. Habrá alguien más de la misma cultura, de la misma parte del mundo que aprenderá las lecciones que Gaddafi no aprendió.

D.: *Hay otro líder de esa parte del mundo que también es te- mido en este tiempo, el ayatolá Jomeini.*

B.: Una vez más dice que el ayatolá Jomeini contribuirá al principio de este problema, al igual que Gaddafi. El ayatolá tiene la capacidad de llegar hasta el final, pero tiene el problema de su avanzada edad. Dice que el conflicto lo llevarán adelante manos más jóvenes.

D.: *Es lógico. Te hago esta pregunta porque son dos líderes que en estos momentos están ocasionando muchos problemas en esa parte del mundo. Pero esto ocurrirá después de su tiempo.*

B.: Sí, uno habrá muerto y el otro ya no tendrá poder.

(El ayatolá Jomeini murió en 1989.)

D.: *Se ha interpretado que la cuarteta que viene a continuación se refiere a lo mismo. Creen que van unidas.*

CENTURIA II-4

Depuis Monach jusque aupres de Sicile
Toute la plage demourra desolée:
Il n'y aura fauxbourg, cité ne ville,
Que par Barbares pillé soit & volée.

Desde Mónaco hasta Sicilia / permanecerá desierta toda la costa. / No habrá suburbio, ciudad o pueblo / que no haya sido saqueado y robado por los bárbaros.

B.: Afirma que es la misma parte del mundo, o más bien tiene que ver también con el Mediterráneo. No es exactamente el mismo acontecimiento. El primero, el arma atómica lanzada por un país de Oriente Próximo, hará saltar la chispa de una guerra tras otra y estarán en lucha permanente. Otros países, en especial las naciones europeas y occidentales, sentirán la necesidad de intervenir para detener la guerra por el suministro de petróleo. Así, cuando los países europeos intenten intervenir, el mismo líder enloquecido que antes lanzó un arma atómica, agotará en Europa el resto de su arsenal. Esto afectará en su mayor parte al sur de Europa, por tratarse de la zona más inmediata. Como resultado de ello, la costa mediterránea europea, especialmente la de Francia e Italia, quedará casi inhabitable, e Italia recibirá todo su impacto. Dice que los bárbaros son los pueblos sometidos a este líder loco. Este líder no es el Anticristo. Fuera cual fuese el propósito que persigue este líder, como está loco y hace un uso indiscriminado de sus armas e implica al mundo en la guerra, debilita a las naciones más importantes para hacer que el Anticristo pueda asumir el poder con poca o ninguna oposición. Prepara el escenario para el tercer Anticristo. Se elevará al poder en esa parte del mundo, pero nadie sabrá realmente de dónde procede. Será una figura misteriosa y nadie sabrá gran cosa sobre él. Todo lo que sabrán es que ostenta un gran poder y que nadie puede argumentar en su contra.

D.: *Parece que hay muchas cuartetas sobre Oriente Próximo.*

B.: Oriente Próximo es un lugar conflictivo. Al parecer, ése es su karma.

CENTURIA III-60

Par toute Asie grande proscription,
Mesme en Mysie, Lysie & Pamphylie:
Sang versera par absolution,
D'un jeune noir rempli de felonnie.

Por toda Asia habrá gran proscripción, / también en Misia, Licia y Panfilia. / Correrá la sangre cuando se absuelva / a un joven moreno lleno de maldades.

D.: *Perdón por mi pronunciación, hago todo lo que puedo.*

B.: Se da cuenta de que las normas educativas de tu tiempo no son tan exigentes como deberían ser; de ahí que la gente no esté familiarizada con los clásicos. Esos nombres que tanto te ha costado pronunciar proceden de los clásicos. Si hubieses estudiado a los clásicos sabrías pronunciarlos. Por lo tanto, sabe que no te han bendecido con una elevada educación.

D.: *No es mi culpa. No lo enseñan en nuestro tiempo. Digamos que no les parece importante. (Risas.) Por eso resulta tan difícil entender sus profecías. Debe de ser muy conocedor.*

B.: No es cuestión de ser conocedor sino de qué se sabe. El conjunto de su conocimiento abarca información diferente a la que tú tienes.

Tenía toda la razón; para mí, estos sólo eran nombres extraños.

D.: *Al menos sabe de qué hablo.*

B.: Más o menos. (*Risas.*) Esos nombres equivalen a las denominaciones de esas zonas del país durante la civilización griega. Empleó referencias clásicas para que la Inquisición pensara que sólo hacía un comentario histórico. En esa zona a la que te refieres como países del Tercer Mundo surgirá un líder. El principal objetivo en la vida de este líder será unir a los países del Tercer Mundo de todo el mundo, pero en especial los del viejo mundo, en una sola fuerza a la que habrá que tomar en cuenta para luchar contra las llamadas superpotencias. El área del conflicto será la zona gris que hay entre lo que se considera Europa del Este y Oriente Próximo, sobre todo en torno a los mares Adriático, Caspio y Mediterráneo oriental. No obstante, será un conflicto inútil. No se sacará nada en claro de él. No habrá ganador ni perdedor, sólo un cúmulo de contiendas por todas partes. Dice que todos estos acontecimientos que ocurren allí tendrán cierta relación con algunas de las profecías de la Biblia.

D.: *¿A cuáles se refiere concretamente?*

B.: Encajarán parte de las que aparecen en el Apocalipsis, aunque no todas; también algunas de los profetas menores del Antiguo Testamento y otras de Isaías. Lo que la gente no se da cuenta es que cuando san Juan escribía el Apocalipsis, lo hacía como Michel de Notredame, en cuanto a que no escribió sobre una serie continua de acontecimientos o de un acontecimiento prolongado.

Escribió sobre varias cosas distintas que irían ocurriendo en el futuro, independientes entre sí. Desde su perspectiva tal vez fue difícil o posiblemente no estaba dispuesto a establecer diferencias entre ellas. Lo único que sabía es que todas ellas ocurrirían en un futuro lejano. Así que, tal vez, no sintió la necesidad de señalar que determinado acontecimiento ocurriría aquí, pero no necesariamente relacionado con otro que ocurriría en otra parte.

D.: *Siempre nos han dicho que el Apocalipsis era una gran visión en la que todos estos acontecimientos seguían un orden secuencial.*

B.: Cierto. Lo incorporó todo en una sola visión pero no es una secuencia de acontecimientos. Es meramente una perspectiva de muchas cosas que ocurrirán en el futuro. Algunas de las descripciones hechas por san Juan en el Apocalipsis, encajarán en esta cuarteta, sobre todo la de Armagedón, este acontecimiento de Europa del Este, de la zona de Oriente Próximo. Por ejemplo, que correrá tanta sangre que llegará hasta las riendas de los caballos, y cosas parecidas, porque habrá un gran derramamiento de sangre.

D.: *Me parece que los eruditos creen que todas las profecías del Antiguo Testamento atañen sólo a Israel. Nunca las relacionan con nada más.*

B.: Israel tiene mucho que ver. Tal vez las profecías de la Biblia tenían a Israel como objetivo y como centro simplemente porque los profetas eran hebreos. Pero dice que eso no significa que profetizaran sólo sobre Israel. Las profecías del Antiguo Testamento tenían relación con muchas cosas. Señala que algunos de los asombrosos artilugios modernos del siglo xx y del futuro posterior fueron profetizados por personas como Ezequiel e Isaías y otros profe- tas como ellos.

D.: *Simplemente no se les ha reconocido como tales.*

B.: Algunos sí lo han hecho.

D.: *En esta cuarteta, ¿es el Anticristo ese joven moreno lleno de maldades, o es otro líder?*

B.: Dice que es un líder que surgirá. En un sentido puede llamarse Anticristo, por cuanto que su principal ambición es destruir el cristianismo, ya que él no es cristiano. Pero no lo será en el sentido del otro líder mencionado, a quien llama Anticristo porque va contra la humanidad en general y la humanidad es Cristo.

D.: *¿Vendrá el joven moreno antes de ese tiempo?*

B.: Lo está pensando. Un momento. (*Pausa.*) Este joven moreno vendrá poco antes del Anticristo. Y me anima para que aquí use una frase coloquial. El follón que monta este joven ayudará a preparar el escenario para que el Anticristo asuma el poder.

D.: *Estoy pensando en Gaddafi. No es tan joven pero su piel es oscura.*

B.: Dice que Gaddafi o uno como él es un buen candidato para esto, pero no dirá nombres.

Mi investigación reveló que Misia, Licia y Panfilia en los antiguos tiempos griegos estaban en las costas al oeste y sur de Turquía, en los mares Egeo y Mediterráneo. Por lo tanto, si menciona esos nombres, creo que se refiere a la Turquía moderna. Éste es un notable ejemplo de que Nostradamus transmitía información correcta que no era accesible desde mi mente ni la de Brenda, dados nuestros escasos conocimientos sobre la historia griega.

ACTUALIZACIÓN: *Nostradamus dijo que este joven moreno se- ría un líder que surgiría poco antes del Anticristo. ¿Podría ser Sadam Husein? La referida zona de conflicto cercana al mar Caspio y al Mediterráneo oriental estuvo claramente implicada en la guerra del golfo Pérsico. Las zonas grises entre Europa del Este y Oriente Próximo en torno al Adriático apuntan claramente a Yugoslavia y los países satélites. Estas zonas estaban en conflicto en 1991.*

CENTURIA II-98

Celui de sang reperse le visage,
De la victime proche sacrifiée,
Tonant en Leo augure par presage,
Mis estra à mort lors pour la fiancée.

Aquel cuyo rostro está salpicado con la sangre / de una víctima recién sacrificada, / Júpiter en Leo advierte de antemano mediante vaticinio. / Lo matarán por la promesa.

B.: Esto se refiere al tiempo del Anticristo. La promesa que se menciona es, por un lado, la que se hizo a sí mismo de dominar el mundo. Y, por otro lado, la promesa de la gran rueda kármica de que su poder para el mal será compensado por un poder para el bien. Si comparas el efecto de Júpiter en Leo con su horóscopo, lo que obtendrás es la advertencia mediante un vaticinio.

J.: (Después de consultar sus Efemérides.) *Júpiter está en Leo desde agosto de 1990 hasta septiembre de 1991. ¿Es éste el período en el que el Anticristo se hace con el poder?*

B.: Afirma que es cuando empieza a materializarse su ambición. El momento en que puede dar comienzo a su carrera política, por así decirlo. Empezará de forma «local»; es decir, en su propio país. Desde ahí simplemente seguirá creciendo y haciéndose cada vez más voraz.

D.: *Empezamos a encajar todas estas fechas. Podremos tener una programación de tiempos, es decir, lo que va a hacer paso a paso.*

B.: Afirma que ése es el propósito del proyecto. Si la gente puede averiguar con antelación lo que va a ocurrir, tal vez algunas cosas puedan alterarse para evitar los peores efectos. Porque si estás completamente desprevenido, todo lo malo que ocurra te dará de lleno en la espalda. Pero si te preparas de antemano, tendrás --tal como él lo expresa-- un colchón de paja donde caer. (*Risas del grupo.*)

ACTUAUZACIÓN: *Es indiscutible que las fechas dadas (agosto de 1990 a septiembre de 199.1) coinciden marcadamente con la guerra del golfo Pérsico. ¿De quién es el «rostro salpicado con la sangre de una víctima recién sacrificada»? ¿El de Sadam Husein o el de George Bush? Esto queda abierto a la especulación.*

Nos dieron varias cuartetas que detallaban los planes de invasión del Anticristo. Contenían varias alusiones simbólicas a nombres griegos. Una de tales referencias estaba en la CENTURIA V-27. Dijo que el mar Adriático se cubriría de sangre árabe porque habría luchas por toda la parte oriental del Mediterráneo, incluyendo zonas de los mares Adriático, Negro y Caspio. Reveló que el líder de Persia era el que no toman en serio porque aparece como «otro más que se tambalea en el montón de barro». Sugirió que para tener localizaciones más claras buscara los nombres modernos para Trebisonda, Faros y Mitilene.

Mi investigación muestra que Trebisonda es el nombre antiguo de la ciudad de Trabzon ubicada en la costa norte (Mar Negro) de Turquía.

Faros es una isla frente a la costa de Alejandría, Egipto. Y Mitilene es una ciudad de la isla griega de Lesbos, frente a la costa de Turquía. Así que interpreto que estas referencias significan que el Anticristo vendrá de Persia para ocupar Turquía mientras Egipto y Grecia tiemblan. (Véase también la CENTURIA II-86.)

Él explicó que a menudo disfrazaba de este modo sus cuartetas para que la Inquisición pensara que sólo hacía referencias a la historia antigua.

CENTURIA X-75

Tant attendu ne reviendra jamais
Dedans l'Europe, en Asie apparoistra
Un de la ligue islu du grand Hermes,
Et sur tous rois des orientz croistra.

Largamente esperado nunca / volverá a Europa, aparecerá en Asia; / uno de la liga salido del gran Hermes, / crecerá por encima de todos los poderes en Oriente.

B.: Indica que esta cuarteta relaciona los cambios futuros de equilibrio político provocados por el Anticristo con la evolución del comunismo. El que nunca reaparece en Europa se refiere a la filosofía y sistema de pensamiento de Marx y Engels, los creadores de la base teórica del comunismo. Ellos estaban seguros de que ese sistema se afianzaría en el mundo industrial, pero su principal fortaleza es el continente asiático. Dice que esa filosofía se desarrolló con mucha más fuerza en Rusia y China. El Anticristo, aunque procede de Oriente Próximo, se aprovechará de los aspectos de esta filosofía que hace posible el control total de una población. Se aprovechará de eso y creará su propio sistema de pensamiento basado en el comunismo. Pero podrá elaborarlo de tal forma que asumirá el poder y el dominio para unir a todo el continente asiático antes de disponerse a dominar el resto del mundo.

D.: *¿Qué significa el nombre Hermes? ¿«Uno de la liga salido del gran Hermes»?*

B.: Afirma que habrá muchos seguidores del sistema filosófico tal como fue ideado por Marx y Engels, y todos creerán que son dueños de la verdadera interpretación de lo que estos hombres contemplaban en su sistema político. Considerarán que estos dos hombres son sus profetas propios y creerán en su sistema. Se identificarán con sus escritos; por lo tanto, se convertirán en el gran Hermes. Hermes es un dios griego que simboliza la comunicación. Este nombre se usa metafóricamente aludiendo a los fundadores de la filosofía que seguirá esta gente. «Crecerá por encima de todos los poderes de Oriente.» Un hombre entre toda esa multitud (el Anticristo) se levantará por encima de ellos y llegará al poder por sus propias y particulares manipulaciones de las diversas instituciones del poder político.

CENTURIA III-95

La loy Moricque on verra deffaillir,
Apres un autre beaucoup plus seductive:
Boristhenes premier viendra faillir,
Par dons & langue une plus attractive.

Se verá fracasar a la ley morisca, / seguida por otra que es más seductora. / El Dniéper será el primero en ceder su puesto / mediante regalos y palabras a otro más atractivo.

B.: Una vez más esto tiene que ver con el comienzo de la carrera del Anticristo. «Se verá fracasar a la ley morisca» indica que el Anticristo, además de hacer tambalear a la religión cristiana y ayudar a destruirla, también hará lo mismo con la religión islámica. La forma de vivir y conquistar que tiene este Anticristo será una sustitución de la religión, y esto lo ayudará en su conquista. El Dniéper* representa a Rusia porque es un río de Rusia. Rusia será su primera gran conquista asiática y no lo hará por la fuerza sino con la astucia, con la habilidad de su lengua. Engañará a los rusos para que se sometan a su poder y éstos no podrán hacer nada para evitarlo. Como procede de Oriente Próximo, esa zona ya estará relativamente en su poder antes de sujuzgar a Rusia. Después pondrá los ojos en China y la someterá a su control, así como al resto del continente asiático. Llegado ese momento, ya sabe que puede dominar al resto del mundo.

* Antiguamente llamado Boristenes. (N. de la t.)

D.: *Has dicho antes que dominaría Rusia y China, y que sería la primera vez que Asia estaría sometido a un solo líder. Me preguntaba cómo lo haría siendo Rusia tan poderosa.*

B.: Lo hará con engaño y astucia. Engañará a los rusos hasta el punto de hacerles creer que hacen lo que ellos quieren hasta que será demasiado tarde para liberarse. Pero él sabe que eso no funcionará con los chinos puesto que los chinos mismos son maestros en lo de la astucia. Tendrá que usar un método diferente con los chinos.

D.: *¿Sabe qué clase de método empleará?*

B.: Está en otra cuarteta. Esa información te la dará oportunamente.

ACTUALIZACIÓN: *Durante 1991, Rusia y sus satélites empezaron a experimentar cambios demoledores. ¿Es ésta una evolución natural o hay detrás un poder que manipula los acontecimientos con «engaño y astucia», haciéndoles creer que «hacen lo que quieren hacer, hasta que será demasiado tarde para liberarse»?*

CENTURIA IV-50

Libra verra regner les Hesperies,
De ciel & terre tenir la monarchie:
D'Asie forces nul ne verra paries,
Que sept ne tiennent par rang le hierarchie.

A Libra la verán reinar en Occidente, / gobernando los cielos y la tierra. / Nadie verá la fuerza de Asia destruida / hasta que siete tengan la jerarquía por sucesión.

B.: Indica que «la fuerza de Asia destruida» se refiere al Anticristo que domina Asia con sus astutos métodos. Nombrará subcomandantes para gobernar a estas vastas regiones en su nombre. Y el mundo en general no se dará cuenta de que son simples marionetas y no se percatarán de lo que ocurre hasta que los observen en una sucesión de supuestos «despidos y contrataciones».

Hay claramente siete o más líderes en esa zona que podrían ser considerados marionetas: Gaddafi, el Ayatolá, Arafat y muchos otros. Pero ¿hasta dónde hemos de remontarnos para empezar a contar? ¿Tal vez hasta el Sha de Irán?

B.: «A Libra la verán reinar en Occidente» es el sentido de equidad y justicia tal como lo sintetiza la constitución de Estados Unidos. Al principio no interferirán porque creen que este tipo de gobierno fue elegido libremente por el pueblo y eso es lo que quieren en Asia. Entonces, verán que se trata de una imposición y que designan una sucesión de líderes como portavoces de este Anticristo.

La CENTURIA III-34 también alude a todos esos años en que el Anticristo pasa en la oscuridad, trabajando silenciosamente en la consolidación de su poder. Una vez construida la estructura, hace su aparición en el foro internacional. Lo habrá planificado tan bien que los países a los que se enfrenta estarán totalmente desprevenidos para el hombre de la lengua de oro.

CENTURIA VIII-77

L'antechrist trois bien tost anniehilez,
Vingt & sept ans sang durera sa guerre.
Les heretiques mortz, captifs, exilez.
Sang corps humain eau rougi gresler terre.

El Anticristo muy pronto aniquila a los tres, / veintisiete años durará su guerra. / Los incrédulos están muertos, cautivos, exiliados; / la tierra cubierta de sangre, cuerpos humanos, agua y granizo rojo.

B.: Esto se refiere al Anticristo, a él, el poder detrás de los poderes de este tiempo. No tiene poder todavía. Está detrás de los poderes, moviendo los hilos. Aún no ha hecho su jugada para desvelar su identidad. Es como una araña que espera su momento. Tomará ventaja de la situación mundial para dar el paso hacia el poder. Y lo conseguirá. Pero mientras tanto habrá un terrible derramamiento de sangre y guerra. El Anticristo, por sorprendente que parezca, se negará a usar armas nucleares y lo manifestará usando armas convencionales. Se reserva las armas nucleares para otros hechos abominables. Por eso mencionó también en su cuarteta la sangre derramada. Morirá tanta gente que no podrán enterrarlos con suficiente rapidez. Todo el mundo se acostumbrará a la visión de los cadáveres, y a nadie le producirá náusea la visión de la muerte como ocurre ahora. Todos se volverán indiferentes a ella porque abundará por todas partes.

D.: *Suena demasiado horrible.*

B.: Se encogió de hombros y dijo: «Así es la guerra».

D.: *¿Quedará limitada esta guerra a su parte del mundo?*

B.: Afirma que el mundo entero se implicará en ella en un momento u otro. Tarde o temprano, todo el globo acabará implicado.

15
Los tres últimos Papas

Por extraño que parezca, aunque se suponía que el Anticristo aparecería en un país musulmán, la Iglesia católica tendría un papel importante en sus engañosos planes. Él usaría a la Iglesia para sus propios fines del mismo modo que usaría a otros países para ganar el poder que deseaba. Parecía tener una mente muy perversa y diabólica. Sin las advertencias que Nostradamus hizo con estas predicciones, creo que habría sido imposible imaginar que cualquier ser humano fuese capaz de un pensamiento tan retorcido. He intentado ordenarlos en secuencia cronológica. Es una tarea difícil porque a menudo se refieren a varios acontecimientos separados en el tiempo.

CENTURIA VIII-46

Pol mensolee mourra trois lieus du Rosne
Fuis les deux prochains tarasc destrois:
Car Mars fera le plus horrible trosne,
De coq & d'aigle de France, freres trois.

Pablo el célibe morirá a tres leguas de Roma, / los dos más próximos huirán del monstruo aplastado. / Cuando Marte suba a su horrible trono, / el gallo y el águila, Francia y los tres hermanos.

Brenda: Señala que cuando muera el Papa actual, estará en uno de sus muchos viajes. Cuando deje de existir, estará lejos del Vaticano realizando uno de sus viajes. Esto será en un tiempo en que el Anticristo ya habrá empezado a avivar y movilizar su poder. Los dos cardenales más próximos al Papa se darán cuenta del peligro que correrá su Iglesia y se encerrarán en el Vaticano para protegerse de lo que viene.

Dolores: *Entonces, el monstruo aplastado es el Anticristo. ¿Significa que todo esto ocurrirá durante la vida del actual Papa?*

B.: Dice que estos acontecimientos empezarán hacia el final de su vida. Él morirá cuando hayan empezado a ocurrir. Dice que por eso quedan sólo dos Papas hasta la destrucción de la Iglesia.

D.: (Esto fue una sorpresa.) *En tal caso, la mayor parte de estas profecías sobre el Anticristo ocurrirán después de la muerte del Papa actual. ¿Y entonces sólo quedarán dos Papas?*

B.: Señala que debido a los tiempos tan turbulentos, ninguno de los Papas lo será por mucho tiempo. Un instante por favor. (*Pausa.*) Dice que el Papa actual será asesinado. Él es un buen hombre y lucha honradamente por la paz mundial. Sin embargo, no está conectado con su centro espiritual como debiera de acuerdo a su posición. Pero anhela tanto la paz mundial que -y esto lo ignora el mundo en general- trabaja contra algunos grupos de poder establecidos en el seno de la Iglesia romana. Llegará un momento en el que los que quieren mantener su poder en la Iglesia aconsejarán al Papa –*erróneamente*-- para ponerle en una posición peligrosa, pero él no se dará cuenta del peligro. Debido al asesinato del Papa actual, habrá mucho malestar y alboroto en Roma. Y el siguiente Papa no durará mucho.

(El resto de esta cuarteta se interpretará en el capítulo 22.)

CENTURIA II-97

Romain Pontife garde de t'approcher,
De la cité que deux fleuves arrouse,
Ton sang viendras aupres de là cracher,
Toi & les tiens quand fleurira la rose.

Pontífice romano, no te acerques/ a la ciudad regada por dos ríos. / En ese lugar escupirás sangre, / tanto tú como los tuyos, cuando las rosas florezcan.

B.: (*Con tristeza.*) Dice que se debería grabar esta cuarteta en metal y enviarla al Papa actual. Porque en una ciudad regada por dos ríos, al final de la primavera, cuando florezcan las rosas, es cuando y donde será asesinado. Él y varios de sus allegados morirán.

D.: *Antes has dicho que sería asesinado durante uno de sus viajes.*

B.: Sí. Sugiere que busques una importante ciudad europea que está en la unión de dos grandes ríos, y le digas al Papa que evite ese lugar. Será fácil de encontrar en cualquier mapa de Europa.

D.: *Pero hay muchas ciudades que están entre ríos.*

B.: Una ciudad importante en la unión de dos ríos. Eso delimita la búsqueda más de lo que crees. Será una ciudad importante que simplemente destacará a la vista.

D.: *Supongo que es todo lo que podemos hacer, sólo tratar de advertirle. La cuarteta es bastante clara. Sólo era cuestión de relacionarla con el Papa correcto.*

CENTURIA I-4

Par l'univers sera faict un monarque,
Qu'en paix & vie ne sera longuement,
Lors se perdra la piscature barque,
Sera regie en plus grand detriment.

En el mundo habrá un rey / que tendrá poca paz y vida breve. / En este tiempo, el barco del Papado se perderá, / conducido a su mayor quebranto.

B.: Aunque esta cuarteta tiene múltiples significados, el más importante se refiere al Papa que vendrá entre el actual y el último. Tendrá un breve reinado. Algunos de los desaciertos y errores políticos cometidos por este Papa es lo que facilitará más que el último Papa sea un instrumento del Anticristo. Sugiere que apliques a esta cuarteta lo que has aprendido de las anteriores y extraerás bastante información. Sólo quería destacar que su reinado será muy corto y que no beneficiará a la Iglesia porque propiciará la caída final.

CENTURIA X-70

L'oeil par object ferra telle excrotssance,
Tant & ardente que tumbera la neige,
Champ arrousé viendra en descroissance,
Que le primat succumbera à Rege.

Debido a un objeto, el ojo se hinchará / tanto y con tanta irritación que caerá la nieve. / Los campos regados empezarán a encogerse / cuando el Primado muera en Reggio.

Él pidió que deletreara Reggio y le dije que en francés era Rege.

B.: Sí, dice que es correcto. Y como es habitual, tiene un significado múltiple. El objeto al que se refiere, el que tanta hinchazón e irritación provoca, es una especie de artilugio atómico, no exactamente una bomba, que al dispararse afectará al clima. Desplazará una masa de aire que trastornará el equilibrio entre frío y calor; de este modo, se producirá un efecto invernadero que dañará drásticamente el clima, lo que a su vez afectará a la agricultura.

Los términos eran muy parecidos al concepto moderno de «invierno nuclear». Es la teoría que dice que, en caso de una impresionante guerra nuclear, las nubes de polvo y radiactividad cubrirán la tierra y afectarán de tal manera el clima que se creará un invierno perpetuo.

B.: Dice que eso ocurriría cuando el Papa muera en Reggio o Rege.
D.: *¿Ése es el significado de «cuando el Primado muera»? Pensé que se trataba de un símbolo porque yo pensé en un mono.**
* En inglés, primate tiene dos significados: 'primate' y 'primado'. (N. de la t.)
B.: Dice que se refiere al Papa de la Iglesia católica porque Primado es otro nombre que se da al Papa.
D.: *¿Reggio es una ciudad?*
B.: Sí, es un lugar de Italia.

Supongo que esto alude a la muerte del segundo Papa porque indicó que el Papa actual estaría en uno de sus viajes cuando fuera asesinado.

B.: El significado alternativo para este verso es de carácter metafísico. También está anunciando una especie de ruina que le sobrevendrá a la Iglesia católica. De nuevo se volverán ambiciosos y pretenderán tener más poder del que deben. Su ojo se hinchará de orgullo y vanidad, convencidos de que podrán manejar lo que traten de hacer después, y ésa será su caída. La luz que brilla tan fuerte serán las ambiciones que persiguen. La nieve que cae es el enfriamiento de esas ambiciones cuando fracasen; eso causará un gran cataclismo en la estructura de la Iglesia católica y habrá un Papa que será destronado. Dice que como resultado de ello, los miembros, la grey católica, el pueblo que sigue a la Iglesia, caerán en gran número, y la influencia de la Iglesia católica disminuirá. Y sus campos regados, por así decirlo, su esfera de influencia, se reducirá de forma sustancial.

D.: *Sí. Puedo ver que esta cuarteta tiene dos significados. ¿Cree que ambos ocurrirán al mismo tiempo?*

B.: Realmente no lo cree.

D.: *Pero los puso en la misma cuarteta porque su significado es parecido. Creo que empiezo a entender el curso de sus pensamientos.*

Cuando empezábamos a recibir estas cuartetas, me resultaba sencillamente imposible imaginar cómo era que la Iglesia se metiera en semejante tinglado. Es una institución fuerte y poderosa. Pero entonces empezaron a salir a la superficie los acontecimientos relacionados con Jim Bakker y el Club PTL, y muy poco después surgieron los problemas con Jimmy Swaggart. Esto se predijo en las cuartetas de Nostradamus sobre la falsa trompeta. (CENTURIAS II-27 y I-40 en el capítulo 11.) La conmoción producida por estos acontecimientos en el seno de la Iglesia induce a pensar que posiblemente Nostradamus tenía razón con estas drásticas predicciones relacionadas con la Iglesia.

CENTURIA X-71

La terre & l'air gelleront si grand eau,
Lors qu'on viendra pour jeudi venerer,
Ce quis era jamais ne feut si beau,
Des quatre pars le viendront honnorer.

La tierra y el aire congelarán gran cantidad de agua / cuando lleguen a venerar en jueves. / El que vendrá nunca será tan justo / como los pocos adeptos que vienen a rendirle honor.

B.: Indica que la primera parte de esta cuarteta se relaciona con uno de los significados de la anterior. La segunda parte de ésta se relaciona con algunas otras cuartetas que ya te ha traducido. Está seguro de que cuando acabe de hablar tú sabrás cuáles son. La tierra y el aire que se congelan es otro efecto del artilugio atómico que lo desequilibrará todo y está mencionado en la cuarteta anterior. Dice que para compensar lo ocurrido se probarán toda clase de soluciones pero no servirán de nada, a pesar de las buenas palabras que los Gobiernos dirán a sus pueblos para tranquilizarlos. La otra parte de la cuarteta --sobre la persona que vendrá pero no será tan justa como los que le rinden honor-- alude al mencionado líder que surgirá de Oriente Próximo. A pesar de que sus propagandistas emplean toda clase de buenas palabras y falsedades sobre las cosas grandes y maravillosas que él hará por el mundo, no disfrazarán enteramente que el hombre es un Anticristo que hace toda clase de cosas execrables. El hombre no podrá mantenerse fiel a la imagen que sus seguidores intentan presentar de él.

D.: *¿Aparecerá este hombre al mismo tiempo que ocurran estos cambios climáticos?*

B.: No. Si los acontecimientos ocurrieran al mismo tiempo, él te lo diría. Si no dice nada, puedes dar por sentado que se trata de dos tiempos distintos.

CENTURIA II-15

Un peu devant monarque trucidé
Castor, Pollux en nef, estre crinite
L'erain public par terre & mer vuidé,
Pise, Ast, Ferrare, Turin, terre interdicte.

Poco antes del asesinato de un rey, / Castor y Pólux en el barco, una estrella barbada. / El erario público vertido en tierra y mar; / Pisa, Asti, Terrara y Turín son tierras prohibidas.

B.: Esto se refiere a acontecimientos que ocurrirán por mediación del Anticristo. Castor y Pólux, que son los gemelos de Géminis, representan aquí al Primer Ministro de Gran Bretaña y el presidente de Estados Unidos.

D.: *¿Se trata de una cuarteta astrológica?*

B.: No en este caso. Sin embargo, una estrella barbada se refiere a un cometa.

D.: *Eso pensé. También ellos entendieron esa parte.*

B.: Dice que es un cometa importante que se verá claramente en el cielo del hemisferio norte. De hecho, éstos son signos que conducen al asesinato del Papa.

D.: *¿Ah? ¿El del Papa actual?*

B.: No, el del que le sigue.

D.: *¿Quieres decir que el que le sigue también será asesinado?*

B.: Eso parece. Es lo que me está mostrando. Dice que el Papa actual será asesinado pero esto ocurrirá antes del paso del cometa. El Papa actual será asesinado simplemente porque le preocupa la condición humana y viaja tanto que se pone en situaciones peligrosas. El siguiente Papa será asesinado porque será un obstáculo para el Anticristo y no se doblegará a sus exigencias. Así pues, el Anticristo ordena su muerte para hacerse con el poder.

D.: *Has dicho que tendría un breve reinado.*

B.: Ésta es la razón de su brevedad. En el momento en que sea asesinado el segundo Papa, el Anticristo empezará su campaña europea. Como consecuencia de estos acontecimientos el primer ministro y el presidente se reunirán para tratar el tema. Para conversar, se encontrarán en el mar como lo hicieron Churchill y Roosevelt, para mayor secreto y seguridad.

D.: *Esa última parte, «tesoro público vertido...».*

B.: (*Interrumpe.*) Insiste que se refiere a la guerra. El tesoro público que se vierte en la tierra y el mar alude a todas las armas que se fabrican y se destruyen en el curso de una guerra.

D.: *Y esa parte en la que se dice que los países son tierra prohibida. Parece que se trata de ciudades de Italia.*

B.: Sí, es verdad. Esto ya lo ha interpretado. Repite que se refiere al comienzo de su campaña europea.

CENTURIA II-36

Du grand Prophete les lettres seront prinses,
Entre les mains du tyran deviendront:
Frauder son Roy seront ses entreprinses,
Mais ses rapines bien tost le troubleront.

Interpretarán las cartas del gran profeta / y éstas caerán en poder del tirano. / Pondrá su empeño en engañar al rey, / pero pronto, sus robos le incomodarán.

B.: Aquí se refiere a ciertos incidentes que sucederán durante los tiempos difíciles. Antes de que el Anticristo llegue al poder pleno, cuando aún esté en vías de acumular poder y maquinando intrigas, para el resto del mundo parecerá que aún hay otros hombres por encima de él en lo tocante a estructura de poder. En realidad, el Anticristo sólo los usará como peldaños en su camino hacia lo más alto del montículo, por así decirlo. Mientras tanto, una de las cosas que hará es ponerse en el bolsillo a algunos cardenales traidores. Y uno de ellos espiará al Papa.

D.: *¿Éste no será el último Papa?*

B.: No, será el penúltimo. El cardenal que espíe al Papa le robará información y además alterará su correspondencia. Cada vez que el Papa reciba una carta, modificará un poco la redacción para que el Papa piense que dice algo muy diferente a la redacción original. Lo hace para empeorar la situación, para que el Papa reaccione de forma inadecuada ante las diversas situaciones. Para que la gente crea que no es un buen Papa, y que se expone a que lo maten cuanto antes. Este cardenal se sentirá incómodo por lo que hace, porque parece producir disensión en su amada Iglesia, pero lo hace porque apoya al Anticristo.

D.: *Entonces la frase «las cartas del gran profeta» se refiere al Papa. Los traductores creyeron que esta cuarteta se refería a Nostradamus o a uno de sus intérpretes. Dice: «Ciertamente podría tratarse del mismo Nostradamus que habla de alguna vendeta personal suya».*

B.: No está dispuesto a perder el tiempo ni esfuerzo alguno escribiendo cuartetas sobre cosas tan despreciables como ésa, cuando toda la situación mundial es preocupante.

D.: *Pensaron que el gran profeta mencionado era él.*

B.: Le halaga ver que se dan cuenta de que es un gran profeta, pero cuando contempla el futuro no se proyecta a sí mismo en él. Sólo escribe lo que ve.

CENTURIA III-65

Quand le sepulcre du grand Romain trouvé,
Le jour apres sera esleu Pontife:
Du Senat gueres il ne sera prouvé,
Empoisonné son sang au sacré scyphe.

Cuando se encuentre la tumba del gran Romano, / un Papa será elegido al día siguiente; / no tendrá la aprobación del Senado, / su sangre venenosa en el cáliz sagrado.

B.: Incluyó esa línea sobre la tumba del gran Romano para que los mortales ordinarios pudieran adivinar de qué Papa está hablando. La tumba está en Roma entre capas y capas de ruinas arqueológicas que hay bajo los edificios del presente.

D.: *¿Sabe quién es «el gran Romano» que está en la tumba?*

B.: Dice que no puede reducirlo a un nombre porque le siguen viniendo a la mente varios nombres. Pero este romano fue un conocido filósofo y teorizó sobre todas las cosas. Se le conoce principalmente por su filosofía y sus discursos sobre la naturaleza de las cosas. Influyó profundamente en el pensamiento occidental y sus escritos aún perduran. Por consiguiente, los arqueólogos sabrán quién es y lo que hizo. Por eso le llamó el gran Romano. Dice que cuando eso ocurra y un Papa sea elegido inmediatamente después, será una clara señal. No será precisamente el mismo día después. Simboliza un período muy breve después del descubrimiento de esa tumba. En menos de un año un Papa será elegido. Y cuando esto ocurra sabrás que éste es el último Papa que ocasionará la destrucción de la Iglesia católica. Cuando sea elegido, se verá que es un instrumento del Anticristo. Ésta será la razón por la que los órganos de gobierno no aprobarán su elección como Papa. El hecho de que ayudará a provocar la caída de la Iglesia católica es lo que se da a entender por «su sangre venenosa en el cáliz». El cáliz representa a la Iglesia, y la sangre venenosa al daño que hará a esta organización.

CENTURIA IV-86

L'an que Saturne en eau sera conjoinct,
Avecques Sol, le Roi fort & puissant:
A Reims & Aix sera reçeu & oingt,
Apres conquestes meurtrira innocens.

El año en que Saturno esté en conjunción / con Acuario y con el Sol, el muy poderoso rey / será recibido y ungido en Reims y Aix. / Tras las conquistas asesinará a inocentes.

B.: Esto se refiere al último Papa de la Iglesia católica. Este acontecimiento tendrá lugar en algún momento de la próxima década: desde tu perspectiva, la última del siglo xx. Sugiere que emplees tu tabla astrológica para marcar esas posiciones y obtener la correspondiente fecha; así tendrás una idea de lo que ocurrirá en esa esfera de poder.

John no había perdido tiempo y ya había consultado su Efemérides.

John: *Saturno y el Sol están en conjunción en Acuario el 30 de enero de 1992.*

B.: El Papa actual será asesinado, y el siguiente no durará mucho tiempo. El Papa siguiente ya lo será o será investido Papa en esa fecha que ya has encontrado o en una cercana.

ACTUALIZACIÓN: *Como esta fecha estaba muy próxima (en 1991, cuando se imprimía la reedición de este libro), y el Papa actual juan Pablo II seguía viviendo, parecía imposible que pudieran ocurrir tantas cosas en tan poco tiempo. Pedí al astrólogo que revisara una vez más su Efemérides. Dijo que ésa era la única fecha de la última década del siglo XX en que estos planetas estarían en conjunción en Acuario. Después recordé un problema parecido que tuvimos mientras se escribía el tomo II de esta obra. Habíamos descubierto que la señora Cheetham había cometido un error al traducir del francés al inglés, y esto afectaba muchísimo las fechas. Para desenredar y aclarar esto hizo falta un capítulo entero. (Ver tomo II, capítulo 29: « En búsqueda de la fecha del cambio».) De pronto se me ocurrió que éste podría ser un caso parecido. Cuando verifiqué la parte francesa en un diccionario, me asombró encontrar que en verdad había cometido el mismo error. En ambos casos, ella tradujo eau o «agua» como referencia a Acuario. Acuario no es un signo de agua. Se le llama «El Aguador», pero es un signo de aire. El astrólogo dijo que esto marcaría una gran diferencia en la fecha de esta importante cuarteta. Después de consultar su Efemérides, descubrió que esta conjunción ocurriría sólo en un signo de agua, Piscis, durante el resto de este siglo. Sólo habría dos ocasiones en las que el Sol y Saturno tendrían conjunción en Piscis: el 5 de marzo de 1995 y el 17 de marzo de 1996. Personalmente, me inclino por la fecha de 1995 porque coincide con otras predicciones que afirman que en 1995 el Anticristo podría ser reconocido por los entendidos. Esto da claramente un margen más amplio de tiempo para que ocurran estos importantes acontecimientos papales. Es lamentable que los seres humanos no seamos tan exactos en nuestros informes como lo es el maestro. Muestra que somos muy capaces de cometer un error; en este caso un error del original en francés.*

D.: *Antes has dicho que este último Papa sería el instrumento del Anticristo.*

B.: Así es. Dice que la Iglesia romana ya es un instrumento del Anticristo. Tal vez no sea precisamente consciente de esto pero ya lleva tiempo ayudando a preparar el camino del Anticristo. Ya está predispuesta a entrar en el juego de cartas del Anticristo. Y se refiere a las cartas del Tarot, no las de póquer.

D.: (Esto fue una sorpresa.) *¡Ah! ¿Conoce las cartas del Tarot?*

B.: Sí, las conoce. Dice que cuando ve imágenes, cuando tiene visiones del Anticristo, a veces lo ve sosteniendo un juego de cartas.

D.: *¿Puedes ver de qué cartas se trata?*

B.: Intentará mostrármelas. Una carta es el Colgado, está invertida. Está el Caballero de Bastos, en posición vertical. Están el Emperador y el Hierofante, ambas invertidas. Y está el Diez de Espadas invertido, y la. Justicia invertida. Y la Rueda de la Fortuna, en posición vertical.

D.: *Casi todas esas cartas están invertidas.*

B.: Es verdad.

D.: *Podemos extraer una lectura de eso.*

B.: Dice que a veces las cartas cambian, pero en este punto del tiempo en el que se está comunicando con nosotros, ve que sostiene este juego de cartas. Lo que le preocupa es que casi todo el tiempo el juego de cartas que sostiene es repetidamente el de los Arcanos mayores. De vez en cuando puede haber algunos Arcanos menores. Es bastante extraño. Un juego de cartas suele ser de Arcanos Menores con la influencia de uno o dos Arcanos mayores para indicar su pauta general. Pero con el Anticristo, una figura tan decisiva en esta confluencia de la historia y el tiempo, su juego de cartas tiende a ser básicamente de Arcanos mayores con unos cuantos Arcanos menores que ayudan a proporcionar algunos detalles.

El Tarot consta esencialmente de dos barajas en una. Tiene 78 cartas y se divide en Arcanos mayores y Arcanos menores. Nuestro naipe actual, con sus cuatro palos surgió de los Arcanos menores. Los Mayores constan de 22 cartas de figuras, y su presencia en una tirada añade más importancia y significado a la lectura.

Como al parecer Nostradamus estaba familiarizado con el Tarot, me pregunté si, en sus visiones, cuando veía una figura importante, hacía una lectura de Tarot sobre esa persona para obtener más información de su personalidad y las obras que realizaría. Era una posibilidad ya que el Tarot es muy arcaico, se remonta a la antigüedad. Se sabe que ya se usaba en tiempos de los egipcios. Por las cartas que mencionó, daba la impresión de que la baraja que conocía era muy parecida a la de nuestros días.

B.: Asegura que la baraja del Tarot es una herramienta muy valiosa. Es muy útil para desarrollar el yo psíquico y el yo espiritual. Y sirve para la comunicación. En su día muchos símbolos del Tarot se usaron para transmitir mensajes secretos en correspondencia. Afirma que el Tarot es muy versátil, y será muy importante durante los tiempos difíciles. Para los que de un modo u otro están familiarizados con el Tarot les será muy útil, sobre todo si colaboran en movimientos clandestinos; gracias a ella, mantener una comunicación clara, porque contarán con una comunicación psíquica tanto como física. El Tarot tendrá un importante papel en ambas.

D.: *En nuestro tiempo, todavía usamos esas cartas.*

B.: Él lo sabe y es consciente de que las cartas se han diversificado en varios sistemas y que usan varios símbolos para que cada persona pueda estar mejor dispuesta para descubrir los símbolos con los que claramente puede relacionarse en el nivel psíquico. Y entonces, hacerse una idea más clara de lo que necesita saber.

D.: *En el futuro, será muy conveniente que me dijera si ve símbolos como éste, porque podremos entenderlos.*

B.: Sí, dice que no lo sabe todo, pero cuanto más se mantenga esta comunicación, mejor conocerá a este vehículo. Afirma que mientras exploraba el subconsciente de este vehículo se dio cuenta de que estaba familiarizado con los símbolos del Tarot. Y percibió que podía usar este simbolismo y asimismo transportarse desde su lugar hasta el tuyo.

D.: *Sí, John y yo también conocemos los símbolos del Tarot.*

B.: Eso está bien. Ayuda a que la comunicación sea más clara. Aunque lo conocen como astrólogo y médico, no es lo único que sabe. También es consciente de que existen otros sistemas de conocimiento. Se siente libre para recurrir a estos otros sistemas de conocimiento cuando puede combinarlos con el conocimiento que entendemos.

D.: *Supongo que este conocimiento sería peligroso en su tiempo.*

B.: Y lo es también en el tuyo, pero aún no eres consciente de ello. El tiempo de exterminio está cerca y cualquier conocimiento que expanda la mente y haga que la gente piense, se considerará peligroso. Tal como lo expresa, los acontecimientos de la historia reciente en tu siglo que tan horribles parecían, serán como un juego de niños en comparación con lo que viene.

Me reí con nerviosismo. Ciertamente, no me gustaba imaginar lo que describía.

B.: Reitera que tú elegiste estar aquí en este tiempo. En estos momentos existe en el mundo una proporción de almas antiguas mayor de la que jamás ha existido hasta ahora, porque las almas antiguas harán falta para ayudar a que el mundo sobreviva. Las encontrarás por todas partes, infiltradas en los sitios más insospechados. Las viejas almas estarán en comunicación unas con otras, y son las que ayudarán a que las personas se mantengan unidas y sobrevivan.

D.: *Sólo espero que estos libros salgan a la luz antes de que empiece a pasar todo esto.*

B.: Está muy cerca. De ahí su impaciencia por hacer llegar la información, aunque de vez en cuando se detenga como ahora para hacer un circunloquio, que también tiene su lugar e importancia, además de la interpretación de las cuartetas.

J.: *¿Este último Papa será francés?*

B.: Tiene una fuerte sensación de que será así. El hombre tendrá complexión morena, y su carácter puede semejarse al de la carta del Tarot «Hierofante invertido». Este hombre es un hombre de misterio, de aguas turbias. Este hombre tendrá algún tipo de deformidad física. No está seguro de si tendrá un hombro ligeramente torcido o encorvado, o un pie deforme, pero será una defecto de esa naturaleza, ya sea en el hombro o en el pie. Será un defecto óseo congénito. No está causado por una herida; él nació así. Por consiguiente, su mente ha quedado profundamente vulnerada por la crueldad e insensibilidad de la gente con los que son diferentes. Dice que este hombre de complexión morena y ojos azules entró en la Iglesia cuando era muy joven, por amargura y desesperación, porque sabía que nunca conseguiría que una joven lo amara y se casara con él. Entró en la Iglesia para no enfrentarse con esto. Sus padres estaban implicados en el movimiento nazi en Francia. Por lo tanto, esto también lo marcó. Dice que tuvo que soportar las burlas de sus compañeros de escuela en los años posteriores a la Segunda Guerra Mundial; lo llamaban «amigo de los nazis» y cosas por el estilo. Dice que si no hubiera sido por la crueldad e insensibilidad de la gente a la que estaba expuesto en su entorno, podría haberse convertido en un buen hombre, tal vez lleno de amabilidad. Pero tal como fueron las cosas, el dolor torció su mente hacia la crueldad, y él quiere devolver al mundo lo que recibió cuando era joven.

D.: *¿Por eso le resulta más fácil convertirse en instrumento del Anticristo?*

B.: Sí. Eso lo hace muy idóneo.

D.: *¿Qué significa esta última parte: «Tras las conquistas asesinará a inocentes»? No me parece que se refiera al Papa sino al Anticristo. ¿Es correcto?*

B.: En sentido figurado se refiere al Papa, ya que éste, por ese dolor de su primera infancia, querrá mostrarlas diciendo: «Miradme, soy poderoso. Puedo hacerlo. Soy mejor que vosotros». Y «tras las conquistas» significa que después de alcanzar el poder que desea, él será responsable del asesinato de gente inocente por el solo hecho de ser instrumento del Anticristo. De hecho, no asesinará con sus propias manos, pero hará que se abran vías a través de las cuales la gente será asesinada. En lo personal, verá la oportunidad de hacer daño a los que se lo hicieron a él cuando era joven. Dice que actualmente este Papa tiene la apariencia de un hombre bondadoso, porque así le conviene. Pero en su apariencia física lo oculto es muy notorio.

CENTURIA II-57

Avant conflict le grand tombera,
Le grand à mort, mort, trop subite & plainte,
Nay imparfaict: la plus part nagera,
Aupres du fleuve de sang la terre tainte.

El gran hombre caerá antes de la batalla, / el grande a muerte, muerte demasiado súbita y lamentada. / Nacido imperfecto, recorrerá gran parte del camino; / cerca del río de sangre, el terreno está manchado.

B.: Esto alude a los tres últimos Papas de la Iglesia católica. El antepenúltimo caerá por la bala de un asesino. El penúltimo es el que será tragado por las maquinaciones del Anticristo. Y el último es el que antes mencionó que nacería deforme. El Papa que estará al frente de la Iglesia el tiempo que le queda. Recorrerá la mayor parte del camino. Pero también caerá al final por haber sido instrumento. El Anticristo lo utilizará mientras le sea útil, hasta que se convierte en un obstáculo; entonces se desembaraza de él. Y cuando se deshaga de él, esencialmente se desembarazará también de la Iglesia.

D.: *Cuando leí «nacido imperfecto», pensé que se refería al último Papa porque él mencionó que tendría algún defecto. Eso los incluye a los tres en una sola cuarteta.*

CENTURIA II-76

Foudre en Bourgongne fera cas portenteux,
Que par engin oncques ne pourrait faire,
De leur senat sacriste fait boiteux
Fera scavoir aux ennemis l'affaire.

Un relámpago en Borgoña revelará hechos portentosos. / Algo que nunca pudo haberse hecho por engaño. / El sacerdote cojo revelará/ al enemigo asuntos del Senado.
Cuando me di cuenta de que ésta se refería al último Papa, me sentí muy interesada.

B.: Huelga decir que el sacerdote cojo es el Papa francés que sirve al Anticristo, al que se refiere como enemigo. Los actos que comete este hombre son una contribución voluntaria a los recursos internos de información a los que sólo un Papa tiene acceso. Información que jamás podría obtener el Anticristo valiéndose sólo de sus espías, en caso de que el Papa hubiese permanecido fiel al otro lado. Piensa que con la otra información que ha proporcionado, esta cuarteta será bastante clara.

D.: *Sí, encaja bien. «El relámpago en Borgoña» es la guerra que empieza, ¿verdad?*

B.: No. El relámpago en Borgoña se refiere al hecho de que la traición ha venido antes de Borgoña y a que este Papa en particular tiene sus raíces eclesiásticas en Borgoña. Si pudiera, le gustaría establecer el Papado en Francia en vez de en el Vaticano.

CENTURIA IX-36

Un grand Roí prins entre les mains d'un Joine,
Non loing de Pasque confusion coup coultre:
Perpet, captifs temps que fouldre en la husne,
Lorsque trois freres se blesseront & meutre.

Un gran rey capturado por la mano de un joven, / no lejos de la Pascua, confusión, cuchillada. / Cautivos perpetuos, tiempo en que el rayo está en la cima, / cuando hieren y matan a tres hermanos.

B.: Dice que esta cuarteta en su mayor parte se refiere a acontecimientos que están por llegar. Sin embargo, también alude a algunos hechos ya ocurridos y que, por así decirlo, abrieron el fuego. Así empezó la cadena de acontecimientos que condujeron a estos hechos. El gran rey representa al Papa y el joven es el Anticristo. Habla de cómo el último Papa se convierte en instrumento del Anticristo. Digamos que lo cautiva con su influencia. Será un tiempo de gran malestar, guerra y desolación. Ocurrirán muchas cosas horribles. Dice que en toda la segunda mitad de este siglo --es decir este período de tiempo en el que vives-- se ha producido una serie de hechos catastróficos --cada uno más terrible que los anteriores- que conducen a los tiempos difíciles. En estos tiempos, el asesinato de líderes mundiales se volverá tan común que la gente no se molestará en saber el nombre del líder actual. Porque pronto será asesinado y habrá un nuevo líder en su lugar. Por eso aludió a los tres hermanos a quienes hieren y luego matan. En un tiempo se consideraba muy tremendo, por ejemplo en tu caso, que un presidente fuese asesinado. Como ocurrió con vuestro presidente Kennedy y con otros que fueron asesinados en ese tiempo. Pero hacia el final de este siglo la gente mirará hacia atrás y pensará: «Vaya, eso no es nada. Ahora eso ocurre a diario». Añade que «el rayo en la cima» se refiere a la guerra que está en curso y al gran peligro para cualquiera que tenga ambiciones de gobernar, con excepción del Anticristo, puesto que será la fuerza impulsora detrás de casi todos esos asesinatos.

D.: *El traductor relaciona esta cuarteta con los Kennedy. Es la única conexión que han encontrado.*
B.: Afirma que es correcto hasta cierto punto, porque esa única línea sí se refiere a los Kennedy. Lo empleó como ejemplo del horror que sintió la nación cuando ocurrió ese asesinato.

Resultaría interesante inferir que Martin Luther King fuese uno de los hermanos aludidos por Nostradamus como los que son asesinados al mismo tiempo que John y Robert Kennedy. Tal vez pudo haberlo empleado metafóricamente. Estos fueron tres líderes, hermanados por sus ideales.

D.: *Algo me vino a la cabeza con la frase «el rayo está en la cima». Me recuerda el símbolo de La Torre en el Tarot.*

La Torre es una carta de aspecto dramático. Muestra la parte superior de una elevada torre que es sacudida por un rayo: simboliza cambio y destrucción.

B.: Asegura que el hecho de que lo notaras habla de tu inteligencia. En efecto, ese signo se relaciona de ese modo por- que los tiempos difíciles en su totalidad podrían representarse por el poder avasallador de la Torre. Habrá otras cartas con los poderes que ellos representan que igualmente influirán en los acontecimientos, pero será un tiempo de cambio dramático y traumático.
D.: *¿Qué significa la referencia a la Pascua?*
B.: Señala que la frase «no lejos de la Pascua» se refiere a la categoría religiosa del Papa más que a un tiempo en particular. Afirma que este hombre aparentará mucha fidelidad a los preceptos de la Iglesia católica. Pero en su interior estará más cerca de las ideas paganas en las que creían los primeros cristianos. La Pascua empezó como una celebración pagana que los sacerdotes cristianizaron para que los bárbaros se convirtieran a la Iglesia. Y este hombre será básicamente un bárbaro ataviado como cristiano.

Con este vehículo es muy difícil el uso de símbolos astrológicos. No es miedo lo que tiene, sino ignorancia. Pero al emplear con este vehículo la clase de comunicación simbólica que le es familiar, como el Tarot, resulta muy fácil transmitir los conceptos que quiere hacernos llegar con eficacia. Porque también él se siente cómodo con el Tarot; tal vez lo emplee más a menudo en el futuro, en lugar de símbolos astrológicos, para que la comunicación sea más fácil. Dejará en su mente algunas imágenes de juegos de cartas del Tarot para que pueda seleccionarlas de una baraja para todos los implicados y poder hacer lecturas. Una vez que ella despierte, podrá escoger series de cartas del Tarot para el Anticristo y para el Papa y otras figuras importantes sobre las que tú desees preguntarle. Funcionará muy bien. Está sumamente excitado. Salta sin parar y cuando salta su barba ondea de un lado a otro. Dice que tenía que habérsele ocurrido antes. Es cuestión de sentir el propio estilo y encontrar la forma más fácil de comunicarse. Recuerda cuánto tiempo nos llevó simplemente hacer contacto cuando iniciamos esto. A su modo lo ha estado percibiendo y ha estado explorando el subconsciente de este vehículo y dice que acaba de descubrir avenidas completamente abiertas, con una anchura de seis vías para comunicarse. Así podrá estar conectado durante más tiempo porque no tendrá que esforzarse tanto. Está tan entusiasmado que apenas se puede contener. Dice que está preparado para que vuelvas y te comuniques nuevamente ya mismo.

Yo me reía porque nunca había podido quedarse con nosotras tanto tiempo. Tal vez había encontrado un modo más fácil.

Cuando despertó, Brenda tenía imágenes claras en su mente. Describió la escena.

B.: Veo lo siguiente: es como si flotara en el limbo en alguna parte donde el tiempo el espacio realmente no existen. Y en este lugar aparece el tablero de una mesa redonda. Y digo el tablero porque es lo que me parece, ya que no hay unas patas que la sostengan. La mesa en sí es blanca pero es como si estuviese hecha de perla o madreperla. Y grabado en esta mesa hay un círculo con rayos que irradian del centro.

D.: *¿Como la rueda del horóscopo?*

B.: Algo así, pero los símbolos que veo son como los que usan los alquimistas. Ese tipo de símbolos está grabado sobre la mesa, en varios lugares. Y veo que a su alrededor hay cuatro figuras encapuchadas. Cada una de estas figuras sostiene una mano de cartas del Tarot, pero cada mano es individual y se refiere a ellos. Es como si cada figura tuviera una baraja completa para usar y ésta es la mano que han elegido para acudir a esta mesa. En esta mesa a la que están sentados parece que preparan una partida de Tarot pero utilizando varias barajas. Nunca sería capaz de reproducirlo aunque mi vida dependiese de ello. Es muy complejo y las cartas están colocadas según el lugar que les corresponde en esta rueda. Percibo que están terminando la partida de algún acontecimiento mundial. Las únicas cartas que puedo distinguir son las que estas figuras sostienen en sus manos.

Inmediatamente, ella procedió a sacar las cartas de la baraja para la primera mano que podía recordar y las colocó sobre la mesa para que John las interpretara. La disposición era extraña y no se parecía a ninguna que yo hubiese visto alguna vez, pero resultó ser muy simbólica. Para nosotros, era obvio que estas primeras cartas eran las mismas que Nostradamus mencionó como representativas del Anticristo. Brenda dijo que había dispuesto las cartas tal como la figura las tenía en su mano.

J.: ¿Puedo hacer un comentario? Esta disposición también me resulta extraña. Pero he presenciado interpretaciones francesas, del tipo gitano tradicional, los adivinadores de la suerte de otros tiempos. Esto es similar a su manera de echar las cartas.

D.: *¿Podría ser éste el modelo que conocía Nostradamus?*

J.: Posiblemente, porque ellos no usarían los complejos modelos de Tarot a los que hemos llegado en nuestros días. Sólo aplican pasado, presente y futuro.

Por extraño que pareciera, la única explicación podría ser que la forma de poner estas cartas había venido directamente de la mente de Nostradamus. Pedí a Brenda que leyera en voz alta las cartas para la grabadora.

B.: He colocado la carta invertida del Colgado, un Caballero de Bastos en posición vertical, el Hierofante invertido, el Emperador invertido que está en una posición superior a (por encima de) los demás. El Diez de Espadas invertido que está cubierto (solapado) por el Emperador. Una Justicia invertida y una Rueda de la

Fortuna en posición vertical que es una especie de culminación de toda la mano.

Las cartas fueron colocadas como una serie de jugada típica, salvo que algunas (las mencionadas) estaban encima o detrás de otras. John continuó con la interpretación.

J.: Esto lo interpretaría como la forma en que surge el Anticristo. (*Señalaba las diferentes cartas.*) Esto es lo que está presente ahora mismo y esto es lo que tendrá lugar al avanzar su vida. Y, realmente, encaja. Ante todo, vemos el Colgado en sentido inverso. Cuando aparece el Colgado en posición vertical significa circunspección, sabiduría superior. Representa el aprender a confiar en el espíritu interior que nos guía a todos. En posición invertida, quiere decir confianza en el espíritu interior que sería una lucha por cosas sin importancia más que por algo positivo. Luego tenemos el Caballero de Bastos que representaría a un joven. Para mí representaría un viajero en la vida, alguien que empieza el viaje de la vida. El basto podría ser la rama cortada de un árbol. La pones (la rama o a la persona) en cualquier tipo de medio y crecerá. Pero crece en el sentido de espiritualidad decadente debido a la posición invertida del Colgado. Veo al Hombre Colgado como una carta muy espiritual porque simboliza que estamos tomando nuestro cuerpo y sacrificándolo para hacerlo más espiritual. Cuando está invertido, lo estamos sacrificando, pero tal vez por motivos totalmente equivocados. Así es como yo veo que él se toma la vida. Cuando pasamos a las dos cartas siguientes, éstas probablemente representan su ascensión. Ves al Hierofante y al Emperador y ambos están invertidos. Para mí, el Hierofante en su posición vertical representa adaptarse a lo que quiere el mundo. Pero en su posición invertida es el deseo de *dominar* el mundo. El Hierofante era símbolo de un Papa o un sacerdote de elevada categoría. Así que el Hierofante invertido representa a un sacerdote que hace uso de las fuerzas negativas. Algo así como ser sacerdote de ciertas energías superiores que no forman parte de la fuente de la vida. Y luego la carta invertida del Emperador representa gran poder pero mal uso del gran poder.

Esto era asombroso. De todas las cartas de la baraja Brenda seleccionó las que realmente encajaban con lo que Nostradamus nos había estado transmitiendo sobre la personalidad del Anticristo.

J.: Después llegamos al Diez de Espadas invertido. Cuando esta carta está en posición vertical quiere decir: «¡Eh, son malos tiempos, peor para ti». Pero en su posición invertida significa: «Te rodea la muerte, la desesperación y la desolación».

D.: *Vaya, él lo provoca; pero no lo afecta.*

J.: No lo afecta porque tenemos la Rueda de la Fortuna en posición vertical, que significa: «Éste es el día; es parte del destino. La rueda del destino hizo que ocurriera». Y la Justicia en posición invertida significa perversión de la justicia. Crea sus propias leyes y se rige por ellas. La justicia no lo obliga; no puede tocarlo. Realmente concuerda con aquello en lo que supuestamente se mete el Anticristo.

D.: *Me pregunto si Nostradamus pudo haber hecho una lectura por su cuenta para averiguar sobre el Anticristo, y fue ésta la que obtuvo.*

J.: Es una posibilidad.

Brenda siguió disponiendo la serie de cartas que representaban al último Papa.

B.: Hay algo en esta serie que es realmente ingenioso e interesante: aquí ves lo que aparece a la vista pero detrás hay una carta que queda completamente oculta por estas otras dos. Está el Juicio en posición invertida y el Mago y el Diez de Copas en posición vertical. La Reina de Oros en posición vertical está oculta, aunque no del todo, detrás de la Justicia en posición vertical. La siguiente carta visible es el Ocho de Bastos invertido. Y detrás de la Justicia en posición vertical y el Ocho de Bastos invertido tenemos a la Sacerdotisa invertida, totalmente escondida, pero influyendo en esas cartas. Y la serie termina con el Mundo en posición invertida.

J.: *Ésta es otra disposición interesante. Cuando el juicio se presenta en el Tarot tradicional, representa un cambio del despertar de la consciencia, una mezcla con lo universal. Bueno; en su posición invertida, sería lo contrario a eso. Representa una consciencia que no quiere mezclarse con lo universal sino con su propio poder. Y ese poder sería la carta del Mago. En otras palabras, «Lo que yo manifiesto, lo que yo hago, lo que yo tomo de arriba y realizo abajo». Y cuenta con la buena suerte del Diez de Copas que lo acompaña. Creo que el Diez de Copas representa la satisfacción de los propios deseos materiales. En mi opinión, significa que la persona recibe una gran satisfacción, una gran felicidad.*

*Cuando la veo en una interpretación, representa la realización del deseo del corazón. Él se sentirá muy complacido con lo que ha hecho. Y habrá en su vida la influencia de una mujer de dinero y poder. Esta mujer será probablemente de piel morena. Será una típica mujer madraza. Ella dará impulso a su carrera o representará una especie de apoyo. No me parece que sea una santa, pero es una mujer poderosa en posición y dinero. Sin lugar a dudas, tendrá una clara influencia en su vida. Desde el punto de vista parapsicológico, percibo que probablemente sea una de sus almas gemelas o compañeras espirituales de otra vida. Vuelven a encontrarse y aunque no pueden ser amantes, pueden ser aliados. De modo que para él es más bien una maestra. La Justicia en posición vertical suele significar equilibrio de fuerzas, por el símbolo de la balanza, que mantiene el equilibrio y el control de las cosas. En el Tarot tradicional, la espada tiene doble filo, puede usarse para matar, mutilar, lastimar o dañar en nombre de la justicia. (*En la carta, una mujer con los ojos vendados sostiene en una mano la balanza y en la otra una enorme espada.*) Sin saberlo, inconscientemente él podría emitir juicios verdaderamente erróneos en el transcurso de su carrera. Esta mujer podría tener algo que ver con las malas decisiones que él toma. Es alguien que está detrás de las cosas. Aunque el Vaticano es un ámbito reservado exclusivamente a los varones, de algún modo ella estará íntimamente implicada en su vida. No creo que sea su madre. Siento que hay algún vínculo espiritual kármico. Es interesante que la Sacerdotisa esté completamente tapada y en posición inversa. A mi modo de ver, en la posición vertical representa conocimiento secreto, oculto, que sólo se revela a los iniciados. Y aquí veremos un conocimiento secreto que se revela a todos.*

Todos los detalles de esta interpretación se revelarán en el capítulo siguiente: «La devastación de la Iglesia», incluso la manera en que el Anticristo se sirve de este Papa para su causa.

J.: *El Ocho de Bastos representa cosas que son una pesada carga. No me gusta esta carta. Representa que se asumen más problemas de los debidos. Pero está invertida, así que tal vez la responsabilidad de la carga pase a otros. Entonces, el Mundo en posición invertida representa un mundo caótico en vez de iluminado. Un mundo atacado de locura homicida. El poder del Anticristo vendrá a través de ese tipo de gente. Creo que este Papa va a causar mucho daño e infortunio. Es realmente extraño que aparezca aquí la Reina de Oros. Veo y siento con mucha fuerza que va a ser algo de carácter secreto y que nadie sabe porque en parte la Reina está oculta, a la vez que lo está también la Sacerdotisa. No quiere que se sepa lo que va a hacer hasta que llegue el momento. Pero tengo la sensación de que tal vez Nostradamus realizó lecturas para ayudarse en sus visiones.*

La tercera serie de cartas correspondía al Papa actual. No repetiré aquí su lectura porque no creo que contenga nada esencial a los horrores venideros del Anticristo. Pero, una vez más, las cartas encajaban perfectamente. Básicamente, tenían que ver con su personalidad y los viajes. Lo describían de modo preciso: aparecía como un hombre bueno y justo de rectos propósitos.

La cuarta serie de cartas se interpretará en el Capítulo 22: «Cambia el curso de los acontecimientos», ya que representa al hombre que liderará la batalla contra el Anticristo.

He incluido aquí todas las cartas para que los que conocen los símbolos del Tarot vean si pueden penetrar en las personalidades de estos dos personajes relevantes en el guión de nuestro futuro.

16
La devastación de la Iglesia

Las cosas terribles que Nostradamus vio que el Anticristo hacía contra el Vaticano y los centros culturales de Europa eran casi increíbles. Me atrevo a confiar en que el hombre es demasiado civilizado para llegar a cometer semejantes tropelías. Pero tal vez sea su inverosimilitud lo que hace presagiar su posibilidad, porque en realidad es la obra de un loco sediento de poder. Debe haberle irritado mucho a Nostradamus, tanto como a mí, ver que la herencia cultural, el conocimiento y la religión, la piedra fundamental de la civilización, eran cruelmente destruidas en nombre del control. El Anticristo había aprendido bien sus lecciones. Sabía cómo destrozar por completo la moral del pueblo; golpear directamente en el corazón de su sistema de creencias.

Referiré aquí los acontecimientos por separado, aunque en la secuencia temporal los acontecimientos aparecerán dispersados en los capítulos siguientes.

La siguiente cuarteta fue interpretada parcialmente en el Capítulo 14.

CENTURIA V-25

Le prince Arabe Mars, Sol, Venus, Lyon,
Regne d'Eglise par mer succombera:
Devers la Perse bien pres d'un million,
Bisance, Egypte, ver. serp. invadera.

El príncipe árabe, Marte, el Sol, Venus y Leo, / el gobierno de la Iglesia sucumbirá al mar. / Hacia Persia casi un millón de hombres / invadirá Egipto y Bizancio, la verdadera serpiente.

Brenda: La iglesia que sucumbe al mar se refiere a un accidente que ocurrirá en Roma. No puedo recibir con claridad las imágenes sobre cómo ocurre eso. Pero de algún modo durante este accidente la base de la Iglesia católica quedará totalmente destruida, como si la ciudad se hundiera en el mar y dejara de existir, o como si nunca hubiese existido. Por lo que me está mostrando, tengo la sensación de que será un incidente que no tendrá nada que ver con los que ocurrirán en Oriente Próximo.

Dolores: *¿Crees que sucederán al mismo tiempo?*

B.: No exactamente al mismo tiempo, pero bastante cercanos uno de otro, tanto que algunos los relacionarán en su mente porque saben que los árabes siempre han estado enfrentados al cristianismo. Pero las causas serán muy distintas. Los árabes se darán prisa para aprovechar la situación, aunque no fueron ellos los causantes. Las restricciones del Vaticano harán que se derrumbe la estructura eclesial. Puede rehacerse, pero será un golpe del que la Iglesia nunca se recuperará del todo. En épocas futuras se pensará que ése fue el comienzo del final de la Iglesia, aquello que provocó su desmoronamiento después de haber logrado sobrevivir tantos siglos.

D.: *¿Puede extenderse algo más para aclarar esto? ¿Cree que será un accidente natural o un accidente humano?*

B.: (*Pausa.*) Al parecer, cree que será una combinación de ambos. Un tipo de incidencia humana que desencadena un accidente natural, o viceversa. Hoy las imágenes no llegan con la suficiente claridad.

D.: *Pero tiene que ver con el mar.*

B.: Sí, no sólo con el mar sino también con una especie de fuerza terrorífica que se precipita desde el cielo. Hablo de una fuerza energética, no la fuerza de un ejército sino de una especie de energía que procede del cielo y... lo disuelve todo. Lo considerarán un desastre natural porque la humanidad no tiene la capacidad técnica para producir esa fuerza. Así que tendrán que declararlo accidente natural porque no podrán encontrarle otra explicación.

D.: *En la parte francesa de la cuarteta hay una abreviatura, «ver. serp.», y ellos han traducido esto como «la verdadera serpiente». ¿Qué quiso decir con esto?*

B.: Que aunque fundamentalmente la gente se interesará por lo ocurrido a la Iglesia y tratará de imaginar cuál fue la causa, lo que realmente tendrán que hacer es mantenerse atentos a los acontecimientos en Oriente Próximo. En especial a ese líder que invadirá Bizancio. Porque subraya que los acontecimientos futuros demostrarán que ese líder es un hombre muy peligroso.

Cuando menciona Bizancio se refiere a Turquía. Estambul (Constantinopla) se construyó en el sitio donde se encontraba esta antigua ciudad. Era evidente que cada vez que mencionaba el nombre de un lugar en sus cuartetas, no solía referirse a esa ciudad en sí, sino al país donde había estado localizada.

CENTURIA II-81

Par feu du ciel la cité presque aduste,
L'urne menace encor Ceucalion,
Vexée Sardaigne par la Punique fuste,
Apres que Libra lairra son Phoeton.

La ciudad casi reducida a cenizas por el fuego del cielo, / el agua amenaza de nuevo a Deucalión. / Cerdeña asediada por la flota africana / cuando Libra haya salido de Leo.

D.: *Creen que en el original francés de esta cuarteta había un error ortográfico.*
B.: Dice que es muy posible ya que a veces los impresores son descuidados.
D.: *Creen que la palabra equivocada es «Deucalión». En francés está escrita con «C» en lugar de «D».*
B.: Está de acuerdo, ya que «C» y «D» son letras casi idénticas, y si los ojos del impresor estaban cansados en ese momento es fácil sustituir una por otra sin darse cuenta del error. Debería ser una «D».
D.: *Estos nombres no son los mismos que en francés.*
B.: ¿Qué nombres aparecen en francés?
D.: *Sardaigne es Cerdeña ¿no es así?*

B.: (*Corrigió mi pronunciación con un acento claramente afrancesado.)* Es la pronunciación más aproximada que puede conseguir de este vehículo en vista de que tampoco habla francés. Cerdeña es como se le llama en tu tiempo, en tu idioma.

D.: *Lo tradujeron como Tunicia para dar a entender que es de África.*

B.: (*De nuevo me corrigió.*) Es correcto.

D.: *Tradujeron Phaeton como Leo. (*Nueva corrección y varias repeticiones mías hasta conseguirlo.*)*

B.: Faetón (*pronunciado «Fetón»*), con F. Dice que ésa es la versión griega, el concepto griego de esa entidad específica. _Faetón era el encargado del sol y el fuego, y el símbolo más elevado de Leo es el sol. Las traducciones son correctas. Dice que inicialmente el Anticristo conseguirá poder en su propia esfera, a saber, Asia, Oriente Próximo. Cuando su poder empiece a aumentar *fuera* de su ámbito, es decir, en Europa, la primera zona de disturbios será la zona del Mediterráneo. Porque desde su posición geográfica, le resultará más conveniente acercarse a Europa desde el sur. Y por su herencia de Oriente Próximo ya habrá añadido África del norte, culturalmente compatible, a su conglomerado de Asia y Oriente Próximo. Por lo tanto, su posición para tomar Europa desde el sur es más fuerte y segura puesto que le resguarda su propio poderío militar. Por las armas que usa y los estragos de la guerra, el Anticristo sabe que una forma de someter a un enemigo potencial es amenazar con la destrucción de su patrimonio cultural, no sólo con una destrucción puramente material. Porque los objetos culturales poseen un gran significado para una cultura, y los pueblos no escatimarán esfuerzos para conservar determinados lugares y cosas. Como principal herramienta usará tácticas terroristas, sólo que en mayor escala. Lo que al principio hará para conmocionar Europa y para que sea más fácil controlarla, será la destrucción de Roma. La aplastará sistemáticamente hasta reducirla a escombros usando varias clases de bombas lanzadas por aviones. En esa total destrucción, las siete colinas de Roma desaparecerán por completo. Ése será su deseo, no sólo hacer desaparecer los objetos culturales que Roma contiene, sino también las colinas sobre las que está asentada, para que la destrucción de la ciudad sea total. Lo hará tan bien que Roma quedará expuesta a la intrusión del mar, que devastará lo que quede. Además de destruir Roma, también amenazará a los grandes centros culturales de Grecia, representados por Deucalión en la cuarteta. [Deucalión fue el equivalente de Noé en la mitología griega.] Señala que también destruirá lugares como Atenas y los grandes centros de enseñanza e históricos griegos. El mundo estará tan conmocionado por estos actos que momentáneamente quedará paralizado. Por lo tanto, avanzará a grandes zancadas tomando el control y consiguiendo poder antes de que los demás gobiernos resuelvan y decidan cómo y con qué grado de radicalidad conviene reaccionar. Este hombre usará tácticas semejantes durante todo el conflicto. Siempre hará cosas temerarias y espeluznantes para obtener lo que quiere.

D.: *¿Y en qué momento entra Leo? Dice: «Cuando Libra haya salido de Leo».*

B.: Esta frase es otro ejemplo de significado múltiple. Es difícil explicar esa línea porque las situaciones que entraña aún no han ocurrido. Los signos de Libra y Leo representarán tanto los lugares geográficos como las fuerzas políticas implicadas en este conflicto. Libra representa cierto aspecto de los ejércitos de este hombre. Cuando las fuerzas políticas representadas por Libra hayan hecho lo que decidieron hacer con las fuerzas políticas representadas por Leo, pondrán en marcha su campaña contra Europa. Cuando todo esto empiece a suceder, las implicaciones astrológicas serán también más claras. Pero cuando contempla ese punto en el tiempo, es como una nube de tormenta que se va formando sobre sí misma y relampaguea en todas direcciones. Es realmente difícil describir lo que ocurre en este punto porque es demasiado turbulento. Los conceptos en sí no son lo suficientemente claros para describir las cosas. Lo único claro es que habrá una gran destrucción en Roma y en otras ciudades importantes de esa península que n- tienen tesoros culturales. El Anticristo está decidido a borrar la cultura establecida y a reemplazarla por la suya propia, contrariamente a lo que hicieron los moros cuando invadieron España. Este hombre pretende hacerle esto a todo el continente.

Las CENTURIAS II-93 y III-17 también se refieren a esta devastación.

CENTURIA V-86

Par les deux testes, & trois bras separés,
Le cité grande par eaux sera vexee:
Des grands d'entre eux par exile esgarés,
Par teste perse Bisance fort pressee.

Dividida por dos cabezas y tres brazos, / la gran ciudad será agitada por el agua. / Algunos de sus grandes hombres vagan en el exilio; / Bizancio es aplastada con fuerza por el líder de Persia.

B.: Esto hace alusión a la misma situación pero desde una perspectiva distinta. Dice que la ayuda que podría haber salvado la situación no llegó a tiempo. Causa de esto son los resentimientos políticos y diplomáticos entre los poderes occidentales que podrían haber dominado la situación desde su origen. Habrá dos países --creo que se refiere a Inglaterra y Estados Unidos—que colaboran unidos con igualdad de poderes en el terreno militar. Pero cuando hay en juego una operación militar sólo un líder debe estar al mando para tomar decisiones. Y si hay dos jefes que discuten por esta causa, es muy posible que las decisiones no se tomen a tiempo. En este caso, esta particular alianza militar entre Estados Unidos e Inglaterra será demasiado nueva para que funcione en tiempos de emergencia. Aún no habrán resuelto quién estará al mando y quién tendrá que ceder. Así que discuten sobre lo que deben hacer en esta situación. Los tres brazos se refieren a las tres ramas básicas de lo militar: tierra, mar y aire. No conseguirán hacer que sus estrategas decidan el mejor camino para resolver la situación. Y desde su punto de vista, el Anticristo, mientras tanto, seguirá avanzando a grandes pasos.

D.: *«La gran ciudad agitada por el agua.» Ha habido otras cuartetas sobre el agua que invade Roma tan pronto como es bombardeada. ¿Se refiere a eso?*

B.: Sí. En medio de la confusión, algunos de los intelectuales que podrían proporcionar respuestas a los líderes y ayudarles a resolver la situación no podrán llegar a tiempo por la paralización de las comunicaciones y los transportes. Aquí quiere añadir una observación. Al trabajar con nosotros se ha dado cuenta de que muchas veces cuando usa términos como «la gran ciudad», los intérpretes de sus cuartetas creen que se refiere a Nueva York. Dice que no necesariamente es así puesto que durante su vida nunca oyó hablar de ella. Con mucha frecuencia cuando se refiere a la gran ciudad, tiene en mente una ciudad que es grande en términos de tiempo y hazañas, no sólo de tamaño. En esta cuarteta, habla de Roma.

CENTURIA V-43

La grande ruine des sacrez ne s'esloigne,
Provence, Naples, Sicille, Seez & Ponce:
En Germanie, au Rhin & la Cologne,
Vexez à mort par ceux de Magonce.

La gran ruina del clero no está muy lejana, / Provenza, Nápoles, Sicilia, Sees y Pons. / En Alemania, en el Rin y Colonia, / hostigados a muerte por los de Maine.

B.: Antes te ha mencionado que para amedrentar a la gente este hombre destruirá los centros culturales de Europa occidental y que intentará hacer desaparecer las siete colinas de Roma. Otra cosa que hará durante esa destrucción será saquear total y completamente el Vaticano y destruir la Biblioteca. Lo hará sobre todo para socavar la autoridad y hacer añicos a la Iglesia católica. Porque ella será un importante obstáculo en sus planes. Para ello, una de sus tácticas será revelar todo lo que sea controvertido y que encuentre escondido en la Biblioteca del Vaticano. Cosas que la Iglesia ha declarado que la gente no debe leer porque pondrían en peligro su fe. Se asegurará de dar una amplia difusión a estas cosas. Causará una gran disensión en el seno de la Iglesia. Los teólogos, sacerdotes y estudiantes se volverán unos contra otros, cada uno con sus propias teorías e interpretaciones relacionadas con esta nueva información. Y todo será confusión. De ese modo, la Iglesia católica ya no será un obstáculo para este hombre y sus planes.

Cuando Nostradamus mencionó que el Anticristo saquearía la Biblioteca del Vaticano y robaría documentos importantes relacionados con la Iglesia, me preguntaba cómo sería posible eso. Luego caí en la cuenta de que si el último Papa se convertía en instrumento del Anticristo, el acceso a los archivos más sagrados y secretos estaría asegurado. Esto explicaría la traición que cometería el Papa para provocar la caída de la Iglesia. El Vaticano no se percataría de que el traidor estaba en medio de ellos ejerciendo la más elevada función hasta después de ocurrido el terrible acontecimiento.

D.: *En estos nombres me pareció extraño que mencionara Maine.*

B.: No confíes demasiado en lo que hacen los traductores. No se trata del estado de tu país. Es el nombre de otro lugar junto a otros más que son centros importantes de conocimiento en Europa.

Maine es un error tipográfico tal como lo indicó Nostradamus. El libro de la señora Cheetham dice que Maguncia fue traducido como Mainz o Mayenze. Maguncia es una ciudad del oeste de Alemania, cuna de Johann Gutenberg, el primer impresor de caracteres movibles y de la Biblia. Por sus actividades, Maguncia se convirtió en centro de la tipografía en los últimos años del siglo XV. En este contexto, encaja perfectamente esta cuarteta como simbolismo de educación y aprendizaje. Si la mente de Brenda hubiese estado implicada en esto, habría captado el Estado y no una oscura ciudad extranjera porque fue así como se lo leí.

D.: *A propósito de los traductores, el intérprete califica esta cuarteta de «total fracaso».*

B.: ¡Huy! Sus ojos echan chispas y me recuerda algo muy parecido: ¿has visto ese póster del Tío Sam en el que te señala con el dedo? (*Me reí.*) Hace el mismo gesto señalando el libro y dice: «¿Quiénes son ellos para decir semejante disparate?». Continúa diciendo: «Dame tiempo. Necesito más tiempo». Subraya que esos traductores que han dicho eso no tienen el obstáculo de tantos siglos como lo ha tenido él para entenderlo. ¿Tiene sentido? Intento recordarle que nosotros hemos conseguido venir a la fuente y ellos no.

La CENTURIA II-5 alude a los submarinos, que están simbolizados con un pez. En un doble significado, se refieren al uso que les dieron los alemanes en la Segunda Guerra Mundial pero también el Anticristo en su guerra. Usará los submarinos para apoderarse de los documentos del Vaticano una vez vencidas las fuerzas navales italianas.

En la CENTURIA III-26, se mencionan los que son verdaderos líderes religiosos como «víctima cuyo cuerno está cubierto de oro». Son lo opuesto a los «sacerdotes vacíos». «Las entrañas serán interpretadas» se refiere de nuevo a la divulgación de los archivos secretos de la Iglesia católica. Utilizó este simbolismo porque los sacerdotes solían abrir a los animales y exponer sus entrañas a la luz para penetrar en los misterios metafísicos.

En la CENTURIA III-6, la destrucción de Roma y el saqueo de la Biblioteca del Vaticano se mencionan de nuevo, aludidos como «el rayo que golpea en el interior del templo cerrado».

CENTURIA I-62

Le grand parte las que feront les lettres,
Avant le cycle de Latona parfaict:
Feu grand deluge plus par ignares sceptres,
Que de long siecle ne se verra refaict.

¡Ay! Qué gran pérdida sufrirá el aprendizaje/ antes de que el ciclo lunar termine. / Fuego, grandes inundaciones, por gobernantes muy torpes; / muchos siglos pasarán antes de que sea restaurado.

B.: Dice que ésta tiene múltiples significados. Uno de ellos es que durante los tiempos difíciles, mientras suceden los cambios en el mundo, las sectas fundamentalistas de las diversas religiones llegarán a ser muy poderosas en todos los países, porque dirán que ofrecen a la gente el consuelo que necesitan para soportar los malos tiempos. Lo de menos será a qué religión se adscriban estas sectas, sea la musulmana, cristiana o sintoísta, etc. Estas sectas fundamentalistas siempre suprimen el aprendizaje y la educación para que haya gran censura de libros y cosas así. Ése es uno de los significados de la cuarteta. Otro de los significados se refiere al pillaje de la Biblioteca del Vaticano por el Anticristo. Sacará a la luz información, hechos y conocimientos que han estado vedados durante varios siglos. Irónicamente dice que con este saqueo de la Biblioteca del Vaticano el Anticristo estará haciendo algo bueno porque ese conocimiento, tantos siglos escondido, más tarde se expondrá y estará a disposición de todos para su uso. Dice que aunque el Anticristo lo lleva a cabo de forma errónea y emplea la violencia para realizar sus objetivos, lo cierto es que el lanzar al mundo este conocimiento ayudará a marcar el comienzo de un ciclo para deshacerse de este karma y a trabajar hacia un nivel superior de karma.

D.: *Supongo que de algún modo esto habla en su favor.*

CENTURIA II-12

Yeux clos, ouverts d'antique fantasie,
L'habit des seuls seront mis à neant:
Le grand monarque chastiera leur frenaisie,
Ravir des temples le tresor par devant.

Sus ojos cerrados, abiertos a la vieja fantasía / el traje talar será abolido. / El gran monarca castigará su desvarío, / robando el tesoro enfrente de los templos.

B.: Dice que esto se refiere al Anticristo y a la destrucción de la Iglesia católica. La gente comprometida con la Iglesia católica, sobre todo los sacerdotes y demás, no será consciente de los vientos de cambio y seguirá enganchada al viejo orden aunque ya no sea viable y esté muerto porque no puede integrarse en el marco de la realidad. Dice que «el gran monarca» tiene un doble significado. Se refiere al Anticristo y además al Papa como instrumento del Anticristo, porque el Papa es el gran monarca de la Iglesia. Digamos que robarán a la Iglesia a ciegas. Porque el Anticristo, además de hacerse con las posesiones materiales de la Iglesia para financiar sus ejércitos, también profanará y despojará la Biblioteca del Vaticano.

D.: *No quiero que se enfade, pero necesito hacerle una pregunta.*

B.: Adelante.

D.: *Sé que en el tiempo en que él vive la Iglesia y la Inquisición lo persiguen. Se ha insinuado que cuando habla de la completa disolución, la completa destrucción de la Iglesia católica en nuestro futuro, podrían expresarse sus deseos personales, por la persecución de que es objeto.*

B.: Es verdad que muchas veces se hizo ese tipo de ilusiones. Sin embargo, sugiere que observes la naturaleza esencial del universo. Cuando el péndulo se mueve hacia un lado, en una dirección extrema, debe moverse hacia el otro lado en dirección opuesta para equilibrarlo. Y cuando vuelva a moverse en la dirección opuesta hará que esta Iglesia católica deje de existir. El péndulo que controla la elevación y decadencia de la Iglesia se extiende durante un período más largo, pero el resultado finalmente se producirá. Porque la Iglesia católica se volverá totalmente superflua y eso contribuirá a su disolución.

D.: *Pensé que se enfadaría si insinuaba que hace cuartetas con ilusiones que él se hace y no sobre algo que ha visto realmente.*

B.: No, se lo toma con mucha tranquilidad. Dice que sabía que se llegaría a esa conclusión, puesto que la Iglesia católica realmente le ocasionó muchos problemas.

17
El monstruo aparece

CENTURIA II-23

Palais, oiseaux, par oiseau deschassé,
Bien tost apres le prince parvenu:
Combien que hors flueve ennemi repoulsé,
Dehors sousi trait d'oiseau soustenu.

Aves del palacio arrojadas por un pájaro / poco después del advenedizo príncipe. / Cuántos de los enemigos son rechazados más allá del río, / el erguido pájaro capturado desde fuera con engaño.

Brenda: Esto alude al momento en que el Anticristo se apodera de Irán. Para poder asumir el mando del país, tiene que usar un señuelo para engañar al ayatolá en funciones. Las aves representan a los satélites de la corte, los charlatanes que hablan por los codos, parásitos aduladores que le dicen al líder lo que quiere escuchar. El pájaro que se yergue es el señuelo que usa el Anticristo. Cuando empiece a tomar el control de Irán alejará a los partidarios internos del ayatolá y empezará una guerra civil. Entonces pondrá a un hombre como líder. Un hombre que para los iraníes sea leal al ayatolá para que concentren en él su odio. Este hombre acabará asesinado durante el asalto a Irán, y con este asesinato creerán haber conseguido frustrar el asalto. Pronto descubrirán que siempre fue un señuelo, y que han caído directamente en manos del Anticristo.

La CENTURIA I-40, que fue interpretada en el capítulo 11, con- tenía una frase que encaja aquí.

Dolores: *«De Egipto saldrá un hombre que quiere hacer que se retire el edicto.» ¿Puedes comentar esa frase?*

B.: Más tarde, en el curso de los acontecimientos, el Anticristo empezará por unir las monedas de los diversos países de ese mundo para que sea más fácil fusionarlas en una sola entidad política. Puesto que su ambición es controlar el mundo, uno de los caminos para conseguirlo es tratar de que circule un solo tipo de moneda en toda esta zona y que todas las monedas restantes desaparezcan o algo así. Habrá gente que protestará por esto. En especial, se resistirá un carismático líder popular de Egipto. Querrá que se retire ese edicto o ley específica para que todos los países de esta liga de naciones árabes puedan mantener su propia moneda y su propio comercio, en vez de someterse a esta entidad política.

CENTURIA I-61

La republique miserable infelice
Sera vastee de nouveau magistrat:
Leur grand amus de l'exile malefice,
Fera Sueve ravir leur grand contracts.

La miserable y desdichada república / será otra vez devastada por una nueva autoridad. / El gran resentimiento acumulado en el exilio/ hará que Suiza rompa su importante acuerdo.

B.: Esto ocurrirá cuando el Anticristo esté en pleno asalto de Europa. La segunda república miserable se refiere a Alemania. La llama miserable porque la dividen por el corazón. Me está mostrando una imagen de la Alemania oriental y la Alemania occidental, la Alemania dividida. Añade que los que están en el exilio acumulan un fuerte resentimiento, se refiere al hecho de que el Anticristo pondrá de nuevo en el poder al Partido Nazi en Alemania para sus propios fines. El movimiento en Alemania en tu tiempo y la popularidad del nazismo entre la juventud alemana, están poniendo ya los cimientos. En consecuencia, todo esto hará que Suiza rompa su ancestral neutralidad. Y al romper su prolongado acuerdo se colocará del lado opuesto al Anticristo y luchará activamente.

ACTUALIZACIÓN: *Durante 1991 hubo un renovado interés por revivir el Partido Nazi en Alemania, especialmente entre la juventud de ese país.*

CENTURIA II-96

Flambeau ardent au ciel soir sera veu,
Pres de la fin & principe du Rosne:
Famine, glaive: tard le secours pourveu,
La Perse tourne envahir Macedoine.

Una antorcha ardiendo se verá en el cielo nocturno / cerca del fin y origen del Ródano. / Hambruna y arma; ayuda que llega tarde, / Persia se volverá e invadirá Macedonia.

B.: La interpretación de esta cuarteta es algo complicada porque se refiere a una situación compleja en tiempos difíciles, que tenderá a complicar incluso situaciones ordinarias. Esto se refiere a algunas de las negligencias diplomáticas que hacen que el Anticristo tenga más poder. Es al principio cuando aún no posee una amplia base de poder pero la está estructurando. La antorcha que se ve en el cielo nocturno se refiere a su odio demoníaco y a su magnetismo. Esta combinación le ayudará a ser poderoso. Esta antorcha que se ve arder en el cielo nocturno indica que la gente verá que tiene poder y será consciente de que lo ejerce para el lado oscuro más que para las fuerzas de luz. Los poderosos que pueden hacer algo al respecto se darán cuenta de que hay que hacer algo, pero no llegarán a decidir nada hasta que sea demasiado tarde. Mientras tanto, él ya habrá empezado su campaña invadiendo y apoderándose de los países vecinos, construyendo una base de poder más amplia con la que podrá atajar al adversario en otros países. Y, finalmente, se hará con el control del continente asiático.

D.: *¿Por qué se menciona específicamente a Persia?*

B.: Porque es la parte del mundo donde empezará su campaña de poder.

D.: *En varias cuartetas ha mencionado la palabra «Persia». John cree que «Persia» podría ser un nombre o un anagrama relacionado con el Anticristo.*

B.: Unas veces se usa como un nombre y otras como alegoría. En este caso es básicamente una indicación de esa parte del mundo en la que hay mucha agitación política y donde alguien puede levantarse para tomar el control rápidamente, mediante un golpe militar o algo por el estilo. Y de ahí tomar ventaja del desasosiego en los países vecinos para volverse más poderoso.

John no estaba presente cuando se tradujeron las cuartetas relacionadas con la destrucción de los centros culturales. Le llamó la atención que mencionara a Macedonia y preguntó si el Anticristo invadiría Grecia. En tiempos antiguos, Macedonia se componía de partes de la Grecia moderna, Bulgaria y Yugoslavia. Nostradamus le explicó a John el plan del Anticristo de desmoralizar a Europa y al mundo occidental mediante la destrucción de los lugares venerados. También los invadiría primero porque creía que así podría manejar las fuerzas armadas disponibles en esa parte de Europa.

ACTUALIZACIÓN: *¿Es esta cuarteta una indicación de que el Anticristo está en cierto modo implicado en el conflicto interno de Yugoslavia? En 1991, este conflicto se convirtió en una guerra.*

B.: Michel de Notredame asegura que no le importa entrar en detalles para aclarar las cosas. Está tan contento de comunicarse con un espíritu afín en otro plano del tiempo que no le molesta en absoluto retroceder un poco sobre lo que ya ha dicho antes.

D.: *Una vez dijo que detestaba tener que repetirse.*

B.: Vaya, dice que cuando habla directamente con la caja negra, la repetición innecesaria es algo tediosa. Pero cuando habla con una persona que no conoce todos los detalles de la historia, no le importa añadir una explicación para ayudar a que entienda mejor la situación y mejorar la comunicación.

J.: *¿Tiene algún significado astrológico la antorcha encendida?*

B.: Sí. Sólo que el principal problema es tratar de transmitirlo. Tal vez tenga que explicarlo de forma alegórica para que a mi obstinado subconsciente le suene a lenguaje ordinario. Y John puede usar su ingenio aplicándolo al simbolismo astrológico. Él, personalmente, siempre que describe la imagen de una antorcha llameante en el cielo nocturno, habla también de un cometa visible. En este caso, es especialmente visible en el Hemisferio Norte ya que es ahí sobre todo donde ocurrirán estos acontecimientos. Por buenas razones, los cometas siempre se han considerado presagios de fatalidad; en este caso, lo será de manera especial. Insiste en darme la fecha de 1997. Ignoro si tiene que ver con esta cuarteta o no, pero veo este número en el cielo una y otra vez y creo que viene de Nostradamus. Señala que Marte está muy rojo en este momento, avanzando hacia su máxima fuerza. Que en este punto, Marte, la carroza del sol y el poder del fuego refuerzan el efecto de fatalidad. Posiblemente, tenga que incluir información astrológica en esta forma para facilitar la comunicación. Lo que más le preocupa es que llegue de un modo que desde el punto de vista astrológico tenga sentido para John. Cuando lo expresa en lenguaje figurado como éste es mucho más fácil captarlo a través de mi subconsciente puesto que este vehículo conoce bien su ignorancia en esta materia y teme contaminarlo subconscientemente con lo que sabe en otros terrenos.

J.: (Había estado buscando activamente estos signos en su Efemérides.) *Marte aparece en el signo de Sagitario en octubre de 1997, y el Sol está en su descenso en el signo de Libra. ¿Será éste el tiempo en el que ocurre esto?*

B.: Dice que suena bien.

D.: *Pero para entonces el Anticristo habrá llegado al poder.*

B.: Al menos en una parte del mundo. En este tiempo, ocurrirá un gran cúmulo de cosas. Tus preocupaciones son muy reales y tus más desbordantes imaginaciones sobre estos temas no estarán demasiado fuera de lugar en comparación con lo que ocurrirá. Asegura que es muy importante reunir el mayor acopio de conocimiento y divulgarlo y no dar oportunidad de que se produzca la ocultación.

Las CENTURIAS II-29 y V-54 aluden a la estrategia bélica utilizada por el Anticristo para la invasión de Europa. Después de la destrucción de Italia, llegará a Francia a través de las montañas, usando una «alfombra mágica», término que usa Nostradamus para referirse al avión. Para él será muy lógico atacar Europa desde el sur por el Mediterráneo porque cuenta con el sólido respaldo del mundo islámico. Ya habrá conquistado el norte de África y Oriente Próximo. Establecerá una base regional en Bizancio (Turquía) para gobernar esa parte del mundo mientras continúa su conquista. Seguirá estableciendo estos puestos regionales de avanzada en varios lugares. Su «barra sangrienta» (mencionada en ambas cuartetas) representa la crueldad de su gobierno.

CENTURIA IV-33

Jupiter joinct plus Venus qu'a la Lune,
Apparoissant de plenitude blanche:
Venus cachée souz la blancheur Neptune
De Mars frappée par la gravée branche.

Júpiter se acercó más a Venus que a la Luna/ apareciendo en blanca plenitud. / Venus oculto bajo la blancura de Neptuno / golpeado por Marte con la vara grabada.

B.: Esto se refiere a las posiciones de los planetas con respecto a los signos astrológicos. En otras palabras, es una cuarteta astrológica. (Suspira.) Veo su imagen; está alisándose la barba con los dedos mientras piensa en la manera de expresar mejor los conceptos.

John estaba impaciente por intervenir pero yo le pedí en voz baja que esperara hasta que Brenda terminara con su interpretación.

B.: La influencia de Venus, es decir, de amor y comprensión, se verá momentáneamente oscurecida debido a otras consideraciones, en especial por la fuerza de Marte, es decir de la guerra. Dice que la vara grabada representa un símbolo de poder y militar. Tiene que ver con una avanzada tecnología en la que actualmente se está trabajando pero que tú desconoces. Dice que ya se ha referido antes a esta tecnología. Durante los tiempos difíciles, en un momento en el que Venus y Júpiter están en Sagitario --creo que es lo que intenta decirme-- y Venus parcialmente oscurecido por Neptuno. Le resulta difícil definir esto. Añade que marca el momento de inicio de la gran guerra que causará la destrucción y el hambre y las plagas que ha mencionado en otras cuartetas. Le cuesta transmitir los conceptos y hacer que yo comunique lo que él intenta decir, pero invita al joven astrólogo a que haga preguntas para una aclaración. Tal vez sus preguntas ayuden a Michel de Notredame a pensar en formas de comunicar lo que pretende decir.

J.: *De acuerdo. Tal como yo lo veo, en la astrología tradicional, Venus en conjunción con Júpiter es un aspecto beneficioso y en Sagitario es un signo de religión y filosofía que abriría más canales y centros espirituales. Neptuno, como lo describimos en astrología esotérica, es la octava superior de Venus. Esto significa que, por un lado, es el amor espiritual del universo, pero por el otro, Neptuno puede ser el gran sensualista o el gran engañador o el gran derrochador de tiempo. De modo que es con Venus en conjunción con Júpiter en el signo de la filosofía oscurecida por Neptuno lo que hoy ocurre en dirección al final del siglo en Capricornio, el signo más materialista. ¿Significa esto que habrá un rayo de esperanza para la humanidad procedente de un sistema de valores más espirituales que evitará que se produzca este gran cataclismo?*

B.: Dice que el rayo de esperanza está ahí, y su propósito en la comunicación de estas cuartetas es por lo menos tratar de modificar, si no evitar, los peores aspectos de estos acontecimientos. Si se modifican o no, incluso si ocurre lo peor que puede ocurrir, seguirá habiendo un gran renacimiento espiritual en el mundo entero. Y durante los tiempos difíciles, individualmente la gente tendrá la posibilidad de contactar consigo mismo y de darse cuenta de la falsedad de los valores materialistas. Después de los tiempos difíciles, cuando las personas empiecen de nuevo a comunicarse unas con otras, descubrirán que los demás también son conscientes de esto. Esto producirá un gran renacimiento de la filosofía y una gran fusión armoniosa de los mejores aspectos de las religiones orientales y occidentales. La consecuencia será un movimiento mundial de pensamiento filosófico en armonía con lo que la gente sabe y siente que es verdad. Esto dará origen a los mejores aspectos de la Era de Acuario. Si la gente pudiera anticiparse conscientemente a esto y asirse a este rayo de esperanza, podrían paliarse algunos de los peores aspectos de los tiempos difíciles que se acercan. Pero teme que no sea muy probable que esto se difunda a gran escala, debido a los valores materialistas predominantes.

CENTURIA III-7

Les fugitifs, feu du ciel sus les piques.
Conflict prochain des corbeaux s'esbatans.
De terre on crie aide secours celiques,
Quand pres des murs seront. les combatants.

Los fugitivos, fuego del cielo en sus armas, / el siguiente conflicto será el de los cuervos. / En la tierra piden ayuda al cielo / cuando los agresores se acercan a las murallas.

B.: Aquí se refiere a los diversos países que piden ayuda a los países más poderosos durante el tiempo del Anticristo. Sobre todo recurrirán a países como Estados Unidos que aún serán neutrales y no se habrán comprometido con la situación.

D.: *¿Qué significa «El siguiente conflicto será el de los cuervos»?*

B.: Se refiere a una batalla en el aire con aviones sin identificación. El Anticristo intentará controlar una parte del mundo usando aviones. Y otros aviones saldrán de noche para derribarlos. Pero no llevarán marcas distintivas para que nadie sepa a quién pertenecen. Se tendrá la fuerte sospecha de que vienen de un poderoso país de Occidente que oficialmente sigue siendo neutral. (*Ella sonreía, era obvio a quién se estaba refiriendo.*) Este país que quiere permanecer neutral y de incógnito se hizo famoso anteriormente por actuar de forma similar --proporcionar aviones y armas y cosas por el estilo al bando que ellos que favorecen, aunque oficialmente son neutrales. No dirá nombres, pero sí que sus iniciales son EE.UU.

D.: *Lo supuse. Porque antes dijo que mientras les fuera posible intentarían permanecer neutrales.*

B.: Dice que Estados Unidos se ha hecho famoso por seguir siempre esta política, pero al mismo tiempo por ayudar de todas las formas posibles.

Durante esta alocada campaña en el Mediterráneo, toma el poder en Mónaco y sabe que debe deshacerse del príncipe de Mónaco para ser el gobernante oficial. La razón por la que Mónaco es importante es su situación estratégica con respecto a Italia y el sur de Europa. En la CENTURIA III-10 se refiere al «gran dorado encerrado en jaula de hierro» y que éste será el sucesor del príncipe Rainiero (aparentemente uno de sus hijos) al que encarcelarán después de tomar el mando.

CENTURIA I-37

Un peu devant que le soleil s'excuse,
Conflict donné grand peuple dubiteux:
Profliges, port marin ne faict response,
Pont & sepulchre en deux estranges lieux.

Poco antes del atardecer empieza la batalla. / Una gran nación está perpleja. / Vencido, el puerto no responde, / tanto el puente como la tumba en lugares extranjeros.

B.: Esta cuarteta es otra de las que tienen múltiples significados, pero uno de ellos se relaciona con algo que necesitas saber. Aquí se describe gráficamente el mar de dudas por el que pasará Estados Unidos antes de implicarse en este conflicto con el Anticristo. Dice que «cerca del atardecer» significa que en esta situación se sabe que Estados Unidos no se halla en la cúspide de sus poderes como en años anteriores. Está en su ocaso, por así decirlo, en lo concerniente a influencia y poder. Su estrella declina. Sigue habiendo algo de influencia y poder, pero no consigue hacer lo mismo que en años anteriores. «La nación está perpleja» se refiere a la división de opinión entre la gente de Estados Unidos sobre intervenir o no en este conflicto. El puerto marítimo tomado alude al hecho de que embarcarse será muy peligroso en este tiempo porque los «peces de plata» del Anticristo --se refiere a los submarinos-- harán muy peligrosos los mares. Hay soldados enemigos en el puerto que obstaculizan a los barcos. Indica que muchas de las batallas decisivas estarán también relacionadas con la toma de los puertos.

ACTUALIZACIÓN: *Cuando se traducía esta cuarteta en 1986, parecía difícil imaginar dónde obtendrían su flota, en especial los submarinos. Una posible respuesta llegó en 1992 después de la desintegración de la Unión Soviética. Informes de inteligencia de Estados Unidos indicaron que Irán compraba submarinos rusos con el objetivo aparente de controlar el estrecho de Ormuz, la llave del golfo Pérsico. Esto significaba que lógicamente podrían controlar todo el tráfico de barcos que entraban en el golfo. Irán y otros países de Oriente Próximo también compraban otras armas, incluidas las nucleares, y los científicos soviéticos nucleares se ofrecían para trabajar con el mejor postor. Lo impensable ahora se hacía posible, a través de circunstancias extraordinarias e imprevistas.*

B.: En relación con «el puente y la tumba en tierra extranjera», señala que la palabra (puente) también se refiere al Papa y que estará en tierra extranjera. Es decir, verá las cosas de un modo distinto que como se ven desde la Iglesia y será ajeno a ella.

D.: *¿Es el último Papa?*

B.: Sí. Y añade que la tumba en un lugar extranjero se refiere 1) al hecho de que mucha gente morirá lejos del hogar en el curso del conflicto, y 2) trata de indicar a los fieles de la Iglesia, tanto a los de su tiempo como a los de hoy, que el otro lado del velo es muy distinto de como lo describen. Por consiguiente será muy ajeno a sus conceptos. Dice que en realidad este significado no tiene que ver con el resto de la cuarteta, pero a pesar de ello quería hacer llegar esa in- formación.

18
Europa, el eterno campo de batalla

Dolores: *Parece un poco enfadado hoy. ¿Se encuentra bien?*

Brenda: No es que esté enfadado; sólo más consciente que tú de la presión del tiempo, y de la importancia de terminar este trabajo. Dice que los comentarios superfluos son un estorbo. No pretende ser desagradable pero dice que la presión del tiempo lo hace aún más apremiante de lo que crees. Teme tanto por nosotros que intenta transmitirnos la mayor cantidad de información posible. Él tiene la perspectiva global de la situación, y tú no tienes la menor idea de ella.

CENTURIA II-84

Entre Campaigne, Sienne, Flora, Tustie,
Six mois neuf jours ne ploura une goutte:
L'estrange langue en terre Dalmatie,
Courira sus: vastant la terre toute.

Entre Campania, Siena, Florencia y la Toscana / no lloverá una gota en seis meses y nueve días. / Un idioma extranjero se hablará en Dalmacia, / inundará el país devastando toda la tierra.

B.: Es obvio que esto se refiere a los tiempos difíciles. La sequía asociada a los trastornos climáticos resultantes de los cambios de la tierra en ese tiempo. El lenguaje extranjero que se habla e inunda la tierra alude a los ejércitos del Anticristo que toman Italia y, como se dijo antes, Grecia, devastando los centros culturales para destruir la moral colectiva.

D.: *Luego esos nombres de ciudad sólo son representaciones de esa parte de Europa donde habrá sequía.*

B.: De Italia. Huelga decir que será muy nefasto para la industria vinícola. Recurre a una imagen de la mente de este vehículo y dice que en décadas futuras no se podrá ir a un buen restaurante y pedir un Lafite del 98, por ejemplo. Será un año muy malo para el vino debido al mal tiempo.

Descubrí que Dalmacia, que ahora es una franja de tierra a lo largo del mar Adriático, antiguamente perteneció al Imperio romano. En el tiempo de Nostradamus pertenecía a Venecia y estaba rodeado por el Imperio otomano. Esto podría ser una referencia tanto para Italia como para Turquía en su tipo de simbolismo.

Las regiones de Campania y Toscana en Italia producen grandes cantidades de uva y son famosas por la elaboración de sus vinos. Son ejemplos de pequeños detalles proporcionados que no es posible que vinieran de la mente de ninguno de los participantes.

CENTURIA III-16

Un prince Anglais Mars a son coeur de ciel,
Voudra poursuivre sa fortune prospere:
Des deux duelles l'un percera le fiel,
Hai de lui, bien aimé de sa mere.

Un príncipe inglés, Marte tiene su corazón en los cielos, / deseará seguir su próspera fortuna. / En dos combates, uno le perforará la vesícula, / por él odiado, pero muy amado por su madre.

B.: Dice que se trata de un acontecimiento que tendrá lugar hacia el principio de la guerra provocada por el Anticristo. Esto precipitará la implicación de Inglaterra en esta gran guerra. El príncipe inglés, cuyo corazón sostiene Marte en lo más alto del cielo, es un joven de la realeza británica ansioso de llevar a las tropas a la batalla. Quiere rescatar a sus amigos del continente; es decir, los pueblos con los que Inglaterra mantiene tratados diplomáticos. Sentirá impaciencia por ir. Luchará en dos batallas importantes y en una de ellas será vencido. En el campo, es flanqueado por el enemigo y tendrá que retirarse. Las tropas contra las que luchaba le escupirán y usarán su nombre como maldición, porque a pesar de que lo vencieran fue un buen soldado. Su impetuosa precipitación en la batalla trastorna algunos de los planes cuidadosamente trazados para la conquista de Europa. Y así este hombre volverá a Inglaterra. Sin embargo, su patria, Inglaterra, lo recibirá con vítores y admiración por la valentía que mostró. Por haber tratado de ayudar y hacer brillar en la batalla el nombre y el honor de Inglaterra.

D.: *En la parte «le perforarán la vesícula» ¿ha querido decir que fue flanqueado por el enemigo?*

B.: Sí. Lo rebasarán y perforarán sus líneas por el costado y en consecuencia lo vencerán.

D.: *Los traductores han interpretado esto muy literalmente como un duelo de verdad y añadieron que los duelos ya no se producen.*

CENTURIA II-39

Un an devant le conflict Italique,
Germains, Gaulois, Hespaignols pour le fort:
Cherra l'escolle maison de republique,
Ou, hors mis peu, seront soffoque mors.

Un año antes de la guerra en Italia, / alemanes, franceses y españoles seguirán al fuerte; / la escuela republicana caerá / y, salvo unos pocos, todos morirán ahogados.

B.: En Alemania, Francia, España e Italia habrá gente que trabajará en secreto para el Anticristo, que colaborará con él para tomar el mando en Europa. El resultado de su toma del poder en Europa y la destrucción de centros culturales y cosas por el estilo, afectará tanto a Europa que, al hallarse en situación de guerra, será difícil continuar educando a los niños por los bombardeos y ataques. Así que no se podrá educar a los niños hasta que terminen los tiempos difíciles. Algunos de ellos, los que se dice que mueren ahogados, son los que tienen curiosidad en su mente, que necesitan leer y aprender porque poseen una inteligencia por encima del promedio. Sentirán que se ahogan sin la literatura y otras cosas a las que estaban acostumbrados. La frase: «la escuela caerá» se refiere a la imposibilidad de educar a los niños por las condiciones de guerra.

A John se le estaba acumulando el trabajo para encontrar las fechas de las cuartetas astrológicas. En una ocasión le comenté a Nostradamus que era probable que John tuviera que volver para hacer más preguntas. Le resultaba muy difícil resolverlas con rapidez.

B.: Lo entiende. Hay que mantener cerca un tintero bien provisto de tinta y no dejar que se seque. Pero a veces hay que detenerse para rellenarlo, y esto toma tiempo. Se refiere más bien al tintero de cuerno porque es lo que él usa. Se ha dado cuenta de que en nuestros días se emplea el término «tintero», no obstante me muestra la imagen de un cuerno que sirve para contener tinta.

D.: (Risas.) *Vaya, en nuestro tiempo tenemos otros artilugios para escribir. És más fácil mantenerlos llenos de tinta.*

B.: Eso no le interesa. Puede ver en la mente del vehículo que a menudo se queja de que se le acaba la tinta. Él se queja de lo mismo, la pluma se queda sin tinta con demasiada rapidez.

En ese momento no entendí lo que quería decir porque hoy en día no tenemos que preocuparnos por nuestros implementos de escritura. Sólo me pareció un anticuado comentario humorístico o una contradicción. Pero, más tarde, Brenda me explicó que ella hace caligrafía y en alguna ocasión se ha quejado de que las plumillas se le quedan sin tinta demasiado rápido. Lo curioso es que parecía haber captado este detalle en su mente porque encajaba con sus propias experiencias. Parece que, siempre que puede, comparte aquello que le es familiar.

CENTURIA I-77

Entre deux mers dressera promontaire,
Que plus moura par le mords du cheval:
Le sien Neptune pliera voille noire,
Par Calpre & classe aupres de Rocheval.

Hay un cabo entre dos mares: / un hombre que morirá después por la mordedura de un caballo; / Neptuno despliega una negra vela por su hombre; / la flota cerca de Gibraltar y Rocheval.

B.: Esto se refiere al papel clave que tendrá Gibraltar en la batalla del Mediterráneo con el Anticristo. Dice que el criterio del hombre clave, salvar a Gibraltar de los ejércitos del Anticristo y por ende salvar a la Península Ibérica, lo llevará más tarde a la muerte. Ésta se producirá en un accidente automovilístico. Declara que usó la frase «mordedura de un caballo» porque no conocía el concepto de automóvil. Añade que este hombre es un oficial de la Marina pero morirá muy joven. Por eso menciona a Neptuno que despliega por él una vela negra.

D.: *La mención de Neptuno también se referirá a él como oficial de la Marina. Luego el cabo entre dos mares es el peñón de Gibraltar.*

B.: Sí. Y que «la flota cerca de Gibraltar y Rocheval» se refiere a uno de los lugares estratégicos donde la flota necesitará permanecer mientras se libran las batallas en el mar.

D.: *No conocían el significado de Rocheval. Creyeron que se trataba de un anagrama de «roca».*

B.: Señala que Rocheval es un anagrama para un pequeño y oscuro puerto que no está demasiado lejos del peñón de Gibraltar.

CENTURIA II-68

De l'aquilon les efforts seront grands.
Sus l'Ocean sera la porte ouverte:
Le regne en l'isle sera reintegrand,
Tremblera Londres par voille descouverte

En el norte se harán grandes esfuerzos, / por los mares el camino estará abierto. / El gobierno se restablecerá. en la isla, / Londres temerosa de la flota cuando es avistada.

B.: Esto se refiere a dos acontecimientos. Por un lado, al estado de cosas entre Estados Unidos e Inglaterra durante la Segunda Guerra Mundial, y cómo se las arreglaron para mantener abiertas las vías de navegación entre ambos países. También se refiere al tiempo del Anticristo. Durante su campaña europea, el Anticristo también intentará apoderarse de Gran Bretaña. Como Gran Bretaña es una importante potencia marítima, tiene capacidad para apoyar sobradamente a sus ejércitos. Intentará tomar el mando en Inglaterra pero no lo conseguirá del todo. De este modo, Inglaterra podrá reafirmarse. En parte, el motivo para hacerlo es que Inglaterra contará una vez más con el apoyo de Estados Unidos.

D.: *¿Ve él que Inglaterra será tomada por el Anticristo?*

B.: Le cuesta ver con claridad lo que ocurrirá porque es un tiempo confuso. El Anticristo tratará de tomar Inglaterra y seguramente fracasará en el primer intento. Pero lo que puede ver es que al final lo conseguirá. Y los miembros más tenaces de la resistencia huirán a Irlanda y Escocia. No conseguirá controlar toda la isla. Será sólo una parte de Inglaterra; dice que será algo así como un «retazo» del Reino Unido.

D.: (No entendí la frase.) *¿Un qué?*

B.: Lo entenderás si recuerdas la historia de la Segunda Guerra Mundial, cuando los alemanes ocuparon parte de Checoslovaquia. Dos tercios de Checoslovaquia formaban parte de la Alemania nazi y en el resto se estableció lo que quedaba del Gobierno. Se le llamó retazo de Checoslovaquia porque era sólo un resto del país que aún era libre.

D.: *Nunca había oído ese término.*

B.: Lo encontrarás en los libros de historia. Por lo tanto tendrán un retazo del Reino Unido. La mayor parte de Inglaterra estará bajo el poder del Anticristo. Pero el norte de Inglaterra, Escocia e Irlanda no caerán bajo su yugo. Por suerte la ocurrencia de este hecho ofrece la posibilidad de unificar Irlanda. Porque si Inglaterra estará tomada, no podrá hacer nada respecto a Irlanda del Norte, de modo que Irlanda puede reunificarse tal como ha sido su anhelo durante siglos.

D.: *Puedo ver que con todo esto que pasa, es probable que Irlanda abandone sus luchas.*

B.: La principal razón por la que lucha Irlanda es que... los ingleses pueden ser dinámicos cuando se lo proponen, pero en lugar de eso casi siempre optan por ser estirados y excesivamente formales. Y dice que los ingleses de tu tiempo son estirados y pretenciosos con respecto a Irlanda. Cuando el Anticristo tome Inglaterra, no estarán en condiciones de decir la última palabra respecto a lo que sucede en Irlanda. De este modo, Irlanda podrá aplicar sus propios remedios a sus conflictos y encauzar su energía dinámica hacia otros problemas, como el Anticristo. Y el espíritu irlandés, tan fuerte y valiente, y la testarudez escocesa funcionarán a la perfección para ayudar a que el movimiento clandestino sobreviva a lo peor de los peores días y, finalmente, venza al Anticristo. Cuando todo esto acabe, los que son escoceses y los que son irlandeses se sentirán orgullosos de serlo, por el papel que desempeñarán Irlanda y Escocia.

CENTURIA I-89

Tous ceux de Ilerde seront dans la Moselle,
Mettant à mort tous ceux de Loire & Seine:
Le cours marin viendra pres d'haute velle,
Quand Espagnols ouvrira toute veine.

Los de Lérida estarán en el Mosela / matando a a todos los del Loira y del Sena. / La ruta costera se acercará al alto valle, / cuando los españoles abran todos los caminos.

B.: Esto se refiere a parte del papel que desempeñarán los españoles en los sucesos del tiempo del Anticristo. Serán un enlace clave en la organización de la resistencia para ayudar a conectar la parte central de Europa con el mundo exterior después de que los ejércitos del Anticristo hayan tomado el poder. Los españoles estarán muy dispuestos a ayudar al movimiento de resistencia. Y los Pirineos, las montañas entre Francia y España, serán un punto clave para que la gente pueda escabullirse de las garras del Anticristo.

D.: *Dice: «matando a todos los del Loira y del Sena». Sé que son dos ríos en Francia.*

B.: Sí. Habrá un gran derramamiento de sangre. Los ríos bajarán teñidos de rojo por la sangre. Dice que cuando sepas la dirección en la que supuestamente debe ir la cuarteta, con mucha frecuencia es sólo cuestión de aplicar a los acontecimientos una progresión lógica. Por lo tanto, para una mente lógica deberían ser fáciles de entender.

Yo no estaba de acuerdo. Este simbolismo me parece demasiado complicado.

La CENTURIA II-83 anuncia que cuando el Anticristo esté en pleno ataque a Europa, la organización clandestina de resistencia devolverá golpe por golpe. Se les menciona como «niebla» en la cuarteta. Los llama así porque se retirarán a las fortalezas en la montaña para protegerse y cuando tengan que combatir al enemigo, saldrán muy lenta y sigilosamente, como la niebla o el humo. También pueden desvanecerse de la misma manera. Esta cuarteta también se refiere a la destrucción de los grandes centros de comercio europeas, ya sea directamente o a través de la paralización del comercio.

CENTURIA I-98

Le chef qu'aura conduit peuple infiny
Loing de son ciel, de meurs & langue estrange:
Cinq mil en Crete & Thessalie fini
Le chef fuyant, sauvé en marine grange .

El líder conducirá a mucha gente/ lejos de sus cielos hacia lengua y costumbres extranjeras. / Morirán cinco mil en Creta y Tesalia, / el líder huirá por mar en un barco de carga.

B.: Por un lado, esto se refiere a algunos acontecimientos de la Primera Guerra Mundial. Pero también se refiere a acontecimientos que ocurren en el tiempo del Anticristo. Transmite la imagen de un gran grupo de barcos con muchos hombres luchando a bordo, hombres que pueden combatir en tierra o en el mar. Los llama «ejército naval». Creo que se refiere a los infantes de Marina. Dice que habrá un gran ejército de infantes de Marina que intentarán impedir un ataque. Muchos morirán en los alrededores de Creta y Tesalia. Pero afirma que no lo conseguirán. Tendrán que retirarse, probablemente a Gibraltar. Esto se esperaba porque el Anticristo no podrá atacar Europa sin más. Habrá lucha. Los europeos devolverán golpe por golpe.

D.: *Los intérpretes dijeron que la cuarteta traduce literalmente que el líder huye en una «granja» que va por mar, y lo han interpretado como «barco de suministros».*

B.: Sí. Dice que hundirán su barco de combate y tendrá que trasladar su bandera a un barco de carga porque será el que esté más cerca y en mejores condiciones de navegación y será lo suficientemente grande para transportar a sus hombres. Será una batalla muy violenta.

D.: *Supongo que lo describió como «granja» porque es así como lo vio.*

B.: Sí. Dice que hablaba en sentido figurado. Porque una granja es un sitio en el que se almacena alimento para caballos, e incluso caballos. Este barco llevará vehículos anfibios, gasolina y cosas por el estilo.

CENTURIA I-55

Soubs l'opposite climat Babylonique,
Grand sera de sang effusion:
Que terre & mer, air, ciel sera inique,
Sectes, faim, regnes, pestes, confusion.

En la tierra con clima opuesto al de Babilonia / habrá un gran derramamiento de sangre. / El cielo parecerá injusto en tierra, mar y aire. / Sectas, hambre, reinos, plagas, confusión.

B.: Asegura que los efectos sociológicos y políticos del Anticristo se sentirán sobre todo en los países desarrollados, que, casualmente, son también los países del norte con climas más fríos. Será particularmente devastador en los países grandes del hemisferio norte que tienen climas fríos. Babilonia tenía un clima cálido. Dice que era un país agrícola de Oriente Próximo, cuando la tierra aún era fértil y llovía. Era muy cálido y agradable. Debido al cataclismo político y sociológico todo estará trastocado y confuso, y la gente no sabrá adónde ir o a quién seguir. Será un tiempo en el que aparecerán muchos agoreros que se erigirán en profetas guiados por revelaciones y dirán que salvarán a la gente. Los gobiernos subirán y caerán. Añade que será un tiempo lleno de confusión.

CENTURIA I-34

L'oiseau de proie volant à la semestre,

Avant conflict faict aux François pareure:
L'un bon prendra l'un ambigue sinistre,
La partie foible tiendra par bon augure.

El ave de presa que vuela a la izquierda / antes de la batalla se une a los franceses, él se apresta. / Unos creerán que es bueno, otros que es malo o ambiguo. / El partido más débil le tomará como buen augurio.

B.: Menciona que una vez más esta cuarteta se refiere a algunas de las tácticas que empleará el Anticristo. Fomentará la rebelión en los países que conquista. Hace que los diversos grupos desgajados de su principal facción política crean que él los apoya en su causa y en sus ideas. Les hace creer que cuentan con su ayuda para subir de nuevo al poder, aunque es obvio que no lo hará.

D.: *Sí, has dicho que sería muy hábil empleando su verbosidad para hacerles creer falsedades.*

B.: Al hacerlo ayuda a que el país se vuelva contra sí mismo desde dentro, haciéndose más vulnerable ante las fuerzas externas.

D.: *Lo relacionan con Hitler.*

B.: Puede imaginar en qué se basan, pero hablaba principalmente del Anticristo. Éste seguirá a Hitler muy de cerca. Engañará a todo el mundo. Insiste en que repases los libros de historia. Desde tu perspectiva, es el pasado, pero para él es el futuro. Recuerda cómo Hitler se permitió todo tipo de concesiones que nadie habría soñado siquiera.

CENTURIA I-71

La tour marine trois fois prise & reprise,
Par Hespagnols, Barbares, Ligurins:
Marseilles & Aix, Arles par ceux de Pise,
Vast, feu, fer, pillé Avignon des Thurins.

La torre marina tres veces tomada y retomada / por hispanos, bárbaros, ligurianos: / Marsella y Aix, Arles por los de Pisa, / ruina, fuego, hierro, Aviñón saqueado por los de Turín.

B.: Dice que esto se refiere a acontecimientos de la Guerra Civil española y de la Segunda Guerra Mundial, así como a acontecimientos que llegarán en el futuro con el Anticristo. Dice que la torre marina se refiere al peñón de Gibraltar.

D.: *Los traductores no sabían qué significaba.*

B.: Dice que el peñón de Gibraltar es un lugar muy estratégico, y por lo tanto una torre de fuerza por su ubicación estratégica. También pertenece a un país que es esencialmente marítimo o una potencia marítima; es decir, Gran Bretaña con su Marina.

19
Experimentación

Nostradamus vio que en los tiempos difíciles las naciones necesitarán desesperadamente encontrar una solución para parar al monstruo. Por lo tanto, éste también fue un tiempo de experimentación. Los científicos buscaban armas nuevas y más radicales y otros métodos bélicos que desafiaban toda credibilidad. Algunos de ellos parecen haber sobrepasado los límites de la imaginación del hombre.

La primera tiene sus raíces en nuestros días.

CENTURIA IX-83

Sol vingt de Taurus si fort terre trembler.
Le grand theatre rempli ruinera,
L'air ciel & terre obscurcir & troubler
Lors l'infidelle Dieu & sainctz voguera.

El Sol a veinte grados de Tauro, habrá un gran terremoto; / el gran teatro lleno será arrasado. / Oscuridad y angustia en el aire, cielo y tierra, / cuando el infiel clame a Dios y a los santos.

Brenda: Esta cuarteta tiene un significado múltiple. En este tipo de cuartetas es bastante fácil interpretar los diversos significados por los desastres que ocurren de vez en cuando en la historia de la tierra. Una de las implicaciones menores de esta cuarteta ocurrió en lo que tú considerarías el pasado reciente, es decir, el terremoto en la ciudad de México (*septiembre de 1985*). Pero asegura que no es el hecho más importante de la cuarteta. Éste será un terremoto que desencadenará un arma que actualmente se está creando en laboratorios subterráneos secretos. No puede transmitirnos las imágenes de cómo funciona esta arma ya que los conceptos no existen en su vocabulario ni tampoco en el de este vehículo. Al parecer funcionará según un cierto principio científico recientemente descubierto y que en realidad aún no se ha desarrollado. Por tanto, su concepto no está disponible para darlo a conocer al público.

Dolores: *¿Tiene algunas imágenes mentales que pudieran servirnos?*

B.: Lo único que transmite claramente es la parte operativa de esta arma, la que de hecho desencadena el terremoto. No está seguro, o más bien las nociones no son claras respecto a si se trata de algo que se deja caer o algo que se lanza como un rayo láser, pero cualquiera que sea la operatividad real del arma, la punta de la lanza por así decirlo, es transportado por aire. Una especie de extensión del artilugio se transporta en un avión y éste tiene que sobrevolar la zona donde ha de ocurrir el terremoto o al menos sobrevolar la zona en la que éste debe desencadenarse, sin tener en cuenta la superficie que finalmente se verá afectada por el terremoto. Pero ése no será el artilugio completo. Sólo será la punta de la lanza, es decir, su parte operativa. El poder detrás del arma y la ciencia que le da soporte tendrá su base en alguna parte en un laboratorio secreto bajo tierra. De algún modo, el poder desde el laboratorio subterráneo estará vinculado con el artilugio transportado por aire de tal modo que puede canalizarlo al efecto deseado de un terremoto provocado.

¿Sería posible que esto se hiciese de alguna forma sofisticada dirigiendo ondas sonoras hacia el objetivo?

B.: El país que inventa este artilugio podrá mantenerlo como gran amenaza sobre la cabeza de todas las naciones importantes. Puede intimidar a cualquier nación que en su territorio tenga fallas geológicas que sean propensas a terremotos. Afirma que será muy similar a la situación inmediatamente posterior a la Segunda Guerra Mundial, cuando Estados Unidos era el único país con poder nuclear. Será un avance similar en armamento, y el país que lo desarrolle lo usará para amenazar a otros países. Dice que su percepción será tan pavorosa y aterradora, muy semejante a lo que fue para el mundo el poder nuclear en sus comienzos, que hará que todos, incluso los infieles, recurran a los santos para pedir protección.

D.: *«El gran teatro lleno será arrasado.»*

B.: Debido a la creación de esta arma y a la consiguiente ruptura de las relaciones diplomáticas, la ONU se disolverá. Porque esta nación no estará dispuesta a dialogar y compartir este poder con las otras naciones, como hizo Estados Unidos con el poder nuclear. Aunque Estados Unidos lo hizo de mala gana, esta nación ni siquiera considerará la idea. Partiendo de los conceptos que transmite, da la sensación de que podría ser una nación como Rusia u otra nación que cuenta con este poder para poner en marcha investigaciones militares secretas de gran magnitud sin limitaciones de presupuesto. La actitud que adoptará esta nación es: «El arma es mía. Me la guardo para mí solo». Su poseedora es una nación paranoica y esto ocasionará la desintegración de la ONU.

D.: *¿Se supone que ocurrirá cuando «El Sol esté a veinte grados de Tauro»?*

B.: Es el momento en que se da a conocer públicamente el arma. Ya está en fase de desarrollo pero es extremadamente secreta. Cuando sea del dominio público, ésa será la fecha.

D.: *Los traductores creen que es cuando ocurrirá el terremoto.*

B.: Habrá un terremoto asociado a ello. Es como la gente se dará cuenta de que algo grave está ocurriendo. Porque empezará a haber muchos terremotos sin que antes se haya producido la progresiva acumulación de tensión asociada a ellos. Señala que un efecto secundario de esta arma es que creará la suficiente inestabilidad para provocar otros terremotos, que en todo caso podrían sobrevenir en cualquier momento. Describe los dos principales sistemas de fallas en Estados Unidos. Uno de ellos es especialmente inestable. El otro se mantiene estable pero luego se vuelve explosivo. La falla de San Andrés y la falla de Nuevo Madrid. Señala que los terremotos desencadenados por esta arma harán que la falla de San Andrés tiemble de forma constante. La falla de Nuevo Madrid siempre ha sido terrible porque acumula una progresiva tensión que luego estalla de forma explosiva. Así que, al temblar y vibrar de continuo la falla de San Andrés, provocará un terremoto importante en la falla de Nuevo Madrid. Al principio, cuando empiecen a producirse estos terremotos, los geólogos creerán que se deben a causas naturales, pero los datos posteriores no apuntarán a causas naturales y se empezará a sospechar algo. A medida que ocurran más terremotos, a través de su ciencia reunirán más información y con el mundo científico tendrán la evidencia de que no son terremotos naturales.

Durante otra sesión quise averiguar más sobre esta máquina y si se relacionaría con el Anticristo y los tiempos difíciles.

D.: *Quería preguntar sobre la cuarteta que trataba de un país que iba a desarrollar una máquina sísmica. También en la misma cuarteta decía que la ONU se desmoronaría a causa de esto.*
B.: Recuerda haberla interpretado.
D.: *¿Ocurre eso antes o en el tiempo del Anticristo?*
B.: Ese artilugio para terremotos que tiene este país para concentrar cierto tipo de ondas energéticas hacia determinadas partes de la corteza terrestre y desencadenar terremotos ya está en fase de perfeccionamiento. Se usará durante el tiempo de cambios terrestres para crear gran cantidad de terremotos. Básicamente, será antes de que el Anticristo llegue al poder. Contribuirá al desmoronamiento de la ONU, y a su vez eso hará que todo sea más fácil para el Anticristo. Dice que la nación que crea esta máquina la desarrollará independientemente de la subida al poder del Anticristo, pero más tarde, cuando haya llegado a cierto grado de poder, él empezará a adquirir cosas como ésta. Después, el Anticristo se apoderará de esta máquina y empezará a usarla para sus fines.
D.: *Eso era lo que resultaba confuso. Creo que si alguien tuviese una máquina tan poderosa, no habría posibilidad de que el Anticristo conquistara a ese país.*
B.: El Anticristo comprará esa máquina con astucia y engaño, con espías y sobornos y todos los demás medios nefandos conocidos para el hombre.

CENTURIA I-6

L'oeil de Ravenne sera destitué,
Quand à ses pieds les ailles failliront:
Les deux de Bresse auront constitué,
Turin, Derseil que Gaulois fouleront .

El ojo de Ravena será desechado / cuando las alas caigan a sus pies. / Los dos de Brescia harán una constitución / para Turín y Vercelli, que los galos hollarán bajo los pies.

B.: Manifiesta que esto se refiere a ciertos acontecimientos de la Segunda Guerra Mundial, pero también a otros que están por venir. Se descubrirá una especie de radar más sofisticado para transformarlo en un dispositivo de detección que proporcionará datos más minuciosos para el operador. Intentarán crear este dispositivo para emplearlo en una nave aérea. Pero los primeros experimentos fracasarán. En cierto modo, el dispositivo emitirá un tipo de vibraciones que ocasionarán un debilitamiento de la estructura del avión y la consiguiente peligrosidad debido a que disuelve la cohesión entre algunas de las moléculas del metal.

D.: *¿Es lo que da a entender con «el ojo de Ravena»? ¿Podría ser un anagrama de «radar»?*

B.: Dice que es anagrama de una figura mitológica que tuvo grandes poderes casi de tipo parapsicológico, de conocimiento y observación.

En mi investigación, pude encontrar una figura mitológica que tal vez sea la referida en este simbolismo. En la ciencia popular de la India hay una historia sobre Visnú y el gran demonio, Ravana. Extraído de la *Mythology of All Races* ('Mitología de todas las Razas'), volumen VI: «En ese tiempo, los dioses temían al demonio Ravana, a quien Brahma había concedido el don de la invulnerabilidad, y buscaron un medio para matarle(...). De los Raksasas ('demonios') individuales, el más grande es Ravana. Por su maldad, los demonios son feroces luchadores. No sólo son innumerables, también tienen grandes habilidades en brujería y en todas las artes mágicas, transformándose en toda clase de formas, como las empleadas por Ravana en el rapto de Sita, y extendiendo el terror universal con sus terroríficos rugidos». Esto encajaría ciertamente en las características dadas por Nostradamus como figura simbólica de la mitología; Ra- vena podría ser anagrama de Ravana.

D.: *¿«Cuando las alas caigan a sus pies» tiene que ver con la nave aérea?*

B.: Sí. Dice que en este tiempo los científicos acabarán abandonando temporalmente la investigación en este proyecto por la ruptura de relaciones diplomáticas y por la amenaza de la guerra.

D.: *¿Ocurrirá antes, durante o después del tiempo del Anticristo?*

B.: En el tiempo del Anticristo, pero antes de que éste llegue al pleno poder. Ocurrirá en Europa mientras el Anticristo consigue una base de poder en Oriente Próximo, de modo que en realidad no existirá relación entre estos dos acontecimientos. Pero será uno de los acontecimientos europeos que contribuirán a la toma del poder del Anticristo en Europa.

D.: *¿Sabes si hoy se está experimentando en este tipo de radar?*

B.: Lo están perfeccionando, pero aún no lo han probado.

D.: *Convendría que supieran que podría ser peligroso.*

B.: No hay forma de advertirles sobre eso porque lo mantienen como un secreto militar. Dentro de poco se darán cuenta de que es peligroso.

También se menciona a Ravena en la siguiente cuarteta. Aparte del demonio Ravana, ¿podría el anagrama referirse también al lugar donde se ocultan los laboratorios en los que se realizan experimentos?

CENTURIA II-32

Laict, sant grenouilles escoudre en Dalmatie,
Conflict donné, peste pres de Balennes
Cri sera grand par toute Esclavonie,
Lors naistra monstre pres & dedans Ravenne.

En Dalmacia prepararán leche, sangre, ranas: / empezada la batalla, plaga cerca de Balennes. / Un gran grito se elevará por todo Eslavonia, / luego un monstruo nacerá cerca de Ravena.

B.: Esta cuarteta tiene que ver con el uso de artefactos nucleares en el tiempo del Anticristo. La preparación de leche, sangre y ranas se refiere tanto a los instrumentos letales en sí --es decir, las diversas armas atómicas-- como a los laboratorios cercanos donde se están creando otras armas nuevas. Dice que la última línea «luego un monstruo nacerá cerca de Ravena» señala el momento en que se crea esta última arma monstruosa. Esta investigación ya está en marcha en estos días. Se hará realidad en los tiempos difíciles.

D.: *¿Sabe él qué tipo de arma será?*

B.: Puede ver cómo es pero es tan extremadamente horrible y fantástica que en realidad no quiere describirla. Y le está resultando difícil transmitir a esta mente los conceptos porque este vehículo también está esencialmente en contra de la guerra.

D.: *¿Entonces no se trata de un arma atómica?*

B.: Sí, lo es, pero es totalmente diferente de cualquier otra arma atómica anterior.

D.: *No insistiré en que la describa si no le apetece hacerlo. Pero ¿cómo se relaciona con esto la parte sobre las ranas? Puedo entender lo de la leche y la sangre, pero cuál es el significado de la palabra «ranas»?*

B.: Indica que debido a los horrores de la guerra, se trastorna la ecología al punto de crear plagas de diversas criaturas y animales por todas partes, todo está en desequilibrio.

D.: *¿Puede decir qué lado de la guerra usará estas armas?*

B.: Todos los bandos en este inminente conflicto tendrán su parte de estas horribles armas.

CENTURIA II-6

Aupres des portes & dedans deux cités
Seront deux fléaux & oncques n'apperceu un tel:
Faim, dedans peste, de fer hors gens boutés,
Crier secours au grand Dieu immortel.

Cerca del puerto y dentro de dos ciudades / habrá dos azotes nunca vistos antes. / Hambre, plaga, la gente confundida por la espada / pedirá ayuda al gran Dios inmortal.

B.: Indica que esta cuarteta tiene un significado múltiple. Además, cree que la traducción no es del todo exacta. Dice que la palabra «puerto» no lo es en sentido estricto, es más bien una masa de agua que separa a dos ciudades. Una de estas ciudades es Londres y la otra... creo que intenta darme una imagen de Nueva York. Afirma que empleaba un término de la jerga de la Segunda Guerra Mundial que aludía al Atlántico corno el «charco». De modo que a estas dos ciudades las separa el charco, aunque en realidad no es puerto ni charco, sino un océano. Las calamidades que azotan a estas dos ciudades serán el resultado de investigaciones secretas sobre armamento biológico. Un microbio muy letal. Quiso que empleara la palabra «microbio» porque no está seguro si se trata de una bacteria o virus, pero será cierto tipo de organismo que provocará enfermedades. Finalmente, se liberará en la atmósfera de tal forma que afectará a la población de Nueva York y Londres. Pero se producirán ciertas mutaciones en los organismos y por lo tanto afectarán a las dos poblaciones en diferente grado por las diversas combinaciones de genes implicados. Dado que los organismos están separados unos de otros, tendrán algunas mutaciones espontáneas y evolucionarán en dos direcciones distintas. Aparecerán como dos enfermedades diferentes aunque fueran causadas por el mismo organismo. Dice que como resultado de esta plaga se colapsarán los sistemas de servicios dentro de estas grandes urbes. La gente del campo de los alrededores sentirá pánico y como consecuencia de ello permanecerá lejos de la ciudad en cuarentena voluntaria. Se negarán a llevar sus productos a la ciudad, y los habitantes de las ciudades morirán de hambre por falta de alimento. No porque no haya comida, sino porque nadie la entregará por el riesgo de contaminarse con la plaga. De este modo, los servicios que la ciudad proporciona a la gente se desintegrarán y desaparecerán. La gente morirá a montones, añade. Saquearán y robarán comercios y establecimientos de la ciudad tratando de buscar todo lo que sea comestible, y los soldados los reprimirán a golpe de bayoneta.

D.: *Eso explica la mención de la espada. ¿Utilizarán la bayoneta para mantenerlos alejados de los comercios de alimentación?*

B.: Para hacer posible la distribución de alimentos. El Gobierno pretendía que la comida que quedaba en los establecimientos se distribuyera equitativamente entre la población, pero el pánico se apodera de algunos y se producen revueltas para acapararlo todo. A éstos se les controla a golpe de bayoneta. Y toda la población de ambas ciudades clama a Dios para que alivie su miseria.

D.: ¿Has dicho que también esta cuarteta tiene un doble significado? Porque la han interpretado de distinta manera.

B.: Indica que éste es el que más debe preocuparnos puesto que no ha ocurrido todavía. Pero siente curiosidad y le gustaría escuchar su interpretación.

D.: Creen que trata del bombardeo de Hiroshima y Nagasaki porque también eran dos ciudades portuarias. Que las dos calamidades eran las dos bombas y que la plaga nunca vista antes era la radiactividad. Porque la radiación oscurecía la piel de la gente, y creían que esto se parecía a la peste negra del tiempo de Nostradamus.

B.: No duda que es una buena interpretación, pero lo que estaba describiendo era el devastador resultado del escape de un virus de los laboratorios de armas bacteriológicas.

CENTURIA I-46

Tout aupres d'aux, de Lestoure & Mirande,
Grand feu du ciel en trois nuicts tumbera:
Cause adviendra bien stupende & mirande,
Bien peu aupres la terre tremblera.

Muy cerca de Auch, Lectuore y Mirande / un gran fuego caerá del cielo durante tres noches. / La causa parecerá asombrosa y fantástica; / poco después temblará la tierra.

B.: Esta cuarteta trata de un acontecimiento que en su inicio desatará la mano del hombre pero básicamente será un desastre natural. Emplea la palabra «médicos», pero le he preguntado y se refiere a científicos, los que buscan conocimiento, científicos investigadores. Pero se apresura a explicar que en su tiempo los médicos hacían ambas cosas y toda clase de cosas.

D.: *En nuestro tiempo están especializados.*

B.: Sí, no son hombres del Renacimiento. Habrá un grupo de médicos que descubrirá los poderes de los diversos campos energéticos de la tierra. Intentarán aprovechar estos poderes y utilizarlos para varios fines incluyendo los bélicos. Cuando finalmente empiecen a experimentar directamente en el mundo físico, desgarrarán de forma accidental uno de los campos energéticos de la tierra de tal modo que un rayo de energía saldrá proyectado al espacio y atraerá hacia la tierra una corriente de meteoritos. Esto ocurrirá en el mar del Norte. Los meteoritos serán atraídos hacia la tierra a causa de esta alteración de los campos energéticos que la rodean. Y puesto que están en todas partes en el espacio exterior, seguirán llegando hasta que los científicos puedan reparar el daño. Este desgarro en el campo energético lo desequilibra todo. En vista de que su instrumentación es aún experimental, no está lo suficientemente ajustada para conseguir que las cosas vuelvan a un sano equilibrio. Así pues, en su intento por reparar el daño poco después se produce un terremoto debido a la tensión acumulada.

D.: *¿Por qué usa esos tres nombres?*

B.: Señala que esas tres palabras eran en parte recordatorios suyos del lugar del que hablaba y en parte incluían algunas claves que tuvieran sentido en el transcurso del tiempo. Como este proyecto será muy peligroso, será un proyecto secreto del Gobierno. Implicará palabras claves y usa anagramas de los nombres codificados del proyecto. Uno de los nombres codificados que *anagramó*... acabo de inventar esta palabra. Poner algo en forma de anagrama es *anagramar*, ¿no? Una de las palabras codificadas que anagramó fue Miranda, una palabra codificada relacionada con el lugar de la principal instalación de este experimento. Tal vez la gente nunca llegue a saber la conexión de esas palabras con el acontecimiento; sencillamente porque el Gobierno tratará de mantener oculto todo este hecho. No podrán ocultar los meteoritos que continuamente entran en la atmósfera de la tierra en ese punto exacto, pero para el público en general seguirá siendo algo más bien desconcertante en cuanto a la razón por la que eso sigue sucediendo.

D.: Pero en alguna parte habrá gente capaz de reconocer estas palabras codificadas.

B.: Correcto. Dice que existe la posibilidad de que algunas de ellas ya sean reconocibles en algunos círculos gubernamentales. Esas palabras codificadas no necesariamente tienen que ser traducibles al inglés porque los Gobiernos implicados en esto no serán de habla inglesa.

D.: Han traducido esto para dar a entender algo sobre meteoritos pero considerándolo como fenómeno natural.

B.: Para el mundo en general aparecerá como un fenómeno natural. Será registrado de ese modo en los textos de la historia futura porque el papel de los científicos es un secreto tan importante para los Gobiernos implicados que no dejarán que se publique ese conocimiento.

CENTURIA X-72

L'an mil neuf cens nonante neuf sept mois,
Du ciel viendra un grand Roi deffraieur.
Resusciter le grand Roi d'Angolmois.
Avant que mars regner par bonheur.

En el año 1999 y siete meses / vendrá del cielo el gran Rey del Terror. / Resucitará al gran rey de los mongoles. / Antes y después la guerra domina felizmente.

Ésta es una de las pocas cuartetas en las que Nostradamus da una fecha.

B.: Asegura que la fecha es correcta. Durante este tiempo de guerra están en marcha muchos experimentos e investigación de cosas normalmente demasiado horribles de sondear en tiempos de paz. Esos experimentos tienen que ver con la eugenesia.

Esta palabra era nueva para mí. Supuse que se trataba de algo relacionado con la genética. Le pregunté el significado.

B.: Señala que es la reproducción de personas tal como se realiza con animales para obtener características especiales.

D.: *¿Esta palabra es suya, o es tuya?*

B.: Es el término empleado por él. Dice que es el tipo de programa secreto de largo alcance que ha estado en marcha durante varias décadas o la mayor parte de este siglo. En esta guerra, deciden probar algunos de sus resultados para ver qué ocurre. Uno de los experimentos que hicieron fue tratar de reproducir algunos de los tipos de seres humanos más primitivos, menos civilizados y más violentos, aunque inteligentes, sumamente astutos y fuertes. Afirma que esto se produce en tiempo de guerra, y a estos desdichados los usan como carne de cañón para ver si pueden superar a los soldados ordinarios. Guardan tabulaciones de todo esto. En esta época, habrá guerras por todas partes en el mundo y serán tiempos de gran desasosiego. Dice que el siglo xx es uno de los más desgarrados por la guerra que existen.

D.: *Lo creo. ¿Quiénes son los que hacen estos experimentos?*

B.: (*Pausa.*) No puede verlo con certeza. Supuestamente es una especie de esfuerzo conjunto, en especial entre las principales potencias. Éstas son las que tienen el dinero para invertir en un proyecto como éste. De hecho –dice—las que tendrán el oro para gastarlo en un proyecto como éste.

D.: *¿Cree que Estados Unidos está implicado?*

B.: Cree que sí. Estados Unidos, Rusia, Japón y algunos países europeos.

D.: *Nunca hemos oído hablar de nada parecido.*

B.: Es muy secreto. Sólo se manejan la información y los conocimientos imprescindibles.

D.: *¿A quién se refiere con «el Rey del Terror»?*

B.: Dice que la persona que está totalmente a cargo de este proyecto es tan poderosa que puede modificar e influir en decisiones legales tomadas en varios países. Es una especie de poder oculto tras el trono y todos le temen. De modo que es el verdadero rey y no los líderes. Tal vez hayas oído mencionar su nombre en otro contexto, pero es escasamente probable. Esta persona es muy secreta y nadie es consciente del poder que ejerce.

En cuanto al término eugenesia, me pregunto si Nostradamus podría estar viendo la posibilidad de manipulación genética o clonación. Esto se ha realizado con éxito en animales. Los científicos han negado una y otra vez que se hiciese con humanos. ¿Es posible que esté secretamente en marcha? La reproducción de cierto tipo de ser humano al que se programará para la guerra. Nostradamus parece insinuar que esta gente podría ser empleada en batalla en sustitución de la juventud del mundo. ¿Puede crearse semejante tipo de ser humano mediante manipulación genética y posterior clonación para fabricar un ejército ya preparado, cuyo único pensamiento y deseo sea matar? ¿Serían humanas semejantes criaturas? Pude entender su pensamiento al decir que semejante experimento sólo se realizaría en tiempos de guerra. En tiempos de paz se consideraría horriblemente inmoral la sola idea de crear tales seres en un laboratorio.

Esto también podría referirse a lo que hacía Hitler durante la Segunda Guerra Mundial cuando pretendía crear una raza superior mediante la reproducción selectiva. Tal vez sea éste otro caso de una cuarteta que se refiere a dos circunstancias distintas y, sin embargo, similares.

Cuando Brenda leyó mis explicaciones no estaba de acuerdo con la idea de la clonación. Recordó algunas de las escenas que se le mostraban, y tuvo una total claridad y certeza de que se trataba de la reproducción humana selectiva. Pensó que se refería a un proyecto que duraría varias generaciones iniciado por primera vez en los años treinta y continuado desde entonces de forma extremadamente secreta, de modo que a través de generaciones cortas (padres adolescentes) y reproducción selectiva, se podría haber «avanzado» mucho en un lapso a partir de los años setenta. Tal vez estaba en lo cierto. Después de todo, ella era quien contemplaba las escenas. La reproducción selectiva de gente como animales con pedigrí es bastante terrible en sí, pero sigo creyendo que ha habido avances en la manipulación genética que también podrían formar parte de esto. Tal vez era tan complicado de entender que Nostradamus no fue capaz de crear una imagen más exacta para transmitir a Brenda.

D.: *La siguiente cuarteta es extraña porque incluye algunas letras del alfabeto griego. Espero poder pronunciarlas; no estoy familiarizada con el alfabeto griego.*

B.: Que eso no te aflija. Haz lo mejor que puedas y no te interrumpas para disculparte. Tampoco te ofendas si te interrumpe para hacer correcciones.

CENTURIA I-81

D'humain troupeau neuf seront mis à part,
De jugement & conseil separez:
Leur sort sera divisé en depart,
Kappa, Theta, Lambda, mors bannis esgarez.

Nueve serán apartados del rebaño humano, / separados de juicio y consejo. / Su destino es estar divididos cuando se marchan. / K., Th., L., muertos, desterrados y desperdigados.

B.: Señala que esta cuarteta aún no se ha realizado y tiene múltiples aplicaciones. Por un lado se refiere al destino de la Iglesia católica, y por otro, a un acontecimiento que tendrá lugar hacia el final de los tiempos difíciles.

Omitiré la referencia a la Iglesia porque creo que carece de importancia para nuestra narración en este momento; también es repetición de otras cuartetas similares que tratan de la visión que Nostradamus tenía del futuro de la Iglesia.

B.: La otra aplicación de esta cuarteta anuncia que hacia el final de los tiempos difíciles habrá un grupo de científicos muy -lo subraya- muy inteligentes, muy avanzados en sus campos específicos. Se les reunirá como estrategas, digamos, para crear armas muy sofisticadas en estos tiempos difíciles. Es muy similar al grupo de científicos que creó armas nucleares durante la Segunda Guerra Mundial, pero asegura que éstas serán aún más terribles. Los científicos estarán aislados, trabajarán aislados para que no tengan conciencia de la marcha de las guerras o cosas por el estilo. Crearán estas armas pero cuando estén preparadas, el rumbo de la guerra habrá cambiado y ellos ya no estarán en el lado de los vencedores sino en el de los perdedores. Como consecuencia, su lado pierde y el lado vencedor descubre su identidad. Su destino será determinado según el papel que hayan tenido en esta historia. Algunos de ellos tendrán muertes muy terribles. Señala que cada una de las letras griegas mencionadas aquí simboliza una inicial, y representan a tres de estos científicos cuyos destinos serán especialmente dramáticos.

D.: *En otras cuartetas habló de científicos que experimentan con campos energéticos, e incluso con el tiempo y otras cosas similares, que podrían usarse en la guerra. Y también está el tema de la eugenesia.*

B.: Sí, a éstos se refería. Estos científicos se ocuparán principalmente del aspecto eugenésico, lo cual explica la reacción tan fuerte de la gente en relación a lo que han estado haciendo. Aunque hay muchos científicos implicados, los que están al frente del proyecto son nueve. Este proyecto se inició en los años treinta y se ha llevado adelante secretamente en varios países durante décadas. Llegará a su culminación durante los tiempos difíciles.

Esta fecha (los años treinta) coincide con el programa de Hitler para conseguir la reproducción controlada de una raza superior. Tal vez no estaba acabada cuando terminó la Segunda Guerra Mundial pero el proyecto ha continuado, y se ha ex- tendido en secreto y el mundo no lo sabe.

D.: *Me parece que en otra cuarteta la fecha que nos dio fue julio de 1999.*

B.: Sugiere que reúnas tú misma las cuartetas en función de lo que te ha dicho. Simplemente te habla de la información que ve en esta cuarteta.

D.: *Entonces esta gente es la que trabaja en la oscuridad, y nadie lo sabe.*

B.: Cree que la conexión que haces aquí es incorrecta. Esta gente, estos nueve científicos, serán conocidos para el mundo en general porque son los que estarán al frente. Mientras tanto, sí, los que trabajan en la oscuridad están protegidos por grupos afines desperdigados por todo el mundo. Simpatizantes, hombres ricos y poderosos.

D.: *¿Quiere decir que podremos reconocer a estos científicos por sus iniciales (K. T. L.)?*

B.: Sí. Y cuando llegue el momento, las iniciales se aplicarán a los científicos involucrados.

En muchas cuartetas, Nostradamus se refirió al Anticristo como el mundo ya que, cuando estaba en lo más alto de su poder, había conquistado la mayor parte del mundo y nadie se atrevía a desafiarle. En mi opinión, la línea «El mundo está cerca de su período final» de la CENTURIA III-92 (capítulo 9) significa que los acontecimientos mencionados en esa cuarteta ocurrirán cuando el Anticristo empiece a decaer.

20
Los tiempos difíciles

Ya habíamos traducido un gran número de cuartetas que eran tan generales que encajaban en muchas guerras del pasado y también podían referirse a los tiempos difíciles. Nostradamus explicó que por lo general las guerras suelen seguir una pauta predecible. Incluyo aquí las más oportunas, y omito las no específicas.

CENTURIA I-92

Sons un la paix par tout sera clamee
Mais non long temps pillé & rebellion:
Par refus ville, terre, & mer entamee,
Mors & captifs le tiers d'un million.

Bajo un solo hombre la paz se proclamará en todas partes, / mas no mucho tiempo después habrá saqueo y rebelión. / Por una negativa, arrasarán pueblo, tierra y mar. / Cerca de un tercio de millón muertos o capturados.

Brenda: Dice que esto se refiere a algunas de las condiciones que estarán presentes en el tiempo del Anticristo. En sus dominios no habrá lucha sencillamente porque todos están bajo su control. Pero esto no durará porque los que han saboreado la libertad resistirán ante tanta opresión.

Dolores: *Un tercio de un millón; es mucha la gente que morirá o será capturada.*

B.: Habrá gran cantidad de muertes. Habrá muchas luchas y un gran número de personas que mueren por la causa, sea cual sea el lado en el que estén, sea cual sea el bando en el que crean. Afirma que las descripciones del Apocalipsis serán casi exactas en lo que respecta a la sangre que llega hasta los arneses de los caballos y los ríos que manan sangre y cosas así. Habrá gran derramamiento de sangre. Será muy violento y traumático.

CENTURIA VI-97

Cinq & quarante degrés ciel bruslera,
Feu approcher de la grand cité neufve,
Instant grand flamme esparse sautera,
Quand on voudra des Normans faire preuve.

El cielo arderá a 45 grados, / el fuego llega hasta la gran Ciudad Nueva. / De inmediato salta una inmensa llama dispersa / cuando quieren probar a los normandos.

B.: Éste es un acontecimiento que sucederá en la guerra que está por venir. Dice que en esta guerra las relaciones diplomáticas que hay ya no existirán. Habrá otras relaciones diplomáticas, pero una de las que se mantendrán es la amistad entre el pueblo de Francia y el de Estados Unidos.

D.: *¿Se trata de los normandos?*

B.: Sí. Indica que en este acontecimiento en especial un país del otro lado del conflicto lanzará una bomba hacia Nueva York. Será visible en el cielo y verán cómo se aproxima. Creo que quiere decir que se detectará por radar, pero menciona la presencia de gente que observará su trayectoria. El sistema defensivo de Estados Unidos se concentrará en el intento de desviar o anular la bomba para no tener que vengarse del país [que disparó la bomba]. Como prueba de su amistad se pedirá a los franceses que ejerzan represalias en nombre de Estados Unidos, y ellos lo harán con varias bombas y armas.

D.: *¿Qué significa esa línea: «De inmediato salta una inmensa llama dispersa»?*

B.: Son las diversas bombas y armas de los franceses que se disparan y vuelan hacia territorio enemigo porque la respuesta será inmediata. Cuando el líder norteamericano use el teléfono rojo para informar de la situación y el problema, el mariscal francés se pondrá inmediatamente en contacto con sus bases aéreas desde las que despegarán aviones, y las bombas de autopropulsión saltarán sobre lenguas de fuego y volarán hacia el que lanzó la bomba.

D.: *Has dicho que la bomba se acercaba y la gente observaba su trayectoria. ¿Llega a caer en Nueva York?*

B.: (*Pausa.*) Trata de ver para cerciorarse. Señala que en esta guerra en especial algunas de las bombas llegarán a Nueva York y otras serán desviadas. A veces es difícil sacar en claro lo que ocurrirá con algunas bombas. Esta bomba en particular –dice-- la harán detonar prematuramente en su trayectoria para que no destruya la ciudad. Pero en el intento de desviarla y anularla destruirán los aviones que vuelan alrededor de ella y esto costará muchas vidas humanas.

Al parecer, los destruirá la explosión de la bomba.

D.: *¿La frase: «45 grados» se refiere a la localidad?*

B.: Se refiere al ángulo del horizonte desde el que se verá por primera vez, de tal forma que los aviones se saldrán desordenadamente tras ella.

CENTURIA V-98

A quarante huict degré climaterique,
A fin de Cancer si grande seicheresse:
Poisson en mer, fleuve, lac cuit hectique,
Bearn, Bigorre par feu ciel en destresse.

En el grado cuarenta y ocho del climaterio, / al final de Cáncer hay una gran sequía. / Peces en el mar, río y lago hierven agitados, / Bearn y Bigorre angustiadas por el fuego en el cielo

Me costó pronunciar los nombres de los lugares y también la palabra «climaterio». Me corrigió mientras la leía.

B.: Dice que este acontecimiento es algo que hará el Anticristo. No es lo mismo que ocurrió en la Punta Negra o Negrepont. (CENTURIA II-3, explicado en el capítulo 14.) Es un acontecimiento posterior, pero conectado por una serie de acontecimientos intermedios.

D.: *¿Y qué hay de Bearn y Bigorre? ¿Son nombres de países?*

B.: Sí, nombres de lugares. No es fácil decir qué países porque el mapa cambia mucho antes de ese tiempo. Los países tal como los conocemos ahora no encajan del mismo modo. Ocurrirá en el continente europeo.

D.: *¿Qué quiere decir por grado 48 del climaterio?*

B.: El círculo de constelaciones puede dividirse en grados. Cada uno de estos grados corresponde a ciertos períodos de tiempo así como a ciertos lugares de la tierra.

D.: *El traductor lo ha interpretado como un lugar de la tierra.*

B.: Si, se aplica a ambos. Mencionó el grado 48 del climaterio para señalar un lugar e hizo referencia a Cáncer para señalar también un tiempo.

Ésta fue una de las primeras cuartetas que le llevé a John para que la interpretara. También le desconcertó el término «climaterio». No es un término que se use en la astrología moderna y no pudo encontrarlo en ninguno de los diccionarios astrológicos. Le parecía recordar que lo había visto en alguno de sus libros sobre astrología antigua y allí fue donde la encontró. Se define como un término antiguo que significa la culminación de un aspecto importante. Éste es otro de los asombrosos puntos que seguirían apareciendo durante este experimento. El uso de un término como éste añade una increíble validez a la traducción. No podría haber venido de una mente moderna; sólo podía ser de la mente de un astrólogo familiarizado con la terminología antigua. Ni siquiera los traductores pudieron relacionar el término con la astrología, sólo con la latitud.

B.: Todos los países se implicarán en esto, pero Europa soportará lo más arduo de la lucha. Dice que Europa es el eterno campo de batalla. Los acontecimientos previos que conducen a esto tendrán lugar durante el término de vuestras vidas. Los acontecimientos aludidos en la primera cuarteta (CENTURIA II-3), en la que se mencionan los peces que se cuecen en el mar en torno a Negrepont ocurrirá durante vuestra vida. Dice que va a ser un tiempo muy complicado.

CENTURIA II-40

Un pres apres non point longue intervalle
Par mer & terre sera faict grand tumulte:

Beaucoup plus grande sera pugne navalle,
Feux, animaux, qui feront plus d'insulte.

Poco después, tras un intervalo no muy largo, / un gran tumulto surgirá en mar y tierra. / Las batallas navales serán más grandes que nunca. / Fuegos, criaturas que ocasionarán más tumulto.

B.: Esta cuarteta describe el estado de cosas durante los tiempos difíciles. Habrá combates navales grandes e increíbles, tanto en tierra como en aire. Dice que la parte que se refiere a las batallas navales también describe los combates aéreos, porque una cosa que le confunde es que se empleen los mismos términos de navegación para el mar y para el aire. Así que siempre que ve simbólicamente estas cosas del futuro, a veces las imágenes que le llegan son incompatibles porque se refieren a ambas cosas aunque se emplee una fraseología común.

D.: *¿Qué quiere decir con «fuegos, criaturas que ocasionarán más tumulto»?*

B.: Algunas de las increíbles armas que en este momento son de un carácter entre ultra secreto y ultra restringido. Cuando salgan a la luz en una guerra, nos quedaremos asombrados.

CENTURIA II-60

La foy Punicque en Orient rompue
Grand Jud. & Rosne, Loire & Tag changeront
Quand du mulet la faim sera repue,
Classe espargie, sang & corps nageront.

La fe se pierde en el este de África, / el Gran Jordán, Rosne, Loira y Tagus cambiarán. / Cuando sacien el hambre de la mula, / la flota se dispersa y los cuerpos nadan en sangre.

B.: Esto se refiere a algunas de las terribles luchas que habrá. «La fe se pierde en el este de África» se refiere a Oriente Próximo y a esa parte del mundo. Allí habrá una confrontación nuclear. Así es como la fe se perderá porque en un acuerdo habrán prometido que no usarían estas armas en una guerra. Pero sea como sea, cambian de opinión y lo hacen. Puede ver muy claramente que los principales poderes de nuestro tiempo mantienen en ese lugar sus flotas navales porque es una zona turbulenta del mundo. Las flotas estarán dispersas y en ruinas por la violencia del estallido. Debido a la combinación entre la precipitación radiactiva en la atmósfera y el efecto que produce en los seres humanos, los animales y el clima, más el efecto de cualesquiera de los volcanes que tal vez hagan erupción, hará que el agua de esa zona del océano adquiera un color rojo fangoso. De modo que los cuerpos de todos los que han muerto flotarán por todas partes en esa agua que parece sangre.

D.: *¿Qué quiere decir por «cuando sacien el hambre de la mula»?*

B.: Dice que te vas a reír cuando lo oigas. Esto ocurrirá cuando Estados Unidos tenga un presidente demócrata. Ha visto el mismo proceder que se ha observado en tu país, que los presidentes republicanos llevan al país a la depresión y los presidentes demócratas lo sacan de ella metiéndolo en una guerra. Indica que esta vez Estados Unidos tendrá un presidente demócrata y se implicará en este conflicto como un medio para activar la economía.

D.: *No me río porque tiene lógica, puesto que la mula es el símbolo de los demócratas.*

B.: Menciona los nombres de todos los ríos porque debido a la violencia de la explosión nuclear y de los cambios terrestres y cosas así, estos ríos cambiarán su curso. Y los países que tienen estos ríos como parte de sus fronteras tendrán que trazar de nuevo sus límites en los mapas. Señala que en esa parte del mundo los sistemas hidrológicos estarán muy perturbados.

La CENTURIA II-74 describe las extensas migraciones de gente en todo el continente europeo. La mayoría abandonará a toda prisa los lugares destruidos por la agresión militar. También habrá largas columnas de soldados que se mueven hacia el campo de batalla.

CENTURIA III-18

Apres la pluie laict assez longuette
En plusieurs lieux de Reims le ciel touché:
O quel conflict de sang pres d'eux s'appreste,
Peres & fils Rois n'oseront approcher.

Después de una prolongada lluvia lechosa, / el rayo afectará a varios lugares de Reims. / Ah, qué lucha tan sangrienta les espera, / no osarán acercarse padres, hijos, reyes.

B.: Indica que esto se refiere a un acontecimiento que sucede durante el tiempo en el que el Anticristo tome el poder en Europa. La prolongada lluvia lechosa y el daño producido por el rayo serán efectos del uso de armas nucleares en esta guerra. Se usarán otras armas increíbles basadas en conceptos que actualmente se están descubriendo, de las que ni tú ni este vehículo tenéis la más remota idea. Y los resultados serán devastadores. Habrá cadáveres por todas partes. Los tiempos serán muy difíciles. Por eso la tierra misma gritará de dolor. Ha alterado tan profundamente la línea del tiempo que los profetas han podido verlo con miles de años de anticipación.

D.: *Luego dice: «no osarán acercarse padres, hijos, reyes».*

B.: Dice que este hombre será tan aterrador, tan terrible y tan poderoso que intimidará a los legítimos soberanos de los países, y el miedo no les permitirá hacer nada para detener los estragos de este hombre. Dinastías enteras serán borradas.

¿Podría estar ocurriendo esto al mismo tiempo que se asesinaba a los líderes mundiales o después? Si fuera así, esto explicaría por qué los soberanos no hacen nada contra él.

D.: *Los traductores pueden entender una lluvia de sangre y cosas parecidas, pero no entienden qué quiere decir la lluvia de leche.*

B.: Dice que usa la lluvia de leche para representar los efectos adversos que tendrán en el clima estas sorprendentes armas nucleares, incluyendo cosas como la lluvia radiactiva. Estas armas usarán una combinación de los peores aspectos del armamento nuclear y el armamento láser, y algunas de las armas láser cuando disparan a la gente, parecerá que cae una sustancia blanca.

La siguiente cuarteta también trata de la lluvia de leche.

CENTURIA III-19

En Luques sant & laict viendra plouvoir,
Un peu devant changement de preteur:
Grand peste & guerre, faim & soif fera voir.
Loing où mourra leur Prince recteur.

En Lucca llegará a llover sangre y leche, / poco antes de un cambio de gobernador. / Se verá una gran plaga y guerra, hambruna y sequía, / lejos de donde muere el príncipe y soberano

D.: *Los expertos creen que esta cuarteta se relaciona con la anterior.*

B.: De hecho se refiere a la misma guerra. Antes de que el Anticristo asuma el mando en cualquier lugar, no sólo el que menciona aquí, primero hace caer muerte y destrucción sobre ellos para que le resulte más fácil tomar el mando. Cuando haga esto, viajará lejos de su último lugar de descanso. Algunos de los acontecimientos que ocurren harán que en comparación los espeluznantes hechos anteriores parezcan juegos de niños. Otro aspecto de la historia que se mueve describiendo una espiral es que algo de esto ya lo hizo en parte un hombre llamado Hitler cuando se apoderó de Europa. Sólo que hizo caer una lluvia de sangre en vez de sangre y leche, porque no disponía del armamento del que se habla en estas cuartetas. Pero también hacía llover destrucción antes de apoderarse de un lugar. Una de las cosas que hará este Anticristo es deducir el porqué del fracaso de Hitler. Por eso su propósito será triunfar, porque aprenderá de los errores de Hitler.

Un pensamiento escalofriante, porque Hitler estuvo a punto de conseguir el éxito en su reino de terror.

B.: Tendrá acceso a libros que no suelen estar disponibles o ser conocidos por el público en general. Le será posible obtener documentos secretos de los nazis sobre Hitler. Aprenderá bien sus lecciones.

CENTURIA I-64

De nuict soleil penseront avoir veu,
Quand le pourceau demi-homme on verra:
Bruict, chant, batalle, au ciel battre aperceu:
Et bestes brutes à parler lon orra.

De noche creerán que han visto el sol, / cuando vean al hombre mitad cerdo: / ruido, gritos batallas que ven en los cielos. / Oirán hablar a las bestias brutas.

B.: Esto se refiere a algunos acontecimientos futuros y parcialmente al presente. Casi cada línea tiene un significado distinto. Te dará los significados, pero no necesariamente en el orden en que están escritas las líneas. «Oirán hablar a las bestias brutas.» En efecto, los animales hablarán a la humanidad y le proporcionarán conocimiento a través de las investigaciones realizadas para el avance de la ciencia médica. Afirma que esto seguirá siendo verdad. «De noche creerán que han visto el sol» se refiere a la detonación nocturna de un arma como la bomba atómica o del tipo del arma láser. No está muy seguro de la descripción pero el arma produce una inmensa explosión de luz. Esto tendrá que ver con la guerra y los efectos de esta arma, y además de los cambios climáticos, también producirá defectos monstruosos en nacimientos como consecuencia del aspecto físico alterado en niños; incluso habrá algunos cuyas funciones serán casi porcinas. Los científicos investigarán desesperadamente para encontrar la forma de contrarrestar los efectos de esta arma en lo concerniente a los recién nacidos. Y si se produce un avance será desde una fuente inesperada en el reino animal.

D.: *Eso se refiere de nuevo a esa última línea.*

B.: Sí, tiene un significado múltiple. «Ruido, gritos, batallas que ven en los cielos.» Vio que una consecuencia lógica de viajar por aire es poder luchar en el aire. Las armas que atraviesan el cielo producirán un ruido semejante a gritos. Será motivo de gran temor para la gente que está abajo, y será mortal.

D.: *El intérprete pensó que podría referirse a la Segunda Guerra Mundial.*

B.: No. Aunque en esa guerra hubo muchos combates aéreos, fue básicamente una guerra terrestre. Y en esta guerra, aunque habrá lucha en tierra para mantener posiciones, las principales batallas decisivas serán en el aire.

D.: *Todo lo que pudieron acercarse en su interpretación sobre el hombre de aspecto porcino fue que los pilotos llevaban cascos y máscaras de oxígeno durante la Segunda Guerra Mundial. Pensaron que para Nostradamus esa apariencia sería similar a la de un cerdo.*

B.: Es una interpretación lógica, pero se olvidan continuamente de un hecho importante: que él, siempre que puede, intenta poner más de un significado en cada línea.

Esto, como pensaban los intérpretes, podría significar que estas líneas también podrían referirse a la Segunda Guerra Mundial pero Nostradamus consideró que en este momento era más importante hacernos llegar la traducción para el futuro.

CENTURIA I-80

De la sixieme claire splendeur celeste,
Viendra tonner si fort en la Bourgongne:
Puis naistra monstre de treshideuse beste,
Mars, Avril, Mai, Juin grand charpin & rogne.

Desde la sexta luz celestial / llegará a tronar muy fuerte en Borgoña. / Después nacerá un monstruo de una bestia muy repugnante: / en marzo, abril, mayo y junio, grandes heridas y preocupaciones.

B.: Señala que la sexta luz celestial se refiere a Júpiter.

Esto me sorprendió, porque el libro mencionaba a Saturno como el sexto planeta.

B.: Subraya la referencia a Júpiter añadiendo la noc1On de trueno porque el día de Thor, que es el jueves, será el día del Anticristo.

Y Thor es el equivalente nórdico del dios romano Júpiter. En esos meses del año (marzo, abril, mayo y junio) o más bien en los signos astrológicos que representan esos meses, cuando Júpiter pasa por estos signos, tal como se ven desde Borgoña, se presentan tiempos de grandes dificultades. Habrá mucho derramamiento de sangre y guerra, y en vista de la horrible naturaleza de las armas, ocurrirán muchas cosas terribles. Lo que me está mostrando parecen los efectos de una intensa radiación.

D.: *¿Quemaduras por radiación?*

B.: No. Visibles deformidades ocasionadas por la exposición de los padres a la radiación. Terribles mutaciones en la naturaleza, en plantas y animales así como las cicatrices en el seno de la Madre tierra ocasionadas por estas armas. Dice que el Anticristo será la causa de todo esto. Él es el monstruo que está detrás de la aparición de estas monstruosidades.

D.: *Entonces, «el monstruo nacerá de una bestia muy repugnante» tiene doble significado.*

John: (Había estado buscando en su Efemérides.) *¿Estará júpiter en esos signos durante los años 1997 al 2001?*

B.: En este momento Michel de Notredame hace un gesto muy grandilocuente y dice: «¡Justamente!».

D.: *¡Ajá! ¿No es estupendo tener un amigo de este lado que pueda echar una mano con esto? Tengo una pregunta. El traductor dice que Saturno es el sexto planeta.*

B.: Es fácil cometer ese error. Tiene fuentes en documentos muy antiguos que muy posiblemente se hayan desintegrado entre su tiempo y tu presente. Afirma que debido a una guerra celeste, una de las grandes luces fue destruida. La que estaba entre Marte y Júpiter ya no existe. Él la incluyó cuando hacía el recuento de las grandes luces del cielo para despistar a la Inquisición.

D.: *¿Es la que tiene ahora el cinturón de asteroides?*

B.: Correcto.

D.: *Eso es muy hábil. No creo que la Inquisición ni nadie hubiese podido caer en la cuenta.*

B.: De vez en cuando se ve obligado a ser solapado.

D.: *Creyeron que era Saturno y de ahí que fecharan erróneamente la predicción.*

B.: Siente curiosidad. Pregunta a qué fecha llegó su deducción.

D.: *Primavera de 1918.*

B.: Tuvo otras visiones relacionadas con las guerras mundiales, pero ésta no es una de ellas.

En mi opinión, la siguiente cuarteta es un ejemplo muy valioso de cómo opera la mente de Nostradamus, e ilustra los métodos que usó para dar una descripción simbólica de algo que no podía entender.

D.: *Esta cuarteta les ha dado a los traductores muchos quebraderos de cabeza. Todos están en desacuerdo respecto a la traducción de una línea del francés al inglés. Dicen que la traducción literal no tiene ningún sentido.*

B.: No hay problema con la traducción literal porque el vehículo entiende el idioma y le ayudará a recordar exactamente lo que escribió en francés.

D.: *¿La leo primero tal como fue traducida?*

B.: Dice que, por curiosidad; sí.

CENTURIA II-75

La voix ouie de l'insolite oiseau,
Sur le carron de respiral estage:
Si hault viendra du froment le boisseau,
Que l'homme de l'homme fera Antropophage.

Se oye el reclamo del indeseable pájaro/ por el cañón de la chimenea; / los montones de trigo suben tan alto / que el hombre devorará a su semejante.

La primera línea es la que ha dado problemas. Se ha traducido de formas distintas en otros libros. Uno dice: «El sonido de una rara ave se oirá por el tubo del piso más alto», lo cual no se entiende mejor que el pájaro indeseable por el cañón de la chimenea. Me pidió que leyera de nuevo la cuarteta, esta vez sustituyendo la traducción literal de esa línea.

D.: *«Se oye el reclamo del indeseable pájaro por el tubo del suelo que respira. Los montones de trigo suben tan alto que el hombre devorará a su semejante.»*

B.: Prefiere emplear la versión literal porque la traducción interpretativa no toma en cuenta las cosas prodigiosas que ha visto en el lejano futuro. Dice que la expresión «el tubo del suelo que respira» aunque es torpe, es la más aproximada que se le ocurrió para describir lo que veía de un artilugio futuro.

D.: *Entonces, «cañón de chimenea» no es correcto.*

B.: No. Pero es una interpretación razonable dada la limitada perspectiva de la gente. Este acontecimiento ocurrirá en un tiempo de guerra y gran desasosiego. El reclamo del pájaro indeseable será un acontecimiento en el que un avión se acercará para aterrizar sobre la cubierta de un portaaviones, y la cubierta del portaaviones es el suelo que respira.

¡Brillante! Una excelente analogía comparativa. Para él, un portaaviones tendría el aspecto de un suelo, ya que no disponía de otra palabra para ello.

B.: Lo llamó así por su movimiento al ritmo de las olas, similar al movimiento de la respiración, además de la presencia ahí abajo de seres vivos. Éste también es otro significado de «suelo que respira». Habla de que un avión se acercará para aterrizar pero este avión no pertenece al portaaviones. Es una situación muy complicada porque, en esta guerra, el equilibrio de poderes políticos a ambos lados es complejo y delicado. Y este avión es de una potencia ligeramente alineada con el otro bando, aunque básicamente es neutral. Pero el hecho de estar en contacto con esta nación en particular tendrá amplias repercusiones en lo que concierne a esta guerra. Así que la gente del portaaviones realmente no desea tener contacto con este avión. «El reclamo indeseable por el tubo del piso que respira» es el avión que se comunica con ellos por las antenas de radio. Usó el término «tubo» porque sería algo que transmite sonido y comunicación, y éste era el concepto más aproximado que encontró en el lenguaje de su tiempo. El avión quiere aterrizar en este portaaviones porque hay un jefe importante, un general o un oficial de alto rango del barco. Y en el avión viaja un importante emisario, alguien cercano al líder de este país, que tiene que hacer entrega de importantes documentos y mensajes. Será una situación muy compleja.

D.: *¿Se le permitirá aterrizar a este emisario?*

B.: Le resulta difícil de ver porque la línea del tiempo se divide en ese punto y podría ir en una u otra dirección. Y en ambos sentidos tendrá repercusiones. En este punto no puede ver qué línea del tiempo tiene probabilidad de predominar, qué posible rumbo tomará el acontecimiento. Es un evento específico de este tiempo. La situación del trigo es una condición general que perdura durante un prolongado lapso de esta guerra. Como resultado de esta guerra, el comercio ordinario quedará paralizado entre todos los países. Algunos países tendrán excedentes alimenticios, como toneladas de trigo, pero su precio será tan desproporcionado que nadie podrá comprarlo. En los países donde no se cultiva el trigo recurrirán al canibalismo para sobrevivir. Y el trigo, mientras tanto, se almacenará en silos y se pudrirá simplemente porque no pueden deshacerse de él, no pueden venderlo. El precio del trigo es también elevado en vidas humanas por el esfuerzo de hacerlo llegar a otros países. Será muy arriesgado por la total interrupción de los envíos, de modo que no sólo el precio del trigo será desproporcionado, también lo será el riesgo de entregarlo. En consecuencia, no llega a donde se necesita para que la gente tenga qué comer.

D.: *Ellos interpretaron toda la cuarteta con el significado de una hambruna que hará que los hombres se vuelvan caníbales.*

B.: Dice que interpretarlo de ese modo implica una hambruna natural por causas naturales. Pero esto no es lo que él veía. Veía una hambruna impuesta como consecuencia de las barreras de la guerra, no por falta de lluvia o cosas así.

D.: *Dicen que el pájaro indeseable en el cañón de la chimenea es un búho u otra ave de mal agüero que anuncia la llegada de la hambruna y los elevados precios.*

B.: Es una interpretación razonable puesto que los intérpretes desconocen las detalladas imágenes que él ve. A veces, en una visión sólo aparece un pequeño incidente en un suceso más amplio. Ve todo hasta el último detalle y lo pone por escrito. Pero es difícil para una persona ajena ser capaz de relacionarlo con la perspectiva completa.

Éste es un perfecto ejemplo de una cuarteta oscura y complicada que hubiese sido imposible descifrar sin la ayuda de Nostradamus. Una vez más, era absolutamente asombrosa la claridad que adquiere cada punto cuando él lo explica. En mi opinión, demuestra que estamos realmente en contacto con él, porque en tales casos sólo el autor sabría los verdaderos significados que intentaba transmitir.

CENTURIA I-67

La grande famine que je sens approcher,
Souvent tourner, puis estre universelle:
Si grand & long qu'un viendra arracher,
Du bois racine & l'enfant de mamelle.

La gran hambruna que siento acercarse / afectará a menudo [en varias zonas] y luego al mundo entero. / Será tan vasta y tan larga que arrancarán / las raíces de los árboles y los niños del pecho materno.

B.: Esto tiene que ver con los cambios climáticos que sobrevendrán tras la descarga de este terrible artilugio ya mencionado. Señala que la frase «los campos regados empezarán a encogerse» (de la CENTURIA X-70, ya traducida en el capítulo 15) significa que la hambruna empezará en zonas dispersas. Luego, las condiciones seguirán en franco deterioro y no mejorarán. La hambruna en las diferentes zonas seguirá aumentando hasta que las zonas se conecten y cubran grandes superficies del globo terrestre, y la mayor parte del mundo sufrirá. Afectará a todos los habitantes del mundo por la escasez de alimento y la dificultad para satisfacer las necesidades más elementales. La gente llegará a estar tan desesperada por conseguir alimento que empezarán a comer de todo, cualquier tejido vivo que sirva de alimento, incluyendo, según lo escrito por él, raíces de árboles que, en condiciones normales, no son comestibles. Y en algunas partes del mundo, sobre todo los más habitados como la India, también se comerán a los recién nacidos.

D.: *Suena terrible. ¡Es pavoroso!*

B.: Será un tiempo muy sombrío.

ACTUALIZACIÓN: *En 1992, se anunció que el sur de África estaba padeciendo una de las peores sequías de este siglo. Los meteorólogos advertían que se estaba extendiendo hacia el norte y que estaba engullendo toda la parte oriental del continente. Mientras La sequía es algo común en ciertas regiones de África, los expertos en clima y alimentos han puesto de manifiesto que la temporada seca de este año es extraordinaria ya que se extiende a los países exportadores de alimentos, que normalmente escapan a una grave sequía. Los expertos declararon que se trataba de una grave sequía desde el Cabo hasta El Cairo y que este año todos estos países tendrían que importar cereales. Se declaró que era un asunto de extremada gravedad. La falta de lluvias, acompañada de temperaturas extraordinariamente elevadas para La estación de siembra fue la causa de que Sudáfrica y Zimbabwe importaran, por primera vez que se recuerde, grandes cantidades de cereal. ¿De dónde vendría el alimento, ahora que la antigua Unión Soviética también hacía enormes pedidos de cereales a las reservas de alimentos gratuitos de Occidente? ¿Es éste el principio del cumplimiento de esta horrible cuarteta?*

D.: *Para muchas personas es muy deprimente que gran parte de sus cuartetas hablen de tragedia.*

B.: Habrá que vivir todos estos acontecimientos si hemos de alcanzar el objetivo por el que estamos trabajando. Si sobrevivimos a todos estos terribles acontecimientos, llegaremos a ser de verdad un pueblo pacifista, un pueblo pacífico. Y nuestra filosofía habrá cambiado lo necesario para que este tramo de nuestra senda sea diferente y recorramos un camino holístico y no un camino tecnológico.

D.: *La gente dice que no les gusta leer sus cuartetas porque son muy perturbadoras.*

B.: Mira fijamente y dice: «*Tienen* que serlo. Intento señalarles lo peor de lo que puede ocurrir para que puedan evitar parte de sus consecuencias».

D.: *Pero imagino que a la gente no le gusta pensar que el hombre es capaz de semejantes cosas.*

B.: Sugiere que eches un vistazo al recuento de bajas de la Segunda Guerra Mundial y le digas si el hombre es incapaz de *nada*.

D.: *No les gusta pensar que nuestro futuro nos reserva tanto horror.*

B.: Mueve la cabeza y murmura algo sobre la estupidez y ceguera de la humanidad en general.

D.: *Por eso se resisten a leer sus cuartetas. Dicen que prefieren no pensar en esas cosas. Ya sabes, la actitud del «avestruz que entierra la cabeza en la arena».*

B.: Le he transmitido esta imagen y dice que es una buena analogía. Nunca en su vida ha oído hablar del avestruz, pero se lo he descrito.

D.: *La expresión significa esconderse de algo que es...*

B.: Que está fuera de perspectiva, sí. En mi papel de comunicadora, le he descrito la analogía. Ve la imagen y la encuentra divertida pero muy real.

D.: *La gente imagina que lo que no sabe, no le hará daño, que desaparecerá.*

B.: Comenta que hay un dicho que cree que conoces: «Ojos que no ven, corazón que no siente». Pero añade que desgraciadamente eso no es verdad.

D.: *Parece que muchas de estas cuartetas tratan del Anticristo. Nostradamus debe de haber visto mucho acerca de él.*

B.: Asegura que este hombre ocasiona algunos de los más terribles acontecimientos en la historia de la humanidad. Notarás que también vio mucho de la Revolución Francesa porque fue otro momento decisivo e inestable en lo que concierne a su país. Estos hechos venideros atañen a toda la humanidad y no sólo a su país, así que es natural que tuviera muchas visiones sobre esto.

D.: *Quería preguntarle algo. Parece que gran parte de estas predicciones corresponden a muchos acontecimientos distintos. No sé si tal vez contemplaba diversas posibilidades que podrían ocurrir y que no necesariamente todas se hicieran realidad.*

B.: La principal razón por la que deseaba esta comunicación era evitar lo peor de lo que ha visto. Algo de lo llamado «la peor de las hipótesis posibles» podría ocurrir muy fácilmente, pero con una gran determinación y firmeza podrían alterarse para lo mejor. Desgraciadamente, en este tiempo, lo peor que ha visto son los acontecimientos que más fácilmente ocurrirán. Y sabe que debe hacer todo lo posible por ayudar a disminuir la destrucción.

D.: *Una vez dijo que en ocasiones veía un nexo en el tiempo y podría haber muchos caminos diferentes y por lo tanto muchas posibilidades.*

B.: Es correcto. En este momento, y tratándose de un nexo tan primordial, cualquiera que sea el camino que elijamos aún parece contener la mayor parte de estas visiones. Pero hay otros senderos en los que podría evitarse buena parte de ello. Los tiempos difíciles será un período problemático y angustioso. Los espíritus de la tierra están presentes aquí porque así lo eligieron, porque sabían que todos los que estuvieran en el planeta en este tiempo trabajarían hasta el final con grandes cantidades de un importante karma. Me muestra una imagen. No me lo dice en palabras. Es una gran rueda kármica dividida en grandes secciones, no en sectores más pequeños, y hay personas que eliminan estos grandes sectores, como si fueran pequeños. Es como eliminar una concentración de karma. Dice que la cantidad de karma que los espíritus que vivan en estos tiempos puedan eliminar, equivaldrá al de diez vidas en cualquier otro tiempo de la historia del mundo.

D.: *¿Cree que es por esta razón que eligieron voluntariamente volver en este tiempo?*

B.: Muchos de ellos lo hicieron voluntariamente, como vuestros espíritus más antiguos y más avanzados que hacen falta aquí para ayudar a que todos salgan adelante. En este tiempo, también existen espíritus más jóvenes que simplemente se sintieron atraídos por la aventura. Sin embargo, hay otros espíritus que están aquí no precisamente por desearlo de buen grado, sino porque sabían que era su deber o porque para ellos sería el final de la línea en su progreso espiritual. Así que no son plenamente voluntarios; digamos que lo son por imposición, porque sabían que no había otra alternativa.

D.: *Creo que esa clase de seres serían desdichados aquí.*

B.: Lo son, pero algunos de ellos se las arreglan para aprovechar al máximo la situación y otros no; ésa es la elección que tienen que hacer.

CENTURIA IV-28

Lors que Venus du Sol sera couvert,
Soubs l'esplendeur sera forme occulte:
Mercure au feu les aura descouvert,
Par bruit bellique sera mis à l'insulte.

Cuando el Sol oculte a Venus, / bajo el esplendor se esconderá una forma. / Mercurio los habrá expuesto al fuego, / por un rumor de guerra será ultratajado.

Uno de los significados de esta cuarteta se explicó en el capítulo 11.

B.: La otra interpretación tiene que ver con un acontecimiento relacionado con el tipo de dificultades que surgirán hacia el final de este milenio. En estos tiempos difíciles, ocurrirán muchas cosas desconcertantes. En esta interpretación, la cuarteta contiene una serie de referencias astrológicas. Ahora se queja de mi ignorancia. Le resulta difícil transmitir los conceptos de una forma que yo pueda entenderlos y comunicártelos a ti.

D.: *Dile que haga un esfuerzo.*

B.: Su trabajo es excelente, lo que le estorba es mi torpeza. Desgraciadamente, las connotaciones astrológicas que usa aquí no sirven para fechar esto, pero intentará llegar a ello en breve. Durante los tiempos difíciles, en un momento en que el Sol está entre la Tierra y Venus (y por lo tanto desde la perspectiva de la Tierra, Venus estará oculta detrás del Sol), habrá una visitación de los Vigías, los que han estado observando el avance de la humanidad. Se acercarán desde la dirección de Venus, de modo que ellos también estarán temporalmente ocultos por el Sol, pero se manifestarán a través de los poderes de Mercurio, es decir, a través de los poderes de observación y comunicación. Los científicos implicados en el uso del radiotelescopio y otros métodos afines encontrarán una anomalía que llamará su atención. A medida que la estudien, llegarán a comprender un claro indicio de lo que llamarían un OVNI. Éste es de hecho el instrumento empleado por los Vigías para observar a la humanidad. A medida que este instrumento se acerca a la Tierra para más observaciones, los científicos exponen el instrumento al fuego. En otras palabras, lo exponen a la luz del conocimiento. Averiguarán más sobre qué es y quiénes son los Vigías cuando este hecho ocurra. Sin embargo, como será durante los tiempos difíciles, esta prueba definitiva de que hay otros seres en el espacio exterior del universo causará gran intranquilidad social y pánico en algunos países que están especialmente comprometidos en guerras y conflictos. Y habrá disensión interna creada por los fundamentalistas cuya visión del mundo no puede incluir a otros en el universo sin conmover profundamente sus creencias. Se da cuenta de que como Venus está al otro lado del Sol, es difícil hacer una medición y encontrar una fecha, ya que esto ocurre bastante a menudo, pero en su opinión cree que ocurrirá en 1997 o en 1998.

J.: *Cuando a Venus la oculte el Sol. Siempre he contemplado el Sol como símbolo del Gran Espíritu y a Venus como símbolo de amor, pero amor personal. ¿Crees que esto podría significar también la transformación de un amor más espiritual entre la gente en ese tiempo?*

B.: Percibo en Michel de Notredame la sensación de un gran placer. Dice que le agrada mucho que tú también hayas captado ese aspecto. Dice que las influencias planetarias en la Tierra actuarán para intentar crear, como tú dices, más amor espiritual entre la humanidad. Ésta es otra de las razones por las que los Vigías decidieron volver a contactar con la humanidad en este tiempo, ya que intentan ayudarla en su crecimiento espiritual en general, por medio de suaves estímulos, por así decirlo. Y añade que tienes razón al pensar en los aspectos más elevados de las influencias de los astros implicados en esta situación.

D.: *¿Puedo preguntar si los Vigías y los Otros son el mismo grupo de seres?*

B.: Sí, lo son. Se refiere a ellos como los Otros porque son *distintos* a nosotros. No son nosotros. Proceden del espacio exterior. Son otros. Pero también los llama Vigías porque siempre nos han vigilado, y han observado nuestro crecimiento y evolución. Están deseando que lleguemos al punto en el que sea posible unir nuestras comunidades y ayudar en el gran proyecto de un modo exclusivo para nosotros.

Me pareció interesante que empleara esta expresión tan parecida a la que Phil, mi sujeto, había utilizado para describir a estos seres y su propósito, en mi libro: *Keepers of the Garden* ('Los guardianes del jardín').

En muchos otros incidentes me he encontrado con los términos «los Otros» y «los Vigías», y suelen referirse a los extraterrestres.

21
La Cábala

CENTURIA II-58

Sans pied ne main dend aigue & forte,
Par Globe au forte de port & lainé nay:
Pres du portail desloyal transporte,
Silene luit, petit grand emmené.

Sin pie ni mano, con fuertes y afilados dientes / atraviesa la multitud hasta el puerto fortificado y el primogénito. / Cerca de las puertas cruza falaz al otro lado; / la luna brilla poco, gran pillaje.

Brenda: Esto es durante el tiempo del Anticristo. La luna que brilla poco se refiere a que la gente comprometida en esta situación en particular está desconectada de su yo espiritual e intuitivo, de modo que la luna brilla muy poco en su vida. Digamos que la luna representa el cuerpo celeste que influye en lo anímico. «Cerca de las puertas cruza falaz al otro lado» significa que este grupo será algo así como una junta militar, pero no exactamente. (*No entendí a qué se refería.*) Dice que entre bastidores hay un grupo de titiriteros o manipuladores de personas que tiran de las cuerdas de los personajes que están en el campo de acción y cambian el decorado según se requiera. Las figuras. en escena son los políticos de las principales capitales del mundo. Los decorados cambian de una capital a otra, pero la situación es la misma. Dice que estos manipuladores de marionetas que están entre bastidores forman parte de una sola organización, y trabajan para sus propios fines. Pero ocultan sus acciones con mucha astucia. Detentan cargos que parecen relativamente insignificantes, como consejeros, subsecretarios y similares, pero son posiciones clave para su poder. Y cuando están en la capital misma, cerca de su lugar de trabajo, parecen buenos, leales, ciudadanos modelo que supuestamente trabajan por los mismos objetivos que su Gobierno. Pero en el momento en que traspasan el umbral hacia el mundo exterior, todo eso cambia, y hacen uso de la información que han obtenido y la ponen a disposición de su organización para trabajar para sus *propios* fines, y no son leales a ningún Gobierno en particular. «Sin pie ni mano, con fuertes y afilados dientes» detalla aún más la descripción de esta gente, porque al parecer carecen de poder político para manipular. No tienen pie ni mano para empujar a nadie. Pero sus dientes son fuertes y afilados y los han clavado en todo. Y lo tienen todo muy bien atado. Son los que realmente tienen el control. Esta organización existe desde hace varias generaciones. Dice que una clave de su existencia está en el rastro de las historias familiares de las potencias bancarias y los poderes económicos en el mundo. Son muy secretos y nadie sabe nada de ellos salvo las familias implicadas. Esta cábala o camarilla de líderes ha ido construyendo lenta pero inexorablemente una red mundial de poder porque quieren tomar el control pero permanecen entre bastidores. Al principio, cuando aparezca el Anticristo, creen que sólo se trata de un líder nuevo, dinámico, juvenil de Oriente Próximo que pueden utilizar para ayudar a unir esa parte del mundo y someterla a su poder. Pero el Anticristo termina por ven- cerlos con sus propias armas.

(Esto se refiere a la cuarteta CENTURIA II-18 en la que el Anti- cristo los asesina, y no se dan cuenta de que en realidad lo estaban ayudando.)

Viene al caso mencionar el escándalo ocurrido durante enero, febrero y marzo de 1987, relacionado con la venta de armas a la Contra nicaragüense. Se insinuó que el Gobierno de Estados Unidos estaba implicado. Pero la Contra declaró que en su mayor parte la financiación provenía de un grupo privado de personas que no se ha podido descubrir. En esas mismas fechas, también se dijo que enormes sumas de dinero, millones de dólares que se habían desviado para esto, simplemente habían desaparecido. A estos fondos se les siguió la pista hasta su ingreso en ciertas cuentas corrientes en muchos bancos distintos por todo el mundo y luego desaparecieron sin más. Los investigadores no encontraron ningún rastro o huella de los implicados. Esto parece respaldar las afirmaciones de Nostradamus sobre una cábala secreta que controla los asuntos del mundo y mantiene guerras en marcha para sus propios fines mediante el suministro de armas, etc.

En la CENTURIA II-89, que fue traducida en el capítulo 10, se mencionó que un grupo secreto de personas seguía implicado en Vietnam. Una organización que ha mantenido en marcha la guerra silenciosamente todos estos años, desconocida para el público norteamericano en general. ¿Podría esto referirse también a la misma cábala?

CENTURIA II-88

Le circuit du grand faict ruineux,
Le nom septiesme du cinquiesme sera:
D'un tiers plus grand l'estrange belliqueux,
Mouton, Lutece, Aix ne garantira.

La consumación de la gran acción funesta, / el nombre del séptimo será el del quinto. / El del tercero, el mayor belícísta extranjero, / París y Aix no se quedarán en Aries.

B.: Esto se refiere al tiempo del Anticristo. La gran acción desastrosa es el triunfo total --o casi-- del Anticristo en la conquista de Europa. Los nombres aquí aludidos son la clave de su supuesto «consejo de ministros». Así es como la gente lo interpretará a primera vista. Pero en realidad es un secreto restringido a los financieros y banqueros que están entre bastidores decidiendo qué ocurrirá, cuándo y dónde: los titiriteros.

Dolores: *¿La cábala de la que ya hemos hablado?*

B.: Sí. Señala que la referencia de que Francia y Aix no permanecen en Aries significa que no se mantendrán en guerra activa con el Anticristo, sino que las cosas se tranquilizarán tanto que la atención del Anticristo se concentrará en otra parte. Y allí en Francia es donde la resistencia empezará a florecer.

D.: *Entonces, estos nombres se refieren a la gente de su organización secreta.*

B.: Sí. Y cuando se los conozca, se comprobará que la forma en que aparecen aquí en la cuarteta se relaciona con los diversos vínculos familiares entre ellos.

D.: *Me has dicho antes que este grupo tendría algo que ver con varias generaciones de familias de banqueros.*

B.: Sí, y con otras familias relacionadas con el comercio, tales como las familias de la minería de oro y diamantes, el cuero, las cosas enlatadas y similares. Los principales magnates coloniales relacionados con los imperios europeos, que empezaron las fortunas de sus familias con la explotación de las materias primas de los países del Tercer Mundo. Se da cuenta de que tratar de seguir el rastro a todo eso es un largo procedimiento, pero dice que con el tiempo se aclarará quién está implicado.

D.: *Dice: «el nombre del séptimo será el del quinto». ¿Todo eso se aclarará?*

B.: Sí. Dice que el séptimo y el quinto en línea no sólo tendrán el mismo nombre, sino que sus apellidos se relacionarán de tal forma que el séptimo se considerará parte de la familia del quinto; por lo tanto, su nombre será el del quinto. Dice que es difícil de explicar, pero se aclarará cuando la información salga a la luz.

D.: *Hemos tenido varias cuartetas sobre esta organización secreta*

B.: Pero no tan exactas. Dice que por desgracia no ha podido penetrar tan profundamente como le gustaría en este aspecto del futuro. Afirma que ya han causado problemas a todos. Manipulan la economía a su antojo para provocar que aumente o disminuya el desempleo. Manipulan a su antojo la economía para hacer que aumente o disminuya la inflación. Dice que cada vez que vas a la tienda y tienes que pagar un precio más alto por una hogaza de pan, es por ellos. Así que ya han afectado tu vida.

Aquélla era una idea interesante. Nunca se me ocurriría pensar que hay alguien entre bastidores con el suficiente poder para hacer estas cosas, y también para mantener guerras en marcha para sus propios fines.

CENTURIA II-18

Nouvelle & pluie subite impeteuse,
Empechera subit deux exercites:
Pierre ciel, feux faire la mere pierreuse,
La mort de sept terre & marin subites.

Noticias: lluvia repentina y tenaz / obstaculizará de pronto a dos ejércitos. / Piedras y fuego de los cielos formarán un mar de piedras. / La muerte repentina de los siete por tierra y mar.

B.: Esto se refiere a acontecimientos que tendrán lugar en el tiempo del Anticristo. Una vez más, al sobrevenir los cambios en la tierra habrá climas extremos. Dice que se alinearán dos ejércitos, dispuestos a ir a la batalla, y un cambio climático extremo de lluvia y granizo los tomará por sorpresa. Impedirá que lleven a cabo el enfrentamiento tal como lo habían planeado, de modo que recurrirán a un plan alternativo y volarán aviones por encima de la zona de alteración climática para lanzar bombas sobre las fuerzas contrarias. Esto es lo que da a entender por fuego y piedras que caen del cielo.

D.: *¿Qué significa «la muerte repentina de los siete»?*

B.: Señala que habrá una cábala de líderes. No serán militares en sentido estricto, sino más bien financieros y banqueros, los poderes que están detrás del ejército tirando de las cuerdas. De una u otra manera, las fuerzas de espionaje del Anticristo los descubrirán y destruirán, lo que por un lado ayudará al Anticristo porque temporalmente desorientará a las organizaciones con las que se enfrenta, y él se aprovechará de este caos. Pero, por otro lado, le falta un poco de perspicacia ya que esta cábala es la que ha estado incitando a la guerra a lo largo de décadas y siglos. Al destruirlos, en realidad empieza a escribir el principio de su propio fin porque son las actividades de esta cábala las que han dado soporte a sus pretensiones. Pero ahora los ha eliminado, y con ello cesa la agitación para una guerra mundial y empezará a afirmarse la natural tendencia a una paz mundial, y con ello la eliminación del Anticristo.

D.: *¿No estaba al tanto de esto?*

B.: No, si lo hubiese sabido, los habría utilizado. Entonces, todo lo que sabía era que financiaban a estos ejércitos europeos para poder seguir combatiendo contra él.

En otras varias cuartetas se mencionan de forma velada a personajes secretos. ¿Tendrán también alguna relación con esta misteriosa cábala?

En la CENTURIA V-75, que se traduce en el capítulo 11, se menciona a un hombre de Estados Unidos.

En la CENTURIA X-72, traducida en el capítulo 19, se menciona al Rey del Terror en conexión con la experimentación genética.

En ese mismo capítulo, se menciona a otro misterioso grupo de poder en la CENTURIA I-81, que también se refiere a los experimentos genéticos.

¿Pueden ser todas estas referencias independientes de la misma cábala misteriosa que controla realmente los asuntos del mundo?

22
El cambio de la marea

CENTURIA VI-33

Sa main derniere par Alus sanguznaire
Ne se pourra par la mer guarantir:
Entre deux fleuves craindre main militaire,
Le noir l'ireux le fera repentir.

Finalmente su mano a través del sanguinario Alus, / él será incapaz de protegerse por mar. / Entre dos ríos temerá la mano militar, / el negro e iracundo hará que lo lamente.

Brenda: Dice que esto se refiere a la caída del comandante supremo del Anticristo. Cometerá un grave error de criterio en el campo de batalla y en consecuencia capturan o matan a casi todo su ejército. La batalla en cuestión tendrá una importancia estratégica extrema. El negro e iracundo se refiere al Anticristo y su reacción ante la situación.

Dolores: *Dicen que la palabra «Alus» es un misterio sin resolver. ¿Es un anagrama?*

B.: Alude al mal uso de cierta tecnología que aún no se ha inventado. Cuando este comandante supremo comete este terrible y decisivo error, parte de ese error es el mal uso de esta tecnología, de tal modo que ocasiona su caída.

D.: *Pensaron que podría ser un intento de transmitirnos el nombre del tercer Anticristo en forma de anagrama.*

B.: No. No es así. En cierto modo se relaciona con la otra cuarteta sobre la elección de su comandante supremo.

CENTURIA VI-21

Quant ceux du polle artiq unis ensemble,
En Orient grand effrayeur & crainte:
Esleu nouveau, soustenu le grand tremble,
Rhodes, Bisance de sang Barbare taincte.

Cuando los del Polo Norte se unan / en oriente habrá gran miedo y temor. / Un nuevo elegido, apoyado por el grande que tiembla; / Rodas y Bizancio se mancharán con sangre bárbara.

B.: Mientras las cosas parezcan totalmente perdidas, el Anticristo tendrá apariencia de todopoderoso y supremo vencedor. Pero es cuando su estrella decae y su poder empieza a replegarse en determinados puntos esenciales. Esto se refiere al momento en que consiguen unirse los del Polo Norte; es decir, Estados Unidos, Canadá y Rusia, en especial, y posteriormente Europa. Aunque el Anticristo ha conquistado toda Asia, después de cierto tiempo no podrá controlar Rusia. Rusia se libera y se une a aquellos países que aún no han sido conquistados. Esta unión, en especial la de Estados Unidos, Canadá y Rusia, atemoriza profundamente al Anticristo porque puede ver el principio del fin y en este momento podría fracasar. De modo que elige a otro jefe de operaciones para seguir la campaña, pero este esfuerzo fracasará. Rodas y Bizancio, al ser importantes bases regionales, contemplarán parte de la más sangrienta lucha. La alianza del Polo Norte, en su esfuerzo por romper la cadena de mando, comunicación y demás, para derribar al Anticristo, intentará arrebatarle el dominio del resto del mundo.

D.: *Interpretan esta cuarteta como una alianza con Estados Unidos y Rusia, pero creen que es el principio de una guerra.*

B.: Dice que será el cambio decisivo en este gran conflicto en el que parecerá por primera vez que después de todo quizá ganen los buenos.

CENTURIA VIII-17

Les bien aisez subit seront desmis
Par les trois freres le monde mis en trouble,
Cité marine saisiront ennemis,
Faim, feu, sang, peste & de tous maux le double.

Los tranquilos serán abatidos de repente, / tres hermanos harán temblar el mundo. / Sus enemigos se apoderarán de la ciudad costera; / hambre, fuego, sangre, plaga, todos los males duplicados.

B.: En un momento determinado, las victorias vendrán tan seguidas y tan rápido que se sentirán satisfechos de sí mismos. Empiezan a dar por hecho sus victorias y se confían demasiado. Como resultado de ello, empiezan a perder batallas y a ver que su poder no es eterno. Dice que el hambre, el fuego, las plagas y la multiplicación de todos los males se refiere al hecho de que el Anticristo no dudará en hacer uso de armas bacteriológicas además de las convencionales. El efecto normal de estas cosas será mucho peor de lo habitual puesto que los organismos causantes se crearon para ser mucho más letales. Dice que en este momento, el Anticristo estará en la cima de su poder y habrá conquistado una buena parte del mundo, así que se siente satisfecho de sí mismo. Lo de los tres hermanos que harán temblar al mundo alude a la alianza entre Norteamérica, el norte de Europa y Rusia. («La alianza del Polo Norte» mencionada en la CENTURIA VI-21, en la p. 416 de este libro.) Usó la expresión que harían temblar al mundo porque esta alianza preocupará al Anticristo. Y en efecto, en este momento *él* es el mundo por haber conquistado gran parte del planeta.

D.: *Interpretan que esos tres hermanos son los Kennedy.*

B.: Los hermanos Kennedy, aunque comprometidos en política, no han hecho nada que ponga al mundo patas arriba. Únicamente desempeñan bien su cometido haciéndose matar. No porque da la casualidad de que sean tres hermanos famosos en el mundo político significa que la cuarteta se refiere a ellos.

D.: *Supongo que interpretan «hermanos» literalmente. En otra ocasión, mencionaste a dos hermanos y también pensaron que hablabas de los hermanos Kennedy. Pero en ese caso eran Estados Unidos e Inglaterra. De modo que ahora veo que cuando dices «hermanos» significa a veces una alianza.*

B.: A menudo, sí.

También se mencionaban a tres hermanos en la CENTURIA VIII-46, interpretada en el capítulo 15. «Cuando Marte suba a su horrible trono, el gallo y el águila, Francia y los tres hermanos.»

B.: Una vez más se refiere a la esperanza del mundo, tal como él la llama, la alianza entre Norteamérica, el norte de Europa y Rusia. Y esto es lo que vislumbra su patriotismo. Afirma que Francia también se unirá a ellos en espíritu, aunque no de forma real. Estará tan debilitada por las ignominias del Anticristo que tal vez no sea precisamente de gran ayuda, pero se aliará a ellos en su corazón y su pensamiento.

Parecía inevitable que durante este tiempo de terror surgiera otra gran figura en el mundo para hacer frente al Anticristo. Hasta el momento, no se había profetizado el nombre de ninguna persona, pero llegamos a esta cuarteta y nos presentaron a un hombre que se convertiría en el principal actor de nuestro extraño escenario.

D.: *Esta cuarteta tiene un nombre muy raro al principio. Me costará pronunciarlo. Es «Ogmios» en inglés, y «Logmion» en francés. ¿Conoce la palabra?*

CENTURIA V-80

Logmion grande Bisance approchera,
Chasse sera la barbarique ligne:
Des deux loix l'une l'estinique lachera,
Barbare & franche en perpetuelle brigue.

Ogmios se acercará al gran Bizancio, / la liga bárbara será expulsada. / De las dos leyes fracasará la pagana, / El bárbaro y el ciudadano en lucha perpetua.

B.: Él conoce el nombre que tratas de decir. Afirma que esta cuarteta en particular tiene un significado múltiple, en parte es alegórica o figurada, y en parte es una preparación o advertencia. Se refiere principalmente al resultado de los tiempos difíciles, la caída final del Anticristo. Dice que el punto crucial de la lucha estará en esa zona gris del continente donde no se sabe sí se está en Asia o en Europa. Durante un largo tiempo el resultado parecerá muy dudoso. Porque durante todo el tiempo que el Anticristo esté al mando intentará incrementar su poderío y habrá una lucha constante entre sus ejércitos, a los que Michel de Notredame alude como bárbaros, y la gente que aún no está sometida a su tiránica ley. Calificó su ley de pagana puesto que va contra la fuente central del poder espiritual, sea cual sea el nombre que se dé a esta fuente. En cualquier caso, es esencialmente una cuestión de semántica. Señala que los que luchan contra la fuerza espiritual central están automáticamente condenados a fracasar tarde o temprano porque trabajan contra la trama misma del universo. Es sólo cuestión de ver hasta dónde llegan antes de fracasar y qué efectos tendrán en la vida de los que están alrededor de ellos.

D.: *¿Es sólo la ambición de acumular más poder lo que ocasiona el fracaso?*

B.: Ésa suele llevar a la caída de muchos tiranos. Como está ávido de poder, también lo están sus subalternos y su imperio se fragmenta a su alrededor. Como resultado de ello, el mapa político del mundo cambiará. Dice que el mapa geográfico será muy parecido y los continentes seguirán teniendo la misma forma, pero las líneas que se trazan en ellos para dividirlos en países cambiarán como resultado de estos tiempos difíciles.

D.: *¿Qué significado tiene la palabra «Ogmios»?*

B.: Es una referencia a los clásicos. Sugiere que si quieres esa respuesta repases y releas los clásicos. La educación en el tiempo que vives suele descuidar este aspecto, y su intención es que abras tu mente.

D.: *Estoy dispuesta a hacer mi investigación.*

John: *En mi opinión, Ogmios significa gran líder o gran héroe.*

B.: Correcto.

J.: *¿Significa que surgirá un gran líder que combatirá al Anticristo?*

B.: Surgirá, ya lo creo. Siempre que se levanta un gran tirano, es una cuestión de equilibrio cósmico que en compensación aparezca un gran héroe. Ayudará a derribar al tirano y restablecer el equilibrio del universo de tal modo que armonice con la fuente central del mundo espiritual.

D.: *¿Será un líder de otro país?*

B.: No, no de otro país. Surgirá un líder que será universalmente aclamado y reconocido por muchos países que no están bajo el poder del Anticristo, pero que están luchando en contra de él. Es probable que este líder surja del movimiento de resistencia.

Siempre aparece uno o más movimientos clandestinos que ayudan desde dentro a combatir a los tiranos. En uno de los países que él conquiste habrá un movimiento de resistencia muy rigurosamente organizado. Y este líder surgirá de esta organización. Cuando el conflicto esté a punto de terminar y «Ogmios», el gran líder de las fuerzas del bien, se enfrente al Anticristo, será en esa zona de Eurasia próxima a Constantinopla. Tal como se dijo antes, es esa zona donde parece que estás en Europa pero también en Asia. Este líder provendrá de alguna parte del centro de Europa. Este hombre está muy bien preparado espiritualmente para asumir su misión, ya que su oponente es muy poderoso y está rodeado de fuerzas espirituales negativas. Y Ogmios necesitará estar bien dotado para la batalla en todos los planos.

J.: *¿Tendrá alguna inclinación religiosa o científica?*

B.: Será del pueblo. Es un hombre que se habrá forjado entre la gente, digamos. Empezó en un ambiente cultural sencillo y sus logros son el resultado de su honradez y esfuerzo. Posee cierta educación técnica. Su principal habilidad es el sentido práctico. Es capaz de ver la raíz de las cosas. Es un alma de las de antes y tiene muy claras sus prioridades. Sabe lo que es importante y lo que no lo es para el resultado final. Y es uno de los que ayudarán a preparar el camino para el gran genio que vendrá después del Anticristo. Puesto que este hombre es consciente de que no es él quien conducirá al mundo hasta la paz definitiva. Pero ayudará a derribar al que podría destruir el mundo y a prepararle el camino a aquel que guiará al mundo hasta la paz definitiva.

La investigación reveló que Ogmios es el equivalente céltico de Hércules. Cita textual de *Mythology of All Races* ('Mitología de todas las razas'), volumen III: «Al dios galo Ogmios se le representa como un anciano, calvo y con piel arrugada y tostada por el sol, si bien posee los atributos de Hércules. Atrae a una multitud por medio de hermosas cadenas de oro y ámbar atadas a sus orejas, y ellos lo siguen con gozo. El otro extremo de las cadenas está unido a su lengua, y muestra a sus cautivos un talante sonriente. Este dios nativo de la elocuencia estaba considerado como Hércules porque realizó sus proezas por medio de la elocuencia; era viejo, pues el discurso muestra mejor su semblante en la edad avanzada; las cadenas indicaban el vínculo entre la lengua del orador y los oídos de los extasiados oyentes». Los celtas creían que la elocuencia era más poderosa que la fuerza física.

Esta descripción podría ser correcta. Si el Anticristo posee una lengua de oro con la que puede conquistar países sin una sola batalla, entonces su oponente tendría que estar dotado de forma parecida. El principal requisito: la elocuencia. ¿De qué otro modo podría Ogmios tener seguidores?

Cuando Brenda distribuyó las cartas para tres de las figuras encapuchadas que estaban sentadas en torno a la mesa de perla, faltaba interpretar una más. Esta mano le tocaba a Ogmios, La Némesis* o vengador del Anticristo.

* En la mitología griega, una hija de Nyx ('Noche') y la personificación de la cólera justificada, especialmente la de los dioses por la osadía humana. (N. de la t.)

B.: (*Extendió las cartas.*) Empieza por el Loco en posición vertical que cubre parcialmente un As de Bastos en posición vertical; la siguiente carta es el Caballero de Copas en vertical que está parcialmente cubierto por el Juicio en vertical. Luego una Rueda de la Fortuna en vertical totalmente visible y por último un Sol en vertical totalmente visible.

D.: (Risas.) *Me acaba de llegar una inspiración cuando has mencionado al Loco. Tendría que ser un loco para enfrentarse al Anticristo.*

B.: (*Risas.*) El eterno optimista.

J.: *Yo no considero así al Loco.* (La carta muestra a un hombre dispuesto a dar un paso al borde de un precipicio.) *Aquí vemos dos senderos, y nuestro deber es cerciorarnos de tomar el sendero correcto. Porque si optamos por el sendero incorrecto, apaga y vámonos.*

D.*: Podrías caerte por ese precipicio.*

J.: *Sí y hemos de tener fe y confianza en nuestro ser espiritual interno. El As de Bastos representa el nacimiento de nuevas empresas. Hay un retoño que florece, y siempre que veo brotes o retoños los veo en flor, como en las plantas. Los injertas en el medio correcto y florecen. Aquí muestra que si pones a esta persona en el medio correcto, verdaderamente florecerá y se convertirá en un roble de gran fuerza.*

D.: *Entonces tomará el sendero correcto si el As de Bastos está sobre el Loco.*

J.: *El Caballero de Copas es una carta que representa a un romántico o a un idealista. Alguien que siempre intenta ver lo mejor en los demás. Es una buena carta. Me gusta el Caballero de Copas. En realidad, lo único que tienen que hacer es ponerse en movimiento. Les hace falta un empujón. La siguiente carta es el juicio en posición vertical. Representa un despertar, un cambio de conciencia, una nueva sensación espiritual. Tendrá que sentirse de este modo si se va a enfrentar al Anticristo.*

B.: Está cubriendo parcialmente al Caballero de Copas.

J.: *Bueno, el Caballero de Copas significa que al confiar en sus propios valores espirituales y objetivos pueden conseguir lo que deseen. Y el Sol lo bendice todo. Es maravilloso si en una interpretación te aparece la carta del Sol porque simboliza que dejas atrás el pasado, que recuerdas las buenas cosas pasadas pero tienes verdadero entusiasmo por la hermosa vida nueva que aparece en el futuro. Y luego la Rueda de la Fortuna en vertical representa que eres un elegido. Siempre veo la Rueda de la Fortuna como el destino. Cuando en una interpretación veo las cartas de los Arcanos Mayores, siempre digo que estos trabajos en realidad no los provoca el individuo mismo, sino el destino o karma. Su lectura tiene buen aspecto. Tendrá que moverse. No será fácil. Probablemente, en estos momentos de su vida, está en la etapa del Caballero de Copas.*

B.: Es interesante que de todas las cartas que he echado esta noche, ésta sea la única mano en la que todas las cartas están en posición vertical. En las anteriores había muchas cartas invertidas.

De nuevo, todo esto era bastante asombroso. No había forma de que alguien pudiera sacar todo esto de su cabeza y que encajara tan perfectamente.

CENTURIA V-24

Le regne & lois souz Venus eslevé,
Saturne aura sus Jupiter empire:

La loi & regne par le Soleil levé,
Par Saturnins endurera le pire.

El reino y la ley promovida por Venus, / Saturno dominará a Júpiter. / Ley e imperio erigidos por el Sol, / soportarán lo peor con la ayuda de los Saturnianos.

B.: Esta cuarteta se refiere a la organización dirigida por el llamado «Ogmios». Esta organización sobrevivirá a lo más penoso de los tiempos difíciles y servirá como base de futuros gobiernos después de haber derrocado al Anticristo. Dice que la gloria y la naturaleza positiva del sol respaldarán a Ogmios y le ayudarán a sobrellevar lo peor. Ogmios es un hombre de gran estatura. Será una persona de naturaleza llana y muy directa. Este hombre llegará a ser un excelente amigo pero dice que no te gustaría tenerlo como enemigo. Por eso será un buen adversario para el Anticristo. Un hombre recto de fuertes principios y ética. Sus principios son completamente suyos y no están influidos por ninguna religión. Por eso es quien provocará la caída del Anticristo, ya que este hombre es un líder y tendrá una organización a sus órdenes que lo ayudará en su misión. Pero no querrá someterse a nadie.

CENTURIA II-85

Le vieux lain barbe soubs le statut severe,
A Lyon faict dessus l'Aigle Cellique:
Le petit grand trop autre persevere,
Bruit d'arme au ciel: mer rouge Ligustique.

Bajo la severa autoridad del anciano de ondeante barba, / en Lyon es puesto sobre el Águila Céltica. / El pequeño gran hombre llega muy lejos;/ ruido de armas en el cielo, el mar de Liguria está rojo.

B.: Dice que el pequeño gran hombre se refiere a Ogmios porque es pequeño en lo tocante a sus ejércitos, que serán tan reducidos como sus recursos. Formará parte del movimiento de resistencia y a duras penas reunirá lo que pueda. Pero es grande porque avanzará hacia la victoria y finalmente vencerá al Anticristo.

D.: *¿Quién es «el anciano de ondeante barba»?*

B.: El anciano de ondeante barba situado sobre el águila céltica representa la distorsión de valores que predominará en este tiempo. El anciano de ondeante barba es un símbolo que representa la religión distorsionada. La religión que es básicamente, como tú lo expresas, fundamentalista. Es como un anciano severo que sostiene una gruesa estaca de roble sobre sus seguidores, para asegurarse de que no abandonarán su puesto. Y el águila céltica representa el honor, el valor y la lealtad al propio país, cosas de este tipo. Uno de los principales problemas de este tiempo serán los ocasionados por gente con perspectivas erróneas, los seguidores de las diversas religiones fundamentalistas, no sólo las cristianas, sino también las musulmanas.

D.: *Espero que finalmente lleguemos a una cuarteta que exprese lo que ocurre entre Ogmios y el Anticristo.*

B.: Señala que será larga, gradual y difícil.

D.: *¿Te refieres a la batalla?*

B.: A la guerra.

D.: *¿Pero, en estas cuartetas, aparece en alguna parte el punto culminante de lo que realmente ocurre entre ambos?*

B.: ¿Qué te hace pensar que acaso habrá un encuentro personal entre ambos?

D.: *Era una suposición.*

B.: Dice que las suposiciones son peligrosas.

D.: *Llamamos a Ogmios la Némesis del Anticristo. ¿Es correcto?*

B.: Bastante aproximado.

CENTURIA IX-73

Dans Foix entrez Roi ceiulee Turban,
Et regnera moins revolu Saturne,
Roi Turban blanc Bisance coeur ban,
Sol, Mars, Mercure pres de la hurne.

El rey entra en Foix llevando un turbante azul, / reinará durante menos de una vuelta de Saturno; / el rey de turbante blanco, su corazón desterrado a Bizancio, / Sol, Marte y Mercurio cerca de Acuario.

B.: Dice que el Anticristo tomará el mando en Europa y empezará a conquistar el mundo con la idea de establecer una especie de dinastía. Esta persona, por sus antecedentes culturales, es muy consciente de la influencia de las familias más que la de determinadas personas. Que una familia poderosamente situada puede tener un mayor efecto en la corriente de la historia. Como le gusta el juego de poder y éste le obsesiona, para él, uno de los máximos juegos de poder es ser capaz de manipularlo durante mucho tiempo por la influencia de su línea familiar. Sin embargo, esto no ocurrirá porque será derrocado por Ogmios y luego el gran genio vendrá para equilibrar las fuerzas y las energías, y para sanar a la tierra.

D.: *¿Cuáles el Anticristo, el de turbante azul o el de turbante blanco?*

B.: El de turbante azul. El turbante blanco se refiere al gran genio.

D.: *Dice que el que lleva el turbante azul reinará durante menos de una vuelta de Saturno.*

B.: Está muy claro, ¿por qué te desconcierta? Acaba de explicar que el Anticristo desea establecer un modelo de poder que dure mucho tiempo pero no será tan largo como lo desea. Será muy efímero. Dice que es como hacer un fuego con hierba: se quema con mucha rapidez.

D.: *Vaya, dicen que Saturno tarda 29,5 años en completar una vuelta.*

B.: Es verdad.

D.: *Creo que en otra cuarteta mencionó que la guerra del Anticristo duraría 27 años. (CENTURIA VIII-77, capítulo 14).*

B.: Este hombre dejará huella en la historia de la tierra y digamos que estará en el candelero durante un tiempo inferior a éste. No será el largo tiempo que él pretende.

D.: *¿Podrán esos signos astrológicos darnos las fechas?*

B.: Si cuentas con el gráfico del siguiente milenio, te dará una idea de cuando acabará por fin el conflicto y empezará el establecimiento de un nuevo orden mundial para que el gran genio aparezca en primer plano.

Otra indicación del tiempo de su reinado, por decirlo de alguna manera, el Anticristo, aparece en la CENTURIA II-10.

B.: El siglo perverso [mencionado en la cuarteta] es el tiempo que viene, y abarca el período que lleva a él. Todo el siglo xx, sobre todo a partir de la Segunda Guerra Mundial, no ha sido precisamente pacífico. Por eso se refiere a él como perverso. Y el tiempo desde la Segunda Guerra Mundial hasta el final de los tiempos difíciles abarcará casi un siglo.

Creo que esto significa que desde la Segunda Guerra Mundial, final de la década de los años treinta y principios de los cuarenta, los tiempos difíciles acabarán entre la cuarta y quinta dé- cada del siglo XXI, más o menos.

B.: De nuevo subraya la importancia de la traducción de estas cuartetas. Dice que deben traducirse. La información *debe* estar presente en esta línea de tiempo aunque sólo sea de forma manuscrita. Siempre que esté presente de alguna forma, es muy importante. De momento, no puede ser más claro.

23
Las desastrosas consecuencias de la Tercera Guerra Mundial

CENTURIA II-44

L'aigle pousée entour de pavillions,
Par autres oiseaux d'entour sera chassée:
Quand bruit des cymbees, tubes & sonaillons,
Rendront le sens de la dame insensée.

El águila rechazada en torno a las tiendas / será cazada por otras aves a su alrededor. / Cuando el sonido de címbalos, trompetas y campanas / devuelva la sensatez a la mujer necia.

Brenda: Esto se refiere a algunas de las derrotas que sufrirá Estados Unidos mientras lucha contra el Anticristo. Dice que también se refiere al deterioro de la situación política dentro de Estados Unidos, antes y durante los tiempos difíciles. Pero una vez que éstos acaben, la gente celebrará su victoria y su libertad. Esta celebración reavivará en Estados Unidos el concepto personificado por la estatua de la Libertad. La noción de libertad, derechos y demás que quedaron anuladas por la situación de guerra y el Anticristo. Volverán a cobrar vida; la gente recuperará sus derechos y todo será mejor que antes.

CENTURIA VI-24

Mars & le sceptre se trouvera conjoinct,
Dessoubz Cancer calamiteuse guerre:
Un peu apres sera nouveau Roi oingt,
Qui par long temps pacifiera la terre.

Marte y el cetro estarán en conjunción, / una calamitosa guerra en Cáncer. / Breve tiempo después un nuevo rey será ungido / y traerá paz a la tierra durante largo tiempo.

Brenda: Dice que aquí emplea algunos de estos signos astrológicos como alegoría más que como indicaciones específicas de períodos temporales. Marte y el cetro en conjunción aluden a un líder --está pensando en un presidente norteamericano-- que está especialmente ávido de guerras. El signo de Cáncer se aplica de varias formas al modo en que se van enmarañando los acontecimientos hasta llegar al momento preciso de una guerra. Dice que alguien bajo una fuerte influencia de Cáncer será el punto clave que hará que estos acontecimientos confluyan en una guerra. Uno de los líderes tendrá en su horóscopo una fuerte influencia de Cáncer.

Dolores: *¿El líder norteamericano?*

B.: No necesariamente. Algunos de los sucesos graves de esta guerra ocurrirán mientras el Sol gobierne en la casa de Cáncer. Indica que una vez que pase esta guerra, la gente estará harta de enfrentamientos y elegirá a otro presidente. Será ungido un nuevo rey que deseará la paz y trabajará para ella. Y, posteriormente, habrá paz durante un tiempo. Hay una forma de relacionar los planetas y las casas de los planetas con las demás constelaciones que no necesariamente pertenecen al zodiaco. Si quieres circunscribir un período de tiempo, busca una conjunción de Marte en una relación favorable con Casiopea y con Mercurio en aspecto favorable con Géminis y Cáncer. Tal vez esto ayude al astrólogo, o posiblemente le resulte confuso. Pero debe mantener abierta y flexible su mente y estar dispuesto a experimentar. Debe seguir su voz interior y si encuentra una idea que le parece disparatada, que la pruebe de todos modos.

Casiopea no forma parte de las constelaciones zodiacales. Se encuentra cerca de la estrella polar, la Estrella del Norte. Daba la impresión de que Nostradamus estaba probando a John para ver si era capaz de usar su intuición para descifrar los extraños significados de los símbolos en las cuartetas. Tal vez pensó que si John era capaz de entenderlo, entonces podría ser el indicado para trabajar conmigo. Desde luego, todo eso me pareció ilógico.

D.: *Tradujeron el cetro como símbolo de Júpiter y que Marte y Júpiter estarían en conjunción y de ahí sacaron una fecha.*
B.: ¿Qué fecha encontraron?
D.: *Dijeron que sería al final de Cáncer, cerca del 21 de junio de 2002.*
B.: (*Pausa.*) Tal vez se acerca bastante. Seguirá siendo en un período en que la unión Norteamericana es fuerte. La fuerza de la unión Norteamericana decaerá en el futuro, pero esto será antes de ese momento.

Más tarde, cuando le llevé esta cuarteta a John para que la descifrara, dijo que entendía la referencia a Casiopea. Su interpretación es la siguiente:

Vista desde las latitudes medias, Casiopea es una importante constelación circumpolar. Para los antiguos, Casiopea representaba a una reina sentada en su trono. En términos astrológicos se encuentra cerca de los primeros grados del signo Tauro. Sus significados son: penas de amor, amor aparentemente serio pero divertido, preferencias místicas, negatividad positiva, fama a través de la ayuda de superiores y, finalmente (pero tal vez importante para la cuarteta), poderes demoníacos. Cuando está en conjunción con Marte, representa una habilidad innata para ascender en el mando. Adversarios audaces pero imprevistos podrían contrarrestar su influencia. Indicios de dificultades legales y posible autodestrucción, ya que Casiopea está en el lugar opuesto al Polo Norte Celeste desde la Osa Mayor, que también podría calcularse en la predicción de Nostradamus. La principal estrella de la Osa Mayor, Tsieh-Kung, influye como una mente aguda, llena de recursos, conservadora, estudiosa y temerosa. Tal vez esto describa la naturaleza de los que aparecen en la cuarteta. Marte está en conjunción con Casiopea al menos una vez cada dos o tres años. Para estar en buena orientación con Géminis y Cáncer, tendría que estar en los primeros tres grados de Tauro. Esto formaría un semisextil con planetas en Géminis y sextiles con planetas en Cáncer. Tal vez Marte y Júpiter no tendrían que estar en conjunción en Cáncer. En vez de ello, Marte y Júpiter podrían estar en el primer grado de Tauro en conjunción con Casiopea y haciendo sextiles o contacto benéfico con planetas en Cáncer y Géminis. Marte y Júpiter estarán en conjunción en Tauro desde el 24 de marzo al 16 de abril de 2000. ¿Podrían ser estos los tiempos a los que se refería Nostradamus?

CENTURIA IV-29

Le Sol caché eclipse par Mercure,
Ne sera mis que pour le ciel second:
De Vulcan Hermes sera faicte pasture,
Sol sera veu pur, rutilant & blond.

El oculto Sol eclipsado por Mercurio / ocupará sólo un segundo lugar en el cielo. / Hermes se convertirá en la comida de Vulcano, / el Sol se verá puro, brillante y dorado.

B.: Dice que en esta cuarteta se valió del Sol, de Mercurio/ Hermes y de Vulcano como símbolos de orientaciones más elevadas para ilustrar el gran dibujo que surge del centro de la rueda durante los tiempos difíciles y el posterior período de recuperación. Usé el término «el centro de la rueda» para la imagen que quiere mostrarme y que enseguida explicaré. Usa el Sol para representar el poder general del universo del que todo procede. Recurre a Mercurio para representar los aspectos materialistas de la tecnología. Usa a Hermes, en relación con Mercurio, también para representar la tecnología moderna aplicada a la comunicación. Y usa a Vulcano, que significa el que maneja el fuego, para representar la guerra en este caso, o los que negocian con armas y por consiguiente con fuego. Usó esa frase: «el oculto Sol», para representar el hecho de que el mundo se ha desconectado de su fuente. La gente no es consciente de la fuente de la que procede y por lo tanto busca plenitud y felicidad en otras cosas y no lo consigue. Cree que está en la tecnología moderna. De ahí su afirmación: el Sol eclipsado p r Mercurio». Dic e que ocupar un segundo lugar significa que la prioridad para estas personas es el placer personal y la felicidad. Intentan encontrar felicidad mediante la tecnología, con lo cual se separan de la fuente central del universo. Pero durante los tiempos difíciles, los horrores de la guerra y el derramamiento de sangre --los poderes de Vulcano, en otros mundos-- harán que se den cuenta de que la tecnología no contiene la respuesta de la felicidad que él expresó por Mercurio consumido por Vulcano. Al final de los tiempos difíciles, cuando llegue el tiempo de la recuperación, volverán a la fuente. Serán conscientes de la fuente de la que brotaron y adónde van. Esto ocurrirá en el tiempo de sanación. La gente se volverá más madura espiritualmente y podrá sanarse a sí misma y al mundo, y avanzará mucho más en la preparación para unirse a la comunidad de los Vigías.

D.: *¿Cuál era la simbología de la imagen de la rueda?*

B.: La imagen que me mostró es una rueda con un eje central y radios que parten del centro hacia afuera. No estoy segura pero parece que el eje de la rueda representa la fuente de la que todo procede y los radios son los canales de energía. Cada espacio entre radios parece diferente. En el plano físico, cuando uno mira entre los radios de una rueda se ve lo que hay detrás de la rueda, pero en esta rueda el fondo entre cada par de radios es diferente. Al parecer representan las distintas influencias que cada uno de los aspectos ejerce en la situación y los posibles efectos distintos como resultado de la mayor o menor influencia de las diferentes energías.

D.: *Me doy cuenta de la dificultad que has podido experimentar para traducir un concepto como ése. Parece muy complicado.*

B.: Para mí es desconcertante. Y en este simbolismo no estoy segura del significado de la llanta de la rueda.

J.: *Da la impresión de que es casi como la imagen de la rueda del horóscopo. El sol representaría, como has dicho, la fuente. Y cada una de las casas, un segmento o zona diferente de la vida. Tal vez es un reflejo de algo similar en el plano espiritual o en planos superiores.*

B.: Me parece que estás en lo cierto. Lo que dices tiene sentido. Michel de Notredame mueve la cabeza. Confirma que ese concepto es correcto. Es cuestión de aplicarlo a la rueda del horóscopo, o como se llame, a los planos superiores, el lado espiritual de la situación que está próxima.

CENTURIA II-87

Apres viendra des extremes contreés,
Prince Germain, dessus de throsne doré:
La servitude & eaux rencontrées,
La dame serve, son temps plus n'adore.

Después, de un país lejano vendrá / un príncipe alemán a ocupar el trono dorado. / Vasallaje aceptado desde otros mares. / La dama sumisa con el tiempo deja de ser adorada.

B.: Aquí hay referencias a dos acontecimientos diferentes. Uno es un hecho que ocurrió hace unos 350 o 400 años. La otra interpretación de esta cuarteta es algo que atañe a la sociedad en general, incluyendo su tiempo y el tuyo. Dice que «la dama sumisa con el tiempo deja de ser adorada» se refiere a que el aspecto femenino de la deidad se ha descuidado, vilipendiado e ignorado. Y cuando llegue el tiempo de paz después del Anticristo, esta carencia se compensará. Porque antiguamente se adoraba el aspecto femenino de la deidad. También el aspecto masculino, pero como algo subordinado al aspecto femenino de la deidad. Luego empezó la era patriarcal y se llegó a venerar el aspecto masculino de la deidad, ignorando totalmente su aspecto femenino, que es denigrado y derribado. La sociedad necesitará comprender y aceptar que la deidad es a la vez masculina y femenina, que lo masculino y lo femenino no son excluyentes. Habrá que integrar proporcionadamente todos estos aspectos de la deidad para crear una visión más equilibrada del universo.

D.: *Pensaba que en su tiempo, con la supremacía de la Iglesia católica, era una deidad masculina. Pero ¿se está refiriendo a cómo empezó todo?*

B.: Sugiere que te destapes los oídos. Si escuchas lo que dice, en su tiempo y también en el tuyo la deidad es masculina. Pero dice que en tiempos primitivos, en la antigüedad de la historia, la deidad era femenina. Le consterna ver tu falta de educación, pero tal vez la investigación que hagas en relación con este libro te ayude a compensar esa carencia. Le sorprende que el sistema educativo no incluya a los clásicos. Lo considera una gran pérdida.

D.: *Vaya, han pasado 1.500 años... lo siento, 400 años desde su tiempo.*

B.: Sí, han pasado 1.500 años o más desde los tiempos antiguos hasta tu tiempo, pero sólo una generación antes que la tuya, la educación incluía a los clásicos, luego los relegaron después de la Primera Guerra Mundial. Asegura que es una gran pérdida para la civilización occidental en general.

Éste parecía un constante tema de desavenencia entre Nostradamus y yo y habría de continuar durante todo mi trabajo con él. Le resultaba imposible entender la negligencia de nuestro sistema escolar en la enseñanza de estas cosas, porque en su tiempo se consideraba la señal distintiva de una educación superior. No tenía forma de saber hasta qué punto se ha desplazado el enfoque de lo que es realmente la historia «antigua». Tal vez esto explique también los problemas de los traductores para entender sus cuartetas. Todos las contemplamos con nuestros modernos esquemas mentales y educativos; de este modo no sabemos ver las sutilezas de su educación que claramente influían en el simbolismo que incorporó a sus acertijos.

CENTURIA I-29

Quand la poisson terrestre & aquatique,
Par forte vague au gravier sera mis:
Sa forme estrange sauve & horrifique,
Par mer aux mure bien tost les ennemis.

Cuando el pez que vuela sobre tierra y mar/ es arrojado a la orilla por una gran ola, / su extraña forma, suave y terrible. / Desde el mar pronto llegarán los enemigos hasta los muros.

B.: Posiblemente muchos no se tomen en serio la interpretación de esta cuarteta. El pez que vuela sobre tierra y mar... dice que en la mente de este vehículo encuentra un concepto que encaja con lo que está viendo: es algo a lo que llamamos OVNI. Después del tiempo de conflictos habrá un contacto más cercano con los poderes que hay detrás de estas naves. Una de ellas se dirigirá hacia una base submarina que ellos han establecido, tendrá una avería y será arrojado a la orilla.

D.: *¿Tienen bases bajo el mar?*

B.: Es lo que ha dicho. En el fondo del mar.

D.: *«Desde el mar pronto llegarán los enemigos hasta los muros.» ¿Se refiere a los tripulantes de los ovnis, los ven como enemigos?*

B.: Sí, los considerarán enemigos porque les inspiran miedo.

D.: *Pero en realidad no son enemigos, ¿o sí?*

B.: Algunos sí y algunos no.

D.: *Antes me has hablado de los Otros y de los Vigías. ¿Es éste otro tipo?*

B.: Hay más de un grupo de Vigías ahí fuera. Algunos tienen buenas intenciones para con la humanidad y otros tienen en mente motivos más egoístas.

CENTURIA II-19

Nouveau venus lieu basti sans defence.
Occuper la place par lors inhabitable:
Pres, maisons, champs, villes prendre à plaisance,
Faim, peste, guerre arpen long labourable.

Los recién llegados construirán un lugar sin defensas; / para ello ocuparán un espacio habitable hasta entonces. / Prados, casas, campos, ciudades serán tomadas a placer. / Hambre, plaga, guerra, vastos terrenos de cultivo.

B.: Esto se refiere a un acontecimiento que él llama revolución «verde». Dice que después del Anticristo la gente querrá volver a tener paz. Querrán volver a la tierra, conectar con los fundamentos de la vida, y se crearán y explorarán nuevos estilos de vida. Dice que había un indicio de esto en la revolución social norteamericana de principios de los setenta. Se fomentarán las familias numerosas por el apoyo que ofrecen y porque harán falta grupos de personas en un número superior al de la familia nuclear para construir nuevas comunidades, nuevos lugares. Y construirán para que todos puedan estar muy en contacto con la tierra. Serán muy conscientes de la ecología. Se esforzarán todo lo posible para ayudar a sanar la tierra e iniciar una nueva era que vendrá después del Anticristo. Pedirán tierra de cultivo para sembrar y obtener buenos frutos. Las tierras de las que se ha abusado todos estos años han sido malgastadas o dejado estériles para la siembra. Y puesto que todos tienden a la paz, no hace falta construir defensas.

D.: *Hay algo que me desconcierta. La última línea dice: «Hambre, plaga, guerra, vastos terrenos de cultivo». ¿Se refiere a esa guerra que ya habrá pasado?*

B.: Sí. Y «extenso terreno de cultivo» se refiere a la reconstrucción que habrá que realizar. Demolerán ciudades para crear más espacios para granjas. Dice que será lo opuesto de la tendencia del siglo xx, que hizo desaparecer bajo el asfalto la tierra cultivable para construir ciudades. En el siglo XXI, la tendencia irá en dirección inversa, se derribarán ciudades para que otra vez haya más tierra de cultivo a la luz del sol.

D.: *Pensaba que tal vez significaba que lucharían entre ellos por la tierra.*

B.: No, como muchos habrán muerto durante el tiempo del Anticristo, la población de la tierra disminuirá considerablemente. Habrá suficiente tierra para todos. La gente estará tan cansada de la guerra que cuando llegue a un lugar donde la tierra escasea, en vez de luchar por la que queda, librará más parcelas para que haya abundancia.

La primera línea de la cuarteta parecía contradecir esta interpretación. «Los recién llegados construirán un lugar sin defensas; para ello ocuparán un espacio *habitable* hasta entonces.» Pero creo que se trata de un inocente error de traducción o tal vez un error de imprenta. Consulté un diccionario francés y descubrí que la palabra *inhabitable* del original debía haberse traducido al inglés como *uninhabitable.**

* Y por lo tanto, al español como inhabitable (N. de la t.).

Lo interesante es que a Brenda le leí la versión inglesa, pero Nostradamus hizo caso omiso del error porque conocía el significado correcto de lo que veía. Otro ejemplo que confirma la autenticidad de nuestra conexión con el autor de estas profecías.

24
El gran genio

CENTURIA IV-31

La Lune au plain de nuict sur le haut mont,
Le nouveau sophe d'un seul cerveau l'a veu:
Par ses disciples estre immortel semond,
Yeux au midi, en seins mains, corps au feu.

La Luna en plena noche sobre la alta montaña, / el joven sabio en soledad la vio en su mente. / Invitado por sus discípulos a volverse inmortal, / sus ojos hacia el sur, sus manos sobre el pecho, su cuerpo en el fuego.

Brenda: Esto me lo dirá en prosa, lo que significa que la explicación de las líneas no será en el mismo orden en el que fueron escritas. Afirma que en el futuro habrá un hombre, uno de los genios más elevados, de los más evolucionados que han aparecido en la historia humana. Este noble hombre tomó la decisión de usar su don para ayudar y no para hacer daño a la humanidad, así que siempre está imaginando e inventando cosas para ayudar al hombre. Es tan ingenioso que hay muchos que aprenden junto a él para tratar de entender el gran manantial de ideas que brotan de su mente. Entre las cosas que prevé para paliar las miserias de la humanidad sobre la tierra están las estaciones espaciales autónomas, capaces de mantenerse por sus propios medios. Serán algo así como colonias espaciales lo suficientemente grandes como para ser vistas desde la tierra, como pequeñas lunas. Prevé esto como ayuda para remediar la pobreza, la superpoblación y cosas de esa naturaleza que se podrían resolver si hubiese más espacio y recursos energéticos baratos disponibles para toda la humanidad. Las estaciones que él imagina serán de construcción práctica; serán de tal forma que la tecnología de ese momento podrá manejar fácilmente su construcción. Y su forma de presentar las ideas es atractiva tanto para los políticos como para los científicos, así que consigue hacer que se realicen estas cosas. Como corolario de este avance, otra cosa que prevé es una forma de trasplantar parte de su talento y conocimiento a una especie de ordenador orgánico para que continúe presente, y sirva a la humanidad después de que su cuerpo haya envejecido y muerto. Lo desarrolla hasta el punto más elevado posible para transferir su habilidad, o más bien duplicar su talento y su conocimiento, de modo que lo sigue teniendo pero también está en este ordenador orgánico. Ése es el significado de las líneas «sus ojos hacia el sur, sus manos sobre el pecho, su cuerpo en el fuego». Ya que en una parte del proceso para realizar esto tendrán que introducirlo en cierto tipo de maquinaria médica que envía energía a todo su sistema nervioso para estimular el cerebro de tal forma que sea capaz de proyectar las partes esenciales de la mente necesarias para este ordenador orgánico. Y la sensación será como si el cuerpo estuviese en llamas.

Dolores: *Es una traducción muy extraña. ¿Te ha mostrado algunas imágenes del aspecto que tendrá este ordenador orgánico?*

B.: No puedo ver nada. No creo que conozcamos todavía los términos. La única idea clara que me llega es que este ordenador orgánico será esencial para el funcionamiento de las colonias espaciales. De algún modo las ayudará a funcionar a su máximo potencial, pero no me llegan imágenes de su aspecto.

D.: *Supongo que si algo es orgánico, lo normal es que haya que nutrirlo, alimentarlo y...*

B.: Sí, los componentes para fabricar este ordenador han de cultivarse y perfeccionarse en el laboratorio. Ya conoces el experimento infantil en el que se hacen crecer cristales en filamentos en el interior de un vaso sellado; es algo similar a esto pero se usan ciertos líquidos que contienen los componentes químicos necesarios para hacer que este ordenador crezca y se perfeccione según el modelo de determinadas formaciones biológicas. Casi como cadenas de proteína, pero hechas de tal manera que puedan integrarse en circuitos específicos del ordenador.

D.: *Se me ocurre que algo que es orgánico puede morir, digamos.*

B.: Es verdad. Sin embargo, tal como se crea a través del talento de este hombre, tiene capacidad de autoregeneración, igual que las células del cuerpo. Algunas de las partes orgánicas finalmente se desgastarán y envejecerán. Pero mientras tanto ya se habrán duplicado a sí mismas de modo que cuando se desprendan de este dispositivo algunas partes orgánicas no se produce ninguna pérdida de conocimiento ya que se renueva constantemente. Añade que las aplicaciones de este ordenador aumentarán continuamente y que eso hará que la tecnología de la humanidad se modifique totalmente.

ACTUALIZACIÓN: *Cuando se traducía esta cuarteta en 1986, la idea de un ordenador orgánico estaba totalmente fuera de mi comprensión. En 1991, sin embargo, se hizo un descubrimiento que situó este concepto en la esfera de lo posible. El problema con los chips del ordenador tradicional, los microscópicos dispositivos que hacen funcionar los ordenadores, es que el tamaño más pequeño que puede alcanzarse tiene un límite. Un grupo de investigadores de la Universidad de Siracusa informó que ya es posible almacenar y recuperar información de un minúsculo componente hecho de una proteína llamada «bacterioridapsina». Esta sustancia deriva de una bacteria que se encuentra en las salinas. Afirman que seis pequeños cubos de este material, cada uno de un centímetro por lado, podrían almacenar toda la Biblioteca del Congreso. Probablemente, pasarán muchos años antes de que la industria informática sea capaz de aplicar este descubrimiento, pero si deriva de bacterias, es claramente orgánico. Ésta podría ser la sustancia, o algo similar e igualmente fantástico, que se emplearía en los ordenadores del tiempo del Gran Genio.*

D.: *Aparentemente, esto es algo que ocurrirá en el lejano futuro.*

B.: Él lo prevé en el siglo XXI, tal vez el XXII. Afirma que aunque nos resulte sumamente inverosímil, en el futuro no lo será tanto como podría creerse. Debido al genio de este hombre, se acelerará inmensamente el proceso de crear cosas que ahora nos parecen del todo inverosímiles. Le fue muy fácil reconocer a este hombre por los nexos de los senderos del tiempo, ya que crea un efecto final muy amplio. Está en un nexo de las líneas del tiempo, pero nada de lo que haga afectará a los diversos futuros por los que podría moverse la tierra. De modo que era una luz predominante -así es como lo describe-, era una luz predominante en el paisaje del tiempo. Dice que es una persona muy inteligente, y que decidió hacer uso de su extraordinario talento en el campo de la ciencia y no en el de la filosofía, para poder ayudar materialmente a la humanidad y no sólo intelectualmente. Dice que este hombre es una de las principales fuerzas que ayudarán a que la tierra se recupere de las cicatrices de la guerra por la que pasará. Ayudará a sanar la tierra para que la humanidad en general pueda estar a salvo, ser feliz y vivir bien nuevamente. Aparecerá después del Anticristo. Este hombre será c paz de ver las heridas de la tierra y el modo de sanarla, y decide dedicar su vida a ello. Él es el principal antídoto contra el Anticristo.

D.: *Es tranquilizador; lo del Anticristo daba una sensación demasiado terminal. Esto muestra que aún podemos tener algo de esperanza para el futuro.*

B.: Sí, el universo tiene que mantener el equilibrio de las cosas. No puedes inclinar la balanza siempre al mismo lado sin que se incline hacia el otro. Y este hombre, dada la naturaleza de su genio, hace que la balanza se incline de nuevo hacia un acontecimiento afortunado. Se entregará a esta tarea con tanta dedicación que las cosas se equilibrarán, se allanarán y mejorarán por completo.

D.: *La balanza inclinada a favor del hombre malvado puede ahora volver al bien. Me alegra saberlo. Era muy deprimente.*

B.: Si se inclinara hacia el malvado y se quedara allí, se rompería el equilibrio de la balanza y desgarraría esta parte de la trama del universo. Eso es imposible. En este momento suelta una risita y dice: «¿Lo ves? No siempre soy un pájaro de mal agüero».

D.: *Sí, en alguna ocasión lo he acusado de eso, ¿verdad?* (Risas.) *Vaya, esto me da un poquito de esperanza de que quizá no todas sus cuartetas sean lóbregas y fatalistas.*

B.: Ha dicho tantas cosas de carácter lóbrego y fatalista porque no le preocupa una humanidad que sobrevive cuando todo va bien. La cuestión es si sobrevivirán a la lobreguez y a la fatalidad. Y trata de advertírselo a la gente para que se preparen para poder resistir. Sólo así podrán seguir viviendo para disfrutar después de los buenos tiempos.

CENTURIA I-56

Vous verrez tost & tard taire grand change,
Horreurs extremes, & vindications:
Que si la lune conduicte par son ange,
Le ciel s'approche des inclinations.

Antes o después verás grandes cambios, / espantosos horrores y venganzas. / Porque, a medida que la luna es guiada por su ángel, / los cielos se acercan a la Balanza.

B.: Señala que esto se relaciona con el verso anterior sobre el hombre que es un genio. Ya ha mencionado antes que tras los horrores del Anticristo y demás, la balanza tendrá que inclinarse en el sentido opuesto para equilibrar las cosas. La «luna se acerca guiada por su ángel» se refiere a las colonias espaciales creadas por este genio. Es él, el inventor y jefe de esta investigación, quien encamina y dirige la organización y transformación de sus ordenadores en orgánicos. Por medio de sus esfuerzos las cosas recuperarán su equilibrio y su normalidad.

D.: *Entonces, muchas veces cuando habla de una luna se refiere a estas colonias espaciales.*

B.: Con los conceptos de su propia mente y las palabras que sabía, esa fue la única palabra que pudo encontrar. Al comunicarse contigo a través de la mente de este vehículo que conoce conceptos tecnológicos más avanzados, puede constatar que lo que veía eran colonias y estaciones espaciales.

D.: *En la primera parte dice «grandes cambios, espantosos horrores y venganzas». ¿Ocurrirán antes?*

B.: Sí, los grandes cambios y los horrores y venganzas aparecerán a partir del Anticristo, y del ascenso y caída de gobiernos, sectas y similares.

Cuando trabajaba con Elena, Nostradamus dijo que una de las formas de asegurarme de que volvería a estar realmente en comunicación con él era hacer una prueba. Consistía en hacer que interpretara a través de otra persona una cuarteta que ya había interpretado por medio de

Elena. Dijo que si la interpretación era en términos semejantes -no tenía por qué ser de forma literal, pero lo suficientemente aproximada y que tuviese el mismo significado- entonces sabría que realmente estaba de nuevo en contacto con él.

En realidad, no necesitaba una prueba. Él ya me había proporcionado información más que suficiente y semejanzas que sabía que no eran simple coincidencia. Pero sabía que por el bien de mis lectores y de algún escéptico era conveniente realizar la prueba. Dudé a propósito hasta que pasaron varias semanas de trabajo con este material y habíamos traducido más de sesenta cuartetas. Supongo que mi lado humano seguía postergándolo. ¿Y si no coincidían las interpretaciones? Tal vez mi fe en este proyecto se tambalearía. En mi opinión, la evidencia era abrumadora. Pero ¿y si no pasaba la prueba? ¿Ensombrecería la totalidad del experimento? Sabía que tenía que arriesgarme. Finalmente, decidí que ya era hora de enfrentarme a la situación y pedirle que tradujera una cuarteta ya interpretada por Elena a través de Dionisia. Recurrí a la primera que ella eligió por propia iniciativa, la de los descubrimientos bíblicos ocultos. Desde luego, Brenda no sabía nada de lo que yo pretendía hacer. Cuando entró en trance, humildemente le expliqué la situación a Nostradamus.

D.: *Espero que no se ofenda por esto. Voy a hacer una prueba. ¿Recuerda cuando trabajaba con la otra mujer antes de que se fuera a vivir a otra ciudad?*

B.: Sí, dice que fue una comunicación sumamente extraña y asombrosa a través de uno de sus estudiantes extranjeros, el griego.

D.: *Sí. Y fue difícil porque parecía que el estudiante no entendía gran parte de lo que me transmitía.*

B.: Ahora mueve la cabeza y dice: «Estos griegos son algo obstinados y a veces eso se convierte en un obstáculo».

D.: (Risas.) *Antes de que se fuera la otra mujer, Nostradamus me dio unas instrucciones y una de ellas fue ésta. Me dijo que cuando encontrara a otro vehículo hiciera una prueba. Pero no quiero que se ofenda.*

B.: No se ofende, asegura que es necesario presentar estas verdades para demostrar que es una comunicación verdadera y clara, y no un engaño. Es importante que llegue esta información y que se acepte como auténtica. Si no es así, todo esto resulta inútil.

D.: *Es verdad. Para mí ha habido demasiadas «coincidencias». Por la forma en que ha encajado todo tan perfectamente entre dos vehículos diferentes no puedo considerarlo un engaño. Pero a mí también me preocupa. Tengo tanta fe en esto que me aterra que salga mal si hago esta prueba.*

B.: Sería un fuerte revés para tu sistema de creencias.

D.: *Había una cuarteta que Elena interpretó a través de Dionisia; en aquel momento, Nostradamus dijo que más tarde me daría más información sobre ella. Me aseguró que si sacaba de nuevo el tema de esta cuarteta y él decía las mismas cosas -parecidas, aunque no literales- yo sabría que realmente estaba en contacto con él.*

B.: Confirma que así fue. Las palabras serán similares pero podrá extenderse más porque usará el amplio vocabulario del que dispone este vehículo. Te ruega que continúes.

D.: *En aquel momento, a ella se le sugirió que meditara e intentara entender las traducciones, luego él las corregiría. Las instrucciones han cambiado desde entonces.*

B.: Dio diferentes instrucciones de acuerdo a los distintos vehículos.

D.: *Sí. Ahora soy yo quien lo hace. ¿Debo leer lo que ella interpretó? En aquel entonces dijo que no era del todo exacta y se extendió en su explicación.*

B.: Sugiere que para conseguir el objetivo de esta prueba, sería mejor que leyeras únicamente la traducción del libro y luego él dará su explicación tal como lo ha hecho con las anteriores. De ese modo, nadie podrá decir que el vehículo oyó la versión de la otra persona. Y tú verás los paralelismos, y si en verdad encajan se demostrará que es una comunicación auténtica.

D.: *De acuerdo. Yo también estoy dispuesta a hacer la prueba, si sabes lo que quiero decir. Esta cuarteta estaba redactada de distinta forma en el libro que ella tenía.*

CENTURIA VII-14

Faux esposer viendra topographie,
Seront les cruches des monuments ouvertes:
Pulluler secte saincte philosophie,
Pour blanches, noirs, & pour antiques verts.

Él vendrá a poner al descubierto la falsa topografía. / Las urnas de las tumbas se abrirán. / Medrarán tanto la secta como la santa filosofía. / Negro por blanco y lo nuevo por lo viejo.

Respiré profundamente y crucé los dedos esperando que pasaría la prueba que él mismo se había impuesto.

B.: Se trata .de otra cuarteta con varias interpretaciones puesto que se refiere a más de un acontecimiento. Una de ellas alude al hombre que surgirá como antídoto del Anticristo. El genio que se ha mencionado antes. La frase «descubrirá la falsa topografía» significa que revelará la falsedad que existe en la apariencia de las cosas tal como se contemplan. Que las filosofías y ciencias se han cimentado sobre falsas premisas, y de ahí proviene una errónea imagen del universo. Lo que él descubre y lo que inventa ayudará a que la gente se acerque al verdadero aspecto del universo, a su verdadera esencia en relación con la fuerza vital que todo lo impregna. Afirma que gran parte de este conocimiento influirá en las filosofías de las religiones, pero también ayudará a explicar descubrimientos de antiguos documentos que fueron relegados por la ignorancia de la gente. Dice que de esto son ejemplo varios documentos como los encontrados en algunas de las tumbas de Egipto y en Qumran, y otros más que se descubrirán en el futuro. Se relacionarán de forma coherente para explicar versiones primitivas de las principales religiones que parecerán totalmente confusas tal como se interpretaron a lo largo de los años, y en consecuencia lo blanco tendrá apariencia de negro. Dice que la nueva interpretación de estos documentos, basada en una renovada comprensión de antiguos escritos que antes eran oscuros, será tanto más lógica para la gente que sustituirá el viejo estilo, la vieja forma obtusa de ver las cosas. Esto dará origen a un cambio radical en el mundo, en especial en cuestiones de religión y filosofía. Simplemente porque este descubrimiento inicialmente descrito como científico será más metafísico de lo que se creía al principio. Y mostrará las conexiones entre el universo físico y el metafísico abordadas por las religiones. Añade que un acontecimiento menor al que igualmente se refiere esta cuarteta, ya ha ocurrido. A comienzos del siglo XIX hubo un hombre que se apoderó de algunos documentos egipcios de tiempos antiguos descubiertos en algunas tumbas. Y este hombre tenía cierta habilidad parapsicológica. A través de ella hizo una interpretación de estos documentos que era en parte correcta y en parte incorrecta. Pero se sirvió de esta interpretación de los documentos para fundar una nueva secta cristiana. Algunas de las creencias de esta secta no estaban en consonancia con las creencias predominantes de aquella época y hacían muy sospechosos a los seguidores de esta secta. Puesto que, basándose en la Biblia, al parecer juzgaban algunas cosas al revés de como los teólogos del tiempo suponían que debían ser, ya que estos seguidores también se guiaban por la información obtenida de estos documentos egipcios. Simplemente mencionó esto como un acontecimiento menor que también describía esta cuarteta. La historia se mueve en espiral.

Semanas después se me ocurrió quién podría ser. Creo que veía a Joseph Smith y los comienzos de la Iglesia mormona del siglo XIX. Esa secta se basa supuestamente en el descubrimiento de escritos antiguos.

B.: Pero el principal acontecimiento que consideró importante para el bienestar de la humanidad fue en el que más se extendió: el primer acontecimiento que aún no ha tenido lugar desde la perspectiva de tu tiempo, la aparición de este genio, el antídoto del Anticristo. Los descubrimientos que él hará y los efectos que tendrán en el mundo y en la población en general serán los pronosticados por la gente que anunció la Era de Acuario. Dice que como resultado de esto, la paz mundial estará próxima. La gente podrá liberar su yo interno y abrirse a las energías superiores y a los planos más elevados del universo. En efecto, hará de cada persona un filósofo porque estarán abiertos a estas cosas, en tanto que antes sólo lo estaban los filósofos. Como consecuencia de ello, proliferarán las sectas y las religiones que abrazan estos principios verdaderos recién descubiertos ya que la gente querrá reunirse y compartir sus experiencias en la exploración de estas regiones superiores.

Quiere dejar bien claro que no pretende dar a entender que es el genio quien descubrirá los documentos. Éstos ya habrán sido descubiertos por otros. Pero a través de los descubrimientos que hace este hombre en relación con la estructura básica del universo y la esencia divina es capaz de explicar el sentido de gran cantidad de cosas que antes no lo tenían. Y todo se unirá como un todo.

Me parece extraordinario que de todas las cuartetas del libro, ésta la relacionara también con el descubrimiento de antiguos documentos. Aunque los términos eran diferentes, eran tan próximos al tema principal que podía decir que había pasado la prueba.

B.: Dice que eres tú quien debe juzgar si la interpretación es lo suficientemente aproximada para concluir que es una comunicación verdadera. Cuando se emplean dos vehículos diferentes, cada uno de ellos contiene su propia percepción del mundo y sus propios conceptos en lo concerniente a comunicación y filosofía. De modo que algunos de los conceptos pueden expresarse de diferente forma o sólo de formas parecidas en vez de iguales. Pero afirma que parte de la prueba era que tú juzgaras si era una comunicación verdadera, y ¿1 aceptará lo que decidas.

D.: *También tuvimos un tercero implicado con Dionisia. A través de la otra mujer, dijo que la cuarteta hablaba del descubrimiento de algo similar a los Manuscritos del Mar Muerto. Fueron descubiertos hace cuarenta años y debido a la filosofía que contienen han revolucionado el pensamiento de la gente. Dionisia dijo que sería un descubrimiento de algo nuevo que tenía que ver con la Biblia o en esa línea.*

B.: Señala que cuando vuelvas a escucharlo en tu aparato, encontrarás que mencionó documentos egipcios y documentos de Qumran y otros que aún no se han descubierto, y otros similares de Oriente Próximo.

D.: *Dionisia dijo que pensaba especialmente en los que se descubrirían en un breve lapso. Iba a decirme dónde se descubrirían y a dibujar un mapa de localización, pero luego decidió que otros podrían usar esta información con fines lucrativos.*

B.: Sí, y es preciso impedirlo. Aunque use esta comunicación para aclarar cuartetas, a veces sigue siendo necesario algo de secreto en temas delicados.

D.: *Dionisia no dio tantos detalles ni su comunicación fue muy clara debido al período del que hablaba. Ésos fueron nuestros vacilantes comienzos. A través de este vehículo estamos recibiendo una comunicación mucho más clara y detallada que antes.*

B.: Se alegra de eso.

D.: *Pero la verdad es que ambas interpretaciones se relacionan con los descubrimientos de documentos antiguos. En lo que respecta a la prueba, creo que es bastante exacta.*

B.: Lo deja en tus manos. Él sabe que es quien es; y sabe que se ha establecido la línea de comunicación. Pero el objetivo de la prueba era tranquilizarte, lo mismo que a los descreídos y críticos con los que te encontrarás en tu trabajo.

D.: *Y habrá muchos.*

B.: Por supuesto que los habrá.

CENTURIA III-2

Le divin verbe donrra à la substance,
Comprins ciel, terre, or occult au laict mystique:
Corps, ame esprit ayant toute puissance
Tant soubs ses pieds comme au siege Celique.

La divina palabra dará a la sustancia, / contenida en cielo y tierra, oro oculto en el hecho místico. / Cuerpo, alma y espíritu, todos son poderosos. / Todo está bajo sus pies, como trono celeste.

D.: *Ésta la han catalogado como cuarteta «alquímica».*

B.: Conoce el término. Dice que la frase cuarteta «alquímica» es perfecta porque en realidad se refiere una vez más al genio que será el salvador de la humanidad después de la destrucción y desaparición del Anticristo. Lo que aparentemente son increíbles afirmaciones alquímicas se volverá real y posible debido a los descubrimientos que hace este genio y los conceptos que percibe. La nueva filosofía generada por los descubrimientos de este hombre estimulará el desarrollo de poderes mentales y todo parecerá posible porque habrá una mayor unidad de mente, alma, cuerpo y emociones como nunca antes ha existido. Así que todos podrán usar las fuerzas elementales del universo de un modo que parecerá absolutamente increíble para los que no están familiarizados con lo oculto. Dice que hasta entonces esa clase de habilidad la poseían personas íntimamente en contacto con cosas ocultas y parapsicológicas vinculadas a estas fuerzas, aún sin entender del todo a lo que se enfrentaban. Pero en este tiempo futuro también habrá comprensión y esto hará que las relaciones sean mucho más efectivas. Por consiguiente, se realizarán muchas cosas asombrosas y maravillosas en una especie de normalidad cotidiana.

D.: *Me parece que se enfadará otra vez cuando le lea la interpretación del traductor.*

B.: Se lo he advertido. Dice que está preparado.

D.: *Dice: «Cuarteta alquímica. Aunque muchos comentaristas descartan este verso, creo que es una importante y excepcional descripción de las creencias y experiencias de Nostradamus. La "divina palabra que toma sustancia" es, o bien Nostradamus que literalmente da origen al espíritu que le inspira la profecía, o un encantamiento que le otorga poderes divinos. "El oro oculto y el hecho místico." Siente que su cuerpo está poseído por grandes poderes; posiblemente, la última línea indica que durante sus sesiones proféticas se sintió fuera de su cuerpo. Que su alma estaba fuera de su cuerpo contemplándose a sí mismo, al pie del trono celeste. Se trata de una experiencia común semejante al trance. Alternativamente, Nostradamus podría dar a entender que el espíritu de inspiración descendió hasta él y está presente tanto bajo sus pies y por lo tanto bajo su control, como lo está en su origen celeste».*

B.: Expresa que esta persona está muy confundida. Algunos aspectos de lo que dice son totalmente irrisorios, pero una o dos frases son factibles. Por ejemplo, en este momento me dice que aunque esté hablando, su espíritu está separado de su cuerpo pero no se contempla desde arriba. Aunque es una interpretación ridícula, puede ver en qué se basa. Pero así son las cosas a veces. Son las interpretaciones como ésta las que hacen necesario este proyecto.

CENTURIA III-94

De cinq cent ans plus compte l'on tiendra
Celui qu'estoit l'adornement de son temps:
Puis à un coup grand clarté donra,
Que par ce siecle les rendra tres contens.

Durante quinientos años más advertirán / la presencia de aquel que hizo honor a su era. / Luego se hará una súbita y gran revelación/ que agradará mucho a los del mismo siglo.

B.: Señala que ésta tiene un doble significado. El más importante que quería transmitir a la gente es que el hombre al que se alude aquí es el genio antes mencionado. Lo que éste descubre y lo que crea producirá considerables cambios positivos para la humanidad en general, y esto perdurará. A través de sucesivos siglos la gente crecerá y vivirá a la luz de sus descubrimientos y se mantendrán en continuo perfeccionamiento. Luego, cuando haya pasado el tiempo estipulado, tendrá lugar un nuevo descubrimiento que será tan asombroso y arrollador como el del genio. Encajará tan bien que la gente será capaz de liberarse de pronto de todas las ataduras físicas y no habrá límites para su evolución positiva. Afirma que ésta es la interpretación más reveladora de esta cuarteta. Una vez más se demuestra que la historia se mueve en espiral; hubo otro hombre en el pasado, Leonardo da Vinci, que fue considerado una luz brillante en su tiempo y muy respetado en los siglos posteriores. Algunas de las cosas que descubrirá este genio harán brillar aún más la grandeza de Leonardo. Dice que es sumamente interesante cómo todo se interrelaciona de este modo.

D.: *Dicen que Leonardo da Vinci realmente inventó muchas cosas que estaban muy por delante de su tiempo.*

B.: Afirma que debido a la Inquisición y la ignorancia de la gente que lo rodeaba fue preciso ocultar o destruir lo más interesante y sorprendente de los descubrimientos de Leonardo da Vinci.

D.: *Ah, tenía el mismo problema. Sé que muchos de sus manuscritos y documentos han llegado hasta nosotros.*

B.: Muchos de ellos están celosamente guardados en la Biblioteca del Vaticano.

D.: *¿Sabe por qué los consideraban polémicos?*

B.: No sólo eran polémicos; eran claramente heréticos.

D. *¿De qué temas trataban?*

B.: De todos los temas imaginables. Dice que así era Leonardo da Vinci. Podía imaginarlo todo. Gracias a los escritos de Leonardo sobre sus propios descubrimientos en los que hacía una extrapolación lógica y apoyándose en sus inventos y hallazgos, pudo explicar algunos de los hechos bíblicos como obra de la tecnología del hombre y no como milagros divinos. Y esto fue considerado muy herético. Menoscababa la gloria de Dios. No les importó su interpretación de los diversos profetas del Antiguo Testamento como Elías y Ezequiel y algunas de las cosas escritas por Isaías. De ellos eran cosas tan increíbles que la gente no sabía interpretarlas. Simplemente las englobaron en la categoría general correspondiente a la gloria de Dios. Leonardo las interpretó y expuso las razones por las que tenían que ver con cosas que el hombre podía hacer, en vez de sólo ser gloria de Dios.

Tal vez ésta era otra razón que explica por qué Nostradamus fue tan oscuro en sus escritos. Ya había visto lo que ocurría cuando alguien escribía sobre estas cosas sin la necesaria cautela. Ya tenía un ejemplo de las consecuencias de escribir cosas en un lenguaje comprensible.

D.: *¿Confiscaron esos papeles después de morir Da Vinci o mientras él vivía?*

B.: Ambas cosas.

D.: *Tenemos muchos de ellos que describen algunos de sus inventos y distintos libros sobre anatomía que escribió y cosas así. Al parecer también fue un gran filósofo.*

B.: Muy cierto.

D.: *Pero después de tantos años el Vaticano podría dar a conocer algunos de estos documentos.*

B.: El Vaticano aún no está en disposición de sacarlos a la luz. La mayor parte está escondida acumulando polvo y muchos de ellos han sido olvidados.

D.: *Eso es probablemente lo que ocurrió con muchas cosas en toda la historia. De vez en cuando me gusta leerle las traducciones publicadas porque me gusta ver qué dice.*

B.: Además de saltar de un lado a otro y de tirarse de la barba.

D.: (Risas.) *Han interpretado que esta cuarteta se refiere a Nostradamus. Que él es este gran hombre. Dicen que «casi todos los traductores de las cuartetas de Nostradamus han usado ésta como garantía de la naturaleza inspirada de sus trabajos». Afirman que ésta les autoriza, por así decirlo, a interpretar.*

B.: Le parece un mal uso de esta cuarteta. Si quisieras aplicarla de ese modo, entonces sería particularmente aplicable a este caso puesto que es un canal de comunicación con él que nunca se ha utilizado. Eso debería complacer a otros estudiosos de Nostradamus que viven en tu tiempo. Pero no es eso lo que él tenía en mente.

D.: *Yo tenía mis dudas. ¿Nunca ha hablado de este modo con alguien más? Entonces, tal vez convencerá a la gente de la importancia de nuestra traducción de estas cuartetas.*

CENTURIA IX-65

Dedans le coing de luna viendra rendre,
Ou sera prins & mis en terre estrange,
Les fruitz immeurs seront à la grand esclandre
Grand vitupere à l'un grande louange.

Llegará a situarse en el rincón de la Luna, / donde lo llevarán y pondrán en tierra extraña. / El fruto verde será tema de gran escándalo, / de gran culpa y, para el otro, de gran lisonja.

B.: Esto se refiere al momento en que acaben los tiempos difíciles, se reanuda el programa espacial y se considera seriamente la exploración del espacio. Tiene que ver con la fundación de L-cinco colonias de estaciones espaciales. (*No entendí.*) L-cinco, L guión número cinco (L-5). Estaciones espaciales con el objeto de fabricar bienes duraderos en el espacio y, en especial, para el posible establecimiento de una base científica, tal vez en Marte. En este tiempo, una base científica y de comunicación ya habrá sido implantada en la Luna. Esto está más bien en el futuro, cuando se haya conseguido la financiación suficiente para una empresa de esa envergadura. Indica que el comandante de la base lunar será una especie de supervisor jefe del proyecto puesto que anda por ahí en esa parte del mundo. (*Todos nos reímos por esa observación. Obviamente, lo decía en tono de broma.*) Está ahí en su puesto de vigilancia y estará excesivamente ansioso por cumplir el programa y las fechas límite, y empezará a presionar a los operarios de la construcción para que termi l len antes de tiempo esta estación generadora de energía solar para una inspección que realizará una persona importante de la tierra. Se las arreglan para terminarla a tiempo, pero a costa de la calidad de la construcción, lo cual la convierte en peligrosa. Una persona con la suficiente valentía para arriesgar su carrera dará la cara y pondrá al descubierto lo que ocurre. Se demostrará que él tiene razón y lo elogiarán por la valentía de su gesto. No obstante, este superintendente lunar sufrirá una fuerte censura porque la fruta verde es la estación que no se terminó correctamente. Será por su culpa y habrá un gran escándalo y se producirán muchas sustituciones políticas porque a varias personas se les pedirá que renuncien a su puesto, etc.

D.: *Entonces, donde dice: «lo llevarán y pondrán en tierra extraña», significa una base en Marte.* (Alguien me entregó una nota.) *Hablabas de la estación de energía solar. ¿Usarán cristales para esto o la energía de los cristales?*

B.: Primero se envía energía solar a las estaciones espaciales. La principal razón de su existencia será captar la energía solar y transmitirla a la tierra en forma de energía limpia, prácticamente gratis, que la gente puede usar para vivir y crecer y evitar que se cometan más atrocidades con el planeta. Dice que la tecnología será muy avanzada. Es posible que suponga emplear algún tipo de cristales, pero las células solares que conoces hoy en día se considerarán obsoletas en ese tiempo. Habrá nuevas formas de captar la energía solar y transmitirla a donde se necesite.

D.: *¿Ocurrirá esto durante el tiempo del genio?*

B.: Sí, el genio tendrá un impacto tan profundo en el perfeccionamiento de la humanidad que casi le deificarán. Le rendirán gran respeto y honor.

D.: *John deseaba saber una fecha para el genio. Dijiste que tal vez el siglo XXI o el XXII. ¿Es correcto?*

B.: No, te equivocas. Señala que el genio vendrá en la segunda generación después del Anticristo, a mitad del siglo XXI. Si observas tu historia, nuestra civilización y el perfeccionamiento de la tecnología han ido avanzando y aumentando a un ritmo cada vez más acelerado. Es como subir a una pirámide. Cuanto más alto subes en la pirámide, más rápido llegan las cosas y los nuevos inventos. Y esta tendencia continuará. Las cosas cambiarán tanto que la tecnología estará en permanente estado de fluctuación. Tiene la sensación de que crees que esto está en un futuro lejano y olvidas que ya estás viviendo el final del siglo xx. Vivirás en el siglo XXI. No está tan lejos. Para las personas en esta habitación que están en edad de tener hijos, el tiempo del genio vendrá en el momento en que ellas tengan nietos.

D.: *Eso nos da la idea aproximada de una secuencia de tiempo. Por la mención de la Luna sí interpretaron que esto tenía que ver con el espacio, pero pensaban en una carrera espacial entre Estados Unidos y Rusia.*

B.: Dice que vuelven a ser egocéntricos. Le desagrada que constantemente traten de poner ataduras y limitaciones a lo que ve. Tiene la impresión de que siempre dan por hecho que en sus visiones sólo piensa en Francia y no en el mundo, y esto le molesta muchísimo. Dice: «¿Acaso no crees que me preocupa el mundo entero? Francia no es el único lugar poblado en la tierra». En este momento hizo un gesto primitivo y un tosco ruido. Dice: «Son unos incultos. Es preciso tratar de entender».

25
El futuro lejano

CENTURIA II-13

Le corps sans ame plus n'estre en sacrifice.
Jour de la mort mis en nativité:
L'esprit divin fera l'ame felice,
Voyant le verbe en son eternité.

El cuerpo sin alma ya no está en sacrificio. / El día de la muerte se le hace renacer. / El espíritu divino hará que se regocije el alma, / contemplando la eternidad de la palabra.

Brenda: Esto se refiere a una serie de circunstancias lejanas en el futuro. El siglo xx va abriéndose paso en esa dirección, está a la vista pero aún queda camino por recorrer. Algo que contempló fueron los grandes avances en medicina. Los primeros atisbos de esto los puedes observar en tu tiempo cuando un cirujano en el quirófano puede hacer volver a pacientes clínicamente muertos. Los devuelven a la vida e incluso pueden vivir muchos años más. Afirma que la medicina seguirá avanzando para prolongar indefinidamente la vida, ya que el cuerpo es demasiado prodigioso para morir tan pronto. Se refiere a la esperanza de vida en su tiempo. Y vio un tiempo en el futuro en el que a los que habían muerto los devuelven a la vida de muchas formas asombrosas, ya sea insuflando de nuevo el espíritu en el cuerpo antes de que empiece a corromperse o bien formando un nuevo cuerpo como el anterior e insuflándole de nuevo el espíritu. Dice haber visto muchas cosas maravillosas en relación con esta tecnología. Antes de que se descubra, habrá un avance en la ciencia que trastornará las bases teóricas de todas las ciencias, y el hombre finalmente tocará a Dios, por así decirlo. Finalmente, se descubrirá el núcleo espiritual del universo que une todas las cosas mediante la fuerza de la vida, cuya fuente central es el espíritu divino. Dice que cuando se descubra esta fuente, será posible insuflar de nuevo la vida en los cuerpos usando parte de este espíritu vital que lo impregna todo.

Dolores: *Eso tendrá que ser en un futuro muy lejano.*

B.: Sí. No obstante, para una persona corriente de tu tiempo será más fácil imaginarlo que para una persona del *suyo*.

D.: *Entiendo que para la gente de su tiempo sería completamente imposible de comprender. Hemos hecho muchos progresos que ayudan a considerarlo como algo* factible. *Cuando leí por primera vez esta cuarteta, pensé que tenía relación con la muerte del mundo.*

B.: En este caso, no. Sin embargo, el descubrimiento de este espíritu central, la fuerza vital, será un cambio tan arrollador respecto a todo que casi parecerá como un renacimiento del mundo. Dado que todo se relaciona con la forma de pensar del hombre, su filosofía, su medicina, su ciencia, todo cambiará y quedará totalmente trastocado. Será posible lo que antes se consideraba imposible. Y ocurrirán muchas cosas asombrosas. Es imposible describirlas todas.

D.: *El traductor cree que esta cuarteta se refiere a las creencias religiosas de Nostradamus.*

B.: No está mal para alguien que ignora lo que están haciendo con esto. Este descubrimiento también influirá en la filosofía y producirá un cambio total. Así que en cierto modo sus resultados conmocionarán las creencias religiosas de todos; comprende el porqué de que el intérprete intuyera algo religioso en esto.

D.: *La autora escribe: «Si hay algún significado oculto en esta cuarteta, lo escondió de una forma muy deliberada».*

B.: Dice: «¡Desde luego! ¿Qué significa "oculto"?».

D.: (Risas.) *No fueron capaces de empezar a interpretarlo.*

CENTURIA I-69

La grand montaigne ronde de sept stades,
Apres paix, guerre, faim, innondation:
Roulera loin abismant grands contrades,
Mesmes antiques, & grand fondation.

El gran monte de siete estadios de diámetro, / después de paz, guerra, hambre, inundación. / Se extenderá lejos, ahogando grandes países, / incluso antiguos, y sus fuertes cimientos.

B.: Señala que aquí hablaba alegóricamente y de forma bastante simbólica. La montaña de la que habla es la evolución de una nueva filosofía que será más compatible con la realidad de los planos superiores y también de la vida aquí en la tierra. En este monte y esta filosofía hay siete conceptos básicos que a primera vista parecen sencillos pero en realidad son muy profundos. Los «siete estadios de diámetro» son el símbolo de los siete principios básicos de esta filosofía de la que nacerán todas las ideologías avanzadas restantes. La forma en que la tierra se dispondrá para esta filosofía es que después de un período de paz la gente se relaja y descuida los aspectos más elevados de las cosas porque todo lo obtienen con facilidad. Después de pasar por un período de guerra, hambre, dificultades y penurias --lo cual hace que la mente se concentre en las cosas superiores pensando que debe de haber algo mejor que lo que hay aquí-- estarán preparados para aceptar esta filosofía. Perdonará las contradicciones en las que incurre la gente en su filosofía. Esta nueva forma de pensar se extenderá por toda la tierra y la gente la encontrará aceptable. Así que como consecuencia de ello derribará las viejas religiones establecidas. Por lo tanto, tendrá efectos sociológicos y también influirá en las leyes del país, puesto que las leyes se basan en principios religiosos y sociales. Dice que esta filosofía tendrá sus raíces en la línea de pensamiento de la Era de Acuario.

D.: *Los traductores dijeron que la frase: «se extenderá lejos, ahogando grandes países» aludía a una gran inundación. He observado que varias de sus cuartetas se refieren a religiones y filosofías y cosas por el estilo.*

B.: Señala que la forma en que evolucionan las religiones y las filosofías influirá en la humanidad en general; esto aparece siempre que contempla el futuro. Es una parte muy importante de la vida y el mundo.

D.: *La siguiente cuarteta contiene un anagrama que ellos han interpretado. Tal vez tenga que leerte la palabra original en francés porque cambiaron el orden de las letras.*

B.: Quiere que leas primero la interpretación; es probable que después te pida la palabra original en francés. Así que, adelante.

CENTURIA II-22

Le camp Ascap d'Europe partira,
S'adjoignant proche de l'isle submergée:
D'Arton classe phalange pliera,
Nombril du monde plus grand voix subrogée.

El ejército saldrá de Europa a la deriva / y se reunirá cerca de la isla sumergida. / La flota de la OTAN pliega su estandarte; / ombligo del mundo en lugar de una mayor voz.

D.: *La palabra OTAN es lo que sacaron de su anagrama.*

B.: Dice: «Y ¿cuál es el anagrama?».

D.: *En la versión francesa es ARTON, y lo cambiaron por OTAN.*

B.: Pide que lo leas de nuevo y sustituyas OTAN por ARTON. (*Eso hice.*) Afirma que se trata de una combinación de varias cosas, como de costumbre. En el futuro, después de los catastróficos acontecimientos de finales del siglo xx, la actual organización y las alianzas entre diversos países, en especial los de Occidente, se disolverán y se crearán otras nuevas. Tras la disolución de las viejas alianzas y mientras se forman las nuevas, la gente que en el sistema de las viejas alianzas se había comprometido a mantener la paz estará, digamos, desocupada. Dice que hay una base naval secreta o base de inteligencia, que se construyó en la plataforma submarina de Estados Unidos, para que fuese secreta. Los jefes militares se reunirán allí para decidir las acciones a tomar en relación con las nuevas alianzas que se están formando. La idea de tener esta base de inteligencia bajo el mar nace de las leyendas sobre la Atlántida. Añade como entre paréntesis que esa breve mención de la isla sumergida la intercaló también como pista de que un día en el futuro se descubrirán restos sumergidos de esta gran civilización que dio pie a la leyenda de la Atlántida.

D.: *Es justamente lo que imaginé que sería su razonamiento, de modo que vamos por buen camino.*

B.: Sí. Dice que tenía significados múltiples en esta cuarteta. Es por eso que la línea alude indirectamente a la Atlántida. La interpretación de ARTON como OTAN es esencialmente correcta en sentido general, pero no en los detalles. Antes de que esto ocurra, ya no se conocerá a la OTAN con este nombre, pero será una organización similar derivada de ella. Cuando la OTAN se disuelva y se formen nuevas alianzas, será en respuesta y como resultado de la tensión bélica experimentada por estos países. Dice que la línea «ombligo del mundo en lugar de una mayor voz» significa que cuando esto ocurra, los científicos militares --y con esto no se refiere a los que estudian el arte de hacer la guerra, sino a los que investigan para el ejército-- descubrirán una nueva... fuerza. Existen, por ejemplo, fuerzas como el magnetismo, la gravedad, la electricidad y otras similares. Descubrirán una nueva fuerza que dará sustento a algunas de las filosofías orientales sobre la esencia del universo. Como resultado de ello, los países de esa parte del mundo, en especial la India, volverán la mirada al interior para contemplar este descubrimiento y poder elevarse a una mayor gloria en vez de centrarse en lo externo y permanecer en comunicación con toda la red de naciones. Dice que realmente no es un descubrimiento sino una comprensión. La evidencia de esta fuerza ha estado frente a nosotros y siempre ha estado ahí, pero han malinterpretado los hechos y los han relacionado de forma equivocada.

D.: *¿Se supone que encuentran otros usos para esta fuerza?*

B.: Sí, porque los hechos están ahí. El hecho número uno está vinculado con algo totalmente diferente. El número dos está vinculado con otra cosa. Y al número tres lo consideran una mera pifia estadística. Súbitamente, a algún genio se le ocurrirá una idea y relacionará estos tres hechos, que al parecer nada tienen que ver entre sí, y llegará laboriosamente a descubrir que hay otra fuerza implicada en el funcionamiento del universo. Esta fuerza explicará muchas cosas presentes en tradiciones de tipo oriental, como la teletransportación y otros muchos hechos maravillosos similares.

D.: *¿Podría decirme algo más sobre el hallazgo de huellas de la Atlántida?*

B.: Afirma que realmente existió, pero no como popularmente se supone. Muchos la describen como un tipo de civilización griega con templos de columnatas y cosas así. Pero no era así en absoluto. Una cosa sobre la Atlántida de la que tendrán que darse cuenta los científicos es que usaban la piedra como en el siglo xx se usa el metal. Tenían métodos para trabajar la piedra, para hacerla maleable como la arcilla y después dejarla endurecer de nuevo como piedra. Trabajaban con fuerzas y energías conducibles a través de la piedra al igual que el metal conduce la electricidad. Fue una civilización que se basó en un concepto totalmente diferente del mundo. De ahí que cuando los arqueólogos lo descubran, les resultará difícil entender lo que descubren.

D.: *¿Sabes dónde encontrarán estas huellas o restos?*

B.: Le preguntaré. Señala que se descubrirán restos en diversas partes del mundo porque la civilización de la Atlántida estaba presente en todo el mundo. Lo que ya se ha descubierto son apenas unas migajas y, aún así, los científicos no logran atar cabos. Hay una importante ciudad de esa civilización en la plataforma continental al este de Estados Unidos. Y hay otra donde ahora se encuentra el mar de Japón. Existe otro importante centro bajo el hielo de la Antártida. Hay huellas de esta civilización en Centroamérica y en América del Sur. Y sostiene que hay otras en diversos lugares. Algunos de estos indicios se han encontrado y otros no. Parte de las construcciones megalíticas que hay por el mundo también están relacionadas con esta civilización, en especial las que en sí mismas muestran una precisión matemática, como las de Gran Bretaña. Fue una civilización sumamente prodigiosa; cuando los científicos finalmente resuelvan ese misterio, cuando empiecen a descubrir estas ruinas y todo lo demás, la visión que tienen de la prehistoria se corregirá.

D.: *Creemos que estaba en una isla sumergida en alguna parte en medio del Atlántico.*

B.: En un tiempo parte de ella se hallaba en una isla debido a los niveles del agua del mar. Ahora forma parte de una plataforma continental ya que las aguas del océano subieron hasta el punto de cubrir esta isla. Pero ése no era el centro de la civilización ni tampoco era el único lugar donde existió esa civilización. Estaban todos esos otros lugares, y se comunicaban unos con otros puesto que formaban parte de una misma civilización.

D.: *¿Esta información sobre la Atlántida la ha leído o es fruto de sus visiones?*

B.: La ha visto a través del espejo y del otro artilugio que tiene. Me muestra una imagen de éste. Consta de un trípode en equilibrio sobre un recipiente de poca profundidad, una especie de cuenco metálico. De este trípode pende un cristal. Pero no sé cómo funciona ni cómo lo maneja.

Tal vez esto tenía algo que ver con la concentración de la llama a través de los cristales que antes mencionó Brenda. Quizá de algún modo reflejaba la luz sobre la superficie del agua en el recipiente. Cualquier superficie reflectante podría usarse como punto focal para fijar la mirada y concentrarse.

D.: *Nos han dicho que la Atlántida desapareció en una gran catástrofe. ¿Sabe él qué ocurrió?*

B.: Puede describir algunos de los acontecimientos pero no está seguro de la causa. Si deseamos oír hechos infundados, puede hablarnos de sus conjeturas.

D.: *No hay inconveniente, siempre ha sido un misterio y en todo caso, la gente seguirá especulando.*

B.: La humanidad había evolucionado mucho. Su civilización había avanzado en el mismo sentido que su evolución. No poseía las prodigiosas máquinas que tiene tu civilización, simplemente porque esta civilización había avanzado en una dirección distinta. En vez de confiar en la agilidad de sus dedos, el hombre se fiaba más del factor parapsicológico de las habilidades mentales para hacer cosas. En consecuencia, la civilización se guió por pautas totalmente diferentes, y con este uso sus habilidades se volvieron muy comunes. Ocurrió un accidente cuando la civilización parecía estar en un momento de verdadero florecimiento y realización -no está seguro de si intervino cierta civilización extraterrestre o no fue más que un accidente natural-. Si ocurrió de forma natural, pudo ser que la tierra y el sistema solar atravesaran un gran grupo de asteroides o algo similar. Pero si no fue un accidente natural sino algo deliberado, cierta civilización extraterrestre reunió estos asteroides y la tierra pasó a través de ellos. Y estos inmensos trozos de roca en su precipitada carrera por la atmósfera impactaron en la superficie de la tierra, trastocaron el clima y provocaron ondas de choque. Muchos cayeron en algunas ciudades y las destruyeron por completo. Sucedió de tal forma que la humanidad perdió todo vestigio de civilización que hubo alguna vez y tuvo que volver a empezar desde cero. Dice que aún pueden verse rastros de estas inmensas rocas que cayeron en la tierra. Aunque algunas tenían una forma irregular, las huellas que han dejado estas rocas en algunos puntos de impacto son básicamente redondas. Es fácil de ver en un buen mapa trazado por un cartógrafo de mano firme. Observarás que hay algunas masas de agua que en su mayor parte son redondas. Por ejemplo el mar de Japón, el mar Caribe, el golfo de México y otros muchos lugares del mundo, marcan algunos de los puntos de la tierra donde cayeron estas inmensas rocas y donde se precipitaron las aguas del mar inundándolos y destruyendo a los supervivientes.

D.: *Es una hipótesis muy interesante. Una de las teorías que circula entre nuestros contemporáneos es que poseían cierto poder misterioso del cual hicieron mal uso.*

B.: Sostiene que no hicieron mal uso de este poder. Es cierto que poseían un misterioso poder, pero con él habían avanzado tanto que tiene la fuerte sensación de que representaban una amenaza para otros, no por su capacidad beligerante, sino sólo por sus avances.

D.: *Una de las hipótesis es que, como humanos que eran, fueron demasiado lejos e hicieron mal uso del poder por razones erróneas, provocando una especie de accidente. Pero hay muchas hipótesis. Realmente, eso es todo lo que tenemos.*

B.: Sí. Algún día se descubrirán algunos de los secretos pero eso llevará tiempo. Lo que desconcierta a la humanidad es lo que más tiempo mantiene su atención. En este momento parece que ríe. Dice: «Dos ejemplos son la Atlántida y yo mismo».

D.: (Risas.*) Muy cierto. Creo de verdad que sus cuartetas no habrían perdurado hasta nuestro tiempo si las hubiese hecho sencillas.*

B.: Está de acuerdo contigo.

D.: *Mantuvo todos estos años la incertidumbre de la humanidad sobre lo que pretendía decir. Sinceramente creo que si las hubiese escrito en inglés llano las habrían destruido.*

B.: (Fingiéndose ofendido.) Él pide: «En *francés* llano, si no te importa».

D.: (Risas.*) De acuerdo. Si las hubiese escrito en lenguaje llano, creo que las habrían destruido hace mucho tiempo. No habrían sobrevivido como un rompecabezas.*

B.: Las habrían destruido tras su muerte. Tanto si su muerte fuera natural o a manos de la Inquisición, si pudieran entenderlos quemarían en el acto todos sus escritos.

CENTURIA IV-25

Corps sublimes sans fin à l'oeil visibles:
Obnubiler viendront par ses raisons:
Corps, front comprins, sens chief & invisibles.
Diminuant les sacrees oraisons.

Los cuerpos celestes interminablemente visibles a los ojos/ llegan a nublar [la mente] por sus propias razones. / El cuerpo, incluida la frente, los sentidos y la cabeza, todos invisibles, / al disminuir los sagrados rezos.

D.: No encuentran explicación para ésta. No la entienden en absoluto. La catalogan de oculta. Y oculto suele significar...

B.: (Interrumpe.) Escondido. Señala que esta cuarteta tiene significado múltiple. Tiene un significado metafísico y otro físico. El metafísico es que la humanidad en general empezará a perfeccionarse espiritualmente. El conocimiento que necesitan para este perfeccionamiento ha estado siempre al alcance de la mano, pero no lo han visto. Y cuando empiecen a darse cuenta de ello, se sentirán desconcertados. Dice que otra interpretación de esto es que en determinado momento de un futuro lejano habrá viajes espaciales interestelares. «Los cuerpos celestes interminablemente visibles» se refiere a las estrellas que están ahí sin cesar. Y estas naves en las que viajarán estarán controladas por emanaciones de la mente y del poder psíquico, más que por operatividad mecánica.

D.: *Eso explicaría también la última parte: «Sentidos y cabeza todos invisibles».*

Tal vez le interese lo que expresan los traductores en su interpretación. «Los rezos de la última línea son las invocaciones a los espíritus hechas por Nostradamus. Cuando terminan, él está poseído.»

B.: Resopla con repugnancia al oír este comentario y dice: «Rómpelo y tíralo».

D.: *Creen que describe la «sensación de incorporeidad que experimenta cuando está en trance profético, en el que su mente y su intelecto son utilizados por los seres celestiales para sus propios fines».*

B.: Descubro que tiene sentido del humor, porque en este momento remeda las reacciones físicas de un epiléptico durante un ataque. (*De pronto, Brenda empezó a sacudir brazos y piernas imitando lo que veía.*)

D.: *¿Quieres decir el pataleo?*

B.: Los temblores. Se lo toma con humor. Luego se para y dice: «Eso nunca ocurre cuando hago esto. No estoy poseído».

D.: *Ah, ¿cree que ése es el aspecto de la gente cuando está poseída?*

B.: Según los conocimientos de su tiempo, los enfermos de epilepsia son los que están poseídos. Menea la cabeza y dice que es hora de irse si tiene que soportar esas sandeces. Nunca ha estado poseído, afirma. Sabe exactamente lo que hace en todo momento. Se alegra de poder comunicarse con nosotros para poner las cosas en su sitio.

De modo que Nostradamus no era un hombre totalmente ilustrado. Había cosas que aún no sabía. Aparentemente, aceptaba la explicación de la Iglesia o de la ciencia médica de su tiempo que decía que cuando alguien sufría ataques era porque estaba poseído por malos espíritus.

CENTURIA I-17

Par quarante ans l'Iris n'apparoistra,
Par quarante ans tous les jours sera veu
La terre aride en siccité croistra,
Et grans deluges quand sera aperceu.

Durante cuarenta años no se verá el arco iris. / Durante cuarenta años se verá todos los días. / La tierra seca estará cada vez más sedienta; / cuando se vea, habrá grandes inundaciones.

B.: Esta cuarteta tiene que ver con algunos de los problemas que tendrá que padecer la tierra. No se relaciona con el Anticristo sino con problemas que habrá en un futuro distante. En el tiempo del Anticristo, habrá muchas inundaciones y sequías pero esta cuarteta en especial es otro ejemplo de la balanza que se inclina a un lado y luego al otro. Es cuando la tierra vuelve a tener dificultades, cuando el arco iris no aparece en cuarenta años. Esto causará una sequía de cuarenta años. La única forma de que la gente sobreviva será fundir el hielo de los Polos o extraer agua potable del mar. Es la única forma de obtener agua para las cosechas y otras cosas. Luego, para establecer un equilibrio, la balanza se inclinará hacia el otro lado y habrá arco iris todos los días, se produciran copiosas lluvias y habrá muchas inundaciones. Sin embargo, el elemento temporal no es necesariamente de cuarenta años. Usó ese concepto como símbolo de cuarenta ciclos. Hablaba de grandes ciclos. Lo que esto indica principalmente es que por alguna razón la humanidad hará algo que desequilibrará o desarreglará las condiciones externas de la tierra al grado de desencadenar una edad glacial. El agua queda retenida en los Polos y deja de llover durante largo tiempo. Después viene un movimiento de inclinación hacia el lado opuesto cuando termina la edad de hielo y hay demasiada agua en todas partes. Los Polos se derretirán a gran velocidad y habrá mucha lluvia e inundaciones, y subirán de nuevo el nivel del mar. Dice que ésta es una parte natural de la historia de la tierra. Ocurrió en el pasado y volverá a ocurrir en el futuro. Y al igual que la última vez, la edad glacial volverá a hacer desaparecer la civilización. Borrará todo rastro de esta civilización para que después surja una nueva, lo mismo que ésta. Afirma que se trata de un ciclo natural en la edad de la tierra.

D.: *¿Podrían ser estos ciclos de más de cuarenta años o inferiores a cuarenta años?*

B.: Indudablemente serán más largos. Cuando ve a través de la vasta trayectoria del tiempo es difícil señalar el número exacto de años, pero se puede hablar de ciclos generales. Por ejemplo, en este caso serán probablemente 4.000 años en un sentido y 4.000 en sentido opuesto. Son ciclos de milenios.

D.: *Al leer esto pensé que tal vez se refería a un desplazamiento o cambio en el eje de la tierra.*

B.: Señala que esto también estará incluido. Tienes razón. La humanidad habrá estado caminando en el borde de este precipicio, porque cierto aspecto de esta tecnología pondrá en peligro el delicado equilibrio del ecosistema. Y el desplazamiento del eje destruirá ese equilibrio hasta el grado de provocar una era glacial.

D.: *No hay duda de que esta cuarteta es lóbrega y fatalista a pesar de que pasará mucho tiempo antes de que se cumpla.*

B.: Insiste que es un ciclo natural. No te alarmes por ello, pues la humanidad ya ha sobrevivido a esos ciclos.

D.: *Pero el problema es que la humanidad siempre tiene que volver a empezar.*

B.: Si hubiese una forma de conservar el conocimiento, no necesariamente tendría que empezar desde el principio. Pero por lo general, los intereses de la gente se reducen exclusivamente a sobrevivir. No le importa la conservación del conocimiento.

D.: *Vaya, tal vez ese gran genio del que antes habló haga algo en este sentido.*

B.: Es una posibilidad, aunque los dos acontecimientos están muy separados en el tiempo. Habrá que esperar para ver.

CENTURIA II-95

Les lieux peuplez seront inhabitables:
Pour champs avoir grand division:
Regnes livrez à prudents incapables,
Lors les grands freres mort & dissention.

Las tierras pobladas se volverán inhóspitas, / gran discordia para obtener tierras. / Reinos entregados a hombres sin prudencia. / Y para los grandes hermanos, muerte y disensión.

B.: Éste es uno de esos acontecimientos que no debe suceder. Se puede evitar. Dice que en anteriores cuartetas que hemos traducido, se refirió a un hecho en el que el hombre rompe el equilibrio de la tierra, y ocasiona grandes cambios en el clima y las estaciones, dando origen a grandes penalidades y hambre. Como resultado de esto, muchos espacios terrestres que ahora son importantes tierras de cultivo, que producen mucho grano y alimento para la mayor parte del mundo, se congelarán y ya no crecerá nada en ellas. Y la gente que vive ahí, la que en ellas han cultivado alimentos tendrá que abandonar estas tierras como ratas que huyen de un barco que se hunde. Se lanzará a otras tierras donde aún es posible vivir y cultivar. Habrá gran contienda y discordia a medida que aumenta la población en las tierras cultivables y unos tratan de expulsar a otros. Como resultado del pánico, se tomarán varias decisiones estúpidas. Los «reinos» representan zonas de poder más que zonas territoriales. Y la gente a la que se da responsabilidad en determinadas zonas tomarán decisiones inadecuadas que acabarán en grandes desastres por no pensar con claridad bajo la presión ocasionada por este aterrador cambio climático. Los dos hermanos que experimentarán disensión y destrucción se refiere a Estados Unidos y al Reino Unido.

En otras varias cuartetas se ha mencionado a Estados Unidos e Inglaterra como hermanos.

D.: *Ellos interpretaron que esto se refería a los hermanos Kennedy.*

B.: Es en otras cuartetas que se alude a los hermanos Kennedy. En ésta no.

CENTURIA X-74

Au revolu du grand nombre septiesme
Apparoistra au temps Jeux d'Hecatombe,
Non esloigné du grand eage milliesme
Que les entres sortiront de leur tombe.

Cumplido el año del gran número séptimo, / aparecerá en la época de los juegos de matanzas, / no lejos de la era del gran milenio, / cuando los muertos salgan de sus tumbas.

B.: Esto se refiere a cuando se acerca el fin del mundo. Dice que la edad total del mundo podría dividirse en siete grandes partes. Las primeras seis ya se han vivido y cumplido; ahora estamos en la séptima. Señala que la séptima porción de esta edad tiene que ver con el hombre y sus obras. El fin de esta edad será el fin de la de la humanidad, una vez cumplida esta séptima edad. Aunque después de eso la tierra siga existiendo durante mucho tiempo, el hombre habrá cumplido su objetivo y realizado lo que necesitaba hacer aquí en la tierra. Estará en otra parte, y la rueda del karma ya no enviará hombres a la tierra sino a otros lugares.

Esto era muy parecido a lo dicho por Phil sobre lo que ocurriría en el futuro del hombre, y que está transcrito en mi libro *The Keepers of the Garden* ('Los guardianes del jardín').

D.: *Pero esto no ocurrirá pronto, ¿o sí?*

B.: Dice que no. Cuando se escriben cuartetas sobre cuestiones kármicas, no se debe perder de vista la gran rueda del universo y la lentitud con la que ella se mueve. En lo que concierne al universo podría parecer que va a ocurrir pronto. Pero eso es sólo en relación con la gran edad del universo. Cuando se refiere al breve término de la vida humana, parecerá muy distante en el futuro.

D.: *Es un alivio. ¿Qué significa «Aparecerá en la época de los juegos de matanzas»?*

B.: Dice que entre ahora y entonces, la civilización habrá desaparecido y se habrá reconstruido varias veces. Algunas de las tradiciones y costumbres de las civilizaciones anteriores sobrevivirán y pasarán de una a otra, pero cada vez que esto suceda se degenerarán un poco más. Dice que los juegos de matanzas de ese tiempo provienen directamente de los juegos olímpicos del tuyo. Este encuentro sistemático de todas las naciones cada cuatro años para competir en los deportes irá degenerando poco a poco -a través de la sucesión de civilizaciones con períodos intermedios de salvajismo- hasta que llegará a parecerse a los juegos de gladiadores de la antigua Roma. Simplemente, es otro ejemplo natural de la órbita del tiempo. Los juegos empezaron de forma atlética en la antigua Grecia, degeneraron en violencia en Roma, y después al reinstaurar los juegos se orientaron de nuevo a los deportes. Pero una vez más en el lejano futuro volverán a degenerar en violencia y derramamiento de sangre.

D.: *Tal vez empiezo a pensar un poco como él porque se me pasó por la mente la conexión con los juegos de gladiadores. Y por «los muertos saldrán de sus tumbas» se refiere a la transferencia de estas almas a otra parte fuera de este planeta.*

CENTURIA I-48

Vingt ans du regne de la lune passez,
Sept mil and autre tiendra sa monarchie:
Quand le soleil prendra ses jours lassez,
Lors accomplit & mine ma prophetie.

Cuando hayan pasado veinte años del reinado de la Luna, / otro tomará su reino durante siete mil años. / Cuando el agotado Sol emprenda su ciclo, / mi profecía y mis amenazas se cumplirán.

B.: Escribió esta cuarteta en respuesta a una pregunta que una vez le hicieron. Se comprobó que sus profecías se cumplían y alguien dijo: «Has escrito muchas cuartetas y aún sigues escribiendo otras. ¿Cuánto tardarán en cumplirse todas?». De modo que, para responder, escribió esta cuarteta, y señaló que el número de años en el futuro que contemplaba no tenía límite. Podía ver, dice, no hasta el final de los tiempos sino hasta el final de la tierra.

D.: *¿Es eso lo que quiso decir con «el agotado Sol»? ¿Significa el momento en que el sol se extinga?*

B.: Cuando eso ocurra, la tierra hará tiempo que habrá muerto. Pero sí vio que el Sol se desintegra en un último estallido de energía en una gran explosión y después se apaga hasta extinguirse. Esta parte de la cuarteta tiene que ver con el hecho de que podía ver el final del tiempo terrestre cuando el Sol estalla y abrasa por completo el planeta. No obstante afirma que está en un futuro extremadamente lejano y carece totalmente de utilidad para tu tiempo.

D.: *Pero ¿quiere decir que todo esto ocurriría en unos 7.000 años, o tiene otro significado?*

B.: Incluyó en esta cuarteta las líneas «cuando hayan pasado veinte años del reinado de la Luna, otro tomará su reino durante siete mil años» a causa de la Inquisición. Señala que si somos capaces de sobrevivir a estas guerras que vio... Pretende advertir sobre estas guerras porque tuvo muchas visiones de lo que pasaría si antes no nos matamos haciendo la guerra. Una de las cosas que vio fue un amplio y pacífico programa de expansión y exploración del espacio, a gente disfrutando y viviendo en ambientes extraños, con prosperidad y salud. Afirma que se establecerá una base en la Luna. Será un importante centro de comunicación e investigación científica. En este tiempo, el principal objetivo de esta base será el perfeccionamiento --las llama «estaciones espaciales autosostenibles», lo que quiere decir independiente de todo y de todos--. Creo que quiere decir autosuficiente, así que sustituyo el término por éste más moderno.

D.: *¿Las llamó estaciones espaciales o es como tú lo interpretas?*

B.: Bueno, no las llamó de ninguna manera, me transmitió la imagen. Tienen varias formas: algunas son cilíndricas, otras cónicas y algunas son esféricas. Todas ellas llevan adosadas enormes velas solares que les proporcionan la energía necesaria. Señala que la base lunar promoverá y construirá estas estaciones espaciales. Después de un período de experiencia en esto, el mayor impulso de crecimiento se trasladará a las estaciones espaciales. Ahí es donde se realizará el trabajo principal para el comercio y las industrias de forma que la Luna dejará de tener un lugar tan preponderante en el esquema de las cosas. Seguirá siendo el nexo de comunicaciones, pero la investigación científica, la industria y cosas por el estilo se trasladarán a las estaciones espaciales. Y la tierra entrará en un período importante de prosperidad y crecimiento porque habrá suficiente espacio de crecimiento para todos. Todo será básicamente pacífico si la tierra logra evitar ciertas malas decisiones que podrían conducir a una guerra, y si la tierra actualiza sus leyes civiles para que no se produzcan tantos disturbios. Añade que este período de exploración y vida espacial... suelta una risita y dice que es muy parecido a la literatura imaginativa que tanto le gusta leer a este comunicador (ciencia ficción). Este período durará mucho tiempo, muy fácilmente 7.000 años, y tal vez más. Una vez más, tuvo que combinar dos profecías en una sola cuarteta.

D.: *Interpretaron que esto tenía relación con la fecha de la publicación de sus cuartetas y el fin de sus profecías. Creyeron que daba a entender que pasarían 7.000 años antes del fin del mundo. El traductor dice: «Era una teoría comúnmente sostenida en la Edad Media la de que el mundo acabaría a comienzos del séptimo milenio. Esta información procedía del Libro de Enoch que podía leerse generalmente en los dos primeros --siglos pero que la Iglesia eliminó de las sagradas Escrituras». ¿Tiene algún comentario sobre eso?*

B.: Ahora arquea una ceja y dice que es una suposición razonable. Pero añade: «El instrumento que uso no siempre es razonable». Y a continuación me presenta la imagen de ese espejo.

26
El final y el comienzo

De vez en cuando, había momentos en que Nostradamus, si percibía que el vehículo (Brenda) no se sentía bien, detenía las sesiones. Él era muy protector con ella y como médico solía darle consejos para ayudarla. Varias veces paró la sesión para intentar sanarla dirigiendo su energía a varios puntos de su cuerpo. Decía que era difícil hacerlo por la distancia en el tiempo, pero conseguía aliviar cualquier molestia el tiempo suficiente para que pudiésemos continuar con la sesión. Dado que ella no mostraba síntomas físicos mientras yo la controlaba, si había algo que no iba bien, era difícil saberlo hasta que ella despertaba y describía lo que la incomodaba.

Nostradamus declaró en diversas ocasiones que el proyecto era urgente y que le preocupaba sobremanera hacer que la información nos llegara a tiempo porque para él los acontecimientos estaban peligrosamente cerca. Llegamos a un punto en el que con gran vigor nos transmitía hasta treinta cuartetas a velocidad de vértigo en una sesión de una hora. Teníamos la clara impresión de que intentaba introducir tanta información como le fuese posible y sólo se marchaba cuando se veía absolutamente precisado a hacerlo. Explicó que era posible hacer llegar de un tirón toda la información, pero no quería agotar al vehículo. Sabía que era difícil encontrar buenos comunicadores y consideraba que la urgencia del proyecto no podía anteponerse a la integridad del vehículo. Quería cuidarla para asegurarse de que la información llegara, aunque tomara más tiempo que el previsto. Desde luego, a Brenda le halagaba esta preocupación por su bienestar. Él se sentía cómodo trabajando a través de ella porque su educación proporcionaba una buena estructura verbal y una amplia base para entender los conceptos, pero nos advirtió que el proyecto podía sufrir alguna interrupción por circunstancias que estaban más allá de nuestro control. No me era posible prever razones para una probable demora como tampoco había previsto nada que tuviera que ver con este proyecto.

Cuando Nostradamus escribió sus cuartetas, fácilmente podían caber en un libro grande, sobre todo si no incluían interpretaciones. Me di cuenta de que era imposible incluir en un solo libro la cantidad de información que nos llegaba. Admitió que las explicaciones en prosa daban a las cuartetas una extensión mucho mayor. Pero dejó a mi criterio decidir la forma de reunirlo todo, siempre y cuando no quedaran fuera las parles importantes relacionadas con nuestro presente y futuro inmediato. Le agradó que el aspecto de la comunicación fuese más claro en nuestro tiempo, con la impresión y distribución de mucho más material debido a un nivel intelectual más elevado, pero le molestaba que el procedimiento para la impresión de un libro fuese más complicado. Él no había tomado en cuenta estas cosas cuando me ordenó que lo mandara a imprimir lo más pronto posible. En su tiempo, hubiese sido mucho más fácil porque no había tantos libros ni personas capaces de escribirlos. Sin embargo, confiaba en que los libros se imprimirían a tiempo porque podía presentirlo. En mis momentos de duda, yo necesitaba enormemente sus tranquilizadoras palabras.

Dolores: *Me he estado preguntando por qué me eligió para hacer esto. ¿He tenido yo alguna especie de vínculo con él en una vida pasada?*

Brenda: La razón de la elección no se basa en ninguna relación kármica del pasado. Entre las diversas personas que podía ver en tiempos futuros que tenían esta suerte de conexión con este plano en relación con las diversas rutas y dimensiones del tiempo y la forma en que interactúan, tú eras la que estaba más estratégicamente ubicada. Otros también están bien situados pero él sabía que, si era posible, era preferible condensar su comunicación en una sola persona o a través de una sola persona. En estos términos, podría concentrar su energía en la transmisión de la información más que en tener que dispersarla en el intento de establecer comunicación. Dice que estás involucrada en este trabajo por la forma en que estás situada y además porque mantienes contacto con almas que poseen una mentalidad capaz de comprender la información, de comunicarla con claridad y exponerla al mundo para que otros aprendan.

D.: *Al principio me sorprendió de verdad cuando entré en comunicación con su discípulo, Dionisia, y apareció él.*

B.: Sí. Por las características de tu trabajo, esto fue necesario para establecer el contacto inicial. Sabía que nunca te habrías percatado de que este vehículo podía usarse para este tipo de comunicación a menos que conectara contigo a través de los canales establecidos a los que estabas habituada.

D.: *Parecía un modo tan raro de hacerlo que las probabilidades de conseguirlo eran nulas.*

B.: Sólo si eres racional. Si te fías de tu intuición y ves los senderos del tiempo como él los puede ver, todo funciona bien, precisamente del modo que percibió que funcionaría.

D.: *¿Alguna vez intentó comunicarse con personas de otro tiempo y transmitir mensajes a través de ellos? Se me ocurre que tal vez ha contactado con personas de todos los tiempos en los que veía que ocurría algo.*

B.: Afirma que éste es el contacto más importante para este planeta. Ha contactado con otras personas de tiempos futuros, no porque éste fracasara sino porque esas personas de otros tiempos están en otros planetas. Pretendía divulgar la información a estas personas que también tienen conocimiento de sus escritos, para ayudar a aclarar también allí la información. Dice que ha estado en contacto con los Otros, y se interesaban en sus escritos y en sus visiones, porque también para ellos veía cosas. Y les enviaba cuartetas que no conocemos aquí, ya que no tienen nada que ver con este mundo sino más bien con su planeta.

D.: *Entonces no sólo le preocupaba nuestro mundo.*

Sé que cuando esta información salga a la luz habrá muchos imitadores y muchas personas que alegarán que también están en contacto con Nostradamus. Pero ¿dijo que no se comunicaría a través de ninguna otra persona?

B.: Correcto. Dice que contactar con diversos canales dispersaría sus energías, la comunicación no sería tan clara y habría conflicto en los resultados. Sólo deseaba un canal claro para poder comunicarse. Al principio, intentó hacer contacto en direcciones similares. Pero una vez establecido este canal, abandonó los otros esfuerzos porque eran superfluos.

D.: *Dada la naturaleza humana, surgirán otros que asegura rán que también están en contacto con él.*

B.: Aparecerán otros y dirán: «Ah, esto es precisamente lo que me reveló Nostradamus». Sostiene que esta gente se guía por sus propios engaños, muchos de ellos son religiosos fanáticos de todo tipo.

D.: *Creo que contamos ya con pruebas suficientes de que estamos en contacto con él.*

B.: Nada es suficiente cuando te topas con un escéptico puro y duro. Afirma que los libros se publicarán. En realidad no le importa que los escépticos crean o no, porque su principal deseo es llegar a aquellos que tienen la mente abierta para reflexionar en los acontecimientos que van a ocurrir y que tienen una manera distinta de contemplarlos. Dice que uno o más de estos pensadores estará en posición de hacer algo al respecto. Y algunas de las decisiones que tomen estarán influidas por lo que hayan leído en tu libro. Esto bastará para modificar los acontecimientos en la dirección de los resultados favorables.

Sencillamente éste era el caso más asombroso de todos los que he llevado. De no haber sido por las grabaciones en cinta y los testigos, parecería increíble incluso para mí. A primera vista, para cualquier persona inteligente, todas las perspectivas eran absolutamente imposibles. Preveo plenamente la probabilidad de que tanto a mí como a mis sujetos nos acusarán de perpetrar una gigantesca estafa. Aunque fuese probable, nunca podría explicarse la información aparecida. Dejaré que los escépticos eliminen esta acusación con su razonamiento. A mí me sigue pareciendo increíble que todo esto ocurriera en apenas unos pocos meses. Cuando empecé a trabajar con Elena, ni siquiera sabía qué era una cuarteta. A pesar de que escribo no soy poeta ni he tenido experiencia en ese campo. Y la única definición que conocía para la palabra «centuria» era la tradicional. ¿Cómo, pues, puede el sentido común explicar que en pocos meses nos hayamos convertido en expertos en los escritos de Nostradamus? ¿Cómo pudimos desentrañar y explicar lógicamente los acertijos que han desconcertado a la humanidad durante cuatrocientos años? No, es bastante obvio que esto no ocurrió gracias a un intelecto superior por parte de Brenda, Elena o yo misma. Algo más estaba en juego, algo ajeno a nosotras. Es la única explicación lógica. En cierto modo, con métodos que sólo el gran maestro conocía, Nostradamus pudo comprobar que había disfrazado sus cuartetas tan perfectamente para protegerlas de las hogueras de la Inquisición que también las había vuelto completamente indescifrables para las generaciones futuras, las mismas generaciones que esperaba alertar. Al parecer, decidió emprender la comunicación con alguien que viviera en el período en el que había visto la máxima conmoción, alguien que viviera en una época en la que la gente estuviese más ilustrada y dispuesta a aceptar sus predicciones. Él tenía la esperanza de que si podía hacernos llegar las verdaderas visiones, tal vez no fuese demasiado tarde para impedir que ocurrieran. Debe de haberle abatido mucho el ver que la gente del futuro no podía entender lo que intentaba decirles tan desesperadamente. Arriesgó su vida al ponerlas por escrito para la posteridad, y pasó años trabajando duramente en su redacción. Pudo haberse encogido de hombros y decir: «Vaya, al menos lo he intentado. He hecho todo lo que podía. Si no lo entienden, es su problema. Que sufran las consecuencias».

Ahora que he logrado mostrar la personalidad de Nostradamus, sé que su amor a la humanidad no le permitiría hacer eso. Ya no le bastaba simplemente con ver el futuro. Sintió la necesidad de hablar con el futuro. ¿Cuánto tiempo estuvo ante su espejo mágico, buscando a tientas el modo de hacer contacto? ¿Cuántos planes y posibilidades pasaron por su mente hasta dar con lo que tendría éxito? Sé bien que no me habría elegido y nunca me habría contactado si no hubiese estado ya trabajando con el tiempo y el espacio empleando la hipnosis regresiva. Ahora puedo ver que Elena fue el puente. Las probabilidades de encontrar a alguien que había sido uno de sus estudiantes en una vida pasada eran casi inexistentes. ¿Pudo ver esta conexión futura de su estudiante, Dionisio, a través de su espejo? ¿Pudo de algún modo contactar con Andy, el guía de Elena, para ayudarnos a emprender todo esto? ¿Tuvo la seguridad de que mi curiosidad se despertaría y que me sentiría obligada a continuar la búsqueda hasta encontrar otra conexión?

Hay muchas preguntas cuyas respuestas probablemente nunca se sabrán. Sé bien que sólo fui un instrumento en esta asombrosa aventura. Más allá de toda duda creo que fue el mismo Nostradamus quien inició este proyecto. Desde julio de 1986 a febrero de 1987 tradujimos más de trescientas cuartetas. Es casi imposible creer que se realizara tal cantidad de trabajo en un tiempo tan breve. Por su extensión, sólo he incluido algunas de las cuartetas en este libro. Elegí deliberadamente las que fueron calificadas por los expertos como inexplicables y las que ellos creen que corresponden al futuro. Es asombrosa la sabiduría contenida en esta pequeña muestra representativa. Estoy convencida de que él tiene mucho más que decirle a la humanidad en las restantes cuartetas, por lo tanto, mi intención es seguir con este proyecto hasta su completa traducción y hasta que por fin se revele al mundo la maravilla de Nostradamus.

Como referencia, recomiendo la lectura del libro de Erika Cheetham, porque ella traduce y explica las palabras oscuras y extrañas (por ejemplo, del latín, el griego y el francés antiguo) intercaladas en las cuartetas.

Como dijo Brenda en una ocasión: «Hace una reverencia y se va». Pero no se ha ido para siempre. En la continuación de este libro seguirá deslumbrándonos con su asombrosa previsión. ¿Conseguirá que hagamos caso a sus advertencias? ¿Hay tiempo aún para cambiar nuestro futuro? ¿Podemos permitirnos pensar que está equivocado? ¿Prestará oídos la humanidad? Ruego que así sea. Porque las cosas que ha visto Nostradamus en nuestro futuro son demasiado horribles para ignorarlas. Y después de todo, es el único mundo que tenemos.

FIN DEL VOLUMEN UNO

APÉNDICE

(Añadido en 1996, abarca los tres volúmenes)

Apéndice

El volumen I de Conversaciones con Nostradamus se publicó en la lengua original, por primera vez en 1989; en 1990, le siguió el volumen II. Cuando en 1992 se realizó la segunda edición de ambos volúmenes, se observó que algunas de las profecías ya se habían cumplido. Fue cuando se decidió la revisión de ambos libros para añadir la actualización de acontecimientos; esto dio lugar a las ediciones revisadas. El volumen III se publicó por primera vez en 1992. Los li- bros se convirtieron en una entidad viva y en evolución que reque- ría actualización cada vez que se hacía una nueva edición. La tarea de mantener actualizados los libros llegó a ser casi imposible. Recibo llamadas telefónicas y cartas de mis lectores que dicen estar leyendo los libros y viendo simultáneamente en la televisión los acontecimientos descritos. La información corresponde a nuestro tiempo.

En 1996 se publicó la cuarta edición del volumen I; hay tal cantidad de información nueva que se tomó la decisión de añadir este «Apéndice» en vez de revisar toda la trilogía. Espero que no resulte confuso para los que sólo han leído el volumen I, porque me referiré a la información nueva que abarca los tres volúmenes. Con la explosión de las comunicaciones por Internet, muchos de mis lectores han reunido detalles que hubiera sido imposible obtener por mi propia investigación. Agradezco su ayuda y el envío de abundantes artículos de revistas y periódicos. Su diligencia me facilita mucho la tarea de investigación.

La CENTURIA II-60 (volumen I) parece haberse cumplido con la elección del presidente Bill Clinton en 1992. La cuarteta predecía que Estados Unidos tendría un presidente demócrata durante los «Tiempos Difíciles». Cuando se dio esta explicación a finales de los años ochenta, lo creí dudoso porque el presidente George Bush parecía estar firmemente afincado en Washington. Pero, para sorpresa de mucha gente, el elegido fue Clinton. Durante todo su primer mandato esperé que se cumpliera el resto de la profecía: que conduciría a Estados Unidos a un conflicto para estimular la economía. En otra cuarteta, Nostradamus dijo que 1995 sería crucial, un año de decisiones. Dijo que durante ese año el mundo decidiría entre iniciar la pendiente que lleva a una nueva guerra mundial o seguir por el camino que recorríamos en el presente (el menos perjudicial). Me indignó que a finales de 1995 el presidente Clinton implicara a nuestras tropas en el conflicto de Bosnia. Esto venía a dar cumplimiento a la cuarteta y también iba en contra de otras advertencias de Nostradamus. Él nos había dado la descripción de una sucesión hipotética de acontecimientos que conducirían a una nueva guerra mundial. Uno de ellos era que iríamos a la guerra en la zona gris de Europa tras una serie de pequeñas guerras en Oriente Próximo. Él la llamó «zona gris» porque decía que no se sabe si estás en Europa o en Asia, y mencionó Macedonia y Albania porque en su tiempo no se conocía el nombre de Yugoslavia. En el volumen II dijo que no debíamos implicarnos en esa zona, porque si los grupos se separaban, el país se volvería más vulnerable a la ocupación. Por las profecías intuyo que nuestra implicación en esa zona del mundo se intensificará y será muy difícil retirar a nuestras tropas.

Nostradamus insistió en que debíamos parar las pruebas subterráneas de armas nucleares (volumen I). Se esperaba que su advertencia fuera necesaria cuando Estados Unidos dejó de realizar sus pruebas. En 1992, entró en vigor una moratoria temporal de ámbito nacional sobre pruebas nucleares. En 1993, el presidente Clinton pensó en reanudar las pruebas nucleares subterráneas en Nevada, porque algunos expertos querían mejorar la seguridad y fiabilidad de las armas existentes. Estados Unidos tomó la sensata decisión de interrumpir las pruebas, pero otros países (como China, Corea del Norte y Francia) no estaban por la labor.

La amenaza volvió a surgir cuando Francia insistió en realizar ocho pruebas cerca de una isla del Pacífico durante 1995 y principios de 1996. El mundo entero se quedó horrorizado y hubo muchas protestas, incluso en Francia. Las objeciones fueron totalmente ignoradas, ya que Francia continuó prueba tras prueba, insistiendo en que no habría ningún daño. Desde luego estaban en un error, y poco a poco resultó evidente que Nostradamus sabía de lo que hablaba cuando advirtió de que las ondas producidas por el impacto de las explosiones repercutirían en las placas tectónicas de la Tierra. Pocos días después de cada prueba se producían serios terremotos y erupciones volcánicas. Debía resultar obvio para cualquiera que no se trataba de una coincidencia. Estaban directamente relacionadas con las explosiones. Dos días después de una prueba en octubre de 1995, se produjo un terremoto en Japón, otro en Indonesia y, después, un volcán entró en erupción en Nueva Zelanda. Todo esto ocurrió en un día y parecía seguir una pauta de progresión en el Pacífico. Después de una nueva prueba, se produjo un terremoto en México y una erupción volcánica en Nicaragua, ambos en un mismo día. Después de una prueba durante la celebración de Acción de Gracias en noviembre de 1995, en Egipto hubo un terremoto tan fuerte como para producir grietas en Kefrén, la segunda de las tres grandes pirámides de Egipto.

Al parecer, el presidente francés terminó por darse cuenta de la verdad -a regañadientes- a principios de 1996. Se reunió con el presidente Clinton en Washington y aceptó no hacer más pruebas. Francia cesó después de seis de las ocho detonaciones que se había propuesto. ¿Pararon a tiempo, o se había producido ya un daño irreparable?

En el verano de 1996, Estados Unidos se hallaba a la cabeza del creciente consenso global sobre un tratado para prohibir las pruebas de armas nucleares. Pero hubo problemas para obtener la cooperación de dos de las otras potencias: China y la India (que tiene potencial nuclear pero aún no posee un arsenal atómico). India se negó tajantemente a participar, argumentando que el tratado favorecía a las cinco potencias reconocidas: Gran Bretaña, Francia, Rusia, China y Estados Unidos. China está ayudando a Pakistán, el adversario de la India, a dar impulso a su capacidad nuclear y a sus fábricas de misiles. Se cree que Pakistán conseguirá este objetivo en un plazo de dos años. No es de sorprender la preocupación de la India. El tratado sólo prohíbe explosiones de prueba de armas nucleares, dificultando el desarrollo de una tecnología nuclear a las naciones menos avanzadas (como la India). Las potencias nucleares existentes pueden seguir refinando sus propias armas con ordenadores y otro tipo de tecnología. Estados Unidos anunció recientemente sus planes para crear un superor- denador capaz de simular explosiones nucleares. El tratado, tal como está redactado, obligaría a la India a renunciar a una importante alternativa de defensa. La India quiere que las potencias nucleares se comprometan a deshacerse gradualmente de sus arsenales nucleares. (El 22 de agosto de 1996, India vetó la propuesta de prohibición de pruebas en Ginebra, Suiza. Sin embargo, Estados Unidos y otros países siguen manteniendo su compromiso en la prohibición de pruebas durante los años que han trabajado en ello. A pesar de las objeciones, la ONU aprobó por aplastante mayoría el tratado global en septiembre de 1996.) Estados Unidos manifestó que Irán está a menos de diez años de convertirse en potencia nuclear. La asistencia rusa a Irán en el desarrollo de reactores nucleares civiles ayudará a que, finalmente, Irán pueda fabricar armas nucleares.

En julio de 1996, tan sólo once horas antes de que se reunieran los negociadores internacionales para llevar a cabo la prohibición de pruebas de armas nucleares, China detonaba la que afirmó sería su última prueba nuclear, que se creía era la número 45. China se opuso al tratado porque quería dificultar más el ordenamiento de inspecciones ante la sospecha de que un país había realizado una prueba.

También durante el verano de 1996, se produjeron dos accidentes en una estación ucraniana de energía nuclear, ocasionando la muerte de un trabajador y escapes radiactivos. Durante dieciséis semanas de 1996, las cinco plantas nucleares de Ucrania en su totalidad sufrieron percances con resultado de fugas radiactivas o cierre de un reactor. Los accidentes incrementaron los temores internacionales sobre la seguridad de las plantas nucleares ucranianas de cons- trucción rusa con pocos recursos. Las plantas nucleares de Ucrania carecen de medios y apenas pueden comprar combustible. El mantenimiento de rutina y las mejoras en seguridad se postergan. Incluso los pequeños accidentes en las plantas causan tal sensibilidad política que justifica los esfuerzos del gobierno soviético de hace diez años para ocultar la explosión de un reactor en Chernobil, que resultó ser el desastre nuclear más grave del mundo. (Suecia fue el país que dio la voz de alarma sobre este accidente.)

Los países de Occidente han presionado a Ucrania para que cierre la planta de Chernobil. Dos nuevos reactores deberán terminarse en un plazo de dos años para compensar el cierre. Estados Unidos y sus aliados más próximos han prometido más de tres mil millones de dólares para terminar las plantas y modernizar el sector nuclear de Ucrania; pero los funcionarios ucranianos se quejan de que el dinero les llega a cuentagotas.

En 1995, se anunció que la nueva planta nuclear de Japón se construiría directamente sobre una falla sísmica activa (como la del norte de San Diego). Japón manifestó que se reconocía el peligro, pero aseguró que no había otro lugar donde construirla.

Dale van Atta, periodista investigador, escribió un artículo en un periódico en julio de 1996, añadiendo un nuevo aspecto a la constante pesadilla nuclear. En una conferencia afirmó que la amenaza de un ataque nuclear en suelo estadounidense es más real que nunca. Lo consideró inevitable, y dijo que podía ocurrir en los próximos diez años, tal vez cinco, con Nueva York como posible objetivo. Su información se basaba en fuentes de la inteligencia norteamericana. Manifestó que la amenaza número uno sigue siendo Rusia, por las miles de bombas nucleares que permanecen en esa vasta nación, muchas de las cuales carecen de dispositivos de seguridad. Dijo que la situación económica de Rusia es tan precaria que estará dispuesta a vender las armas y uranio de alta calidad para garantizarse una moneda firme para el futuro.

Gran parte de la nueva información que he recibido se relaciona con el descubrimiento de dos nuevos cometas: Hyakutake y Hale-Bopp. En muchas cuartetas Nostradamus mencionó cometas en diversos simbolismos, y éstos se vinculaban directamente a acontecimientos que ocurrirían durante los «Tiempos Difíciles».

CENTURIA II-46 (volumen I): «En el cielo se verá un fuego que arrastra una cola de chispas». (Cuarteta que se refiere al hambre en África.)

CENTURIA II-62 (volumen I): «[...] cuando el cometa pase». (Alusión a los «Tiempos Difíciles», refiriéndose especialmente a Mabus [Sadam Husein].) En el otoño de 1996 volvió a asomar la cabeza, así que esta profecía sigue en fase de realización.

CENTURIA IV-67 (volumen I): «[...] un largo meteoro». (La cuarteta árida. Grandes alteraciones geológicas. Terremotos y volcanes afectan al clima. Un cometa antes desconocido, muy brillante, que se ve a simple vista.)

CENTURIA II-15 (volumen I): «Un cometa barbado». (Un cometa importante claramente visible en el cielo del hemisferio norte. Señales que conducen al asesinato del Papa actual.)

CENTURIA II-96 (volumen I): «Una antorcha ardiendo se verá en el cielo nocturno». (Acontecimientos anteriores al momento en que el Anticristo llega al poder total.)

CENTURIA VI-6 (volumen III): «Un cometa barbado». (Acontecimientos vinculados a la sucesión de los últimos Papas. También se refiere a la subida del Anticristo.)

Cuando se escribieron los libros, el principal cometa que se esperaba ver en ese tiempo era el Haley. Sin embargo, en algunas de las cuartetas Nostradamus describía un nuevo cometa del que nada sabían los científicos. Esto encajaba claramente con las características de los cometas Hyakutake y Hale-Bopp. Eran desconocidos hasta que recientemente, en 1995 y 1996, fueron descubiertos; sus datos coinciden con otras señales astrológicas mencionadas en las cuartetas.

Información de Goro Adachi sacada de Internet

CENTURIA VI-97 (volumen I, p. 251): «A 45 grados el cielo arderá». En el momento del perihelio (punto más cercano al Sol, abril de 1997), la distancia angular del cometa Hale-Bopp (elongación) en el cielo desde el Sol será de aproximadamente 45 grados. Y se encontrará en el cielo del norte en una declinación de +45 grados (lo que significa que el cometa se hallará precisamente sobre esa latitud geográfica [45 grados]). Su mayor acercamiento a la Tierra será el 23 de marzo de 1997.

Algunos de los lugares que se encuentran en la latitud 45 grados son Lyon, Francia; Belgrado, Serbia (y toda la región de la antigua Yugoslavia); Tuzla, Bosnia. En los 45 grados de longitud está Bagdad, lrak. Las pruebas nucleares de Francia empezaron con el descubrimiento de Hale-Bopp. OTAN/Estados Unidos entraron en la guerra civil bosnia con base norteamericana en la ciudad de Tuzla. La conexión con Irak y Sadam Husein es obvia.

El cometa Hale-Bopp tiene una órbita de más de tres mil años. Se trata de una elipse muy alargada. Este comentario sobre la órbita elíptica era muy similar a la alusión de Nostradamus a una nueva estrella que sería descubierta. En el volumen III lo revelaba: «Descubriremos dos planetas más, y provocarán un tremendo interés. Los dos planetas pertenecen a otro sistema solar que tiene una estrella binaria (dos estrellas, o dos soles). Hubo dos estrellas que explotaron, y estos planetas fueron lanzados a nuestra órbita. Nuestro sistema solar y ese sistema solar se encuentran superpuestos ahora. Urano, Neptuno, Plutón y estos dos nuevos planetas antes formaban parte de este otro sistema solar. No están en una órbita exacta, pero son atraídos por el Sol, como Plutón. Tienen un grado de arco más amplio. La estrella binaria era un sistema más antiguo, y explotó y se consumió en su propio fuego».

También en mi libro Jesús y los esenios, los esenios conocían la existencia de otra estrella. Tenían un modelo del sistema solar que estaba en movimiento perpetuo. El modelo contenía diez planetas, y el que desconocemos, para nosotros tenía una órbita alargada, elíptica.

Probablemente estas dos referencias aisladas en mis libros se refieren más a planetas actuales que a cometas. Sin embargo, es interesante que en ambos casos se mencione una órbita elíptica.

Goro Adachi descubrió una información sorprendente en la CENTURIA IV-67 (volumen I, p. 173) que contribuyó enormemente al trabajo de este libro.

«En el año en que Saturno y Marte son igualmente ardientes, el aire es muy seco, un largo meteoro. Desde fuegos ocultos un gran lugar arde con calor, poca lluvia, un viento ardiente, guerras y ataques por sorpresa.»

«El año en que Saturno y Marte son igualmente ardientes.» Goro pensó que esa línea podría significar que Saturno y Marte eran de un mismo signo de fuego. Lo descubrió durante el tiempo, entre 1996 y 1998, en el que Saturno permanecería en Aries durante todo ese lapso y Marte estaría dos veces en Aries, presentando dos ventanas: Marte en Aries: 7 de abril-3 de mayo de 1996 y 5 de marzo-15 de abril de 1998.

En la transcripción, Brenda expresó: «Cuando Saturno está en un signo de fuego y en el tiempo en el que el Sol se mueve hacia un signo de fuego, habrá un cometa. Éste será muy brillante, y se verá con facilidad. Pero, tal vez, hasta entonces será desconocido. Esto coincide con el tiempo de grandes alteraciones geológicas».

Resulta interesante que Brenda no mencione Marte, sino que se refiera a la posición del Sol. Increíblemente, la mención del Sol (que no aparece en la cuarteta) deja claro que el cometa es Hale-Bopp. Hale-Bopp se descubrió el 23 de julio de 1995 y el Sol estaba en Leo (un signo de fuego) desde el 24 de julio-24 agosto de 1995. También el perihelio del Hale-Bopp se produce alrededor del 30 de marzo de 1997, cuando el Sol está en Aries (un signo de fuego) desde el 21 de marzo-21 de abril de 1997.

Cuando Goro puso esta información en Internet, un lector le dijo que «Saturno y Marte esgaux combuste» es un término astrológico antiguo que en realidad significa que arde o «se combina con el Sol». Resulta cada vez más evidente que esta información no podía proceder de Brenda, puesto que ella no poseía conocimientos de astrología. La referencia a la posición del Sol tenía que venir directamente de Nostradamus. Podemos ver que la información coincidía en realidad con la cuarteta original en francés.

Más tarde, cuando se descubrió el cometa Hyakutake, le preguntaron a Goro de qué forma influiría esto en las profecías. Su conclusión es que no contradice, sino que ratifica, la validez de la información. Las cuartetas que mencionan cometas durante los Tiempos Difíciles podrían referirse a estos dos, puesto que Nostradamus consideraba que los cometas eran presagios, «precursores de fatalidades». En enero de 1996, Hyakutake fue descubierto y su máxima aproximación a la Tierra se produjo el 25 de marzo de 1996. Fue brillante en el cielo entre marzo y mayo. El perihelio (punto máximo de aproximación al Sol) fue el 1 de mayo. La declinación del Hyakutake fue a +45 grados el 6 de abril (Aries, signo de fuego), y su elongación fue de 45 grados el 7 de abril. ¿Coincidencia? Goro descubrió que ambos cometas (Hyakutake y Hale-Bopp) encajaban perfectamente en la CENTURIA IV-67, y podía ser exacto teniendo en cuenta la profundidad que Nostradamus daba a sus cuartetas. A menudo se refieren a más de un acontecimiento; fue un absoluto genio capaz de meter una increíble cantidad de información en las engañosas cuatro líneas de una cuarteta. Goro cree que la importancia de toda esta confirmación astrológica y astronómica es que está intentando decirnos: ¡HA LLEGADO LA HORA! 1996 es el comienzo «oficial» del cumplimiento de muchas de las profecías pronosticadas para los Tiempos Difíciles.

Goro también tenía otra interesante información relacionada con la CENTURIA V-92. «Después de que la SEDE ha estado ocupada 17 años, cinco cambiarán en el mismo período de tiempo. Entonces, en el mismo tiempo se elegirá a uno que no resultará completamente del agrado de los romanos».

Durante mi trabajo con Nostradamus interpretamos todas las cuartetas conocidas, pero había que incluir muchas más en los libros (aunque había tres volúmenes). Me dijeron que me concentrara en los acontecimientos que sobrevendrían en los veinte años siguientes (a partir de 1989). En el proceso de eliminación, los libros sólo incluían aproximadamente la mitad de nuestras interpretaciones. Muchas de las que fueron excluidas tenían que ver con el pasado, y muchas eran repetitivas o no añadían información nueva a la situación previsible que trataba de presentar. Me suelen preguntar con frecuencia si habrá un cuarto volumen que contenga las cuartetas excluidas. No lo creo, porque no me parece que contengan mucha más información nueva. Creo que un cuarto volumen sería contraproducente.

La CENTURIA V-92 fue una de las que no logró introducirse en las ediciones finales. Yo me acordaba de la cuarteta y, después de ver la reseña de Goro basada en información de Internet, busqué por los cientos de páginas de transcripciones para localizarla. Según mis archivos, fue interpretada por Brenda en julio de 1989. Esta parte de la transcripción era breve, así que la incluiré aquí para que se pueda comparar con las conclusiones de Goro Adachi. Es interesante observar la semejanza, porque hasta ahora ninguna persona más ha visto nuestra interpretación.

Brenda: Dice que esta cuarteta se está cumpliendo. Se refiere a la elección de los Papas a la cabeza de la Iglesia Católica Romana. Dice que estamos pasando por los cinco que serán elegidos en el mismo lapso; la parte central de la cuarteta.

Dolores: ¿Quieres decir que las otras se referían al pasado?

B.: Sí. Dice que la primera línea se refiere a un Papa que ocupó la sede pontificia durante diecisiete años, un período más bien largo. Luego, la línea siguiente habla de cinco que serán elegidos en el mismo lapso. Dice que eso significa que en los próximos diecisiete años habrá cinco Papas. Después elegirán a uno que no será del agrado de los romanos. Dice que eso se refiere al Papa que viene después de esos cinco. Será muy impopular.

D.: ¿Ése será el último Papa? (Sí.) Imagino que ésa es una de las razones por las que será impopular. Es el último Papa de la Iglesia Católica.

Una de las razones por las que no incluí esta cuarteta en los libros es que consideré que esa información ya se había cubierto. Otra razón fue que no lograba que la secuencia numérica me saliera correctamente en mi investigación. Al parecer, Goro Adachi ha sido capaz de hacer lo que yo no pude, aunque nunca ha visto nuestra interpretación.

Descubrimiento de Coro en Internet

El 17 de octubre de 1995, el papa Juan Pablo II lleva 17 años ocupando la Santa Sede. Si la anterior cuarteta se refería a Juan Pablo II, no debería seguir vivo. No parece referirse a él si se toma en cuenta la segunda línea: «Cinco Papas seguirán consecutivamente», porque Nostradamus indicó en varias cuartetas que sólo habría dos Papas después del actual. Esto también se comprobó con las predicciones de san Malaquías (véase el volumen III, de próxima aparición). Goro descubrió que hubo un Papa que ocupó la Santa Sede durante exactamente 17 años: Pío XI (febrero de 1922-febrero de 1939). Los cinco Papas siguientes fueron: Pío XII, Juan XXIII, Pablo VI, Juan Pablo I y el Papa actual, Juan Pablo II.

Goro sólo comete un pequeño error respecto a la última línea, y es discutible, porque su interpretación también encajaría. Quiere cambiar la expresión: «Entonces se elegirá a uno en el mismo período...» por: «Entonces se elegirá a uno de la misma duración». Según mi diccionario de francés, temps puede traducirse como 'tiempo' o 'duración', de modo que esto encajaría. Con esto quiso decir que ambos Papas (Pío XI y Juan Pablo II) estarían en el cargo durante el mismo tiempo, y que Juan Pablo II sería distinto de otros Papas.
«Uno que no será muy cómodo para los romanos», queriendo decir que Juan Pablo II era el primer Papa no italiano desde Adriano VI (1522-1523).

En nuestra interpretación Nostradamus se refería al último Papa, el Papa del Anticristo, que no sería grato para Italia por el daño que le hará a la Iglesia Católica. En mi opinión, es posible que la interpretación de Goro sea también aceptable. He trabajado con Nostradamus durante tanto tiempo que he llegado a conocer su manera de pensar. De las personas que me han escrito, Goro parece ser la primera capaz de introducirse en la mente de Nostradamus de la misma manera, y valorar el genio del gran hombre.

A través de sus deducciones, Goro ha dado con dos lugares (Lyon, Francia, y Belgrado, Yugoslavia) como posibles ubicaciones del asesinato del Papa actual. He recibido información de uno de mis lectores sobre astrocartografía. Se trata de un complicado proceso astrológico en el que se coloca el horóscopo sobre un mapa del mundo, y se pueden determinar muchas cosas, entre ellas el lugar de la muerte. El gráfico resultante tiene un gran parecido con el gráfico de los biorritmos. El lector demostró hasta qué punto un gráfico semejante señaló correctamente que el presidente J. F. Kennedy moriría en Dallas y Martin Luther King Jr., en Memphis. Según la astrocartografía del actual Papa, él morirá en Be/grado. Esta información me fue proporcionada en 1991, y desde entonces al Papa no le han permitido entrar en Yugoslavia. Tal vez ésta sea la razón por la que no se ha producido aún el asesinato. Quizás la historia puede ser cambiada y esta predicción puede desviarse si él permanece lejos de ese país.

La CENTURIA V-15 (volumen III): «El Papa actual viaja constantemente de un lado a otro a los diversos puntos de la Tierra para visitar secciones de la Iglesia Católica. Esto le pone en peligro porque no le pueden proteger como es debido. A los cardenales y otras personas les preocupa esto, pero no pueden hacer nada porque el Papa insiste. Nostradamus dice que en su espejo ve que alguien asesinará al Papa en un lugar donde ha habido disturbios». ¿Esto se refiere también a Belgrado, porque en Francia no ha habido disturbios comparables?

Cuando escribía estos libros, no podía entender qué utilidad tendría el asesinato de un líder religioso. Pero ahora, a finales de los años noventa, es obvio que encaja con el terrorismo. Nostradamus dijo que habría un aumento del terrorismo durante los Tiempos Difíciles, porque una forma de hacer una guerra es desmoralizar al enemigo. Lo lógico sería asestar un golpe en lo que más le duele a un país: su herencia cultural y religiosa. Los terroristas pretenden crear miedo luchando desde las sombras. Nostradamus también dijo que durante los Tiempos Difíciles aumentarían los asesinatos de líderes mundiales. Se volvería algo tan común que nadie hablaría de ello. Ciertamente, esa predicción se ha materializado.

La CENTURIA IV-67 continúa. Esta cuarteta menciona sequías. Nostradamus la llamó su «cuarteta árida». En 1996, la zona de las Grandes Praderas/región del trigo (parte central de Estados Unidos), donde se concentran las mayores plantaciones de trigo del país, fue afectada por una GRAVE sequía. Fue probablemente la peor sequía en medio siglo. Algunos expertos calificaron la situación como la peor desde los días de los ventarrones de polvo en los años treinta. Las reservas de trigo cayeron al nivel más bajo en medio siglo, y las de maíz alcanzaron el punto más bajo en veinte años. La sequía también afectó a la industria ganadera (sobre todo el ganado lechero). Los pastizales estaban demasiado secos para aumentar el ganado y los elevados precios de los cereales imposibilitaban que muchos granjeros pudiesen comprarlos para forraje. Desde el sur de Kansas hasta Texas, una de las peores sequías que se recuerde empujó a miles de granjeros que se hallaban al borde de la ruina económica hacia las Grandes Praderas; en algunas zonas vendieron su ganado espoleados por el pánico. Se dijo que era la primera vez que los granjeros vendían al matadero vacas preñadas. Se esperaba que esto afectaría tanto a la producción de lácteos como a la de carne.

La CENTURIA III-42 (vol. II, p. 170) parece referirse a la misma «cuarteta árida». «Esto representa hambruna mundial. Veo muchas granjas, viñas y huertos, pero todo está totalmente seco. Los campos parecen estar abrasados por el sol.» Cuando se le preguntaba cuándo ocurriría esto, Nostradamus respondía: «Muy pronto en su tiempo actual». E indicaba que sería antes de que el Anticristo llegara al poder, y se valdría de esto como una de sus armas.

Si se desea información más detallada de los descubrimientos de Goro Adachi, su dirección en Internet es adachi@cris.com. Su página web es:

http://www.concentric.net/-adachi/prophecy/prophecy.html

A principios de los años noventa, yo estaba expuesta a algunas sorpresas muy extrañas cuando empecé a dar conferencias sobre el material de Nostradamus. Cuando escribí los dos primeros libros, no había investigado los complicados conceptos científicos. Me sentía como una hoja de papel en blanco sin ideas preconcebidas. También me decían que no censurara nada del material y que lo presentara tal como me era entregado. Difícil de hacer, dada la naturaleza extremadamente seria de una parte del mismo. Había muchos casos en los que quise cambiarlo o bajar el tono, por miedo a meterme en problemas con las autoridades o los expertos. En vez de ello, obedecí fielmente y presenté el material en la manera en que me fue dado, actuando sólo como el reportero objetivo que no se atribuye el mérito de su contenido.

En algunas de mis primeras conferencias, personas de la audiencia empezaron a ilustrarme sobre la semejanza de algún material con otras fuentes escritas. Esto no me confundía, sino que me invadía una sensación de admiración, ya que las visiones de Nostradamus realmente podrían basarse en hechos si los demás reconocían sus implicaciones. Además, me llenaba de terror la posibilidad de que las predicciones se aproximaran a su cumplimiento si mis lectores y oyentes fueran capaces de reconocer e identificar elementos que para mí eran extraños y desconocidos.

Después de hablar en una conferencia sobre armamento en fase experimental (capítulo 19, volumen I), me abordó un hombre en el vestíbulo que dijo: «Su información sobre armas secretas no es una ficción científica. Lo sé porque yo trabajo en eso». Este anuncio me produjo escalofríos. ¿Tenía razón Nostradamus cuando afirmó que gran parte del armamento ya estaba inventado y se trabajaba en él en laboratorios secretos? ¿Tenía razón cuando nos dijo que gran parte de lo que veía ya existía y el gobierno lo guardaba en un lugar secreto? Durante la Segunda Guerra Mundial, el experimento de la bomba atómica fue el secreto mejor guardado del mundo. Si un proyecto de tales características mortales podía guardarse en secreto, ¿cuántos otros conceptos futuristas con posibilidades destructivas cada vez mayores se están preparando también?

En el volumen I hablábamos de máquinas para terremotos, máquinas para el control climático y experimentos para la alteración del tiempo. Mis lectores y oyentes me preguntaban si conocía la obra de Nikola Tesla. En aquel entonces supe que había sido un famoso científico adelantado a su tiempo de los años veinte y treinta. Sus milagrosos inventos fueron considerados tonterías y no se continua- ron. Se dijo que Rusia mostraba más interés en sus conceptos que Estados Unidos, y que ellos continuaron sus experimentos. (Véase la CENTURIA I-6, volumen I, p. 241 y la CENTURIA II-91, volumen I, p. 127 para las cuartetas que hablan de los inventos rusos que se parecen a la tecnología Tesla.) También se dijo que cuando Tesla murió, en 1943, el FBI registró su apartamento, y que las notas de su investigación más importante desaparecieron. Con esta idea en mente, es posible que las máquinas que vio Nostradamus fueran una extensión del concepto original de Tesla. A Tesla se le reconoce el invento de la CA (corriente alterna) utilizada en sistemas eléctricos. Eran sus ideas más radicales lo que molestaba a los inversores de su tiempo. Afirmaba haber descubierto un modo de proporcionar electricidad gratuita a todo el mundo sin utilizar cables. Desde luego, los buitres ávidos de dinero nunca estarían de acuerdo en apoyar semejante invento, y la idea fue enterrada. Tesla mostró también una máquina sísmica que utilizaba vibraciones. Todo esto es demasiado parecido a lo que contempló Nostradamus para que sea una coincidencia.

En 1996, empezó a aparecer información sobre el proyecto HAARP en Alaska, que parecía llevar hasta sus últimas y más desastrosas consecuencias las originales tecnologías de Tesla. La tecnología escalar de la Guerra de las Galaxias está inspirada en las ideas de Tesla. Las patentes expresan que la obra de Nikola Tesla constituía, a principios de 1990, la base de la investigación para el HAARP.

HAARP.: High-frequency Active Auroral Research Program (Programa de Investigación de Aurora Activa de Alta Frecuencia) El sistema HAARP es una herramienta, un transmisor de radiofrecuencia y un sistema emisor de enorme potencia. Una vez terminado, se espera que produzca rayos de por lo menos 10.000 millones de vatios, y que posteriormente alcance los 100.000 millones de vatios de potencia generada. Las Fuerzas Armadas manifestaron su entusiasmo ante la posibilidad de «hacerse» con el control de la ionosfera y doblegarla hasta amoldarla a sus propósitos. El primer objetivo es el electrojet: un chorro de electricidad que fluye por el cielo a través de miles de kilómetros y desciende hasta el casquete polar. En este proyecto, el electrojet se convertirá en una antena artificial vibrante para enviar radiación electromagnética en forma de lluvia a la Tierra. La máquina también es capaz de realizar tomografías que penetran la corteza terrestre (como «rayos X» de la Tierra) en la mayor parte del hemisferio norte. Una capacidad semejante permitiría la detección y ubicación exacta de túneles y otros refugios subterráneos.

La manipulación de electrones y iones atrapados en la superficie terrestre puede interferir o causar una completa interrupción de sistemas guía empleados incluso por los más sofisticados aviones y misiles. La capacidad de transmitir ondas electromagnéticas de diversas frecuencias sobre zonas muy amplias puede obstaculizar simultáneamente todo tipo de comunicación por tierra, mar y aire.

Los defensores del medio ambiente están preocupados por el efecto que tendrá esto en animales y humanos en la zona de sondeos terrestres. Interferirá en las pautas migratorias de vida salvaje, que dependen de un campo energético inalterado para encontrar sus rutas. La frecuencia empleada en este experimento es la misma en la que funciona el cerebro humano. El impacto en las personas como arma no letal no ha pasado desapercibido y ya ha sido objeto de experimentación. A las tecnologías no letales se les llama ahora «sistemas invalidantes». Como arma no letal puede causar confusión en tropas enemigas o, simplemente, adormecerlas.

Los expertos afirman que una de las tareas del Ejército sería establecer una nueva escala de valores norteamericanos para que se acepten nuevas armas. La idea es inducir a creer mediante el adoctrinamiento, en vez de exponer todos los hechos de modo que una persona pueda analizar los temas y tomar decisiones razonadas. Puede expresarse mejor como «propaganda en oposición a persuasión por medio de la razón».

Los portavoces de HAARP lo describen como mera investigación científica de la aurora boreal (luces del norte) y estudio de la capacidad de la ionosfera para influir en las comunicaciones. Las Fuerzas Armadas dicen que no habría más perturbaciones magnéticas que las que ocurren de forma natural, por ejemplo las tormentas solares.

Aunque está financiado por las fuerzas aéreas y navales de Estados Unidos, ellos aseguran que no se trata de un sistema de armas, que el HAARP puede emplearse para mejorar las comunicaciones submarinas, sustituir el sistema de radares terrestres y destruir comunicaciones en una zona extremadamente extensa, a la vez que mantiene en funcionamiento sistemas de comunicación controlados por operador. La tomografía de penetración de la corteza terrestre podría ser una herramienta de sondeos geofísicos para encontrar petróleo, gas y depósitos minerales en una amplia zona geográfica. Podría utilizarse para detectar la entrada de aviones que vuelan a baja altura y misiles balísticos.

En la superficie, parece un inofensivo proyecto de investigación. En una perspectiva más amplia, se parece al secreto Proyecto Manhattan que produjo la bomba atómica. En su tiempo, durante la Segunda Guerra Mundial, fue el secreto mejor guardado de la historia. El Congreso ni siquiera sabía lo que estaban financiando, porque el dinero se encauzaba a través de varios canales a los que era difícil seguir la pista. Esto aún continúa; son los llamados «proyectos de presupuesto negro». Investigué mucho el desarrollo de la bomba atómica. Esto se incluye más detalladamente en mi libro *A Soul Remembers Hiroshima* ('Un alma recuerda Hiroshima'). En los años cuarenta, los secretos eran más fáciles de guardar porque nuestras mentes se hallaban ocupadas y concentradas en la guerra, y a través de los periódicos, la radio y los noticiarios cinematográficos sólo nos decían lo que necesitábamos saber. Ahora, con los ordenadores, la televisión, la radio e Internet, el conocimiento puede llegar casi instantáneamente. No es de sorprender que el gobierno esté intentando reglamentar la Red.

En 1995, el Senado norteamericano congeló temporalmente la financiación del programa HAARP. Sin embargo, el proyecto siguió avanzando, con fondos de fuentes desconocidas.

Mi información sobre este formidable experimento procede principalmente del libro *Angels don't Play this HAARP* ('Los ángeles no tocan esta ARPA')* de Jeanne Manning y el doctor Nick Begich. Publicado en 1995 por Earthpulse Press, P.O. Box 201393,

Anchorage, Alaska 99520. Está extraordinariamente bien investigado y documentado con extensas notas al pie que incluyen las fuen- tes de información.

*-La sigla HAARP se parece, en inglés, al término harp, que significa 'arpa'. (N. de la t.)

Esta información no se escribe aquí puramente para meter miedo en el cuerpo. Es de nuestro mayor interés conocer las capacidades que pueden utilizarse contra nosotros. No significa que así será, pero el conocimiento es la primera línea de defensa.

HAARP es un conjunto de antenas ubicadas en Gakona, Alaska, donde hay aproximadamente un habitante por kilómetro cuadrado. Un lugar perfecto para experimentos secretos. Se generan ondas electromagnéticas VLF (frecuencia ultra baja) y ELF (frecuencia extremadamente baja) y se envían a este conjunto de antenas. Las ondas electromagnéticas ELF pueden tener efectos positivos o negativos, dependiendo del propósito del operador. Pueden sanar o destruir.

El proyecto HAARP abarcará una superficie de 13,35 hectá- reas; con el tiempo, proyecta instalar 360 antenas de casi 22 metros de altura. Se calcula que estará terminado y en pleno funcionamiento antes de 2002. El plan prevé empezar a experimentar a principios de 1997 produciendo mediante calor o vibración agujeros en la atmósfera de casi cincuenta kilómetros de ancho sobre la zona de experimentación, como un gigantesco horno de microondas. El enorme conjunto de antenas dispararía a la atmósfera un rayo de 1.000 millones de vatios de potencia electromagnética en forma de radiofrecuencias. ¡Será el mayor «mando a distancia» del mundo! Harán un agujero, medirán los resultados, luego harán otro agujero, y así sucesivamente. Calculan que cada uno de estos agujeros tardará unos tres meses en cerrarse, y los datos que obtengan les indicarán cómo enfocar el siguiente espejo virtual. HAARP descargará de golpe enormes cantidades de energía hacia la alta atmósfera, y nadie sabe qué ocurrirá. Con experimentos de este calibre, podría hacerse un daño irreparable en poco tiempo.

Una vez terminado, HAARP será el «calentador» más grande del mundo, lo más potente de todo lo que existe. Se desconocen los efectos una vez liberada la energía más allá de ciertos umbrales. Al HAARP se le ha llamado el «vándalo del cielo» o el «Supercalefactor». Con este sistema no hacen falta satélites para dirigir al cielo la energía generada. Las señales de alta frecuencia que se crean para ionizar la energía en la alta atmósfera, que está compuesta principalmente de nitrógeno. Este ingenioso invento sustituye los satélites por antenas terrestres. A alturas muy elevadas, los efectos se multiplicarían si se utilizara un nivel de potencia suficientemente elevado. Es una norma que una pequeña cantidad de energía absorbida puede producir un gran rendimiento. Los efectos se crean por resonancia y no por manipulación directa.

Las instalaciones de investigación asociadas con HAARP se encuentran en Arecibo, Puerto Rico, y Fairbanks, Alaska. Otras están en Tromso, Noruega; Moscú, Nizhny Novgorod y Apatity en Rusia; Jarkov, Ucrania; y Dushanbé, Tayikistán. No obstante, ninguno de los sistemas existentes tiene la capacidad para combinar frecuencias y la agilidad para dirigir la radiación que requiere la realización de los experimentos proyectados para HAARP. Pero HAARP es parte de un esfuerzo global de cooperación entre Rusia, Canadá, Japón, Groenlandia, Noruega, Finlandia, Nueva Zelanda, etc. Otros emplazamientos de transmisión se encuentran en Groenlandia, el Pacífico Sur, Japón y Europa. Se pueden realizar experimentos con todos estos transmisores adicionales funcionando juntos; de este modo se crearía un efecto mucho mayor.

Los científicos han estudiado las sensibilidades de células vivas y sistemas nerviosos, y afirman que no hacen falta fuertes campos magnéticos para que se noten las consecuencias. Las fluctuaciones de campos muy débiles pueden afectar palpablemente el nivel de vida celular.

La estratosfera y la ionosfera son barreras protectoras en torno a la Tierra que impiden la llegada de rayos cósmicos nocivos a la superficie. Ya de por sí se hallan en condiciones delicadas y frágiles debido en parte a experimentos anteriores. El doctor Daniel Winter afirma que: «Ciertas características de la malla magnética mantienen una atmósfera de protección alrededor de un planeta. Marte perdió su atmósfera y nosotros estamos perdiendo la nuestra. El polo orbital de la Tierra se está desviando radicalmente de su ángulo de inclinación -con la desestabilización de la órbita lunar- y se está debilitando la capacidad de conservar la atmósfera y el ozono, espe- cialmente en los polos. El planeta es muy sensible al rebote de semejante potencia de entrada y salida de la atmósfera. HAARP está listo para tajar una enorme porción en el fractal de la Alaska magnética. Esta alteración de carga repercutirá en la Tierra, como la herida de un desgarro que no se cierra».

Los científicos dicen que HAARP no hará «agujeros» en la ionosfera. Ésa es una declaración exageradamente modesta del efecto que tendrá el gigantesco rayo de gigavatios. Debido al giro axial de la Tierra, un estallido que dure más de unos pocos minutos perforará la ionosfera como un cuchillo de microondas. Esto no producirá un «agujero», sino un profundo desgarro: una incisión.

Una de las profecías de Nostradamus se asemeja claramente al proyecto HAARP. CENTURIA I-46 (volumen I, p. 244): «Esta cuarteta se refiere a un acontecimiento que inicialmente desatará la mano del hombre, pero básicamente será un desastre natural. Habrá un grupo de doctores (científicos) que investigarán los poderes de los diversos campos energéticos de la Tierra. Intentarán aprovechar estos poderes y utilizarlos para diversos propósitos, entre ellos la guerra. Con el tiempo, al final empezarán a experimentar directamente en el campo de la física, y desgarrarán accidentalmente uno de los campos de la Tierra de tal forma que lanzarán al espacio un rayo de energía que atraerá una corriente de meteoritos hacia la Tierra. Esto ocurrirá alrededor del mar del Norte. Los meteoritos serán atraídos hacia la Tierra debido a esta alteración de los campos energéticos que la rodean. Y puesto que andan por ahí en todas partes, seguirán viniendo hasta que los científicos sean capaces de reparar el daño. Han ocasionado un grave desgarro en el campo que lo desequilibra todo. Su instrumentación aún está en fase experimental, no la han perfeccionado lo suficiente como para hacer que las cosas recuperen su equilibrio. Así que, mientras tratan de reparar el daño, sobreviene un terremoto poco después de producirse la tensión. Como este proyecto será muy peligroso, el gobierno lo mantendrá en secreto. Para el mundo en general será como un fenómeno natural. Así quedará inscrito en los textos de historia del futuro, porque el papel que desempeñan los científicos es un secreto tan importante para los gobiernos implicados que no permitirán que salga a la luz ese conocimiento».

En la cuarteta se dice que la perturbación (desgarro) de la atmósfera ocurre en torno al mar del Norte. Éste podría ser el sitio donde está uno de los transmisores. O el lugar donde rebote de vuelta a la Tierra, porque los rayos rebotarían, añadiéndose al efecto de desgarro que se produciría en una zona distinta de la prevista.

CENTURIA I-22 (volumen I, p. 166): esta cuarteta describe una máquina para manipular el clima similar al programa HAARP. «La humanidad habrá descubierto cierta clase de artefactos para moderar el clima y tener derecho a decidir el tipo de clima deseado. Las máquinas que se encargan de realizar estos cómputos y cálculos llegarán a ser demasiado listas en su propio beneficio. En consecuencia, un fallo en su programación, que no se detectará hasta que sea demasiado tarde, alterará el clima accidentalmente hasta el grado de provocar un gran daño con hielo y granizo extemporáneo. Los hombres que controlen esto no se darán cuenta de que, si se fuerza el clima para hacer algo durante un tiempo demasiado prolongado, la pauta natural terminará por vencer la interferencia y quizá cause un clima intempestivo mientras intenta equilibrar las cosas de nuevo. Como resultado, estos ordenadores, aunque pretenden vencer las fuerzas naturales, que a su vez intentan equilibrarse, quemarán un fusible, por así decirlo, y la avería los dejará inservibles.»

De nuevo en la CENTURIA X-70 (volumen I): uno de los múltiples significados de esta cuarteta se refiere a «un tipo de artefacto atómico, no exactamente una bomba, que cuando estalla afectará al clima del planeta. Desplazará una masa de aire que trastornará el equilibro de calor y frío hasta tal punto que desencadenará un efecto invernadero y el viento soplará de forma extremada produciendo cambios drásticos en el clima, lo que a su vez afectará a la agricultura».

También en la CENTURIA X-71 (volumen I, p. 198) se refiere al mismo artefacto: «La congelación de la tierra y el aire es otro efecto del artefacto atómico que lo desorganizará todo. Se emprenderán toda clase de soluciones para compensar lo ocurrido, pero no lo conseguirán, a pesar de las buenas palabras de los gobiernos a sus pueblos para que mantengan la calma».

Máquinas como las de HAARP también podrían tener un efecto en los vientos e influir en una masa atmosférica como la vinculada con El Niño. El Niño es un cambio periódico en las corrientes marinas que ha alterado los modelos climáticos en el pasado. En la CENTURIA IV-15 (volumen III) se explica cómo la manipulación de El Niño puede influir en el clima mundial.

¿Podría el término «fuegos secretos» en la CENTURIA IV-67 (volumen I) referirse a HAARP o a alguna otra arma militar secreta? ¿A una especie de artefacto peligroso oculto para el público en general?

La Tierra y las formas de vida en ella vibran y resuenan en armonía. La energía radiante del Sol y las materias y vibraciones de la Tierra dan soporte a la vida. Las fuentes inventadas por el hombre ya están alterando esa armonía. Los investigadores han observado que las últimas tecnologías tienen como objetivo proteger al hombre de la naturaleza, «conquistarla» y controlarla, al tiempo que siguen diseñando armas más poderosas, sistemas con los cuales se puede hacer desaparecer más eficazmente todo tipo de vida en el planeta. Los autores de *Angels don't Play this HAARP* dicen que los inventores del proyecto HAARP son suicidas al menospreciar las consecuencias para todo nuestro planeta.

Las deliberadas perturbaciones ionosféricas podrían repercutir en las materias de la Tierra y desencadenar un terremoto. Nostradamus describió en la CENTURIA IX-83 (volumen I) una máquina de terremotos con características similares. Un artículo periodístico de marzo de 1993 reveló la realidad y existencia de una máquina tan increíble. Un extracto: «En territorio georgiano (Unión Soviética) existen instalaciones militares estratégicas, como el laboratorio tectónico en Eshera, cerca de la capital de Abjasia, Sujumi. El presidente de Georgia, Sheverdnadze, afirma que estas instalaciones están involucradas en experimentos para provocar terremotos de forma dirigida para "controlar toda la región de Oriente Próximo"». Esta información se publicó después de que estas regiones se separaran de la Unión Soviética. Tenían miedo de que, debido a estas armas estratégicas, los funcionarios del gobierno de la Unión Soviética no impidieran su desanexión y podrían intentar recuperar estos terrenos.

Otra teoría es que, literalmente, se puede hacer ingeniería genética con HAARP usando la frecuencia que resuena con el ADN, y de ese modo abrirla y cerrarla. La aniquilación de partículas (del acelerador de partículas) libera un patrón que controla la forma en que el ADN se reorganiza por sí solo. La programación genética sugiere algo que va más allá del prospecto de la guerra biológica. También incluye la posibilidad de revolver o reorganizar nuestro ADN. Un científico expresó que si este sistema se emitiera de forma dirigida a toda la población, destruiría genéticamente a la raza humana.

Otro escalofriante aspecto de HAARP es su capacidad de embrollar el cerebro humano interfiriendo en sus procesos de funcionamiento normal. Al alterar estas frecuencias con ondas ELF, pueden cambiar la personalidad o el humor de la gente. Asimismo, pueden inducir a un profundo sueño. Lo describen como el mayor artefacto para control de cerebros jamás concebido. En las manos adecuadas podría beneficiar enormemente a la humanidad empleándolo para curar trastornos mentales y nerviosos, y dependencias de drogas y alcohol, entre otras cosas. Pero a los críticos de HAARP les preocupan los efectos negativos de la manipulación mental que podrían tener estas ondas en grandes grupos de personas (incluso poblaciones enteras), especialmente porque el artefacto puede activarse con control remoto desde una considerable distancia y ser prácticamente indetectable. Las Fuerzas Armadas podrían alterar las ideas de los individuos y, al mismo tiempo, saber lo que piensan. Todo esto parece ciencia-ficción, pero es claramente posible y es un hecho científico.

Nostradamus tuvo la visión de un arma semejante en la CENTURIA II-2 (volumen I). En esta cuarteta Nostradamus describe la creación de un nuevo tipo de arma. «Un tipo de onda radial que en determinadas frecuencias e intensidades puede ser letal. Puede producir un intenso dolor en las terminaciones nerviosas y destruir ciertas porciones del cerebro.» Esto se asemeja a las frecuencias HAARP, que manipulan funciones cerebrales.

Paul Schaefer manifiesta: «A menos que deseemos la muerte de nuestro planeta, debemos acabar con la producción de partículas inestables. Una primera prioridad para impedir este desastre sería cerrar todas las plantas nucleares y acabar con las pruebas de armas atómicas, guerras electrónicas y guerras de las galaxias». De todas estas cosas nos advirtió Nostradamus.

En el libro *Angels don't Play this HAARP*, los científicos siguen hablando del espíritu del mundo e intentando doblegarlo o cambiarlo para satisfacción de sus necesidades. Esto tiene visos muy semejantes a la predicción de Nostradamus de que el Anticristo intentaría controlar el espíritu mismo del mundo (volumen II). ¿Logra el Anticristo hacerse con el control de esta maquinaria? Algunas de ellas están en zonas a las que él tendría acceso (Ucrania, por ejemplo). La máquina para terremotos se menciona en el volumen I, y se dijo que el Anticristo conseguiría controlarla. ¿Se trata de la misma máquina?

El término «lluvia de partículas cargadas» se mencionó en la literatura sobre HAARP. ¿Podría ser esta lluvia de chorros de partículas la lluvia blanca que vio Nostradamus? (CENTURIAS III-18, III-19, volumen I). Estas dos cuartetas hacen referencia a la lluvia blanca: «La prolongada lluvia lechosa y el impacto de un rayo son efectos del uso de armas nucleares en esta guerra. Se usarán otras armas fantásticas basadas en conceptos que se están promoviendo actualmente [1986], de los que tú y este vehículo no tenéis ni la más remota idea en este momento, y tendrán resultados devastadores. Él usa la lluvia de leche para representar los efectos adversos que estas fantásticas armas nucleares tendrán sobre el clima y la lluvia radiactiva, entre otras cosas. Las armas utilizarán una combinación de los peores aspectos del armamento nuclear y el armamento láser, y parte de éste, cuando se dispara sobre la gente, semejará a una sustancia blanca que cae».

No es la primera vez que los científicos han experimentado sin saber el resultado de sus acciones. Cuando se creó la bomba atómica realmente ignoraban los efectos que tendría en la atmósfera cuando la detonaran. Una hipótesis era que podría haber hecho arder todos los átomos de hidrógeno en una reacción en cadena y, con ello, destruir el mundo. En el volumen III, Nostradamus dijo que esto ocurrió de hecho en otra dimensión del tiempo. Fue una situación altamente peligrosa en ese tiempo en los años cuarenta, pero el principal interés de los científicos era crear una bomba y descubrir los resultados de un experimento que había ido demasiado lejos para detenerlo. Lo mismo está ocurriendo de nuevo con HAARP. Los experimentadores admiten que desconocen cuál sería el resultado si se bombearan niveles sin precedente del poder de radiofrecuencias atravesando la alta atmósfera para calentar partes de la impredecible ionosfera.

(Parte de la siguiente información se ha extraído de la revista American Legion, octubre de 1995, del artículo titulado «St. George is Expendable» ['St. George es prescindible'].)

En el pasado, el gobierno de Estados Unidos destruyó la vida de miles de norteamericanos con sus programas secretos de pruebas atómicas en la región del sudoeste y el Pacífico.

Oficialmente, la bomba atómica sólo se ha utilizado dos veces como arma contra seres humanos. El primer caso fue en Hiroshima el 6 de agosto de 1945 y el segundo en Nagasaki el 9 de agosto de 1945. Pero la historia no toma en cuenta los 250.000 soldados rasos norteamericanos implicados en las pruebas después de la Segunda Guerra Mundial, o las decenas de miles de civiles que vivían en pequeñas comunidades en la zona alrededor del emplazamiento de pruebas de Nevada, que estuvieron expuestos a precipitaciones atmosféricas radiactivas durante casi dos décadas de pruebas atómicas a cielo abierto.

Las Fuerzas Armadas también experimentaron con civiles en hospitales sin su conocimiento. Con el pretexto de llevar a cabo tratamientos médicos, exponían a la gente a altas dosis de radiación para verificar la intensidad de los efectos que dejaba en sus cuerpos. Sólo recientemente se han dado a conocer (o descubierto) al público algunos de estos estudios.

Con gran candidez, las Fuerzas Armadas no cayeron en la cuenta de los efectos que tendría en la gente la radiación al aire libre, porque en ese tiempo no se sabía nada de los mortales efectos a largo plazo de semejantes pruebas. Pero ellos, como científicos, estaban decididos a averiguarlo. De este modo, muchos de sus experimentos se hicieron en secreto para evitar la protesta pública.

En 1946, el gobierno federal trasladó a toda la población del atolón de Bikini, en Micronesia (167 nativos), a otra isla, para que las Fuerzas Armadas pudieran realizar pruebas atómicas. En total se detonaron 23 bombas en Bikini, y 43 más en la cercana Eniwetok. La contaminación resultante ha convertido el atolón en un lugar inhabitable para siempre. A los nativos nunca se les permitió regresar. Participaron más de 42.000 militares y científicos, que desconocían el peligro al que ellos mismos estaban expuestos. Luego, para colmo de la precipitación radiactiva en la atmósfera, Rusia empezó sus propias pruebas atómicas en 1949.

En ese tiempo, las Fuerzas Armadas decidieron empezar pruebas en suelo norteamericano en 1951, e insistían en persuadir a los residentes de la zona, que no había peligro. En un período de doce años se detonaron 126 bombas atómicas en el emplazamiento de pruebas de Nevada, a pesar de las advertencias de prestigiosos científicos. En marzo de 1953, el promedio de pruebas realizadas era de una detonación atómica por semana durante tres meses. (Véase American Ground Zero: The Secret Nuclear War, por Carole Gallagher, y The Myths of August, por Stewart Udall.) Nunca se hizo ningún tipo de advertencia a los residentes de pueblos vecinos y tampoco se les aseguró que no había peligro. Desde el principio del programa de pruebas en Nevada, se reclutaron soldados rasos para pruebas nucleares y para hacer las veces de observadores y participantes, o -como más tarde dirían algunos- de conejillos de indias.

El pequeño pueblo de St. George, Utah, era un lugar que durante una docena de años sufrió inadvertidamente los efectos de las pruebas atómicas que se iniciaron en 1951. El pueblo está a 160 kilómetros al este del emplazamiento de pruebas de Nevada, y con frecuencia se hallaba en pleno camino de las nubes de polvo que las explosiones vomitaban al cielo. En un estudio presentado en 1979, se descubrió que el índice de cáncer en St. George superaba en 143 por 100 la media estatal. Sólo en leucemia infantil, la tasa de mortalidad en el sur de Utah fue un 250 por 100 más que el promedio estatal, y se cree que estas cifras son moderadas.

Una prueba en particular demuestra la negligencia que caracterizaba al programa nuclear. El 1 de marzo de 1954, una bomba de hidrógeno de 15 megatones, cuyo nombre en código era Bravo, se detonó en Bikini. Setecientas cincuenta veces más potente que la bomba lanzada en Hiroshima, la descarga vaporizó gran parte de la isla y otras dos más pequeñas. La precipitación radiactiva en la atmósfera se dispersó como lluvia por una zona de cerca de 20.000 kilómetros cuadrados y cayó en islas a casi 500 kilómetros del atolón.

En 1958, el doctor Edward Teller, conocido como el «padre de la bomba-H», viajó a Alaska con el propósito de borrar del mapa una porción sustancial de línea costera. Quería comprobar que las explosiones nucleares podían ser una herramienta para ingeniería geográfica (Proyecto Chariot). Su plan era explotar seis bombas termonucleares en la parte subterránea del cabo Thompson, Alaska, para construir un puerto. La idea era que, si el procedimiento tenía éxito, podría utilizarse para crear un nuevo canal de Panamá o de Suez. En este caso, se encontraron con la decidida oposición de los esquimales, que vivían a unos 35 kilómetros del lugar y estaban directamente encima del punto de la explosión. Tres valientes científicos que manifestaron su opinión en contra del experimento perdieron su empleo y fueron boicoteados. Pero, al menos, entre la oposición de los esquimales y los científicos lograron que el experimento no se llevara a cabo. Los científicos pudieron trasladar sus experimentos a Nevada, donde la población no presentó objeciones, y el gobierno no reveló el daño sino hasta décadas más tarde.

También en 1958, el mismo año en que se descubrieron los cinturones radiactivos de Van Allen, la Marina norteamericana hizo estallar tres bombas nucleares en el cinturón (Proyecto Argus). El consejero de la Casa Blanca dijo que el Departamento de Defensa estaba investigando formas de manipular los cambios de «tierra y cielo, y de ese modo influir en el clima» usando «un rayo electrónico para ionizar o desionizar la atmósfera en una zona determinada». Los cinturones de Van Allen son zonas de partículas cargadas atrapadas en el campo magnético de la Tierra a más de tres mil kilómetros sobre la misma. La ionosfera se extiende a mil kilómetros.

En 1960, se inició una serie de cambios climáticos que muchos científicos relacionaron directamente con pruebas nucleares en la atmósfera. Al disparar estos artefactos antes de tener la información suficiente para saber qué problemas crearía, cambiaron los patrones de vientos durante años. Durante 1961-1962, los soviéticos y los norteamericanos descargaron en la atmósfera los efectos de muchos explosivos. Trescientos megatones de artefactos nucleares redujeron la capa de ozono en aproximadamente un 4 por 100. Fue el principio de la reducción. Más tarde, el lanzamiento de naves espaciales también afectó a la capa de ozono y la ionosfera. Los meteorólogos no podían hacer previsiones y ver que las sequías, inundaciones y temperaturas anómalas continuarían más allá de esa década. Durante ese tiempo los gobiernos nacionales ya podían manipular el tiempo con fines militares, y esto ha continuado hasta los años noventa.

Durante la Guerra de Vietnam, el Departamento de Defensa de Estados Unidos utilizó métodos de manipulación para provocar lluvia, relámpagos y huracanes en los proyectos Skyfire y Stormfury. Los militares estudiaron tanto el láser como los productos químicos que podrían dañar la capa de ozono sobre un enemigo. Buscaban formas de provocar terremotos, así como de detectarlos, en el proyecto Prime Argus. Como lo expresó Nostradamus, muchas cosas se hacen durante el tiempo de guerra que nunca se permitirían en tiempo de paz porque horrorizaría a la gente.

En 1966, el científico Gordon MacDonald, reconocido mundialmente, describió el uso de la manipulación climática, modificación del clima, fusión del hielo o desestabilización del casquete polar, técnicas para la reducción de la capa de ozono, ingeniería sísmica, control de las ondas marinas y manipulación de ondas cerebrales usando los campos energéticos del planeta. También dijo que se daría mayor impulso a este tipo de armas y, cuando se utilizaran, serían prácticamente indetectables por sus víctimas. (Fuente: *Unless Peace Comes*; capítulo «Cómo destruir el medio ambiente».)

En los años setenta la Unión Soviética quería cambiar el clima para hacer de Rusia un lugar más habitable. Las propuestas incluían la eliminación del banco de hielos flotantes del Ártico, del bloqueo del estrecho de Bering y la modificación del cauce de los ríos siberianos. En muchos países del mundo se pensó que, con la energía atómica a su disposición, finalmente podían reconstruir las condiciones de vida en la Tierra para adecuarlas a sus necesidades, sin pensar en las consecuencias a largo plazo.

Después de varias audiencias en la Asamblea Nacional, a finales de 1970, las pruebas a cielo abierto cesaron, pero continuaron las pruebas subterráneas.

La investigación de la organización no lucrativa Institute for Advanced Studies (Instituto para los estudios avanzados) reveló (a través de la inspección terrestre con instrumentos sensibles) que existía una relación entre las pruebas nucleares subterráneas y los terremotos. Nostradamus nos advirtió sobre esto en el volumen I, e insistió en que las pruebas nucleares debían cesar porque no éramos conscientes de las consecuencias en todo el planeta. Las ondas de choque reverberaban por todas las placas tectónicas y afectaban a zonas del mundo muy alejadas del sitio donde se hacían las pruebas.

El efecto HAARP, un calentamiento excesivo por ondas ELF del espejo que se crearía sobre la Tierra podría causar una aceleración de la fusión de los casquetes polares. El nivel del mar podría elevarse unos 45 metros y devastar todo el mundo civilizado. Semejante invento podría causar fácilmente los efectos que Nostradamus vio en los volúmenes II y III, cuando hacíamos mapas en los que aparecía la ínfima cantidad de cierra firme que quedaría después de esa catástrofe. ¿Podría también ese artilugio provocar un considerable cambio en el circuito eléctrico o campo eléctrico de un planeta? ¿Podrían los científicos provocar inconscientemente un cortocircuito en la Tierra, causando un bamboleo que podría derretir los ca quetes polares y crear la hipotética situación del mapa del volumen II? Muchos expertos han dado por sentado que haría falta un cambio en el eje para producir e a gran fusión, pero si este experimento te1úa éxito, HAARP podría desencadenar los mismos efectos devastadores.

Antes de que el hombre detonara bombas en pruebas nucleares subterráneas o hiciera algo más que fuese colosalmente agresivo para el equilibrio de los sistemas de .la Tierra, ya estábamos en un planeta inestable. A juzgar por el incremento del «ruido» geomagnético (perturbaciones del campo magnético terrestre) que se oye en la Tierra algunos científicos especulan acerca de que el Sol puede estar aproximándose a un tiempo de cambio. Sea verdad o no que el Sol pasará por un tiempo de espectaculares ráfagas de calor en el futuro inmediato, arrojando aún mayor cantidad de partículas a la Tierra, el hecho es que a la Tierra se le están produciendo alteraciones en este preciso instante. El fenómeno del calentamiento de la Tierra se reseñó en el Times de Nueva York en 1991. El artículo decía que el hielo ártico había disminuido un 2 por 100 en un período de sólo nueve años.

Recientemente se ha descubierto que hay volcanes activos debajo de la cubierta del hielo antártico, y la temperatura del agua debajo del continente helado es ahora la misma que la del Mediterráneo.

Esta información se obtuvo de un lector que la encontró en el servicio personal interactivo de Prodigy (un servicio de Internet), con fecha 2 de marzo de 1993. El artículo se titula «Fire in Antarctic's Belly» ('Fuego en el interior de la Antártida').

En el Pacífico, se han descubierto más de 1.100 volcanes dormidos o activos en forma arracimada en el lecho marino cerca de la isla de Pascua. Y ahora se informa de actividad volcánica -con viso siniestros- en la Antártida. Las cicatrices en el casquete glaciar del oeste antártico sugieren la existencia de volcanes en su profundidad. Los científicos han llegado a la conclusión de que una montaña con las características minerales de roca volcánica se eleva 650 metros sobre el lecho rocoso de la Antártida; el volcán se halla enterrado bajo unos dos kilómetros de hielo. La información indica que el pico es muy semejante a la forma cónica del monte Fuji de Japón. Se cree que se trata de un volcán recientemente activo. Si entra nuevamente en actividad, las implicaciones son preocupantes y potencialmente desastrosas. No es probable que el volcán haga erupción y estalle en lo alto del ciclo de la capa glaciar sobre el hemisferio sur. El verdadero motivo de preocupación es que el volcán y otros parecidos, que se ree han producido la depre iones circulares en la capa glaciar propiciarían la fusión de la base de la capa de hielo para lubricar su deslizamiento hacia el mar. La desintegración de la capa glaciar del oeste antártico y su movimiento hacia el mar generaría una elevación global del nivel del mar de unos seis metros, según el cálculo de los geofísicos. Eso tendría enormes consecuencias en los frentes costeros de bajo nivel de todo el mundo.

También he recibido correo que me informa de que los glaciares en Suecia se están derritiendo a un ritmo sin precedentes. Parece que el planeta ya se está calentando. No hacen falta experimentos temerarios con el clima para acelerarlo.

HAARP se ha descrito como uno de los más peligrosos sistemas de armas desde la invención de las armas termonucleares. Tal vez ésta es la razón del comentario de Nostradamus respecto a la eliminación por etapas de armas nucleares que harían Estados Unidos y Rusia. Afirmó que esto carecía de importancia, porque habían inventado algo mucho más letal. Las potencias ya no necesitaban armas nucleares; son obsoletas.

En 1995 tuvimos una cantidad récord de huracanes. Tantos que se nos acabaron las letras del alfabeto. Los científicos lo explicaban diciendo que el agua de los mares estaba insólitamente caliente, y esto generaba un mayor número de huracanes más fuertes. El primero en 1996, apareció totalmente fuera de tiempo. Normalmente, la temporada empieza a finales de agosto o en septiembre. Esta vez empezó en julio. (Véase también la predicción de huracane en la CENTURIA VIII-16, volumen III).

Los ordenadores y la Red (www)

En el volumen II (capítulo 14): «666, el secreto del número de la bestia» habla de la próxima tecnología relacionada con los ordenad res. Una invención tan sofisticada se desconocía en 1987, cuando nos llegó esta información. Estábamos dando los primeros pasos vacilantes. Los ordenadores empezaban a ser populares en el mercado, y aún n s empleaban de la manera tan extensa como la que se produjo en los años noventa. Yo escribí mis primeros cinco libros en una máquina de escribir, así que me regocijó la compra de mi primer ordenador en 1986. Sólo lo usaba por su capacidad para el procesamiento de textos. Incluso con su lentitud, trabajar con él era más fácil que escribir a máquina, salvo cuando decidía hacerme una jugarreta y destruía el trabajo de un día con la pulsación de una ola tecla. En esos ca os tenía visione de mis palabras florando alrededor de alguna parte en el limbo, para no recuperarlas jamás. Los modelos más modernos eran más fiables; sin embargo, yo nunca los consideré como algo más que una espléndida máquina de escribir. De modo que las predicciones de Nostradamus relacionadas con ordenadores parecían una ficción científica a finales de los ochenta.

«El Anticristo dispondrá de grandes sistemas de comunicación porque I veo hablando con ordenadores, y es u voz la que Los activa».

«A través de sus redes de comunicación tendrá acceso a los archivos de todo el mundo: fecha de nacimiento, información financiera y cosas de este estilo. Así que será doblemente difícil oponerse a él cuando controle el sistema bancario del mundo y las finanzas de la economía mundial». Le pregunté el significado del 666 en el libro de la Revelación, o del Apocalipsis, en la Biblia. «Me está mostrando columnas y columnas de números y más números. Tiene el aspecto de la información que se suele almacenar en ordenadores. Y este número, el 666 podría ser el código personal del Anticristo que él introduce en los diferentes sistemas mundiales porque establece un sistema mundial de comunicaciones y una red de ordenadores.»

Cuando nos llegó esta información, parecía imposible que un sistema informático conectara el mundo entero. Pensé que se trataba claramente de un concepto futurista, y me dije en tono meditativo: si es que llega a ocurrir, ojalá sea dentro de cientos de años. Qué equivocada estaba. ¿Cómo podía alguien a finales de los años ochenta concebir que nuestra vida forma parte ahora de una amplia red de ordenadores? Si no podíamos creer semejante posibilidad hace sólo diez años, ¿qué otras predicciones se están cumpliendo a un ritmo inconcebiblemente rápido?

Las predicciones sobre ordenadores continúan en la página 135: «Él tend1·á ya establecida una red de ordenadores que hará vulnerables a todos los países. Será capaz de destruir su base económica por el hecho de tener acceso a la información. Nostradamus me muestra la imagen de un globo rodeado de muchos hilos [la telaraña ña mundial]. Dice: "Él tendrá la llave maestra de todo y derribará las naciones por completo con sólo cortar los hilos de comunicación con el resto del mundo". Incluso inventará un ordenador que funcione desde los niveles psíquicos del cerebro. Una persona será capaz de encenderlo ordenándolo mentalmente; ni siquiera será necesaria la voz». En 1996, se están creando ordenadores activados por la voz y tal vez pronto estén en el mercado. Un ordenador que usa la frecuencia de nuestro cerebro ya resulta concebible, y podría ser el siguiente avance en tecnología informática.

En el volumen II, Nostradamus señalaba que al principio el Anticristo sería considerado el salvador del mundo. Sería contemplado como un benefactor de la humanidad con sus prodigiosos inventos. Pero él vio el lado oscuro emergiendo una vez establecidas las redes de ordenadores. «Los países del mundo experimentarán mucha prosperidad usando su sistema. Se les proporcionarán recompensas económicas si se integran en su sistema, y si no siguen su "juego", se les apartará y sufrirán las consecuencias. Cuando prevalezca totalmente el manto de maldad, empezará a exterminar a las personas que él considere inútiles para su sistema. Cuando cambie, intentará eliminar a las personas que no producen beneficio económico en el esquema de su mundo. Eliminará a grupos de personas. Al igual que Hitler intentó exterminar a los judíos, él intentará exterminar a aquellos que considera indignos de vivir en este planeta: los enfermos, los pobres, los débiles y a personas que, a sus ojos, carezcan de valor. Con el uso de su red, instigará la eutanasia masiva. No habrá escape porque todo estará en los archivos.

»Por ejemplo, si se tiene un hijo retrasado, o si la propia madre fuese demasiado vieja e improductiva, o si la propia hermana estuviera mental o emocionalmente desequilibrada, todos serían registrados para el exterminio. Todo es inestable porque él controla la red de comunicaciones. Como resultado, sabe lo que ocurre en todas partes. Para entonces nos habremos convertido en una sociedad informatizada y todos tendrán un número determinado que estará almacenado en este ordenador principal. [En Estados Unidos, ¿nuestro número de la seguridad social?] Este número estará indeleblemente tatuado en tu mano, antebrazo o frente, dependiendo del nivel al que correspondas en su sistema. La gente del escalafón superior de su sistema lo tendrá grabado en la frente para que puedan entrar en cualquier sitio. El número se leerá automáticamente para permitir su entrada. Para muchos de nosotros estará indeleblemente grabado en la mano. Esto lo harán con un láser y será indoloro. No parecerá una marca de nacimiento o un defecto, sino que será invisible a menos que se inspeccione con un aparato óptico. De este modo podremos ir de compras, adquirir alimentos y entrar en ciertos lugares que son necesarios para nuestro trabajo o profesión.»

Este concepto de que todos tendremos un número también se predice en el libro de la Revelación, o Apocalipsis, de la Biblia (Apocalipsis 13:11-18). Parecía futurista, pero se está realizando en nuestro tiempo. En mis viajes por todo el mundo descubro experimentos en estos términos que ya han empezado. También recibo de mis lectores información que lo corrobora, en forma de artículos de periódicos y revistas. En Estados Unidos todos los números de identificación personal (la cartilla de servicio militar, el permiso de conducir, etc.)

están siendo sustituidos por el número de la seguridad social, para facilitar el mantenimiento de registros con un solo número. También está ocurriendo en otros países. Algunos están instituyendo el uso de carnets que contienen todo tipo de datos personales codificados en una banda magnética (como las tarjetas inteligentes y las nuevas tarjetas médicas en Estados Unidos).

En algunos países europeos colocan un chip informático bajo la piel de la mano. Cuando compran algo en una tienda sólo tienen que pasar la mano por el escáner, y el dinero es inmediatamente transferido de su cuenta bancaria. No habrá intercambio de dinero en efectivo, y se elimina la necesidad de extender cheques. En algunos países (Australia, por ejemplo) se ha propuesto identificar de forma permanente (con chips informáticos o algún otro método) a todos los recién nacidos. Para algunas de estas propuestas existe oposición, pero el argumento de que nos estamos convirtiendo en una sociedad mundial informatizada y estos avances, facilitarán y agilizarán las cosas. Harán que la identificación sea más verificable y eliminarán la actividad criminal.

Singapur ya se ha convertido en un país completamente informatizado. Se dice que ahora se conoce el paradero de cualquier ciudadano en cualquier momento. Dado que Singapur es un país pequeño (aunque con una población de elevada densidad), sería el conejillo de indias y los resultados podrían controlarse y estudiarse fácilmente. Se tenía la impresión de que podrían ensayar el experimento allí primero, antes de aplicar el concepto en otras partes. Me da la sensación de que llega la era del «Gran Hermano», y a una velocidad que considerábamos inconcebible hace unos años.

En otra cuarteta, Nostradamus se refiere a la Cábala (volumen I, capitulo 21) como un elemento importante en esta red informática, y que, de hecho, ayuda al Anticristo en el comienzo.

En la CENTURIA V-23 (volumen II): «Estos hombres controlan toda la situación mundial ahora mismo en tu tiempo. Son muy, muy poderosos. Están muy bien ocultos, pero controlan la mayor parte de la economía del mundo conocido y del Tercer Mundo. Manipulan diferentes agencias del gobierno de Estados Unidos y de otros países porque tienen el poder para hacerlo. Ocasionarán problemas, no porque quieran dinero· tienen todo el dinero que pue- den desear. Me está mostrando toneladas de oro. Ellos [la Cábala] quieren poder y control. Estos hombres son los líderes del mundo, pero no se sabe nada sobre ellos. Ni siquiera su nombre. Los medios no tienen noticias de ellos. Se mantienen en la clandestinidad, pero tienen una gran influencia, especialmente en los presidentes y líderes de los diferentes gobiernos mundiales. De hecho, van a intentar manipular al gobierno de la Unión Soviética para traer a otro líder a la red. Controlan parte de los medios y pueden hacer lo que quieren. Su poder es enorme. Nostradamus me está mostrando una imagen del globo con líneas que él mismo ha trazado, y todo está relacionad [¿www, la telaraña mundial?). Estos hombres son los que mueven y agitan el mundo. Él me muestra que están conmocionando el mundo».

Nanotecnología

NANOTECNOLOGÍA: nueva ciencia por la que los investigadores tienen acceso a la manipulación de átomos aislados. La nanotecnología también se basa en el concepto de minúsculos robots que se autorreproducen.

El término «nanotecnología» se ha usado para describir una serie de ciencias que tratan de las dimensiones inferiores a mil nanómetros. El principio fundamental de la nanotecnología es su potencial capacidad de reorganizar los átomos en una determinada sustancia u objeto para crear una nueva sustancia u objeto. Reorganiza, por ejemplo, los átomos del plomo y, de hecho, obtendrás oro. Esto suena a esa vieja ciencia de la alquimia, y Nostradamus afirmó que en su época la alquimia se practicaba activamente y fue la precursora de Ja química moderna. También manifestó que durante el tiempo del Gran Genio (volumen I, capítulo 24) los fantásticos fundamentos de la alquimia se volverán factibles y posibles.

En nuestra interpretación, muchas de las cuartetas describían conceptos tan complicados y avanzados que no había palabras para e1los, ya fuese en el tiempo de Nostradamus o en el nuestro, a finales de los años ochenta. Ahora, con los múltiples avances en tecnología informática, finalmente hay palabras y nombres para describir lo indescriptible. Uno de estos conceptos es la ciencia de la nanotecnología. Ahora se dice que la reducción del tamaño del chip informático ha alcanzado sus cotas máximas. La única forma de empequeñecerla es recurrir al nivel celular. «Nano» significa 'sumamente diminuto', así que tenemos ante la vista una ciencia que pue- de producir máquinas o robots tan pequeños que sólo se pueden ver con el microscopio. Esta ciencia ha abierto un mundo de posibilidades enteramente nuevo. Máquinas o robots extremadamente diminutos que se podrían inyectar en el cuerpo y viajar por el sistema sanguíneo para una variedad de propósitos.

Gracias a los ordenadores se ha verificado que también será posible reproducir o hacer réplicas de porciones del cuerpo humano duplicando la información ADN en las células de una persona. Desde la perspectiva de la ciencia médica sería un importante y asombroso descubrimiento, que permitiría duplicar y sustituir miembros amputados y órganos enfermos del cuerpo. A esto podría haberse referido Nostradamus en la CENTURIA II-13 (volumen I, p. 299) cuando habló de médicos y científicos que sustituían o creaban un cuerpo enteramente nuevo cuando el viejo se había deteriorado demasiado. Vio que se perfeccionaba el cuerpo humano al grado de que nunca moriría. Desde luego, esto podría ser una bendición o una maldición. En mi trabajo con alienígenas, especialmente en *Legacy from the Stars* ('El legado de las estrellas'), descubrí que ellos usan métodos parecidos a éste. No tienen que morir hasta que están preparados para ello. Yo había oído hablar de la clonación, en la que el cuerpo se duplicaba partiendo de un nivel celular, de la misma manera que se forma un bebé, salvo que esto sería un duplicado exacto del original. En la ciencia de la nanotecnología, la clonación sería demasiado lenta. Con la ayuda de los ordenadores, el cuerpo podría replicarse rápidamente al leer el código genético ADN de la célula.

Parece un enorme milagro médico, pero conociendo la naturaleza humana, es obvio que ciertas personas descubrirán formas de usar este método para la guerra. Este caso es similar a la CENTURIA X-72, la famosa cuarteta 1999 (volumen I). Nostradamus dijo haber visto la creación de ejércitos a través de la eugenesia para fabricar hombres sin sentido moral, prácticamente máquinas de matar. Este método de la nanotecnología sería en verdad más rápido que la clonación o manipulación genética a la que creí que se refería.

También con este método, la invención de un ordenador orgánico, como el que vio Nostradamus que usaba el Gran Genio, sería totalmente posible. Dijo (CENTURIA IV-31, volumen I) que «se autorregeneraría como las células de tu cuerpo. Algunas de las partes orgánicas terminarían por deteriorarse y envejecer. Pero, mientras tanto, ya habría realizado una réplica de sí mismo, así que esas partes orgánicas se desprenden de este mecanismo sin que se produzca pérdida de conocimiento, porque se regenerará continuamente. Las aplicaciones de este ordenador serán cada vez más amplias hasta el punto de alterar por completo la tecnología de la humanidad». Los científicos dicen que las microscópicas células robot serían capaces de autorreproducirse.

Los expertos afirman que, asimismo, sería posible duplicar el intelecto de una persona y colocarla en una de estas máquinas. Todo esto será posible puesto que todo es energía, y los procesos de pensamiento pueden almacenarse y duplicarse como energía. En la CENTURIA IV-31, Nostradamus dice que el Gran Genio perfecciona esta nueva tecnología, inventa el ordenador orgánico, y luego, «como corolario a este descubrimiento, prevé una forma de trasplantar parte de su genio y conocimiento a este ordenador, para que siga ahí al servicio de la humanidad después de que su cuerpo haya envejecido y muerto. Lo impulsa hasta el máximo punto posible para transferir su genio, o más bien duplicar su genio y su conocimiento, de tal modo que lo sigue teniendo él, pero también está en este ordenador orgánico». El resto de la explicación de esta cuarteta describe el proceso empleado.

Todos estos conceptos parecían ficción científica a finales de los años ochenta, cuando recibíamos esta información. Pero ahora, diez años después, no sólo está en el ámbito de lo posible, sino que los científicos de todo el mundo están activamente implicados en este trabajo. Las posibilidades de la nanotecnología son pasmosas y aumentan de día en día. Hay varios laboratorios en todo el mundo, entre ellos tres en California, que trabajan en esto, y esta tecnología se está convirtiendo rápidamente en nuestro futuro y nuestra realidad.

Extraído del Times de Nueva York, 11 de Abril de 1995: «A Vat of DNA May Become Fast Computer of the Future». ['Un depósito con moléculas de ADN puede convertirse dentro de poco en el ordenador del futuro']

Los teóricos esperan aprovechar los vastos poderes informáticos que ven en la memoria y procesamiento de la maquinaria genética de la naturaleza. Una nueva propuesta es para un banco de memoria conteniendo medio kilogramo de moléculas ADN suspendidas en aproximadamente mil litros de fluido, en un tanque de poco menos de un metro cúbico. Semejante banco tendría más capacidad que todas las memorias juntas de todos los ordenadores inventados hasta ahora. La razón es que las reacciones químicas aparecen de forma muy rápida y en paralelo, de modo que si las moléculas ADN se sintetizan con una estructura química que representa información numérica, se comprime una inmensa cantidad de números a medida que se produce la reacción.

Aunque el campo de la informatización biológica está aún en pañales, los científicos informáticos equiparan los primeros pasos vacilantes de hoy a la primitiva creación de ordenadores electrónicos. Los científicos comentan: «Las compuertas han empezado a abrirse. Nunca había visto un campo moverse tan rápidamente. Se ha abierto la puerta de una tienda de juguetes totalmente nuevos».

Un sistema informático basado en ADN no tendría semejanza alguna con un ordenador convencional, cuando se plantea la pregunta de qué es un ordenador. Los científicos han dicho: «Es sumamente interesante. Es una forma completamente nueva de abordar la informática. Nuestra mente está predispuesta a considerar la informática en términos de máquinas construidas por nosotros mismos. Pero es importante liberar la mente para pensar en cómo sería la informática de forma natural». Eso significa que el de ADN no sería el único tipo nuevo de ordenador. «Podría haber muchas clases de ordenadores por ahí, y sospecho que los hay.»

NOTA: Esto suscita el concepto de que nuestro cuerpo en su totalidad es un ordenador, por la forma en que funciona. (Podría decirse que los ordenadores son hasta este punto un reflejo de nosotros.) Y es concebible que todo nuestro cuerpo puede usarse como un ordenador. (¿Conectado a alambres o máquinas?) También va unido a la idea de que formamos parte del cuerpo de Dios y Le transmitimos información (experiencias, emociones, etc.), como se sugiere en mis otros libros. Esto también concuerda con comunicaciones alienígenas y de ovnis que estamos transmitiendo información a sus bancos de datos. Después de todo, tal vez no necesiten los implantes. Posiblemente, gran parte de la información se transmite a través de nuestra energía, especialmente si los alienígenas están entre los seres más «avanzados». Lo que sí han expresado es que podían sintonizarse con nuestras vibraciones específicas, y que la vibración o frecuencia de cada uno era diferente de la de los demás y rápidamente identificable por ellos. Esto también está de acuerdo con la idea de Nostradamus respecto a sintonizar con mi frecuencia, y la manera en que él sabía cuándo le traía a alguien que para él era nuevo. No reconocía su vibración hasta que se daba cuenta de que yo estaba detrás de ellos. Probablemente no sabía cómo le ocurría. Era más sensible a las vibraciones individuales que a las de la persona corriente.

La ventaja de los ordenadores ADN es que son mil millones de veces más eficientes que los ordenadores convencionales. Y usan una trillonésima parte de espacio para almacenar información. Al aprovechar la extraordinaria eficiencia y velocidad de reacciones biológicas, los ordenadores moleculares pueden realizar más de un billón de operaciones por segundo, lo que las hace mil veces más rápidas que el ordenador más veloz.

Pero, lo que es más importante, los científicos informáticos describen los ordenadores ADN como «extraordinariamente paralelos», lo que significa que, con billones o trillones de moléculas ADN en proceso de experimentar las reacciones químicas, sería posible hacer más operaciones de forma instantánea que las que jamás serían capaces de realizar todos los ordenadores del mundo trabajando juntos. Una de las formas más simples de usar el ADN podría ser como sistema de memoria. El doctor Baum afirmó: «Puedes almacenar enormes cantidades de información en un tubo de ensayo». Una memoria ADN podría contener más palabras que las que jamás han contenido todas las memorias de ordenadores.

No sería difícil imaginar esto como un ordenador que controla todos los sistemas del mundo: una especie de «cerebro» del mundo. En tiempos de paz sería maravilloso, pero en tiempos de guerra sería terrorífico. ¿Quién controlaría el uso del «cerebro», qué gobierno? ¿Y en qué lugar se colocaría, a salvo del ataque de fuerzas hostiles? ¿En qué continente? ¿O estaría más seguro en una estación espacial en órbita alrededor de la Tierra? Quien controle el «cerebro» controlará el mundo. Afortunadamente, Nostradamus vio que este avance ocurriría después de los Tiempos Difíciles, cuando hayamos entrado en los mil años de paz. La otra hipótesis es demasiado horrible para imaginarla. Me pregunto si los científicos han contemplado estas posibilidades mientras dan los primeros pasos en el mundo del futuro.

Un científico advirtió de que habría desventajas. Dijo: «Con el paso del tiempo, el ordenador de ADN empezará a disolverse. El ADN se daña mientras espera suspendido por ahí en soluciones, y toda manipulación del ADN es propensa al error». Esto fue precisamente lo que le pregunté a Nostradamus. Pensé que si algo era orgánico, o materia viva, tendría células y parces que morirían. Él indicó que este tipo de ordenador orgánico ería capaz de reproducirse y regenerarse a sí mismo. Este concepto es tan nuevo para los científicos que aún no han contemplado esta posibilidad, que las células pueden reproducirse y, de este modo, mantener vivo el ordenador indefinidamente, en las circunstancias adecuadas. No es de sorprender que Nostradamus no pudiera mostrarle a Breada el a pecto que tendría esta máquina. En 1986, esos conceptos aún no existían en la mente de nadie; por lo tanto, nadie era capaz de describirlo.

Al parecer Nostradamus vio que el Gran Genio ería el factor decisivo para amalgamar todos los ingredientes y crear el modelo operativo. Al menos Nostradamus vio que este gran hombre usaba estas ideas para el bien. Ojalá las aplicaciones negativas que él vio antes del final de los Tiempos Difíciles no lleguen a ocurrir, y podamos adentrarnos pacíficamente y con facilidad en el tiempo del Gran Genio y los milenios.

Nuevo material desde que se terminó la interpretación de las cuartetas en 1989

En mis conferencias por todo el mundo suelen preguntarme a menudo si me he comunicado con Nostradamus desde la terminación del trabajo de las cuartetas, en 1989. La gente quiere saber si hay algunas predicciones nuevas. Cuando terminamos el libro, me ocupé de otros proyectos y escribí otros libros. Considero a Nostradamus una persona viva y se me dijo que no le molestara con trivialidades. En el volumen III nos dijeron que mis visitas a él toman más tiempo de lo que yo creía. En lo que para mí parecía ser una sesión de una o dos horas, para Nostradamus eran de cuatro a seis o la mayor parce de su día. Al parecer, cuando viajamos a través del tiempo para contactar con él intervienen leyes físicas distintas. No sólo afectan al espacio, sino también a nuestra idea del tiempo, que ya no es válida. Esto ha quedado demostrado en mi trabajo con alienígenas. Ellos afirman repetidamente que el tiempo es una ilusión. Fue creada por el hombre, pero en realidad no existe. De este modo no realizo sesiones para contactar con Nostradamus a menos que sea por una razón importante, como hacerle preguntas sobre asuntos de la actualidad mundial.

Durante codos esto años, desde la primera vez que empecé mi trabajo con Nostradamus, he intentado proteger la identidad e intimidad de mis sujetos. Lo he hecho a petición de ellos para que su vida no se viese alterada por la notoriedad y el escepticismo que a menudo comportan proyectos como éste. Me han propuesto intervenir en algunos programas televisivos que querían usar el material de mis libros en tono sensacionalista. Sobre todo, pretendían restar crédito a la información con su mejor selección de escépticos. No me interesa este tipo de programas, porgue no es difícil imaginar que podrían destruir diecisiete años de mi trabajo en un solo espectáculo y que no titubearían siquiera, sino que irían en bu ca de la siguiente víctima para aumentar sus índices de audiencia. Así que he sido selectiva a la hora de decidir e] programa en que aparecería. le tenido la suerte de salir en 1m.1chos que han manejado el material de forma adecuada: la NBC, en su programa Antiguas profecías I y II; la CBS, en Misterios del mundo antiguo, las series biográficas de la A&E, Misterios de ficción científica, magia y milagros, y el Showbiz de la CNN. La BBC de Londres, en Temas actuales en Australia; TVE, en España, y la CNN, en Bulgaria, también han tratado el material con respeto. Cualquiera en nuestro campo de investigación psíquica que aparece en un espectáculo se arriesga porque finalmente estás en manos del productor, del director y del editor. La información puede retorcerse para que aparezca en formas muy diversas, algunas de las cuales no resultan beneficiosas. Nunca sabes cómo se te tratará hasta que el espectáculo está en el aire.

En junio de 1994, acepté una entrevista hecha por Encounters ('Encuentros') para un programa sobre profecías en la cadena Fox. Elfos pedían que se filmaran en vivo regresiones en las que los sujetos contactarían con Nostradamus. Normalmente me hubiese negado pero su promesa de que no se explotaría a los sujetos y de que se les trataría con dignidad y respeto parecía genuina. Busqué voluntarios y, finalmente, Brenda y Phil (volumen II y *Keepers of the Garden* ['Los guardianes del jardín']) aceptaron hacer el programa respondiendo a la promesa de que no se les presentaría como «fenómenos de feria».

El 18 de junio de 1994, la directora Denny Gordon tomó un avión a Fayetteville, Arkansas (la ciudad más próxima), y mandó que un equipo de técnico de televisión viajara desde Little Rock. Nos encontramos sen el Hotel Hilton de Fayetteville. Yo no había tenido sesiones con Phil ni con Brenda desde hacía varios años, y antes de esta fecha ellos no se conocían. Debían llegar a horas distintas para que ninguno de ellos escuchara la sesión del otro. Yo llegué antes y se filmó mi entrevista. En total, el trabajo del día duró aproximadamente cinco horas. No es raro filmar varias horas de material para que al final sólo se transmitan cinco o diez minutos. Les gusta tener mucho material para poder elegir.

Phil llegó después de mí; la entrevista se filmó mientras Denny le hacía preguntas sobre el contacto que habíamos hecho con Nostradamus y cómo se sentía al respecto. Él se emocionó varias veces porque sentía como algo muy personal la relación que se había establecido entre Nostradamus y él.

Después de esa entrevista, el equipo de técnicos preparó la sala para la sesión haciendo que trajeran una camilla al plató. Pen aron que sería más fácil que colocar las cámaras en una suite de dos habitaciones. Mientras se hacían los preparativos, Denny me llevó a la otra habitación y me dio una lista de preguntas que él consideraba adecuadas. Me consternó por su simplicidad. Quería que le preguntara a Nostradamus por qué había decidido codificar sus profecías y otras preguntas por el estilo. Le dije que todas estas preguntas ya se las había hecho cuando empezamos a trabajar. Me pareció que sería un insulto para él hacerle otra vez las mismas preguntas. Le sugerí que se centrara en asuntos mundiales del momento. No me parecía que debiéramos molestar al hombre a menos que quisiéramos saber algo importante.

Le dije a Denny algunas de las preguntas en las que yo había pensado para cada sujeto. Se quedó sorprendida. «¡Ah!, ¿quieres decir que iremos directo al grano?», dijo, y yo asentí. Ella pensó que esto haría la entrevista más interesante. A mí me preocupaba especialmente la situación en ese momento en torno a Corea del Norte y la posibilidad de una confrontación nuclear. También un cometa estaba a punto de alcanzar Júpiter y la gente creía que esto tendría consecuencias desastrosas para nuestro planeta, y yo quería hablar de ello; a Brenda le haría las mismas preguntas cuando llegara para su entrevista por la tarde.

Phil se instaló en la camilla rodeado de cámaras y luces. Estaba un poco aprensivo, porque no habíamos trabajado en varios años y le preocupaba que la palabra clave ya no tuviera efecto. Yo sabía que esto no ocurriría. Cuando pronuncié la palabra clave funcionó tan rápidamente como siempre en el pasado. Lo mismo pasó con Brenda; funcionó de maravilla, como si no hubiese transcurrido todo ese tiempo en el trabajo.

Durante la sesión, Denny manejaba una cámara manual y se movía alrededor de la camilla para captar diferentes ángulos. Incluso se subió a una cómoda para filmarlo desde arriba. Toda esta conmoción a mi alrededor me perturbaba, por decirlo de un modo suave. Aunque lo hacían en silencio, el movimiento distraía. A Phil no le molestaba en absoluto, a pesar de que las luces eran muy fuertes. Cuando entró en estado de trance profundo, se olvidó de todo lo que ocurría a su alrededor y se centró enteramente en su viaje a través del tiempo y el espacio para localizar a Nostradamus.

Cuando realizó el contacto, resultó interesante que Nostradamus sabía que había algo raro en la sesión. Él era consciente de que había más personas en la habitación, y sus energías le perturbaban. Después de un tiempo de concentración fue capaz de ignorar estas influencias y comunicarse. Mientras ellos filmaban, yo puse en marcha mi grabadora. Se condensan los siguientes fragmentos de las transcripciones para centrarnos en los elementos importantes.

Le expliqué a Nostradamus que esta sesión era distinta porque estábamos empleando un método que transmitiría la información a una audiencia más amplia.

Phil: Dice que el esfuerzo no lo es tanto para los que están en la habitación sino para la gente del mundo. Los mensajes están arraigando y creciendo. Tendrán vida propia más allá de los que están en esta habitación. Dice que no te ha visto desde hace un tiempo, pero sabía que volverías porque parece que nunca se te acaban las preguntas.

D.: (Me reí.) Es verdad. Pero pensé que habíamos terminado nuestro trabajo; es por eso que no he venido durante bastante tiempo.

P.: No tanto. Tu trabajo apenas acaba de empezar, y pronto te encontrarás en sus zapatos, ante las barbas de los inquisidores.

D.: (Risitas.) ¿fao cree?

P.: Lo ve. No lo cree. Se alegra de estar en este lado del espejo. Sin embargo, siente un poco de lástima por los que creen que pueden trivializar este esfuerzo. Están atrayendo hacia sí mismos la ira del destino de este planeta. Y pronto descubrirán que su temeraria insensibilidad y suposiciones tendrán respuesta en un tiempo muy breve por los acontecimientos que atraerán sobre sí mismos. Éste es el efecto de espejo del punto en el tiempo en el que él se encuentra, y es sencillamente una repetición de lo que él ha experimentado. Es tu trabajo lo que se refleja en su trabajo. Y de este modo descubrirás, para disgusto tuyo, muchos de los mismos elementos que intervienen en tu tiempo, al igual que los que intervienen en el suyo. Sin embargo, ningún intento triunfará, ya que de nuevo el destino de este planeta es que el trabajo dé su fruto. No funcionó en su tiempo, y no funcionará en el tuyo.

A continuación me preparé para empezar con las preguntas, y él, impaciente, me instó a comenzar.

D.: Ha habido mucha charla últimamente en torno a Corea del Norte. ¿Percibe él dónde está este país?

P.: Sí. En su simbología, lo representa en forma de serpiente.

D.: Corea del Norte está causando muchos problemas ahora porque los gobiernos del mundo creen que posee energía atómica y puede representar una amenaza. ¿Qué dice él al respecto?

P.: La cabeza de la serpiente -y aquí estoy leyendo la simbología- está dañada. Es decir, el líder de este país será eliminado y, al parecer, el esfuerzo tendrá éxito. Pero este trabajo continuará en otras regiones fuera del país, aunque colaborarán con este país. El líder será eliminado de su cargo.

Pensaba que eso no parecía posible porque el presidente ocupaba el cargo desde siempre. Estaba firmemente atrincherado como líder de Corea del Norte. No veía cómo podía suceder. Más tarde, cuando Phil despertó, dijo que había visto al líder muriéndose, pero que no sería una muerte natural. Sería un asesinato deliberado para eliminar a un presidente que se estaba convirtiendo en amenaza para el plan general.

D.: ¿Tiene Corea del Norte energía atómica?

P.: Eso es relativo, depende de cómo quieres definirlo. Tienen capacidad para usarla, pero dice que, tal como tú lo expresas, no es así. Al menos no en sentido específico. Desde su perspectiva, la capacidad de lanzar no está ahí. Los misiles existen, pero en este tiempo no disponen de un vehículo de lanzamiento.

D.: ¿Son una amenaza para Estados Unidos o el resto del mundo?

P.: La pregunta sobra, porque la respuesta es evidente.

D.: ¿Puede él ver que existe posibilidad de entrar en una especie de conflicto por esta situación?

P.: Está mostrando una alineación de Venus y Marte. Y es un indicador del tiempo en el que se tome la decisión de destruir estas armas. Habrá un ataque preventivo contra esas instalaciones que almacenan las armas cuando los dos planetas estén alineados. Se refiere a los misiles, así como a los materiales y máquinas para hacerlos.

D.: No soy astróloga. ¿Cómo lo ves en el espejo?

P.: En línea recta entre ellos.

D.: Entonces, con este ataque preventivo para destruir las armas, ¿llevará esto a algo más peligroso o será su final?

P.: Es simplemente el final de un pequeño capítulo en una situación general mucho más amplia. Hay una proliferación que sería la decapitación de una de las serpientes de la hidra.

Mi segunda pregunta era sobre Yugoslavia, o la «zona gris» de Europa, tal como la llamaba Nostradamus. La llamaba «zona gris» porque no se sabe si estás en Europa o en Asia. En varias cuartetas mencionó Macedonia y Albania, porque en su tiempo no existía el nombre de Yugoslavia. Yo quería saber si Estados Unidos tendría problemas con esa zona en el año 1994.

P.: Habrá un terremoto que dividirá las fronteras. Es difícil solapar su perspectiva del mundo con la nuestra. Las fronteras son de arena y viento. Sin embargo, para definir con exactitud la zona, habrá un terremoto seguido por una lluvia negra en esa zona a finales del verano, en agosto. No puede ver el tiempo de forma más clara que esto.

D.: Pero ¿realmente se implicará Estados Unidos en una guerra en esa zona?

P.: Ya ha ocurrido. Y se pregunta cómo es que no lo sabes tú.

D.: ¿Quieres decir que nuestra gente realmente está combatiendo en esas zonas en 1994?

P.: Eso es exacto.

D.: Por lo que sabemos, no nos hemos implicado activamente.

P.: Ése no es el caso. Ha habido sublevación en muchas zonas desde... estoy viendo una imagen de George Bush.

D.: *¿Significa que, de hecho, estamos implicados pero la gente no lo sabe?*

P.: Sí. Las fronteras cambiarán de nuevo, y seguirán cambiando. No están trazadas de forma permanente. Las fronteras podrían dibujarse en la arena y ser definitivas.

D.: *¿Habrá un ganador?*

P.: No, no en lo que se entiende como ganador. Es decir, paz en un estado tranquilo. Todavía habrá guerra en esa zona durante muchos años.

D.: *¿Se sabrá algún día que estamos implicados activamente?*

P.: Sí. La evidencia ya se ha presentado, aunque muchos no lo reconocen por lo que es. Sin embargo, se darán cuenta gradualmente de que esto ha estado ocurriendo durante algún tiempo.

D.: *Entonces, ¿finalmente se dará a conocer?*

P.: No se dará a conocer, pero será de dominio público.

Después le pregunté sobre la situación en Haití, donde nuestras tropas fueron enviadas en 1994. Nuestra implicación en ese país se había pronosticado en la CENTURIA II-78 (volumen II).

P.: Él lo considera el hijo bastardo no deseado de la democracia.

D.: *Es una interesante terminología. ¿Se implicará Estados Unidos en algún conflicto ahí?*

P.: Supone que piensas en mucho más de lo que dices. De antemano sabe que quieres decir más de lo que has dicho. La respuesta en ese caso sería que, a corto plazo, habrá menos implicación, y no al contrario. No ve ningún conflicto. Lo que ve es un esfuerzo de rescate a gran escala. La isla no está en posición para combatir. Está demasiado rota, demasiado empobrecida. Las condiciones allí serán malas porque algunos hombres despreciables en el poder están intentando aferrarse a lo que tienen. Están condenados al fracaso desde el comienzo por sus métodos. Me muestra que el mismo pueblo les baja de sus pedestales. Pero a ellos les causará mucho dolor y derramamiento de sangre. Y posteriormente necesitarán ayuda para recuperarse. Lo que hace falta que ocurra es que todos se unan e intenten ayudarles, y poner las cosas nuevamente en orden. Porque el pueblo sólo quiere que le dejen vivir en paz. Pero esto sería un acontecimiento insignificante comparado con lo que ocurrirá en otras zonas.

D.: Entonces, se trata más o menos de algo que se ha ido de las manos.

P.: Sólo que en otros Jugares habrá problemas más urgentes que lo hacen insignificante en comparación. Por ejemplo, zonas de Europa, países del Mercado Común que se derrumbarán, económicamente hablando. Habrá un derrumbamiento del Mercado Común Europeo.

D.: ¿Puedes darnos alguna idea del tiempo?

P.: Hay muchas influencias en este acontecimiento que, o bien lo impiden o incluyen éste y también otros acontecimientos. En estos momentos hay muchos temas no resueltos que podrían impedirlo, o tal vez empeorarlo. Este momento es una coyuntura en la línea del tiempo excesivamente delgada para distinguir el resultado. Sin embargo, habrá caída de cometas que anunciarán el comienzo de este evento. Esto sería un despliegue de muchas, muchas estrellas fugaces durante los Tiempos Difíciles. A tal grado que el cielo nocturno será tan brillante como el día. Ésta es la señal de que aumentarán los retumbos bajo la tierra. Eso quiere decir de forma figurada y de forma literal. Podría ser un presagio, no una causa.

Después le pregunté si sus predicciones sobre la llegada del Anticristo y una nueva guerra mundial seguían en el objetivo o habíamos conseguido impedirlos o retrasarlos. Dijo que en este punto no había cambio. Los acontecimientos se estaban formulando aún, pero los esfuerzos unidos de toda la gente del mundo aún podían reducir el impacto.

Después de esta breve sesión, Brenda llegó y todo volvió a empezar de nuevo. Phil no la conocía. Se quedó durante un rato para ver la entrevista.

Pocas semanas después de esta sesión, el presidente de Corea del Norte murió de un supuesto ataque al corazón. Esto parecía natural porque tenía más de 80 años. Le sucedió su hijo, a quien nunca habían entrenado para gobernar. Parecía un personaje desmañado, exactamente el tipo de marioneta que la Cábala querría tener en el poder en ese país. La situación en Corea del Norte había llegado a un punto crítico y parecía estar a punto de explotar. Nos hallábamos en una encrucijada y a punto de destruir las armas nucleares de Corea del Norte; parecía inevitable una peligrosa confrontación. La muerte del presidente evitó esto. Más tarde se descubrió que en verdad los norcoreanos tenían armas nucleares, pero aún no habían desarrollado los sistemas de lanzamiento, tal como había dicho Nostradamus. El nuevo gobierno resultó ser tan ineficaz que en el otoño de 1996 se habló de que Corea del Norte estaba al borde de la hambruna.

Una semana después de esta sesión, yo estaba en el aeropuerto de Dallas para ir a otra conferencia cuando me fijé en la portada de la revista Time en un kiosco de prensa. Decía: «Corea del Norte, la bestia sin cabeza», encajando exactamente en la descripción de Nostradamus de la pérdida de una de las serpientes de la hidra.

Sabía que la hidra es un organismo microscópico que estudié en biología. Tenía muchos brazos similares a los de un pulpo. Pero descubrí que la hidra también es una criatura de la mitología griega, una serpiente de nueve cabezas. Cada vez que se seccionaba una cabeza, aparecían inmediatamente dos más. El monstruo finalmente era destruido por Hércules.

El simbolismo es claro y completamente en línea con el uso que Nostradamus hacía de la mitología griega para codificar sus predicciones. Los múltiples brazos de la hidra están unidos en un cuerpo, simbolizando muchas partes controladas por un cuerpo central. Significando de nuevo que Corea del Norte sólo es una de las marionetas. Una marioneta que en este caso había sido seccionada del cuerpo central, pero que la sustituirían por otra: el crecimiento de una nueva cabeza. También me preguntaba qué podría significar que fuera destruida por Hércules. ¿Se referiría a Ogmios, el Hércules de los Celtas, quien finalmente destronaría al Anticristo?

Después de la entrevista con Phil, Brenda se tumbó en la camilla y empezamos nuestra sesión. Denny quería que yo hiciera algunas de sus preguntas además de las que había hecho a Phil. Intentaba repetir las mismas preguntas para poder comparar sus respuestas. Ésta también era la razón por la que no quería que estuvieran presentes en la entrevista que se hacía a cada uno. Brenda no tendría conocimiento de lo que Phil había dicho.

Utilicé mi técnica de inducción y la palabra clave funcionó de maravilla, aunque habían pasado varios años desde que había trabajado con Brenda. Ella, al igual que Phil, se olvidó de las cámaras y las brillantes luces que la rodeaban mientras se deslizaba al conocido estado de trance profundo. No tuvo problema en localizar a Nostradamus; él era consciente de que había pasado tiempo en nuestro mundo desde nuestro último contacto a través de Brenda.

Brenda: Estoy hablando con Michel de Notredame. Se alegra de verme. Como parte de su talento, tiene la capacidad de percibir las múltiples capas del tiempo. Y sabe que en nuestra corriente temporal ha pasado cierto tiempo desde la última vez que hicimos esto. Y expresa placer por mi presencia aquí para comunicarnos.

D.: Puedes decirle que, desde que terminamos la interpretación de todas las cuartetas que han llegado hasta nosotros, se han publicado en tres libros, y están disponibles ahora en nuestro tiempo.

B.: Mueve la cabeza con satisfacción. Él sabía que ocurriría. Y también se alegra de que esta información se divulgue. Era necesario. Lo hacía para advertirnos, y tal vez para darnos la oportunidad de cambiar.

Acepté hacer algunas de las elementales preguntas de Denny, y le pregunté a Nostradamus si le importaría repetir información que ya había sido cubierta.

B.: Lo entiende. Es como dar una clase. Y cuando tienes un nuevo grupo de alumnos tienes que volver de nuevo al mismo material para ayudar a que los nuevos se pongan al nivel de los que ya estaban allí.

D.: Es verdad. Sabemos que las cuartetas que él escribió están en forma codificada. ¿Puede explicar a la gente por qué lo hizo?

B.: Sí. Tienes que entender que su tiempo en Europa era un período muy inestable. Muchos problemas económicos debido a la peste y la gente que moría por enfermedades que nadie podía curar. Y luego los disturbios políticos de los distintos príncipes y duques y la realeza que reclamaban poder para ellos mismos. Y estaban los sacerdotes y los representantes de la Iglesia, que también querían ejercer el poder ellos mismos para hacer que todos formaran parte de la Iglesia. Así que en consecuencia, con toda esta barahúnda, todos tenían que ajustarse a lo que se consideraba aceptable. Y si intentabas hacer algo distinto, no resultaba del agrado de las autoridades porque eso malograba sus planes, por así decirlo. En particular, las autoridades eclesiásticas. Y me está diciendo que su talento ha estado allí siempre, desde que tiene uso de razón. Y está convencido de que es un don de Dios. Según sus conocimientos, realmente no había talentos especiales en su familia. Cree que pudo ser un don que se otorga a un individuo clave en un momento determinado y de acuerdo a una necesidad. Tal vez lo acepten antes de venir. Sea como fuere, estaba allí. Y él consideraba que su deber era transmitir la información que le llegaba, sin importar lo que dijeran las autoridades. Pero, al mismo tiempo, no haría ningún bien si le mataran de inmediato o le metieran en prisión. De modo que la codificó para que quedara constancia de la información, pero ellos no podrían usarla como prueba fehaciente en un juicio porque realmente les resultaría imposible demostrar nada en caso de decidir perseguirle por esta razón. Él escribió lo que vio. Fue muy veraz en ello. Sabe que mentir sobre lo que ve en sus visiones pondría en peligro su alma. Algo va a ocurrir, cosas que tienen una fuerte probabilidad de hacerse realidad, pero la gente tiene la oportunidad de cambiar la situación, si tan sólo lo intentan. Si la gente sostiene que algunas de sus predicciones son erróneas, él dice que no es perfecto porque es humano. Pero que ha puesto por escrito lo que vio de la mejor manera que pudo. Si algunas de las cosas que ha visto no llegan a ocurrir, quizá la gente fue capaz de cambiar la situación para evitar lo que vio. Tampoco olvides, añade, que cada una de sus cuartetas tiene múltiples aplicaciones. Es como una espiral; el tiempo y la historia se mueven en espiral. Las cosas funcionan cíclicamente y surge una situación similar, pero más tarde y con ligeras variaciones. Y aunque uno pueda ver una situación que parece encajar en una cuarteta y diga: «Vaya, pues no ha ocurrido. No ha funcionado.

La cuarteta está equivocada». Afirma que ésa puede no ser la aplicación correcta de la cuarteta. Espera hasta que la situación vuelva a presentarse en el camino después de un siglo más o menos y verás lo que ocurre. Las visiones vienen todo el tiempo, y tener que poner estas cosas en código ralentiza de alguna forma el proceso. Para él ha sido muy frustrante tener que hacerlo. Y así, siempre que tenía una serie de visiones que se parecían unas a otras, intentaba condensarlas en una cuarteta para que al menos la información quedase ahí de alguna manera. Si la situación hubiese sido distinta desde su perspectiva, se habría extendido más, y tal vez hubiese escrito cuartetas adicionales para abarcar las diferentes situaciones. Pero eso no fue posible.

D.: Hay muchos eruditos en nuestro tiempo que creen que él tenía un mensaje codificado en su sistema de numerar las centurias. ¿Qué opina al respecto?

Nosotros ya habíamos cubierto esta pregunta en el volumen I, capítulo 8; él bromeó sobre el tema en vez de dar una respuesta directa. Esto puede proporcionar información adicional.

B.: Él les dio un orden al principio, que terminó por revisar y reorganizar, dándoles una mejor disposición. Si se han conservado los números que él les asignó, entonces eso forma parte de la situación general. Respecto al uso de cosas como las concordancias astrológicas y la numerología, así como otros recursos de codificación, afirma haber hecho lo mismo con los números. Felicita a los eruditos por percibir esto. Fue una de las cosas que hizo para librarse de la Inquisición.

D.: Los eruditos quieren saber si debemos prestar más atención a las pistas que hay ocultas en la disposición numérica.

B.: Sería una sabia decisión. Pueden entender la clase de sistema que él usaba en la numeración por la forma en que él la utiliza en las mismas cuartetas. Es la misma estructura básica. Desde luego, todo depende de si se trata de la misma numeración que él empleó en su día. Sólo espera que se haya conservado. Puede ser una sabia decisión seguir el rastro de la historia de las diversas ediciones de sus cuartetas para asegurarse de que no se hayan introducido cambios editoriales.

En el volumen III descubrimos que habían introducido claramente algunos cambios cuando encontramos que había varias cuartetas más, algunas de las cuales no eran suyas. La mayor parte de estas discrepancias se hallaron en la décima centuria de las cuartetas.

Decidí hacer algunas de las mismas preguntas que le había planteado a Phil. Le dije que le hablaba desde el año 1994.

B.: Quiere hacer un comentario. Se tira un poco de la barba. Afirma: «1994. Recuerdo algunas de las cuartetas que escribí sobre ese tiempo. Apostaría a que tenéis algunos terremotos». (Yo asentí.) Dice que sería juicioso observar la pauta de los terremotos. Dónde ocurren, cuándo y con qué intensidad, porque existe una pauta general en ello.

D.: ¿Puede ser más explícito? ¿Qué quiere decir con «pauta»?

B.: Es algo que puede observarse en relación con algunas de sus cuartetas. Las energías generadas por la industria y la guerra, y las cosas que han sido inarmónicas para la energía natural de la Tierra y que han dado origen a un desequilibrio. En consecuencia, a medida que las cosas avancen en los ámbitos social, económico y político, todo eso repercutirá en el mundo natural.

Pregunté si conocía Corea del Norte.

B.: Como hombre de su tiempo no está familiarizado con ese país. Pero, por medio de su don, sabe que es un país asiático.

D.: En 1994, este país dice que tiene la posibilidad de contar con armamento nuclear. ¿Puede él ver algo en este sentido?

B.: Lo intentará. (Pausa.) No puede percibirlo con claridad. Hay algo similar a un velo o cortina de nubes que se lo impide. Siente que pueden surgir problemas porque la imagen que me muestra es como mirar la Tierra desde una posición ventajosa a través de una cortina de humo. Y en diversos puntos del mapa se produce un fuerte destello. Me está mostrando estallidos fulgurantes en Oriente Próximo, pero no puede decir de dónde provienen.

D.: Temen que podría haber una confrontación militar o guerra entre Corea del Norte y Estados Unidos o el resto del mundo.

B.: Percibe que si se tiene presente la costumbre local, se actúa en consecuencia; que lo del líder de Corea del Norte es más ruido que nueces. El lugar clave con el que mayor cautela se debe tener es Oriente Próximo, él sigue pensando en Oriente Próximo.

A continuación pregunté sobre la «zona gris» de Europa, la zona que él llamó «Macedonia y Albania». Que intentara ver qué ocurría allí en 1994.

B.: Ve a hermano contra hermano. Lo que ve te haría llorar. La Tierra llora. Los hijos de la Tierra no deben enfrentarse de ese modo.

D.: ¿Se implicará Estados Unidos en ese conflicto?

B.: Se implicarán muchas naciones, en especial Europa y Estados Unidos, para intentar arreglar la situación. Lo desafortunado es que el arreglo es más un vendaje que una cura. Intentan arreglar lo superficial sin llegar al corazón de la gente. La solución requiere ir al corazón de la gente; no sólo consiste en quitarles las armas.

Denny me susurró algo al oído. Quería saber si Nostradamus tenía algo que decir en especial a la gente de Estados Unidos, sobre todo respecto al estado del mundo en general.

B.: Él pregunta: «¿Qué aspecto en particular?». Hay muchas cosas que él ha visto que ocurren. Está el aspecto político, el aspecto físico y el aspecto económico. Y hay cosas que tienen que ver con la Iglesia. ¿Cuál de ellos?

D.: Empecemos por las condiciones físicas.

B.: Las cosas están desequilibradas. Las energías no están en armonía, y tiene que producirse pronto un equilibrio. La Tierra no puede soportar más tiempo esta tensión. En general, todo el planeta está en peligro. El planeta grita. Y tendrá que suceder algo para que las cosas vuelvan a equilibrarse. Y lo que suceda afectará a la mayoría de la gente en todo el mundo, directa o indirectamente. Y añade que el tiempo seguirá siendo extraño. En el cielo se verán fenómenos insólitos. Y la tierra temblará. Y subirá el nivel del mar.

D.: ¿Qué clase de extraños fenómenos en el cielo?

B.: Destellos de luz. Rachas de luz. Las estrellas... me muestra estrellas como en torbellino, igual que si estuviese observándolas desde un tiovivo. La Tierra tendrá que... él usa el símil de «encogerse de hombros», para hacer que todo vuelva a estabilizarse y enderezarse.

D.: ¿A qué se refiere con este simbolismo?

B.: Lo que ha visto por medio de su don, y es consciente de que tus científicos saben que cuando la Tierra gira, su rotación no es uniforme, se tambalea un poco al girar. Es como una peonza. Girará casi recto un tiempo, y luego hará un par de giros más fuertes, y luego se enderezará y volverá a girar de manera uniforme después de recuperar su equilibrio. Es como estar en una feria y contemplar a los que caminan sobre la cuerda floja. Avanzan con pasos uniformes, y luego empiezan a tambalearse y tienen que virar a uno y otro lado para recuperar el equilibrio.

D.: ¿Qué efecto tendría eso en la Tierra?

B.: Habrá fuertes vientos, terremotos y tormentas. Y los habitantes de la Tierra clamarán en su desgracia. En especial los que viven en zonas inestables deberán tener cuidado, porque cuando esto empiece, el suelo se hundirá. Y habrá cambios físicos en la Tierra. Sabe que en muchas de sus cuartetas ha dicho que si alguien lo intentara, podría evitar algunos de estos cambios, sobre todo los políticos y sociales. Pero respecto a estos cambios de la Tierra, no está seguro de qué se podría hacer para evitarlos. Puede ser demasiado tarde dada la falta de armonía producida por las guerras y por el daño que los humanos le infligen a la Tierra.

D.: ¿Quiere decir que ésta es una situación de mayor envergadura?

B.: Es más como un efecto acumulador. Una vez que se llega a cierto punto, la cantidad de energía que hace falta para revestir lo que se ha hecho es mucho mayor que dejarla seguir adelante y que se resuelva por sí solo. En este momento lo mejor que se puede hacer es continuar trabajando para el bien y contribuir con toda la energía positiva posible.

D.: Me gustaría hacer una pregunta más. ¿Conoce el planeta Júpiter?

B.: ¡Sí! Una de las grandes luces del cielo.

D.: Sí. En nuestro tiempo, 1994, hablan de la posibilidad de un gran cometa que alcanza al planeta júpiter. Y si es que ocurre, la pregunta es si esto afectará a la Tierra.

B.: Habrá efectos en la Tierra, porque todo está interconectado. Físicamente, los efectos serán imperceptibles, al menos al principio. Puede haber efectos a largo plazo, pero ninguno de ellos pondrá en peligro la vida o nada parecido. El principal efecto que tendrá en la Tierra abarca los niveles más elevados de energía. Como todo está interconectado a través de distintos niveles de energía, la colisión afectará a todos por medio de la vibración más elevada de estas energías que emite Júpiter. Ya que de todos modos la gente se ve afectada por las conjunciones planetarias, sería sensato tomar conciencia de la forma en que Júpiter influye en el horóscopo de cada uno. Con el fin de estar preparados para este desastroso acontecimiento y dado que provocará cosas calamitosas que aparecerán en esa parte de su horóscopo.

D.: Creo que a la gente de nuestro tiempo le preocupa si de algún modo influirá en nuestro clima o en las condiciones físicas de la Tierra.

B.: El efecto será similar a la existencia de algunos puntos negros en el Sol. La Tierra ha pasado anteriormente por cosas mucho peores relacionadas con el Sol y las manchas solares, y ha sobrevivido.

D.: ¿Tiene algo que decir sobre la economía de Estados Unidos y del mundo en general, en este año o en el próximo?

B.: Respecto a la economía. Aunque en la superficie las cosas tengan la apariencia de normalidad, en el fondo siguen estando básicamente inestables. La premisa en la que se basa la economía es falsa. Lo principal es rogar que nada decisivo o calamitoso ocurra en relación con acontecimientos mundiales, porque tendría la posibilidad de influir extensamente en la economía. El mundo se ha vuelto demasiado dependiente del «dinero imaginario». Y que en vez de funcionar con dinero sólido, todo se hace con futuribles, con posibilidades. Y uno nunca sabe con seguridad lo que ocurrirá en el futuro; esto es como construir una casa en la arena.

Después hice mi última pregunta sobre si las predicciones del tercer Anticristo y la posibilidad de una nueva guerra mundial seguían en pie, o si habíamos conseguido cambiar esta probabilidad.

B.: El cambio aún no se ha extendido lo suficiente para influir en la totalidad del mundo. Aunque las cosas están cambiando, como sucede en Europa, Estados Unidos y otros países, las partes del mundo con mayores posibilidades de vivir disturbios son las zonas del mundo que menos han cambiado. Pero el resto del mundo necesita dirigir pensamientos positivos y energía positiva. La energía para crecer, cambiar y armonizar, sobre todo en Oriente Próximo en general, para que ayude a disolver las energías negativas que se están intensificando en esa zona.

Me disponía a cerrar la sesión cuando Nostradamus me detuvo.

B.: Quiere añadir algo más acerca de Oriente Próximo. Habrá un incidente en relación con una especie de contaminación o polución en el océano Índico. Y para detenerla tendrán que bloquear o destruir el canal de Suez para que no se extienda al Mediterráneo. En esa zona del mundo habrá algo malo en el agua del mar e intentarán contenerla. Querrán impedir que se extienda. Y tal vez acaben con el canal.

D.: ¿Puede ver de qué clase de contaminación se trata?

B.: La imagen que muestra es de un agua que cambia de color. Se deberá a una sustancia en el agua, o tal vez algún microorganismo... él no lo llama así. Me muestra la imagen. No sabe cómo nombrarlo. Eso se deberá a un desequilibrio en el agua, o tal vez a algún tipo de radiación, o ambos; todo se desequilibra y descontrola. Empieza a multiplicarse rápidamente matando muchos peces y plantas. Deben intentar hacer algo para detenerla, para impedir que se extienda. Al parecer, el sitio donde empieza será en una parte del océano en la que no hay corrientes importantes, sólo hay corrientes menores. Y creen tener la oportunidad de controlarla antes de que se introduzca en las corrientes importantes, porque temen que, si eso ocurriera, se extendería por todos los mares de la Tierra.

D.: Has dicho que empieza en el océano Índico.

B.: En la parte del océano Índico cerca de Arabia.

D.: ¿Y cuándo ocurrirá esto? ¿Ahora, en nuestro tiempo?

B.: Pronto, en los próximos tres años más o menos.

D.: Así que será otra especie de catástrofe que tenemos que vigilar.

Inmediatamente después de estas sesiones, Denny se fue al aeropuerto para tomar el avión de vuelta a Hollywood; el resto de los técnicos reunió su equipo y se volvió a Little Rock.

Dos semanas después de esto, el presidente de Corea del Norte murió aparentemente de un ataque al corazón. Llamé a los estudios Fox y hablé con la productora con quien había trabajado. Le dije que parecía que la predicción se había cumplido, pero que Phil había tenido la sensación de que no se trataba de una muerte natural, sino de un asesinato. Dijo que varios videntes también la habían llamado a los estudios con las mismas impresiones. Le dije que ciertamente se ratificaba nuestra información, porque la película que se había filmado en Fayetteville tenía una fecha.

Se suponía que esta entrevista aparecería en pantalla pocos meses después de su filmación, en el programa de la Fox Encuentros. Una porción de ella apareció en una presentación preliminar, pero en el último minuto quitaron las entrevistas del programa. Me dijeron que las utilizarían más tarde pero, hasta donde yo sé, nunca fueron presentadas. Desde 1994 me han llamado para hacer otras entrevistas para esa cadena, y les he preguntado sobre la película. Nadie parece saberlo, pero esto es fácil de entender, dado que el personal de la cadena cambia con frecuencia, y tal vez la persona a la que se asigna el trabajo en un programa no sabe nada acerca de lo que hace otra persona. Es posible que todavía lo presenten algún día, porque contenía información que corrobora la capacidad de Nostradamus para ver el futuro.

Es obvio que será imposible mantener estos libros al día. Son una entidad en evolución y continúan cambiando mientras se sigue descubriendo información ratificatoria. Es cada vez más obvio que estamos en los Tiempos Difíciles, tal como lo vio Nostradamus; de nosotros depende que se siga o no desarrollando la peor de las situaciones posibles. Los que conocen este material podrán ver si las influencias sutiles y aparentemente pequeñas afectarán a la situación general. Yo continuaré reuniendo información de mis investigaciones y de mis lectores, y en cada reedición de la trilogía se añadirá más material.

Actualizaciones de las profecías, 1999

En el volumen II, CUARTETA III-48, Nostradamus se refirió al comienzo del sida; también pronosticó el tiempo de su retroceso. «Dice que pasarán quince años entre el primer caso y el descubrimiento de la cura. Para entonces será comparable a la peste de su tiempo. Eliminará a mucha gente.» En 1997, debido a los avances en tratamientos médicos, el sida desapareció de la lista de las diez primeras causas de muerte. Habían pasado quince años desde el comienzo de la enfermedad; en 1997, se produjo un descenso del 47 por 100 de las muertes relacionadas con el sida.

Los cambios climáticos aparecen cada vez más en las noticias. Es especialmente notoria la aceptación (finalmente) de que el mundo se está calentando. 1997 fue el año más cálido de los últimos cien años. Después, 1998 lo superó cuando se declaró el año más cálido en quinientos años. Las aguas de los mares se están calentando en todo el mundo. La temperatura del océano Pacífico a lo largo de la costa de California se ha elevado en dos grados. No parece que sea mucho, pero está causando la muerte de muchas especies marinas. Criaturas que normalmente se encuentran en las aguas más cálidas del sur, ahora empiezan a verse en las aguas del norte.

El hielo eterno se está fundiendo en Alaska, lo cual ocasiona que la tundra se convierta en pantano donde los árboles y las plantas no pueden crecer. Se ha informado de que, de los 27 glaciares que había en Europa en 1980, en la actualidad sólo quedan 13, y retroceden con rapidez. Cinco kilómetros de hielo se han fundido en la Antártida. Como consecuencia, los pingüinos de esa zona no se reproducen y se están muriendo. Su principal comida (krill) vive en el hielo, y tienen que nadar más lejos para encontrarlo. Estos cambios demuestran que todas las especies están interconectadas en toda la Tierra, y la desaparición o calamidad de una afecta a todas las demás.

Otros cambios climáticos se están agravando. En 1999, por primera vez en la historia, los tornados azotaban a grandes ciudades. Un tornado extremadamente insólito afectó a Salt Lake City, y otro a Oklahoma. En este último soplaron los vientos más fuertes jamás registrados. El tornado tenía un diámetro de más de kilómetro y medio, y permaneció en el suelo durante media hora produciendo gran devastación. Lo extremadamente insólito del fenómeno climático se está convirtiendo en la norma.

En septiembre de 1999, Floyd, el huracán más formidable de la historia de Estados Unidos, afectó a toda la Costa Este, cumpliendo la profecía de Nostradamus en el volumen II, CUARTETA VIII-16. Los preparativos para la inminente tormenta fueron la causa de la mayor evacuación en tiempos de paz en la historia del país. Soplaron vientos de más de 240 kilómetros por hora y se produjeron lluvias de hasta 500 litros que devastaron algunas zonas, las más notables Carolina del Norte y Virginia.

En su predicción, Nostradamus decía que la tormenta afectaría y causaría daños en las instalaciones que la NASA tiene en Cabo Cañaveral, Florida. «Dice que tal vez si saben con la suficiente antelación, tendrán capacidad para prepararse con medidas de protección.» Sorprendentemente, el huracán no causó tanto daño cuando pasó por esa zona. Las autoridades manifestaron que se pusieron bajo tierra todos los transbordadores espaciales; en los últimos dos años, los edificios se han reforzado y se han tomado precauciones contra los huracanes. Tal vez alguien con autoridad oyó finalmente esta advertencia. El huracán fue imponente y afectó a la totalidad de la Costa Este. El viento causó menos daños porque se desplazó rápidamente hacia las capas superiores de la atmósfera. Lo peor ocurrió a causa de las lluvias torrenciales. Dijo: «Las aguas lo inundarán todo. El huracán entrará en los libros de la historia porque será impresionante y brutal. Será el mayor de este siglo». Fue una predicción muy apropiada porque la tormenta ocurrió hacia el final del siglo.

Mis lectores me ayudan mucho al proporcionarme información que nunca hubiese encontrado a través de la investigación. Les estoy muy agradecida por ello. Una mujer de Estonia me envió una interesante correlación con la CUARTETA IV-11, en el volumen III. La cuarteta predecía el engrandecimiento del zar y la aristocracia rusa y su eliminación por el Partido Comunista. Uno de los principales símbolos de la cuarteta eran los «doce rojos», refiriéndose a los soldados. Mi corresponsal escribía: «Tal vez puedo ayudar con la cuarteta. Hay un poema ruso muy conocido por todos en Rusia; se llama «DOCE» y es de Alexander Block. Es sobre doce soldados rojos que simbolizan la tragedia de la Revolución Rusa que mató a toda la aristocracia, y junto con la aristocracia, a toda la cultura rusa. De hecho, más tarde llevó a la muerte a todo el país. Es del todo evidente que ninguno de ustedes conoce al más importante poeta aristocrático ruso, Alexander Block, ni su poema simbólico, «DOCE». Es interesante ver como la verificación de las interpretaciones sigue llegando de direcciones inesperadas.

La fabricación de una bomba atómica en la India en 1998 fue pronosticada en el volumen II. «El mundo es muy grande y hay otros países en tu tiempo que en este momento continúan creando estas pavorosas armas destructivas. [...] La gente parece creer desde siempre que esos países con mayor cantidad de "poder de fuego" se convertirán en los más poderosos. [...] Esto significa que esos países que han estado reprimidos, que no han tenido oportunidades ni libertades, ahora intentan desesperadamente crear sus "grandes armas" propias, porque no quieren volver a estar jamás sometidos o reprimidos. [...] Hablo del continente de África, y desde luego, una gran parte de Oriente Próximo, lo mismo que la India.»

Durante todo el año 1998 lo único que ocupaba las noticias fue el affaire del presidente Bill Clinton y Monica Lewinsky. Parecía no ocurrir nada más en el mundo mientras todos se centraban en los testimonios y el juicio. Una predicción de Nostradamus en el volumen II, VIII-14, parecía asombrosamente exacta. Parte de la cuarteta dice: «Esto parece referirse a una figura del gobierno. Mi primera impresión fue que al presidente de Estados Unidos le sorprenden haciendo algo carente de ética... Será un notable estadista. Alguien respetado y admirado en el mundo. Será un gran escándalo. [...] La máxima personalidad de lo que se considera un gobierno estable resulta ser lo opuesto a lo que se creía de él. Esto produce un estado de verdadero pánico en el propio país, y en el resto del mundo ocurre otro tanto de lo mismo. Es como si se perdiera toda noción de confianza. Ya no existe la figura paternal a la que ellos pueden recurrir como guía y verdad. Parece que surge una gran confusión por la horrenda naturaleza de lo que resulta ser su verdadera esencia.»

Son constantes las noticias sobre la marcha hacia los ordenadores orgánicos (tal como lo vio Nostradamus en el volumen I). En julio de 1999, se anunció la investigación sobre ordenadores «quantum», que podrían ser mil millones de veces más rápidos que el Pentium III. El título decía: «Más allá del PC: el QC atómico». Dado que el tamaño de los microchips ha alcanzado su límite, los científicos han estado buscando una vía para minimizar y procesar más información. Esto ha llevado al desarrollo del ordenador ADN descrito en este Apéndice. Los nuevos ordenadores quantum utilizarán átomos en vez de chips; de este modo, llevan a la ciencia a nuevos mundos que desafían la imaginación. Se ha demostrado que este concepto funciona; el gobierno de Estados Unidos está construyendo un laboratorio en Los Álamos para perfeccionarlo. «El punto de partida del sistema de informática cuántica surgió cuando los físicos se dieron cuenta de que de forma natural son calculadoras diminutas. "La naturaleza sabe computar", dice Neal Gershenfeld [uno de los inventores], del Instituto Tecnológico de Massachusetts.» En exacta imitación de la ciencia-ficción, el artículo expresaba: «Alrededor del año 2030, más o menos, el ordenador que esté sobre su mesa podría estar lleno de líquido en vez de transistores y chips. Emplearía mecánica cuántica, que rápidamente se introduce en temas como la teleportación y los universos alternos, y es, según el decir general, el material más fantástico que haya conocido el hombre».

«La informática cuántica parece una opción atractiva por su poder potencial, y porque la naturaleza de la materia prima es más duradero que el silicio. "Es el mayor recurso no aprovechado del universo"», afirma Gershenfeld. Quien haya leído mis libros sobre ovnis y alienígenas sabe que éste es el tipo de cosas que he estado escribiendo durante veinte años. Finalmente sale del mundo de supuesta «ficción» para convertirse en realidad factible. Los increíbles inventos que vio

Nostradamus ya no parecen imposibles a medida que avanzamos hacia el tercer milenio.

Índice de cuartetas

El índice completo de las cuartetas que aparecen en los tres volúmenes de las Conversaciones con Nostradamus se incluirá al final del tercer volumen.

Sobre La Autora

Dolores Cannon nació en San Luis, Misuri, en 1931. Creció y se educó en Misuri hasta que, en 1951, se casó con un soldado profesional de la Marina. Durante los veinte años siguientes, viajó por todo el mundo, como es común entre las esposas de marinos, y formó una familia.

En 1968 tuvo su primer contacto con la reencarnación y la regresión hipnótica cuando su esposo, un hipnotizador aficionado, tropezó con la vida pasada de una mujer a la que estaba hipnotizando (aparece en su libro Five Lives Remembered). En aquellos tiempos, el tema de las vidas pasadas era poco ortodoxo y muy poca gente experimentaba en este campo. Aunque despertó su interés, tuvo que dejarlo a un lado porque las exigencias de la vida familiar eran prioritarias.

En 1970, su marido fue relegado del servicio por invalidez y retiraron a las colinas de Arkansas. Inició entonces su carrera como escritora y vendió sus artículos a diversas revistas y periódicos. Cuando sus hijos se independizaron, se reavivó su interés por la reencarnación y la hipnosis regresiva. Estudió los distintos métodos de hipnosis y a partir de ellos desarrolló su propia técnica que le permitió obtener información de aquellos a quienes hipnotizaba con gran eficacia. Desde 1979, ha practicado la regresión y ha catalogado la información que le han facilitado cientos de voluntarios. Ella se considera una regresionista e investigadora psíquica que recopila conocimientos «perdidos». También ha trabajado para la Mutual UFO Network (MUFON) durante vanos años.

Entre sus libros, se han publicado: Ellas caminaron con Jesús y Jesús y los Esenios (publicados en España por Luciérnaga y en Inglaterra por Gateway Books), Conversations with Nostradamus (3 volúmenes), Keepers of the Garden y Conversations with a Spirit. También ha escrito otras obras, aún sin publicar, sobre sus casos más interesantes.

Dolores tiene cuatro hijos y trece nietos que le exigen mantener un sólido equilibrio entre el mundo «real» de la familia y el mundo «invisible» de su trabajo. Quienes deseen mantener correspondencia con ella sobre su trabajo pueden escribirle a la siguiente dirección: (Se ruega incluir un sobre sellado con la dirección del remitente para la res- puesta.)

Ozark Mountain Publishing, Inc.
P.O. Box 754
Huntsville, AR 72740-0754

Other Books by Ozark Mountain Publishing, Inc.

Dolores Cannon
A Soul Remembers Hiroshima
Between Death and Life
Conversations with Nostradamus, Volume I, II, III
The Convoluted Universe -Book One, Two, Three, Four, Five
The Custodians
Five Lives Remembered
Horns of the Goddess
Jesus and the Essenes
Keepers of the Garden
Legacy from the Stars
The Legend of Starcrash
The Search for Hidden Sacred Knowledge
They Walked with Jesus
The Three Waves of Volunteers and the New Earth
A Very Special Friend
Aron Abrahamsen
Holiday in Heaven
James Ream Adams
Little Steps
Justine Alessi & M. E. McMillan
Rebirth of the Oracle
Kathryn Andries
Time: The Second Secret
Will Alexander
Call Me Jonah
Cat Baldwin
Divine Gifts of Healing
The Forgiveness Workshop
Penny Barron
The Oracle of UR
The Oracle of UR, Book 2
P.E. Berg & Amanda Hemmingsen
The Birthmark Scar
Dan Bird
Finding Your Way in the Spiritual Age
Waking Up in the Spiritual Age
Julia Cannon
Soul Speak – The Language of Your Body
Jack Cauley
Journey for Life
Ronald Chapman
Seeing True
Jack Churchward
Lifting the Veil on the Lost Continent of Mu
The Stone Tablets of Mu
Carolyn Greer Daly
Opening to Fullness of Spirit
Patrick De Haan
The Alien Handbook
Paulinne Delcour-Min
Divine Fire
Holly Ice
Spiritual Gold
Anthony DeNino
The Power of Giving and Gratitude
Joanne DiMaggio
Edgar Cayce and the Unfulfilled Destiny of Thomas Jefferson Reborn
Paul Fisher
Like a River to the Sea
Anita Holmes
Twidders
Aaron Hoopes
Reconnecting to the Earth
Edin Huskovic
God is a Woman
Patricia Irvine
In Light and In Shade
Kevin Killen
Ghosts and Me
Susan Linville
Blessings from Agnes
Donna Lynn
From Fear to Love
Curt Melliger
Heaven Here on Earth
Where the Weeds Grow
Henry Michaelson
And Jesus Said – A Conversation
Andy Myers
Not Your Average Angel Book
Holly Nadler
The Hobo Diaries
Guy Needler
The Anne Dialogues
Avoiding Karma
Beyond the Source – Book 1, Book 2
The Curators
The History of God
The OM
The Origin Speaks

For more information about any of the above titles, soon to be released titles, or other items in our catalog, write, phone or visit our website:
PO Box 754, Huntsville, AR 72740|479-738-2348/800-935-0045|www.ozarkmt.com

Other Books by Ozark Mountain Publishing, Inc.

Psycho Spiritual Healing
Kelly Nicholson
Ethel Marie
James Nussbaumer
And Then I Knew My Abundance
Each of You
Living Your Dram, Not Someone Else's
The Master of Everything
Mastering Your Own Spiritual Freedom
Sherry O'Brian
Peaks and Valley's
Gabrielle Orr
Akashic Records: One True Love
Let Miracles Happen
Nick Osborne
A Ronin's Tale
Nikki Pattillo
Children of the Stars
A Golden Compass
Victoria Pendragon
Being In A Body
Sleep Magic
The Sleeping Phoenix
Alexander Quinn
Starseeds What's It All About
Debra Rayburn
Let's Get Natural with Herbs
Charmian Redwood
A New Earth Rising
Coming Home to Lemuria
David Rousseau
Beyond Our World, Book 1
Beyond Our World, Book 2
Richard Rowe
Exploring the Divine Library
Imagining the Unimaginable
Garnet Schulhauser
Dance of Eternal Rapture
Dance of Heavenly Bliss
Dancing Forever with Spirit
Dancing on a Stamp
Dancing with Angels in Heaven
Annie Stillwater Gray
The Dawn Book
Education of a Guardian Angel
Joys of a Guardian Angel
Work of a Guardian Angel
Manuella Stoerzer
Headless Chicken
Blair Styra
Don't Change the Channel
Who Catharted
Natalie Sudman
Application of Impossible Things
L.R. Sumpter
Judy's Story
The Old is New
We Are the Creators
Artur Tradevosyan
Croton
Croton II
Jim Thomas
Tales from the Trance
Jolene and Jason Tierney
A Quest of Transcendence
Paul Travers
Dancing with the Mountains
Nicholas Vesey
Living the Life-Force
Dennis Wheatley/ Maria Wheatley
The Essential Dowsing Guide
Maria Wheatley
Druidic Soul Star Astrology
Sherry Wilde
The Forgotten Promise
Lyn Willmott
A Small Book of Comfort
Beyond all Boundaries Book 1
Beyond all Boundaries Book 2
Beyond all Boundaries Book 3
D. Arthur Wilson
You Selfish Bastard
Stuart Wilson & Joanna Prentis
Atlantis and the New Consciousness
Beyond Limitations
The Essenes -Children of the Light
The Magdalene Version
Power of the Magdalene
Sally Wolf
Life of a Military Psychologist

www.ingramcontent.com/pod-product-compliance
Lightning Source LLC
Chambersburg PA
CBHW060313230426
43663CB00009B/1690
9781950608119